U0135111

# 明代韻書《韻學集成》研究

王進安　著

本成果受「開明慈善基金會」資助


　　本成果為國家社科基金重大項目「漢語等韻學著作集成、資料庫建設及其系列專題研究」（172DA302）的子課題研究「明清等韻學理論、學術史及語音史價值系列專題研究」的研究成果。

# 第五輯
# 總序

　　光陰似箭，歲月如流。從西元二〇一四年福建師範大學文學院與臺北萬卷樓圖書公司合作刊印「百年學術論叢」第一輯，至今已經走過了五個年頭，眼下論叢第五輯又將奉獻給學術界。

　　回顧已刊四輯，前兩輯的作者，大多數為德高望重的老先生；後兩輯，約有一半是中青年學者。由此，我們一方面看到老輩宿師攘袂引領的篤實風範，另一方面感受到年輕後學齊頭並進的強勁步武。再看第五輯，則幾乎全是清一色中青年英彥的論著。長江後浪推前浪，我們的學術梯隊已經明顯呈現出可持續發展的勢頭。

　　略覽本輯諸書，所沁發出的學術氣息，足以令人精神一振，耳目一新：陳穎《中國戰爭小說綜論》，宏觀與微觀交替，闡述中國戰爭小說發展史跡及文化意義，並比較評析海峽兩岸抗日小說創作；郭洪雷《小說修辭研究論稿》，綜括小說修辭研究史及中國小說修辭意識的發展現狀，力圖喚醒此中被遺忘的文學意識；黃科安《現代中國隨筆探賾》，梳理現代中國隨筆的發展歷程及其對中外隨筆傳統的傳承與創新，總結隨筆創作的經驗教訓；陳衛《聞一多詩學論》，以意象、幻象、情感、格律、技巧為核心，展開對聞一多詩學與詩歌的論述；林婷《出入之間——當代戲劇研究》，結合入乎其內、出乎其外兩種研究思路，為中國當代戲劇研究獻一家之言；黃鍵《京派文學批評研究（修訂版）》，考察中國現代文學史上「京派」的文學批評成就，發掘其對當代中國現代文藝批評的啟示性意義；李詮林《臺灣現代文學史稿》，從文本創譯用語的角度構建臺灣現代文學史，研究臺

灣現代文學進程中獨特的語言轉換現象；劉海燕《從民間到經典——
關羽形象與關羽崇拜生成演變史論》，研究關羽崇拜及關羽形象塑造
的宗教接受，深入闡釋關羽形象的文學生成與宗教生成；高偉光《神
人共娛——西方宗教文化與西方文學的宗教言說》，以宗教派別之外
的視角審視西方宗教文化內涵及其發展軌跡，用理智言說一部宗教文
化；王進安《明代韻書《韻學集成》研究》，將《韻學集成》與相關
韻書比較，探尋其間的傳承或改易情實，為明代早期韻書的研究添磚
加瓦。凡此十種專著，無論是學術觀點之獨到，還是研究方法之新
穎，均讓我們刮目相看。

　　讓我尤感欣喜的是，本論叢各輯的持續推出，不斷獲得兩岸學
界、教育界的良好評價與真誠祝願。他們的讚許，是激發我們學術進
步的一大鞭勵，也是兩岸學術交流互動的美贍見證。我堅碻不移地認
為：在當今自由開放的學術環境中，兩岸文化溝通日趨融暢，我們的
學術途程必將越走越寬闊久遠。


汪文頂

西元二〇一九年歲在己亥春日序於福州

# 目次

第五輯總序 ………………………………………………… 1

目次 ………………………………………………………… 1

蔣序 …………………………………………………… 蔣冀騁　1

馬序 …………………………………………………… 馬重奇　7


**第一章　緒論** …………………………………………… 1

　第一節　《韻學集成》概況 ………………………………… 1

　第二節　《集成》的研究情況述評 ………………………… 5

　第三節　《集成》研究方法論 ……………………………… 7

　第四節　《集成》研究的學術意義 ………………………… 11

**第二章　《集成》聲韻調** ……………………………… 15

　第一節　《集成》小韻首字總表 ………………………… 15

　第二節　《集成》聲類系統研究 ………………………… 63

　第三節　《集成》韻部系統研究 ………………………… 112

　第四節　《集成》聲調 …………………………………… 143

**第三章　《集成》與《直音篇》** …………………… 149

　第一節　體例比較 ………………………………………… 150

　第二節　《直音篇》特點 ………………………………… 152

**第四章　《集成》與《韻會》** ·················· 157

第一節　《集成》與《韻會》的傳承關係··············· 157
第二節　《集成》對《韻會》音系的傳承··············· 164

**第五章　《集成》與《正韻》** ·················· 173

第一節　《集成》與《正韻》對「舊韻」的傳承··········· 173
第二節　《集成》對《正韻》的傳承與改易············· 182
第三節　《集成》與《正韻》屬同一音系··············· 193

**第六章　《集成》與《字學集要》** ·················· 201

第一節　《字學集要》及其音系性質··············· 201
第二節　《集成》與《集要》的體例及音系比較··········· 206

**第七章　《集成》與《中原雅音》** ·················· 213

第一節　《集成》在保存《中原雅音》上的貢獻··········· 213
第二節　《集成》與《雅音》不是同一音系··············· 216

**第八章　總論** ·················· 239

第一節　《集成》音系的共時比較··············· 239
第二節　關於《集成》音系「兼收併蓄」問題的 剖析········ 243
第三節　《集成》的音系總結及其音韻價值··············· 251
第四節　《集成》的失誤與不足··············· 257

參考文獻·················· 263
附錄　《韻學集成》小韻首字表·················· 275
後記·················· 375

# 蔣序

　　任何研究都應解決三個問題：一、是什麼？二、為什麼？三、將來可以發展成什麼？解決「是什麼」問題屬於實證研究，解決「為什麼」問題屬於解釋性研究，解決「將來如何」問題屬於預測性的待證研究。能夠較好地解決其中的任何一個問題都是有意義、有價值的研究。若以為實證重要而忽視或者貶低解釋和預測，則是因學術路徑偏好而蒙障心智，從而不知有漢、遑論魏晉也，反之亦然。若能三者兼具，則為善之善者，古人所謂「觀止矣，不敢請已」。就我們這些小人物來說，能解決其中一個方面的問題，也足以沾沾自喜，可以「提刀而立，為之四顧，為之躊躇滿志，善刀而藏之」了，怎能有其他的非份之想呢？

　　然而要解決這三個問題中的任何一個，都離不開理論的指導、方法的選用和研究對象的確定。就某種意義來說，理論和方法有其一致性，用什麼理論則須選擇相應的方法，用什麼方法也須選擇相應的理論。也許還有不一致的情況，但須奇才式的人物才能有此境界，凡俗如我者又怎能做到？不僅做不到，連想像都困難。

　　音韻理論至少應包括以下幾個方面的內容：構造理論、對應理論、演變理論和構測理論[1]。構造理論解決音韻的構成要素問題；對應理論解決具體音節在不同時空的音讀問題；演變理論；解決音韻演變的規律、動因、條件、方向等問題；構測理論解決「還原」問題，就是運用一定的方法，在已掌握的語音材料基礎上，對古音的音值進

---

1　馮蒸：《漢語音韻學論文集》（北京市：首都師範大學出版社，1997年5月），頁7。

行推測、構擬。「還原」只能還個大概，由於不能「起九原而問之」，所擬測出來的音值，只能是個近似值，能解釋現存的語音事實，並且邏輯上沒有矛盾，也就不錯了。

就研究方法而論，邏輯上有歸納法和演繹法。兩種方法都有優點和缺點，都為人類文明的發展做出了貢獻。歸納法在眾多散亂的特殊事件中總結出普遍性、規律性的東西來，故帶有創造性，楊振寧的老師泰勒比較重視歸納法，就是這個道理。從某種意義上說，沒有歸納法，就沒有現代科學。當然，歸納法也有不足，任何歸納都是不完全歸納，它不可能窮盡所有事例、所有觀察，只要出現反例，則歸納出來的普遍規律就受到了挑戰。縱使當下找不到反例，也難以保證將來永遠找不到反例。足夠數量的單稱斷定，不能代表全體斷定。足夠數量的具體現象不能代表抽象規律，波普爾否定歸納法就是從這個角度入手的。演繹法是從一般到特殊、從普遍原則推出個別結論，邏輯嚴密。其缺點是縮小了範圍，使根本規律的作用得不到充分的展現。同時，其結論的正確與否，仍需事實檢驗，仍然是一種可能性。所以二種方法應相互補充，交互使用。從科學研究的實際來看，歸納離不開演繹，演繹離不開歸納。歸納須以演繹為指導，演繹須以歸納為前提。目前有些學者提倡演繹法，而鄙視歸納法，提倡演繹法固然不錯，鄙視歸納法則未必有理。我們認為，任何一個方法都有一定的適用對象，都是研究者在研究過程中總結歸納出來的，能解決問題的方法就是好方法，研究者根據自己的研究對象選用不同的方法無可厚非。有人力挺演繹法，而演繹法本身也是研究者在研究實踐中總結歸納出來的，可以說，先有歸納然後才有演繹，沒有歸納就沒有演繹。也許歸納法是小兒科，但小兒科並不代表低級，小兒科至今仍有生命力，不能放棄。$1+1=2$，在數學界夠小兒科的，但任何高深的數學研究都離不開這個小兒科，而且數學界至今還未證明這個小兒科。簡單未必不重要。任何複雜、高深都離不開簡單。萬物歸一，一就是簡單。

　　就學科方法而論，音韻研究還有統計法、系聯法、比較分析法、類推法、審音法和對音法等。統計、系聯得其類，比較、類推明其變，審音察其異，對音知其值。各有各的特點，各有各的使用範圍。不同的材料，不同的目的，可以用不同的方法，也可以用相同的方法。如研究反切音類，系聯法最管用。在有些人看來，系聯法是一種笨拙的、落伍的方法，但就是這種笨拙的、落伍的方法最能解決反切音類的實際問題，其他的先進方法用於彼則可，用於此則未必有效。故求學者在方法上不必刻意求新，適合材料、適合目的的才是好辦法。但這些方法在總體上說還有一個大的缺點，即它們只能解決「是什麼」的問題，至於「為什麼」、「將來會成為什麼」的問題，則難以解決，或解決得不夠好。中國音韻學研究在語音演變模式的研究方面，還沒有出現重大成果，其主要原因就是沒有重視「為什麼」的研究，沒有注意「將來會是什麼」的研究，也沒有找到適合這一目標的最佳方法。故探索仍是必要的。

　　至於研究對象，研究什麼，不研究什麼，跟研究者的興趣有關。興趣是最好的老師，能選擇自己感興趣的對象進行研究，這是最好不過的。但興趣可以改變，也可以培養，還有可能失去。只憑興趣辦事，恐怕難以持久。所以，我們主張：培養理性指導下的興趣，培養興趣基礎上的理性。以興趣引發理性，以理性增強興趣，由此來決定研究對象。大致說來，研究對象的確定，要注意以下兩點：一、創新性。所謂創新，就是做人家沒做過的事，或做人家做過，但還沒做好做對的事。故確定研究對象，最好是別人沒有研究過的，或人家研究過，但深度不夠，或有重大失誤者，就可從新的角度進行再研究。現代社會做學問的多了，要找一塊處女地很難，可行的辦法就是從不同的高度和角度，用不同的方法對舊材料進行再研究。當然，能找到一個沒有人研究過的領域這是再好不過的了。二、重大性。創新性解決人無我有、人弱我強的問題，重大性主要解決價值問題，解決時間、

精力的投入問題，即值不值得做，值得花多少時間和精力做的問題。值得花終身時間和精力或者值得花數年或數十年時間去做，能夠出一系列成果的課題是重大性課題。創新需要精神、能力和制度，重大性需要眼光。

難，難，難。做學問難，做人家做過的學問又要做出新意來難；選題難，選有創新性又值得長期投入時間和精力的課題更難。

友生王君進安，知難而進，進而安，安而更進。在導師馬兄重奇君的指導下，潛研章氏《韻學集成》數年，第一次對章氏《韻學集成》進行了系統全面的研究，多有創獲。王君以統計法徵其資料、論據，以系聯法得其聲類、韻部，以審音法明其分合、同異，以比較類推法探其源流、演變，方法得當，思維縝密，故多能見人之所未見，發人之所未發。作者重發明、重證據，故其所著既厚實可據，又新穎可喜，努力做到了在傳統的邊際上開拓創新，在創新的指導下繼承傳統。繼承中有創新，創新中有繼承。

蒙王君不棄，問學於余。余魯而愚，不學無術，有的只有奇談怪論。所可授者，僅「學問」二字而已，而這學問二字，也是聞之長者，轉手買賣而已。有云：學問學問，既要學，更要問。學者，得其已知，問者，求其未知。本科、碩士，學多於問，以學為主，在學中問。博士，問多於學，以問為主，在問中學。學而不問，癡；問而不學，狂。與其癡，寧狂。學問相兼，方可稱學者。既不能學又不能問，則與引車賣漿者流無異，何有於學哉！如今博士不博，碩士不碩者有之，學士不學者也有之，師之過？徒之過？世之過？還是學之過？師之過，在於招了不該招的生，本非學士，招之何益？名乎？錢乎？權乎？亦錢權名皆有乎？徒之過，在於進了不該進的學。本無求學之心，偏要博士之名，欲借此飛黃，憑此騰達，然則「偌個書生萬戶侯」？如欲用君，無博士之名亦可，如不欲用君，有博士之名又如何？能力之大小，不在學位之有無，「儒冠終誤身」，何必博士才有進

身之階呢？世之過，在於學術經濟化。學術服務經濟，理之當然，但
「化」則未必有理。物欲橫流，人心躁動，唯利益是求，有誰能安心
治學，潛心學術？學之過，在於學法。學無定法，卻偏偏死守師法、
家法，亦步亦趨，不因人而異，因才而異，因學而異，則何所取裁？
強調學，不強調問，導致思想守舊，目光短淺，境界低狹，如何能夠
博，如何能夠碩呢？

　　王君基礎扎實，能學善問，聰穎敏捷。既登學問之堂，更入學問
之室。若假以時日，其前途又豈可限量？

　　是為序。

蔣冀騁

於湖南師範大學無知齋

原序撰於二○○八年十二月一日，二○一九年二月二十日改定

# 馬序

　　王進安博士的第一部專著《《韻學集成》研究》是在我的指導下完成的。當時，他在職攻博，而且剛從思政工作轉入教學工作不到五年，說真的，我內心有點擔心他的博士學位論文能否如期保質地完成。後來，事實證明我的擔憂是多餘的。在他自己的努力下，學位論文如期完成了，而且完成得相當出色，並以高分順利通過答辯，我甚感欣慰。更讓我欣喜的是他以博士學位論文為基礎，在原有的方向上繼續開拓和論證，擬出課題《韻學集成》與宋元明相關韻書的傳承關係》，一舉獲得二○○六年國家社科基金青年項目的立項，實在難能可貴，可喜可賀。

　　這本專書研究是以明代章黼編纂的《韻學集成》為研究對象，主要對該書的聲、韻、調進行系統研究，並將其與相關韻書的傳承關係進行簡要對比（這為他的國家社科基金項目的研究奠定了良好的基礎）。由於對全書寫作的過程和脈絡比較清楚，我不妨作個簡要的介紹：全書共分八章，除第一章緒論外，第二章聲、韻、調的研究是本體研究，第三章起則大量採用比較法來觀照《韻學集成》與其他相關韻書的關係。可以說這本書作既有對本體的深入研究，又有共時和歷時的比較，為《韻學集成》一系韻書的音系特點進行了有益的探索，書中以大量的語言事實為基礎，提出不少頗有見地的觀點，如：深入分析《韻學集成》聲韻調系統，提出《韻學集成》只有三十個聲類的觀點，分析了《韻學集成》語音中「兼收並蓄」的特點，提出《韻學集成》與《直音篇》、《古今韻會舉要》、《洪武正韻》和《併音連聲字學集要》等韻書之間密切的語音聯繫與傳承關係等觀點，都是值得我

們關注的。尤其是作者在研究中把《韻學集成》的二五七一個小韻首字及其七音、清濁、助紐和切語進行系統整理並歸類，這是一個很複雜卻很有意義的工作，為進一步的比較和研究提供了一份詳實的語言材料。我覺得以上所提都是他這本著作的閃光點，至於這本著作整體的水準及價值，相信讀者自有評說，我不必在這裡贅言。

　　研究音韻是要甘坐冷板凳的，在這舉世皆掀漢語熱的浪潮中，研究漢語音韻學無疑是這熱浪中的冷門。但這冷板凳是值得坐的，因為音韻學是國學的重要組成部分，而且現代漢語的傳播更需要有漢語史研究的歷史厚重感。中國音韻學會前會長魯國堯先生曾於二〇〇四年八月在中國音韻學會研究會第十三屆學術討論會暨漢語音韻學第八屆國際學術研究會上號召全國音韻學人：

　　　　我們音韻學人，堅持「不排外不崇洋」的原則，以堅忍不拔的精神，勇猛精進，必能踵武我們的先人，「振大漢之天聲」，創造出更加輝煌的成就，貢獻於人類的學壇。

　　魯先生的話，我深有同感。研究音韻學確實需要有堅忍不拔和勇猛精進的精神。我曾多次跟進安提及音韻學人所需要的這種精神。他很能領會我的用心，而且很努力地踐行這種精神，這是他在撰寫本書時與我多次交流中給我感受最深的一點。作為一名高校教書育人工作者，要在做人、做事和做學問上多下功夫，進安為人樸實，待人誠懇，樂善好施，在做人和做事上均頗受稱讚；而對於做學問，他只是剛剛起步。做好音韻學這門學問，不僅要有上文提到的精神，還要用歷史的眼光和發展的眼光來指導自己的思想，正如明代閩人陳第在〈毛詩古音考自序〉中所說的：「蓋時有古今，地有南北，字有更革，音有轉移，亦勢所必至」一樣。所以說，做學問也要遵循「勢所必至」的規律。祝願他秣馬厲兵，辛勤耕耘，在做人、做事和做學問

上取得「三豐收」。

　　光陰似箭，轉眼間，進安已經博士畢業十幾年了，而且已經評上教授和博導了。胼手胝足間又過去了十年，他已經把這本專著重新修改、補充好，並即將呈現在讀者面前。我希望他以此為契機，辛勤耕耘，碩果頻出。當然，這摸索的過程勢必是一條披荊斬棘之路，也猶如逆水行舟，所以我想用顏之推在〈勉學篇〉中所說的一句話與進安共勉：「光陰可惜，譬諸似水。當博覽機要，以濟功業，必能兼美，吾無間焉。」

　　是為序。

馬重奇

於書香門第寓所

原序撰於丁亥年仲春，己亥正月十五改定

# 第一章
# 緒論

## 第一節　《韻學集成》概況

　　《韻學集成》，全名《併音連聲韻學集成》，書成於明天順庚辰（1460），又有「新編」和「重刊」兩種，故耿振生（1992：240）認為「《韻學集成》全名《新編併音連聲韻學集成》」。作者章黼（1378-1469），嘉定（今屬上海市）人，字道常，別號（一字）守道。據清賜進士出身翰林院庶吉士改授嘉定縣知縣宜黃程其珏撰《嘉定縣志》（卷24‧〈藝文志〉一）載：

　　「《韻學集成》十三卷，明章黼書著，桑悅殷都序。此書以《正韻》為主，其字多用《篇海》、《龍龕手鏡》之怪體，其音兼載《中原音韻》之北聲。書成於天順庚辰。《直音篇》七卷，浙江采輯，書錄曰：取四聲之字併而屬之，每字繫以直音，以便習讀。其有音無注者三千餘字附焉。」卷十九，《人物志》〈四〉載：「章黼，字道常，一字守道，居大場北章村，年三十病足，絕意進取，考訂六書，集正體三萬餘字，編成《韻學集成》，其分部遵《洪武正韻》，四聲具者九部，三聲無入者十一部。其隸字先後從《韻會舉要》例，以字母為序。其分配五音，以影曉二母，從《玉篇》屬宮，不從《韻會》屬羽；匣喻二母，從《韻會》屬商，不從《玉篇》屬宮；幫滂並明四母，從《玉篇》屬宮，不從《韻會》屬羽；非敷二母，舊譜均誤，屬宮改為屬徵。又字加訓，故別為《直音篇》，歷二十九年始成，年八十卒。後十餘年，子冕出其書，僉事吳瑈、御史劉魁、知縣吳哲高薦，先後梓行。」

以上記載有章氏自序為證：「予不幸早失怙恃，學識寡陋，年逾三旬，偶致傷足，跬步難行，課蒙私塾，因覽諸《篇》、《韻》音切，音有差謬不一，欲為更定，由是夙夜孜孜纂集編錄。足疾見瘳，繕寫自宣德壬子歲起至正統丙寅稿成。重理之，歷丙子，凡數脫稿，迄天順庚辰書完，計帙二十本……練川邑橫塘章黼八十有三謹識。」（明成化年間刻本）

《韻學集成》（以下簡稱《集成》）的出版頗費周折，也經歷了比較長的時間，據成化丙申歲秋七月望日海虞桑悅書的〈韻學集成序〉記載：

> 練川章先生，名黼，字道常，別號守道，平生隱居教授，不求聞達，著《韻學集成》若干卷，凡收四萬三千餘字，每舉一聲而四聲具者自為帙，二聲三聲絕者如之，仍別為《直音篇》，總考其字之所出，前此未有也。沒後十餘年，其子晃將鋟諸梓，時閩楊吳公克明適以名進士為茲邑令，一時大夫士咸祈其成。吳公難之曰：「《洪武正韻》一書，革江左之偏，音美矣盡矣，萬世所當遵守者也。奚他贅為僉？」曰：「是韻正所以羽翼聖制也。古今以韻名家者不一，《廣韻》梁棟也，《韻會》榱角也，我朝《正韻》一書，擇眾材而修正之，廣居成矣。茲又益之以《龍龕》諸韻，外衛之以城郭，內實之以奇貨，覆庇後學之功不淺淺也。且《正韻》之修，太祖高皇帝運其成規，授之宋濂輩以竟其事。觀大聖人之制作，誠度越千古而無間矣。帝王以萬世之才為才，有臣於數十年後以濂自擬，克遵舊規，少加張惶，亦何尤哉？疑釋已。」遂募好事者經營其費，適欽差提督水利浙江按察僉事豐潤，吳公廷玉按臨茲邑，又力替之人，樂於助。不數月，訖工，僉求予言弁諸首……其著是韻也，苦心焦思積三十餘年始克成編，不得吳公為令以傳之，又

將付之烏有，豈不深可惜耶？天之暫屈吳公所以永伸也。吳公
文章學行俱懸群眾，小試為令，恆以六事自責，以公生明，以
廉生威，邑用大治，此特其一，舉手投足者云。

　　不僅出版頗費周折，該書還曾被毀損或大火燒損過，後來才又補
刻完整的。據賜進士第中憲大夫的時任福建按察司副使張情所撰〈補
刻韻學集成序〉指出：「章君道常復遵《正韻》凡例輯《韻學集成》
一書……板嘗刻於成化間，刓敝半缺，重校而補之。傳布遠近，使人
知上古字之原。」另據嘉靖乙巳年（1545）賜進士第知嘉定縣事古燕
張重所作的《序補刻章氏韻書》記載：「鄉先民章道常氏所著有《韻
學》十三卷《直音》七卷，其板刻於成化間。乃嘉靖乙未（1535）火
亡其十之一。王侯為縣，亟檄好義者刻補之。告完，問敘於張子。」
可見，該書能夠流傳至今，也是歷經艱辛的。

　　《集成》的版本，我們知道的有七種刻本。據《四庫全書存目》
記載，共有五種版本：明成化十七年刻本《新編併音連聲韻學集成十
三卷直音篇七卷》；明成化十七年刻嘉靖二十四年張重、萬曆九年高
薦遞修本《新編併音連聲韻學集成十三卷直音篇七卷》；明萬曆六年
維揚資政左室刻本《新編併音連聲韻學集成十三卷直音篇七卷》；明
萬曆六年維揚資政左室刻本清丁丙跋《重刊併音連聲韻學集成十三
卷》；明萬曆三十四年練川明德書院藏本《新編併音連聲韻學集成十
三卷重訂直音篇七卷》；此外，邵榮芬（1981：95）還提到了清康熙
四年（乙巳）補刻本。李新魁（1983[1]：228）也提及「此書有成化年
間刻本，後又補刻於萬曆辛巳年（1581）。此書自宣德壬子年
（1432）開始寫作，至天順庚辰年（1460）才完稿，歷時近三十
年。」李先生所說的萬曆辛巳年，即萬曆九年。邵先生、李先生所提
到的刻本，分別在首都圖書館和北大圖書館。這些刻本，國家圖書館
藏有兩種：一種是「明萬曆六年維揚資政左室刻」（1578），題名《重

刊併音連聲韻學集成》，另一種刻本筆者看不到原書，但北海分館的工作人員出示的資料為「明成化十七年」的刻本，題名《新編併音連聲韻學集成》；首都圖書館也藏有兩種刻本：一種是「清康熙四年」刻本，另一種是「明萬曆六年」刻本；北大圖書館也藏有兩種版本：一種是「明成化十七年」刻本，另一種是「明萬曆九年」刻本。綜上所述，《集成》的刻本，「萬六本」比較普及。本文採用的刻本就是「萬六本」，即首都圖書館藏明萬曆六年維揚資政左室內刻本、陳世寶重訂本的影印本，見於齊魯書社出版的《四庫全書存目叢書》（經部第二○八冊）。

　　《集成》體例，與《洪武正韻》（以下簡稱《正韻》）較為不同。其韻部分為二十二組（平上去入不分開）七十六韻，若干組成一卷，共分十三卷，在每組韻部之前，都有一類似韻圖、羅列所有小韻首字的總目表，依聲類將小韻首字橫列若干組，每組小韻首字按平上去入四聲相承豎列，並標明七音、清濁、助紐和反切，聲類相同而四呼不同的，則另列標出。如〈凡例〉所言：「今韻所增之字，每字考提依例併收；每韻目錄以領音之字遂一定音切聲號；每音平上去入四聲連之；每字通義詳依韻書增注；字有多音者，以他音切一一次第注之；字有相類者辨正字體偏旁兩相引注。」其韻分類，基本上以一大類分成一卷，東（舉平以賅上、去、入，下同）、真、先、陽、庚類各分一卷；兩或三小類合成一卷，如支齊、魚模、灰皆、寒山、蕭爻、歌麻遮、尤侵、覃鹽類各合成一卷，共十三卷。但每一類自成一圖，用徐博序言的話來說，是「聲韻區分，開卷在目」，這就體現了韻圖的特徵——聲韻調的表格化。這表格化的二十二圖，確實給檢覽者大大提供了方便，也是《集成》體例獨特的一個體現，就連改定《集成》而成的《併音連聲字學集要》，也只是把小韻首字列表於前，而無法將聲類、反切等諸方面內容列表體現於每一韻部之前。可以說，在這點上，《集成》的工具性更強，尤其是其助紐字的使用為聲類的歸納

提供了詳細的材料。這些優點都是《正韻》所沒有的，因而可以說
《集成》的這一體例正好顯示《正韻》的不足之處。

## 第二節　《集成》的研究情況述評

　　對於《集成》的研究，主要是其音系問題，許多專家、學者曾進
行過研究和討論，但存在著較大的分歧，主要有四種。如：

　　張世祿（1990）認為是南北混合派，其「特點有四：一，字母依
照《洪武正韻》，保留濁音；二，保留閉口韻；三，併等為呼；四，
保留平上去入四聲之分。」耿振生（1992：16）將其歸入「混合型等
韻音系」中的「刪併三十六字母而保存全濁聲母的等韻音系」一類
（頁238）。同時，耿先生又認為「《韻學集成》、《聲韻會通》、《字學
集要》都是吳方言系韻書……」高龍奎（2004[2]：78）也認為：「正是
由於《韻學集成》中存在『雅』、『正』及方言成分，才使得韻書表現
出一種複雜的音系系統，成為古今南北的混合體。」

　　李新魁（1983[1]：228-229）把它歸入《正韻》音系，認為是明代
中後期的讀書音。他認為「《韻學集成》本是一部韻書，但各部之前
均列有一韻圖總攝其字音……韻類方面，反映的基本上是《洪武正
韻》的系統。聲母方面，它把三十六字母中的知、照組聲母合在一
起，又併疑於喻（疑紐在開口呼字中仍存在），併娘於泥，所以只有
三十一個聲母。它採用《古今韻會舉要》的作法，以宮商等七音及清
濁來區分聲母，另一方面，又按呼的不同，將聲母分為一百四十四
聲……《韻學集成》的審音定切，有參與明代另一部韻書《中原雅
音》之處，但它的語音系統更接近於《洪武正韻》。」同時，李先生
（1983[1]：255-256）也指出：「明清時代反映讀書音系統的韻圖，除
上舉《字學元元》……之外，還有一些韻圖附於表現明清時期讀書音
的韻書之前，作為韻書列字的綱目……其中比較著名的有明章黼前面

的韻譜……其語音系統與《橫圖》、《直圖》都很相近。它反映的也是明代中後期的讀書音。」楊耐思（1978：255）也認為《集成》「是根據當時流行的多種古今字書、韻書纂集的，收字四萬三千多個，注釋雜采眾說，兼收併蓄。它的音韻系統完全按照《洪武正韻》編輯，計聲母三十一類，韻母七十六類（平、上、去各二十二類，入十類），聲調四類」也持「《正韻》音系說」的觀點。但在聲類的總數上，李先生（1991：118）後來又指出：「明代主要的韻書、韻圖保存或取消全濁音的情況大致如下：保存全濁濁音……《韻學集成》，嘉定人章黼撰，書成於一四八一年之前，分聲母為三十類。」李先生後面提到的「三十」聲類，可以說與本文對聲類系聯的結果是完全一樣的。

　　此外，邵榮芬的《中原雅音研究》一書主要根據章黼《韻學集成》所引述的《中原雅音》注音資料，通過考證和構擬，使失傳已久的《中原雅音》音系基本上得到了還原。邵先生認為《中原雅音》是一三九八至一四六〇年之間的產物，其基礎方言大致是河北井陘一帶的方言。音系具有很多歷史上前所未見的語音特點，如只有三個聲調，影疑母字失聲母後，在一定條件下，增生了幾個聲母，等等，從而能為進一步弄清近代北方語音發展的脈絡提供一些重要線索。

　　以上分歧，主要表現在兩個方面：一個是《集成》到底是屬於什麼性質的音系？一個是《集成》的聲類是多少？各位專家、學者在上述研究中對這兩個方面問題的觀點，為進一步研究《集成》的音系問題提供了很好的參考結論和思路。本文就是想在以上專家、學者研究的基礎上，從《集成》的聲韻調開始，並結合其一系韻書的綜合比較，從歷時和共時比較的角度來分析《集成》的音系問題，為推進對《集成》的全面研究做些添磚加瓦的工作。

# 第三節　《集成》研究方法論

對《集成》的音系研究，聲韻調的界定是至關重要的，從《集成》的體例來看，其韻調已經十分清楚，而在聲類方面，至今卻未有統一的結論。因此，對《集成》聲韻調的研究，主要放在聲類研究上。當然韻調也有必要進行簡要分析，同時主要將《集成》與其關係密切的一系韻書的比較研究，從而對這一系韻書的總體概況有一個全面的認識。因此，本文採用的研究方法主要有以下以個方面：

## 一　統計法

這是貫穿全文的一種研究方法，主要通過數據統計來分析問題，如對小韻首字總數及其歸類進行統計，尤其是在同一韻部中，聲類相同，韻又分為若干小類的反切上字、下字進行統計，主要是運用數學方法進行聚類分析，統計主要為歸納服務，這是較為簡單而又可行的一種方法。

## 二　系聯法

對聲類的研究，則主要採用統計法和陳澧反切系聯法。反切系聯法則是聲類歸納的主要方法。陳澧反切系聯法（1984：2-5）的三個條例是：基本系聯條例、分析條例和補充條例。其基本系聯條例指出：「切語上字與所切之字為雙聲，則切語上字同用者、互用者、遞用者，聲必同類也……切語下字與所切之字為又疊韻，則切語下字同用者、互用者、遞用者，韻必同類也……切語上字即系聯為同類矣，然有實同類而不能系聯者，以其切語上字兩兩互用故也。如多得都當四字，聲本同類，多，得何切；得，多則切；都，當孤切；當，都郎

切。多與得，都與當，兩兩互用，遂不能四字系聯矣。今考《廣韻》，一字兩音者，互注切語，其同一音之兩切語上二字聲必同類，如一東涷，德紅切，又都貢切，一送涷，多貢切。都貢、多貢同一音，則都多二字實同一類也。今於切語上字不系聯而實同類者據此以定之。切語下字既系聯為同類矣，然亦有實同類而不能系聯者，以其切語下字兩兩互用故也。如朱俱無夫四字，韻本同類，朱，章俱切；俱，舉朱切；無，武夫切；夫，甫無切。朱與俱，無與夫，兩兩互用，遂不能四字系聯矣。今考平上去入四韻相承者，其每韻分類亦多相承，切語下字既不系聯，而相承之韻又分類，乃據以定其分類，否則雖不系聯實同類耳。」

　　分析條例是：「《廣韻》同音之字不分兩切語，此必陸氏舊例也。其兩切語下字同類者，則上字必不同類，如紅，戶公切；烘，呼東切；公東韻同類，則戶呼聲不同類。今分析切語上字不同類者，據此定之也。上字同類者，下字必不同類。如公，古紅切；弓，居戎切；古居聲同類，則紅戎韻必不同類。今分析每韻二類、三類、四類者，據此定之也。」

　　補充條例是：「切語上字既系聯為同類矣，然有實同類而不能系聯者，以其切語上字兩兩互用故也。如多得都當四字，聲本同類，多，得何切；得，多則切；都，當孤切；當，都郎切。多與得，都與當兩兩互用，遂不能四字系聯矣，今考《廣韻》一字兩音者，互注切語，其同一音之兩切語，上二字聲必同類，如一東涷，德紅切，又都貢切；一送涷，多貢切。都貢、多貢同一音，則都多二字實同一類也。今於切語上字不系聯而實同類者，據此以定之。切語下字既系聯為同類矣，然亦有實同類而不能系聯者，以其切語下字兩兩互用故也。如朱俱無夫四字，韻本同類，朱，章俱切；俱，舉朱切；無，武夫切；夫，甫無切。朱與俱，無與夫，兩兩互用，遂不能四字系聯矣，今考平上去入四韻相承者，其每韻分類亦多相承。切語下字既不

系聯而相承之韻又分類，乃據以定其分類。否則雖不系聯，實同類耳。」《集成》的聲類絕大多數用基本條例和補充條例系聯出來。其分析條例是用來檢驗系聯結果的一種有效方法，雖然在《集成》的聲類系聯中沒有用上，但在其聲韻類分析及其與《正韻》等韻書比較時，我們用的就是分析條例。

在運用反切系聯規則時，尤其是在聲類的歸類中，我們在某種程度上也是對上切上字的一種聚合關係的分析。

## 三　對比分析法

將《集成》與同一系韻書聲韻調歸併的異同情況進行比較，來分析《集成》與這些韻書之間的聯繫或傳承關係，從而更全面深入地對《集成》音系進行分析。對比分析的主要內容有：

第一，通過聲類的系聯，分析其與「七音三十六母反切定局」的關係，以及其對中古聲母的合併情況。

第二，通過切語的對比分析，來看《集成》與《正韻》、《韻會》等諸韻書之間切語的異同，從而為進一步探索其傳承關係積累語言材料。

第三，通過把《集成》與其他韻書的宏觀（如體例等）和微觀（如個別韻字的聲韻調異同比較等）比較，來探索《集成》與其他相關韻書的有音系關係。

## 四　類推法

主要用在不同韻書之間的歷史比較上，通過一些韻字的異同分析和比較，來推證韻書之間的歷史淵源；在聲、韻、調的分析上，通過類推法，也可以為我們更科學地分析語音材料提供科學的思路，如在

韻母分析中，二十二個韻部中，每個韻部可再細分為若干個小類時，先以東韻為例，把東韻的小韻與中古音進行比較，來分析韻字歸併的中古來源及其與中古的異同。在分析其他各個韻部時，也依東韻的方法，通過類推法來觀照這些韻部的細分問題等；又如通過由「喻疑」的合併，類推到「泥娘」、「非敷」和「知照」等的合併，從而分析其合併的規律性；從聲母的排序來類推其七音清濁的是非；還有，如小韻首字的排列順序，由東、支、魚等韻推及其他各韻，等等。

## 五　審音法

按耿振生（2004：163）的說法，審音法就是「根據音系結構和語音發展規律來研究古音，檢驗文獻材料的考據結果，決斷音類的分合」。他說：「王力在《上古韻母系統研究》一文中把清代古音學家分為『考古派』和『審音派』，審音派的特點是『以等韻為出發點，往往用等韻的理論來證明古音』，『最大特色就是入聲完全獨立，換句話說，就陰陽入三分。』王先生對兩派的劃分包含著研究方法的標準，但不完全以研究方法為標準：『用等韻的理論來證明古音』，是研究古音的方法，『陰陽入三分』則是審音的結果，是審音派學者所分韻部的一種特徵。」耿先生還列舉了唐作藩先生《論清代古音學的審音派》中對審音派特點的界定。《古漢語知識詳解辭典》（1996：269）指出：「審音派有時主觀臆測，分合不盡合理，如『祭』部古本入聲，應與『月』部合併，而戴震則認為是陰聲韻，獨立為一部；又如『歌』部本陰聲，而戴震則定為陽聲韻，與陰聲韻『魚』部、入聲韻『鐸』部相配。」我們的審音法則採用耿先生的定義，主要根據音系結構和語音發展規律來研究古音，我們對《集成》聲類分合的古今對比和韻部分類的分析，都運用了審音法。

# 第四節　《集成》研究的學術意義

　　《集成》是明代韻書，還具備了韻圖的一些特點，其聲韻調的分類及歸併特點，總體是比較清晰的。但由於其編纂的時代離我們的時代比較久遠，其編纂所參酌的語言材料、反映的語音事實及其與其他相關字書或韻書的關係等問題，都需要我們進行深入的整理、分析和研究，才能有更加清晰的認識和更全面的瞭解。

　　《四庫全書提要》對《集成》的評價很低，《集成》卷末附有「《四庫全書總目》〈韻學集成十三卷〉提要」（浙江鮑士恭家藏本）：「明章黼撰。黼，字道常，嘉定人。是書分部一準《洪武正韻》，每部之中以平仄相從，四聲具者九部，三聲無入者十一部，其隸字先後則從《韻會舉要》之例，以字母為序。……其字多收《篇海》、《龍龕手鏡》之怪體，其音兼載《中原音韻》之北聲。凡四萬三千餘字。自記稱，始於宣德壬子，成於天順庚辰。計其用力，凡二十九年，可謂專精於是。然以《正韻》為主，根本先謬，其他不足言矣。」同時，《集成》也不是官修韻書，加之章氏在行文中有諸多校對上的錯誤，不被人們所重視是自然的。

　　《集成》雖然存在著一些錯漏，而且確實是依《正韻》定例，但它並不是簡單對《正韻》模仿和抄襲，所以一些專家學者在作出不高評價的同時，也都提到它的一些作用，如趙蔭棠（1957：142）就指出：「此書雖於音理上無多貢獻，但在翻查當時的讀音上亦有許多便利。他在凡例上說：『《中原雅音》，以濁音字更作清音，及無入聲，今注於韻該更音聲之下。』因此之故，我們在另一方面很可以用它——檢查北音」。楊耐思（1978）也指出：「從漢語音韻史的角度看，這部韻書本身的價值是微乎其微的，但是它所採錄的各種韻書，其中一部《中原雅音》，卻是值得我們注意的。」正如序言的評價一樣，《集成》確實有其重要的音學地位。據書中成化十七年歲次辛丑

春三月朔吉，賜進士出身文林郎陝西監察御史邑人徐博所書〈韻學集成序〉記載：「……吾嘉章君道常，韜晦丘園，教授鄉里，暇則搜閱《三蒼》、《爾雅》、《字說》、《字林》、《韻集》、《韻略》、《說文》、《玉篇》、《廣韻》、《韻會》、《聲韻》、《聲譜》、《雅音》諸家書，通按司馬溫公三十六字母，自約為一百四十四聲，辨開合以分輕重，審清濁以訂虛實，極五音六律之變，分為四聲八轉之異。然聲韻區分，開卷在目，總之得四萬餘字，每一字而四聲隨之，名曰《韻學集成》，別為《直音篇》，乃韻之鈐鍵，便學者檢覽其用，心可謂勤且密矣。雖然一依《正韻》定例，蓋亦遵時王之制，可尚也……」另據賜進士第中憲大夫的時任福建按察司副使張情於嘉靖己未年所撰〈補刻韻學集成序〉指出：「章君道常復遵《正韻》凡例輯《韻學集成》一書。羽翼文教宣昭六書，莫非順其自然之理，使人復見天地之全。由是天下無不可讀之書，八方無不可通之音，真字學之大成也。板嘗刻於成化間，刓敝半缺，重校而補之。傳布遠近，使人知上古字之原。」該序對《集成》的評價相當高。就以上兩篇序言所評價的內容而言，它至少還具有以下幾個方面的重要作用：它具有顯著的韻圖功能，每韻前面的小韻首字總目錄，從聲、韻、調及反切等方面進行列表定位，「七音三十六母反切定局」使歸類一目了然，同時對反切系聯的結果也起到很好的驗證作用；它仿而不拘，體例獨特，克服了《正韻》在編排體例上的許多不足，對深入研究《正韻》起到很好的輔助作用；它史料豐富、例字詳盡、《直音》便覽等方面的特點，也都是值得研究的，尤其是在檢覽韻字方面有其獨到之處；它還體現時音的特點，不僅考釋韻字的來龍去脈及歸併情況（如：危，元從支韻，舊韻魚為切；角次濁次音；《正韻》吾回切……《洪武正韻》危巍峞三韻字通併音吾回切；《中原雅音》以峞韋為危維巍六音等字併作一音餘回切），還經常同時列舉《正韻》、《韻會》和《中原雅音》等韻書的不同，為橫向比較這些韻書提供了寶貴的材料，等等。拙作（2004[2]：

54）就曾對其音韻價值進行討論。總之，筆者認為，對《集成》的研究，具有重要的學術價值，它是我們深入研究《正韻》一系韻書所不能缺少的一部韻書，它也為我們對明代南系韻書的橫向比較提供了一份詳實的語言材料。

# 第二章
# 《集成》聲韻調

## 第一節　《集成》小韻首字總表

　　《集成》共有小韻首字兩千五百七十一個，分別以目錄的形式列表於每韻前面。而其聲韻調的研究，主要是對這些小韻首字的歸納和研究，聲類的考究主要採用陳澧的反切系聯法，而《集成》已明確地將韻部分為二十二組，我們主要考求其歸併情況。由於《集成》小韻首字的目錄與正文內容有諸多不合現象，筆者都一一進行校對，如：目錄中的「鹽」韻第七類標為「羽次濁音」，包括的助紐有寅延、銀言兩類，這顯然有誤（詳見下文論述），「七音三十六母反切定局」明確標明「銀言」屬「角次濁」音，且正文中也標注助紐為銀言的「嚴」韻為「角次濁」音，因此，本表就將其「七音清濁」更正為「角次濁」音；又如「侵」韻「熠」字，目錄標其反切為「戈入」切，正文標「弋入」切，從該字所屬聲部「寅延」及系聯情況來看，顯然是正文所標為正，目錄為誤，此表將其改正；此外，還有一些錯誤，如小韻首字有誤、助紐字有誤、韻類歸併有誤等等，都一一改正。同時，將這些小韻首字的的七音、助紐和反切整理出來，列成下表。為了便於查找和敘述，我們在每個小韻首字之前加了一個編號；另外，為了方便系聯，排序以助紐及反切上字音序為主：

| 1 | 包 | 宮 | 賓邊 | 班交 | 4 | 柄 | 宮 | 賓邊 | 陂病 |
| 2 | 背 | 宮 | 賓邊 | 邦妹 | 5 | 窆 | 宮 | 賓邊 | 陂驗 |
| 3 | 巴 | 宮 | 賓邊 | 邦加 | 6 | 裱 | 宮 | 賓邊 | 悲廟 |

| | | | |
|---|---|---|---|
| 7 崩 | 宮 | 賓邊 | 悲朋 |
| 8 砭 | 宮 | 賓邊 | 悲廉 |
| 9 貶 | 宮 | 賓邊 | 悲檢 |
| 10 迸 | 宮 | 賓邊 | 北孟 |
| 11 逋 | 宮 | 賓邊 | 奔模 |
| 12 鉢 | 宮 | 賓邊 | 比末 |
| 13 表 | 宮 | 賓邊 | 彼小 |
| 14 鴘 | 宮 | 賓邊 | 彼及 |
| 15 閉 | 宮 | 賓邊 | 必計 |
| 16 稟 | 宮 | 賓邊 | 必敏 |
| 17 儐 | 宮 | 賓邊 | 必刃 |
| 18 鷩 | 宮 | 賓邊 | 必列 |
| 19 霸 | 宮 | 賓邊 | 必駕 |
| 20 壁 | 宮 | 賓邊 | 必曆 |
| 21 北 | 宮 | 賓邊 | 必勒 |
| 22 扁 | 宮 | 賓邊 | 畀民 |
| 23 邊 | 宮 | 賓邊 | 畢眠 |
| 24 徧 | 宮 | 賓邊 | 畢見 |
| 25 猋 | 宮 | 賓邊 | 畢遙 |
| 26 必 | 宮 | 賓邊 | 壁吉 |
| 27 琫 | 宮 | 賓邊 | 邊孔 |
| 28 篦 | 宮 | 賓邊 | 邊迷 |
| 29 秘 | 宮 | 賓邊 | 兵媚 |
| 30 博 | 宮 | 賓邊 | 伯各 |
| 31 卜 | 宮 | 賓邊 | 博木 |
| 32 補 | 宮 | 賓邊 | 博古 |
| 33 布 | 宮 | 賓邊 | 博故 |
| 34 半 | 宮 | 賓邊 | 博漫 |
| 35 飽 | 宮 | 賓邊 | 博巧 |
| 36 褒 | 宮 | 賓邊 | 博毛 |
| 37 寶 | 宮 | 賓邊 | 博浩 |
| 38 報 | 宮 | 賓邊 | 博耗 |
| 39 邦 | 宮 | 賓邊 | 博旁 |
| 40 悲 | 宮 | 賓邊 | 逋眉 |
| 41 奔 | 宮 | 賓邊 | 逋昆 |
| 42 奔 | 宮 | 賓邊 | 逋悶 |
| 43 不 | 宮 | 賓邊 | 逋骨 |
| 44 般 | 宮 | 賓邊 | 逋潘 |
| 45 班 | 宮 | 賓邊 | 逋還 |
| 46 扮 | 宮 | 賓邊 | 逋患 |
| 47 堋 | 宮 | 賓邊 | 逋鄧 |
| 48 兵 | 宮 | 賓邊 | 晡明 |
| 49 彼 | 宮 | 賓邊 | 補委 |
| 50 毗 | 宮 | 賓邊 | 補米 |
| 51 擺 | 宮 | 賓邊 | 補買 |
| 52 粄 | 宮 | 賓邊 | 補滿 |
| 53 版 | 宮 | 賓邊 | 補綰 |
| 54 匾 | 宮 | 賓邊 | 補典 |
| 55 波 | 宮 | 賓邊 | 補禾 |
| 56 跛 | 宮 | 賓邊 | 補火 |
| 57 播 | 宮 | 賓邊 | 補過 |
| 58 把 | 宮 | 賓邊 | 補下 |
| 59 榜 | 宮 | 賓邊 | 補曩 |
| 60 謗 | 宮 | 賓邊 | 補曠 |

| 61 | 丙 | 宮 | 賓邊 | 補永 | 88 | 秠 | 宮 | 繽偏 | 匹尤 |
| 62 | 絣 | 宮 | 賓邊 | 補耕 | 89 | 匹 | 宮 | 繽偏 | 僻吉 |
| 63 | 裲 | 宮 | 賓邊 | 補梗 | 90 | 歕 | 宮 | 繽偏 | 鋪魂 |
| 64 | 彪 | 宮 | 賓邊 | 補尤 | 91 | 潘 | 宮 | 繽偏 | 鋪官 |
| 65 | 悋 | 宮 | 賓邊 | 布委 | 92 | 栩 | 宮 | 繽偏 | 普本 |
| 66 | 拜 | 宮 | 賓邊 | 布怪 | 93 | 噴 | 宮 | 繽偏 | 普悶 |
| 67 | 本 | 宮 | 賓邊 | 布袞 | 94 | 朏 | 宮 | 繽偏 | 普沒 |
| 68 | 八 | 宮 | 賓邊 | 布拔 | 95 | 坢 | 宮 | 繽偏 | 普伴 |
| 69 | 豹 | 宮 | 賓邊 | 布教 | 96 | 判 | 宮 | 繽偏 | 普半 |
| 70 | 探 | 宮 | 賓邊 | 布垢 | 97 | 潑 | 宮 | 繽偏 | 普活 |
| 71 | 杯 | 宮 | 賓邊 | 晡回 | 98 | 帕 | 宮 | 繽偏 | 普駕 |
| 72 | 伯 | 宮 | 賓邊 | 博陌 | 99 | 滂 | 宮 | 繽偏 | 普郎 |
| 73 | 漂 | 宮 | 繽偏 | 紕招 | 100 | 胖 | 宮 | 繽偏 | 普浪 |
| 74 | 標 | 宮 | 繽偏 | 匹沼 | 101 | 呸 | 宮 | 繽偏 | 普溝 |
| 75 | 勳 | 宮 | 繽偏 | 匹妙 | 102 | 剖 | 宮 | 繽偏 | 普厚 |
| 76 | 品 | 宮 | 繽偏 | 丕敏 | 103 | 穿 | 次商 | 嗔昌 | 昌緣 |
| 77 | 繽 | 宮 | 繽偏 | 紕民 | 104 | 歂 | 次商 | 嗔昌 | 昌悅 |
| 78 | 篇 | 宮 | 繽偏 | 紕連 | 105 | 舛 | 次商 | 嗔昌 | 尺兗 |
| 79 | 鵃 | 宮 | 繽偏 | 披免 | 106 | 釧 | 次商 | 嗔昌 | 樞絹 |
| 80 | 葩 | 宮 | 繽偏 | 披巴 | 107 | 娒 | 次商 | 嗔延 | 測角 |
| 81 | 妑 | 宮 | 繽偏 | 披馬 | 108 | 雺 | 次商 | 嗔延 | 測洽 |
| 82 | 額 | 宮 | 繽偏 | 匹刃 | 109 | 差 | 次商 | 嗔延 | 叉茲 |
| 83 | 片 | 宮 | 繽偏 | 匹見 | 110 | 處 | 次商 | 嗔延 | 昌據 |
| 84 | 撇 | 宮 | 繽偏 | 匹蔑 | 111 | 吹 | 次商 | 嗔延 | 昌垂 |
| 85 | 滂 | 宮 | 繽偏 | 匹朗 | 112 | 杵 | 次商 | 嗔延 | 敞呂 |
| 86 | 粕 | 宮 | 繽偏 | 匹各 | 113 | 瞋 | 次商 | 嗔延 | 稱人 |
| 87 | 踣 | 宮 | 繽偏 | 匹候 | 114 | 毳 | 次商 | 嗔延 | 蟲瑞 |

| 115 | 叱 | 次商 | 嗔延 | 尺粟 | 142 | 喦 | 次商 | 嗔延 | 初減 |
| 116 | 蠡 | 次商 | 嗔延 | 尺允 | 143 | 初 | 次商 | 嗔延 | 楚徂 |
| 117 | 出 | 次商 | 嗔延 | 尺律 | 144 | 揣 | 次商 | 嗔延 | 楚委 |
| 118 | 臭 | 次商 | 嗔延 | 尺救 | 145 | 剗 | 次商 | 嗔延 | 楚產 |
| 119 | 姹 | 次商 | 嗔延 | 齒下 | 146 | 鑔 | 次商 | 嗔延 | 楚諫 |
| 120 | 丑 | 次商 | 嗔延 | 敕九 | 147 | 讒 | 次商 | 嗔延 | 楚交 |
| 121 | 犳 | 次商 | 嗔延 | 充山 | 148 | 炒 | 次商 | 嗔延 | 楚絞 |
| 122 | 摳 | 次商 | 嗔延 | 抽居 | 149 | 鈔 | 次商 | 嗔延 | 楚教 |
| 123 | 蹍 | 次商 | 嗔延 | 丑忍 | 150 | 碟 | 次商 | 嗔延 | 楚兩 |
| 124 | 趂 | 次商 | 嗔延 | 丑刃 | 151 | 靭 | 次商 | 嗔延 | 楚浪 |
| 125 | 詫 | 次商 | 嗔延 | 丑亞 | 152 | 篘 | 次商 | 嗔延 | 楚搜 |
| 126 | 抽 | 次商 | 嗔延 | 丑鳩 | 153 | 墋 | 次商 | 嗔延 | 楚錦 |
| 127 | 歊 | 次商 | 嗔延 | 初紀 | 154 | 識 | 次商 | 嗔延 | 楚禁 |
| 128 | 廁 | 次商 | 嗔延 | 初寺 | 155 | 懺 | 次商 | 嗔延 | 楚鑒 |
| 129 | 齔 | 次商 | 嗔延 | 初謹 | 156 | 楚 | 次商 | 嗔延 | 創祖 |
| 130 | 櫬 | 次商 | 嗔延 | 初覲 | 157 | 楚 | 次商 | 嗔延 | 創故 |
| 131 | 刹 | 次商 | 嗔延 | 初栗 | 158 | 春 | 次商 | 嗔延 | 摳倫 |
| 132 | 察 | 次商 | 嗔延 | 初戛 | 159 | 時 | 次商 | 辰常 | 辰之 |
| 133 | 篡 | 次商 | 嗔延 | 初患 | 160 | 常 | 次商 | 辰常 | 辰羊 |
| 134 | 劁 | 次商 | 嗔延 | 初刮 | 161 | 是 | 次商 | 辰常 | 上紙 |
| 135 | 叉 | 次商 | 嗔延 | 初加 | 162 | 豎 | 次商 | 辰常 | 上主 |
| 136 | 瘡 | 次商 | 嗔延 | 初莊 | 163 | 殊 | 次商 | 辰常 | 尚朱 |
| 137 | 輈 | 次商 | 嗔延 | 初九 | 164 | 侍 | 次商 | 辰常 | 時吏 |
| 138 | 簉 | 次商 | 嗔延 | 初救 | 165 | 尚 | 次商 | 辰常 | 時亮 |
| 139 | 參 | 次商 | 嗔延 | 初簪 | 166 | 杓 | 次商 | 辰常 | 時灼 |
| 140 | 屆 | 次商 | 嗔延 | 初戢 | 167 | 誰 | 次商 | 辰常 | 視佳 |
| 141 | 攙 | 次商 | 嗔延 | 初銜 | 168 | 上 | 次商 | 辰常 | 是掌 |

| 169 | 樹 | 次商 | 辰常 | 殊遇 | 196 | 墜 | 次商 | 陳廛 | 直類 |
| 170 | 瑞 | 次商 | 辰常 | 殊偽 | 197 | 紖 | 次商 | 陳廛 | 直忍 |
| 171 | 除 | 次商 | 陳廛 | 長魚 | 198 | 陣 | 次商 | 陳廛 | 直刃 |
| 172 | 馳 | 次商 | 陳廛 | 陳知 | 199 | 秩 | 次商 | 陳廛 | 直質 |
| 173 | 纏 | 次商 | 陳廛 | 呈延 | 200 | 術 | 次商 | 陳廛 | 直律 |
| 174 | 丈 | 次商 | 陳廛 | 呈兩 | 201 | 贐 | 次商 | 陳廛 | 直善 |
| 175 | 朕 | 次商 | 陳廛 | 呈稔 | 202 | 纏 | 次商 | 陳廛 | 直碾 |
| 176 | 陳 | 次商 | 陳廛 | 池鄰 | 203 | 轍 | 次商 | 陳廛 | 直列 |
| 177 | 潮 | 次商 | 陳廛 | 馳遙 | 204 | 趙 | 次商 | 陳廛 | 直紹 |
| 178 | 蟲 | 次商 | 陳廛 | 持中 | 205 | 召 | 次商 | 陳廛 | 直笑 |
| 179 | 沈 | 次商 | 陳廛 | 持林 | 206 | 棹 | 次商 | 陳廛 | 直教 |
| 180 | 橙 | 次商 | 陳廛 | 除庚 | 207 | 仗 | 次商 | 陳廛 | 直亮 |
| 181 | 場 | 次商 | 陳廛 | 除梗 | 208 | 著 | 次商 | 陳廛 | 直略 |
| 182 | 鋥 | 次商 | 陳廛 | 除更 | 209 | 宅 | 次商 | 陳廛 | 直格 |
| 183 | 儔 | 次商 | 陳廛 | 除留 | 210 | 呈 | 次商 | 陳廛 | 直征 |
| 184 | 巢 | 次商 | 陳廛 | 鋤交 | 211 | 鄭 | 次商 | 陳廛 | 直正 |
| 185 | 傑 | 次商 | 陳廛 | 鉏絞 | 212 | 宙 | 次商 | 陳廛 | 直又 |
| 186 | 崱 | 次商 | 陳廛 | 疾力 | 213 | 鳩 | 次商 | 陳廛 | 直禁 |
| 187 | 雉 | 次商 | 陳廛 | 丈幾 | 214 | 蟄 | 次商 | 陳廛 | 直立 |
| 188 | 柱 | 次商 | 陳廛 | 丈呂 | 215 | 沗 | 次商 | 陳廛 | 直廉 |
| 189 | 徎 | 次商 | 陳廛 | 丈井 | 216 | 牒 | 次商 | 陳廛 | 直獵 |
| 190 | 紂 | 次商 | 陳廛 | 丈九 | 217 | 箸 | 次商 | 陳廛 | 治據 |
| 191 | 重 | 次商 | 陳廛 | 直隴 | 218 | 長 | 次商 | 陳廛 | 仲良 |
| 192 | 仲 | 次商 | 陳廛 | 直眾 | 219 | 橡 | 次商 | 陳廛 | 重員 |
| 193 | 逐 | 次商 | 陳廛 | 直六 | 220 | 直 | 次商 | 陳廛 | 逐力 |
| 194 | 治 | 次商 | 陳廛 | 直意 | 221 | 篆 | 次商 | 陳廛 | 柱兗 |
| 195 | 椎 | 次商 | 陳廛 | 直追 | 222 | 傳 | 次商 | 陳廛 | 柱戀 |

| | | | | | | | | |
|---|---|---|---|---|---|---|---|---|
| 223 | 充 | 次商 | 稱燀 | 昌中 | 250 | 籠 | 次商 | 稱燀 | 丑勇 |
| 224 | 柷 | 次商 | 稱燀 | 昌六 | 251 | 憃 | 次商 | 稱燀 | 丑用 |
| 225 | 犝 | 次商 | 稱燀 | 昌來 | 252 | 眙 | 次商 | 稱燀 | 丑吏 |
| 226 | 茝 | 次商 | 稱燀 | 昌亥 | 253 | 蟶 | 次商 | 稱燀 | 丑成 |
| 227 | 覘 | 次商 | 稱燀 | 昌召 | 254 | 逞 | 次商 | 稱燀 | 丑郢 |
| 228 | 車 | 次商 | 稱燀 | 昌遮 | 255 | 稱 | 次商 | 稱燀 | 丑正 |
| 229 | 撦 | 次商 | 稱燀 | 昌者 | 256 | 琛 | 次商 | 稱燀 | 丑林 |
| 230 | 敞 | 次商 | 稱燀 | 昌兩 | 257 | 踸 | 次商 | 稱燀 | 丑錦 |
| 231 | 赤 | 次商 | 稱燀 | 昌石 | 258 | 闖 | 次商 | 稱燀 | 丑禁 |
| 232 | 蹼 | 次商 | 稱燀 | 昌豔 | 259 | 諂 | 次商 | 稱燀 | 丑琰 |
| 233 | 超 | 次商 | 稱燀 | 蚩招 | 260 | 諿 | 次商 | 稱燀 | 丑涉 |
| 234 | 襜 | 次商 | 稱燀 | 蚩占 | 261 | 釵 | 次商 | 稱燀 | 初皆 |
| 235 | 侈 | 次商 | 稱燀 | 尺里 | 262 | 測 | 次商 | 稱燀 | 初力 |
| 236 | 繟 | 次商 | 稱燀 | 尺戰 | 263 | 瘥 | 次商 | 稱燀 | 楚懈 |
| 237 | 唱 | 次商 | 稱燀 | 尺亮 | 264 | 帶 | 徵 | 丁顙 | 當蓋 |
| 238 | 綽 | 次商 | 稱燀 | 尺約 | 265 | 咄 | 徵 | 丁顙 | 當沒 |
| 239 | 淖 | 次商 | 稱燀 | 尺入 | 266 | 妲 | 徵 | 丁顙 | 當技 |
| 240 | 闡 | 次商 | 稱燀 | 齒善 | 267 | 丁 | 徵 | 丁顙 | 當經 |
| 241 | 娖 | 次商 | 稱燀 | 齒沼 | 268 | 兜 | 徵 | 丁顙 | 當侯 |
| 242 | 昌 | 次商 | 稱燀 | 齒良 | 269 | 鬥 | 徵 | 丁顙 | 當口 |
| 243 | 坼 | 次商 | 稱燀 | 恥格 | 270 | 多 | 徵 | 丁顙 | 得何 |
| 244 | 徹 | 次商 | 稱燀 | 敕列 | 271 | 釱 | 徵 | 丁顙 | 得立 |
| 245 | 掌 | 次商 | 稱燀 | 敕諍 | 272 | 答 | 徵 | 丁顙 | 得合 |
| 246 | 趂 | 次商 | 稱燀 | 充夜 | 273 | 東 | 徵 | 丁顙 | 德紅 |
| 247 | 摛 | 次商 | 稱燀 | 抽知 | 274 | 底 | 徵 | 丁顙 | 典禮 |
| 248 | 梃 | 次商 | 稱燀 | 抽延 | 275 | 帝 | 徵 | 丁顙 | 丁計 |
| 249 | 檉 | 次商 | 稱燀 | 抽庚 | 276 | 黕 | 徵 | 丁顙 | 丁來 |

| 277 | 戴 | 徵 | 丁顛 | 丁代 | 304 | 頓 | 徵 | 丁顛 | 都困 |
| 278 | 頓 | 徵 | 丁顛 | 丁本 | 305 | 短 | 徵 | 丁顛 | 都管 |
| 279 | 殿 | 徵 | 丁顛 | 丁練 | 306 | 鍛 | 徵 | 丁顛 | 都玩 |
| 280 | 闐 | 徵 | 丁顛 | 丁結 | 307 | 掇 | 徵 | 丁顛 | 都括 |
| 281 | 觶 | 徵 | 丁顛 | 丁可 | 308 | 單 | 徵 | 丁顛 | 都艱 |
| 282 | 癉 | 徵 | 丁顛 | 丁佐 | 309 | 貂 | 徵 | 丁顛 | 丁聊 |
| 283 | 陜 | 徵 | 丁顛 | 丁戈 | 310 | 鳥 | 徵 | 丁顛 | 丁了 |
| 284 | 爹 | 徵 | 丁顛 | 丁邪 | 311 | 刀 | 徵 | 丁顛 | 都高 |
| 285 | 當 | 徵 | 丁顛 | 丁浪 | 312 | 倒 | 徵 | 丁顛 | 都皓 |
| 286 | 矴 | 徵 | 丁顛 | 丁定 | 313 | 到 | 徵 | 丁顛 | 都導 |
| 287 | 的 | 徵 | 丁顛 | 丁歷 | 314 | 朵 | 徵 | 丁顛 | 都火 |
| 288 | 嶝 | 徵 | 丁顛 | 丁鄧 | 315 | 剁 | 徵 | 丁顛 | 都唾 |
| 289 | 丟 | 徵 | 丁顛 | 丁羞 | 316 | 打 | 徵 | 丁顛 | 都瓦 |
| 290 | 鬥 | 徵 | 丁顛 | 丁候 | 317 | 當 | 徵 | 丁顛 | 都郎 |
| 291 | 鬪 | 徵 | 丁顛 | 丁林 | 318 | 椓 | 徵 | 丁顛 | 都角 |
| 292 | 駝 | 徵 | 丁顛 | 丁紺 | 319 | 頂 | 徵 | 丁顛 | 都領 |
| 293 | 占 | 徵 | 丁顛 | 丁廉 | 320 | 登 | 徵 | 丁顛 | 都騰 |
| 294 | 跕 | 徵 | 丁顛 | 丁協 | 321 | 耽 | 徵 | 丁顛 | 都含 |
| 295 | 都 | 徵 | 丁顛 | 東徒 | 322 | 紞 | 徵 | 丁顛 | 都感 |
| 296 | 睹 | 徵 | 丁顛 | 董五 | 323 | 儋 | 徵 | 丁顛 | 都監 |
| 297 | 篤 | 徵 | 丁顛 | 都毒 | 324 | 膽 | 徵 | 丁顛 | 都敢 |
| 298 | 低 | 徵 | 丁顛 | 都黎 | 325 | 擔 | 徵 | 丁顛 | 都濫 |
| 299 | 妒 | 徵 | 丁顛 | 都故 | 326 | 皺 | 徵 | 丁顛 | 都盍 |
| 300 | 堆 | 徵 | 丁顛 | 都回 | 327 | 店 | 徵 | 丁顛 | 都念 |
| 301 | 埻 | 徵 | 丁顛 | 都罪 | 328 | 董 | 徵 | 丁顛 | 多動 |
| 302 | 對 | 徵 | 丁顛 | 都內 | 329 | 凍 | 徵 | 丁顛 | 多貢 |
| 303 | 敦 | 徵 | 丁顛 | 都昆 | 330 | 等 | 徵 | 丁顛 | 多改 |

| 331 | 歹 | 徵 | 丁顛 | 多乃 | 358 | 粉 | 次宮 | 芬番 | 府吻 |
|---|---|---|---|---|---|---|---|---|---|
| 332 | 端 | 徵 | 丁顛 | 多官 | 359 | 腜 | 次宮 | 芬番 | 府範 |
| 333 | 亶 | 徵 | 丁顛 | 多簡 | 360 | 風 | 次宮 | 芬蕃 | 方中 |
| 334 | 旦 | 徵 | 丁顛 | 多諫 | 361 | 捧 | 次宮 | 芬蕃 | 方孔 |
| 335 | 顛 | 徵 | 丁顛 | 多年 | 362 | 諷 | 次宮 | 芬蕃 | 方鳳 |
| 336 | 典 | 徵 | 丁顛 | 多殄 | 363 | 福 | 次宮 | 芬蕃 | 方六 |
| 337 | 弔 | 徵 | 丁顛 | 多笑 | 364 | 販 | 次宮 | 芬蕃 | 方諫 |
| 338 | 黨 | 徵 | 丁顛 | 多朗 | 365 | 發 | 次宮 | 芬蕃 | 方伐 |
| 339 | 等 | 徵 | 丁顛 | 多肯 | 366 | 敷 | 次宮 | 芬蕃 | 芳無 |
| 340 | 德 | 徵 | 丁顛 | 多則 | 367 | 赴 | 次宮 | 芬蕃 | 芳故 |
| 341 | 點 | 徵 | 丁顛 | 多忝 | 368 | 撫 | 次宮 | 芬蕃 | 斐古 |
| 342 | 鴉 | 次宮 | 分蕃 | 方鳩 | 369 | 翻 | 次宮 | 芬蕃 | 孚覲 |
| 343 | 覆 | 次宮 | 分蕃 | 敷救 | 370 | 返 | 次宮 | 芬蕃 | 甫版 |
| 344 | 缶 | 次宮 | 分蕃 | 俯九 | 371 | 迚 | 次宮 | 墳煩 | 防罔 |
| 345 | 糞 | 次宮 | 芬番 | 方問 | 372 | 伏 | 次宮 | 墳煩 | 房六 |
| 346 | 法 | 次宮 | 芬番 | 方甲 | 373 | 憤 | 次宮 | 墳煩 | 房吻 |
| 347 | 霏 | 次宮 | 芬番 | 芳微 | 374 | 分 | 次宮 | 墳煩 | 房問 |
| 348 | 費 | 次宮 | 芬番 | 芳未 | 375 | 伐 | 次宮 | 墳煩 | 房滑 |
| 349 | 紡 | 次宮 | 芬番 | 妃兩 | 376 | 浮 | 次宮 | 墳煩 | 房鳩 |
| 350 | 斐 | 次宮 | 芬番 | 敷尾 | 377 | 阜 | 次宮 | 墳煩 | 房缶 |
| 351 | 芬 | 次宮 | 芬番 | 敷文 | 378 | 範 | 次宮 | 墳煩 | 房琰 |
| 352 | 拂 | 次宮 | 芬番 | 敷勿 | 379 | 鳳 | 次宮 | 墳煩 | 馮貢 |
| 353 | 芳 | 次宮 | 芬番 | 敷房 | 380 | 扶 | 次宮 | 墳煩 | 逢夫 |
| 354 | 訪 | 次宮 | 芬番 | 敷亮 | 381 | 父 | 次宮 | 墳煩 | 扶古 |
| 355 | 芝 | 次宮 | 芬番 | 敷凡 | 382 | 飯 | 次宮 | 墳煩 | 扶諫 |
| 356 | 尃 | 次宮 | 芬番 | 孚縛 | 383 | 複 | 次宮 | 墳煩 | 扶救 |
| 357 | 泛 | 次宮 | 芬番 | 孚梵 | 384 | 梵 | 次宮 | 墳煩 | 扶泛 |

| | | | | | | | | |
|---|---|---|---|---|---|---|---|---|
| 385 | 乏 | 次宮 | 墳煩 | 扶法 | 412 | 卒 | 商 | 津煎 | 臧沒 |
| 386 | 馮 | 次宮 | 墳煩 | 符中 | 413 | 奏 | 商 | 津煎 | 則侯 |
| 387 | 肥 | 次宮 | 墳煩 | 符非 | 414 | 焦 | 商 | 津煎 | 茲消 |
| 388 | 附 | 次宮 | 墳煩 | 符遇 | 415 | 禒 | 商 | 津煎 | 咨林 |
| 389 | 焚 | 次宮 | 墳煩 | 符分 | 416 | 津 | 商 | 津煎 | 資辛 |
| 390 | 佛 | 次宮 | 墳煩 | 符勿 | 417 | 苴 | 商 | 津煎 | 子餘 |
| 391 | 煩 | 次宮 | 墳煩 | 符艱 | 418 | 苴 | 商 | 津煎 | 子與 |
| 392 | 縛 | 次宮 | 墳煩 | 符臥 | 419 | 堲 | 商 | 津煎 | 子悉 |
| 393 | 房 | 次宮 | 墳煩 | 符方 | 420 | 繓 | 商 | 津煎 | 子括 |
| 394 | 防 | 次宮 | 墳煩 | 符訪 | 421 | 鑴 | 商 | 津煎 | 子全 |
| 395 | 縛 | 次宮 | 墳煩 | 符約 | 422 | 騰 | 商 | 津煎 | 子充 |
| 396 | 凡 | 次宮 | 墳煩 | 符咸 | 423 | 蕝 | 商 | 津煎 | 子悅 |
| 397 | 奉 | 次宮 | 墳煩 | 父勇 | 424 | 剿 | 商 | 津煎 | 子小 |
| 398 | 陫 | 次宮 | 墳煩 | 父尾 | 425 | 醮 | 商 | 津煎 | 子肖 |
| 399 | 扉 | 次宮 | 墳煩 | 父沸 | 426 | 酒 | 商 | 津煎 | 子酉 |
| 400 | 湆 | 商 | 津煎 | 齎入 | 427 | 走 | 商 | 津煎 | 子口 |
| 401 | 觜 | 商 | 津煎 | 即委 | 428 | 怎 | 商 | 津煎 | 子呌 |
| 402 | 檇 | 商 | 津煎 | 即忍 | 429 | 窨 | 商 | 津煎 | 子袵 |
| 403 | 晉 | 商 | 津煎 | 即刃 | 430 | 浸 | 商 | 津煎 | 子鴆 |
| 404 | 崒 | 商 | 津煎 | 即律 | 431 | 昝 | 商 | 津煎 | 子感 |
| 405 | 啾 | 商 | 津煎 | 即尤 | 432 | 罧 | 商 | 津煎 | 子冉 |
| 406 | 僦 | 商 | 津煎 | 即就 | 433 | 僭 | 商 | 津煎 | 子念 |
| 407 | 接 | 商 | 津煎 | 即涉 | 434 | 俊 | 商 | 津煎 | 祖峻 |
| 408 | 怚 | 商 | 津煎 | 將預 | 435 | 尊 | 商 | 津煎 | 祖昆 |
| 409 | 醉 | 商 | 津煎 | 將遂 | 436 | 撙 | 商 | 津煎 | 祖本 |
| 410 | 諏 | 商 | 津煎 | 將侯 | 437 | 捘 | 商 | 津煎 | 祖寸 |
| 411 | 尖 | 商 | 津煎 | 將廉 | 438 | 鑽 | 商 | 津煎 | 祖官 |

| | | | | | | | | |
|---|---|---|---|---|---|---|---|---|
| 439 | 鑽 | 商 | 津煎 | 祖筭 | 466 | 怪 | 角 | 經堅 | 古壞 |
| 440 | 簪 | 商 | 津煎 | 祖含 | 467 | 根 | 角 | 經堅 | 古臻 |
| 441 | 嶟 | 商 | 津煎 | 尊綏 | 468 | 頣 | 角 | 經堅 | 古很 |
| 442 | 纂 | 商 | 津煎 | 作管 | 469 | 艮 | 角 | 經堅 | 古恨 |
| 443 | 篸 | 商 | 津煎 | 作紺 | 470 | 衰 | 角 | 經堅 | 古本 |
| 444 | 帀 | 商 | 津煎 | 作答 | 471 | 掄 | 角 | 經堅 | 古困 |
| 445 | 各 | 角 | 經堅 | 葛鶴 | 472 | 骨 | 角 | 經堅 | 古忽 |
| 446 | 格 | 角 | 經堅 | 各額 | 473 | 稈 | 角 | 經堅 | 古旱 |
| 447 | 古 | 角 | 經堅 | 公土 | 474 | 幹 | 角 | 經堅 | 古汗 |
| 448 | 乖 | 角 | 經堅 | 公懷 | 475 | 管 | 角 | 經堅 | 古緩 |
| 449 | 孤 | 角 | 經堅 | 攻乎 | 476 | 貫 | 角 | 經堅 | 古玩 |
| 450 | 傀 | 角 | 經堅 | 姑回 | 477 | 括 | 角 | 經堅 | 古活 |
| 451 | 關 | 角 | 經堅 | 姑還 | 478 | 簡 | 角 | 經堅 | 古限 |
| 452 | 高 | 角 | 經堅 | 姑勞 | 479 | 諫 | 角 | 經堅 | 古晏 |
| 453 | 光 | 角 | 經堅 | 姑黃 | 480 | 刮 | 角 | 經堅 | 古滑 |
| 454 | 觥 | 角 | 經堅 | 姑橫 | 481 | 猷 | 角 | 經堅 | 古泫 |
| 455 | 肱 | 角 | 經堅 | 姑弘 | 482 | 叫 | 角 | 經堅 | 古吊 |
| 456 | 萱 | 角 | 經堅 | 孤等 | 483 | 杲 | 角 | 經堅 | 古老 |
| 457 | 官 | 角 | 經堅 | 沽歡 | 484 | 絞 | 角 | 經堅 | 古巧 |
| 458 | 公 | 角 | 經堅 | 古紅 | 485 | 箇 | 角 | 經堅 | 古荷 |
| 459 | 纇 | 角 | 經堅 | 古孔 | 486 | 戈 | 角 | 經堅 | 古禾 |
| 460 | 貢 | 角 | 經堅 | 古送 | 487 | 果 | 角 | 經堅 | 古火 |
| 461 | 穀 | 角 | 經堅 | 古祿 | 488 | 過 | 角 | 經堅 | 古臥 |
| 462 | 故 | 角 | 經堅 | 古慕 | 489 | 瓜 | 角 | 經堅 | 古華 |
| 463 | 詭 | 角 | 經堅 | 古委 | 490 | 寡 | 角 | 經堅 | 古瓦 |
| 464 | 儈 | 角 | 經堅 | 古外 | 491 | 卦 | 角 | 經堅 | 古畫 |
| 465 | 拐 | 角 | 經堅 | 古買 | 492 | 摑 | 角 | 經堅 | 古浪 |

| 493 | 江 | 角 | 經堅 | 古雙 | 520 | 吉 | 角 | 經堅 | 激質 |
|---|---|---|---|---|---|---|---|---|---|
| 494 | 講 | 角 | 經堅 | 古項 | 521 | 寄 | 角 | 經堅 | 吉器 |
| 495 | 絳 | 角 | 經堅 | 古巷 | 522 | 昆 | 角 | 經堅 | 吉渾 |
| 496 | 覺 | 角 | 經堅 | 古嶽 | 523 | 繭 | 角 | 經堅 | 吉典 |
| 497 | 廣 | 角 | 經堅 | 古晃 | 524 | 結 | 角 | 經堅 | 吉屑 |
| 498 | 桄 | 角 | 經堅 | 古曠 | 525 | 絹 | 角 | 經堅 | 吉椽 |
| 499 | 郭 | 角 | 經堅 | 古博 | 526 | 皎 | 角 | 經堅 | 吉了 |
| 500 | 誑 | 角 | 經堅 | 古況 | 527 | 解 | 角 | 經堅 | 佳買 |
| 501 | 矍 | 角 | 經堅 | 古霍 | 528 | 智 | 角 | 經堅 | 賈我 |
| 502 | 庚 | 角 | 經堅 | 古行 | 529 | 雞 | 角 | 經堅 | 堅溪 |
| 503 | 梗 | 角 | 經堅 | 古杏 | 530 | 驍 | 角 | 經堅 | 堅堯 |
| 504 | 祴 | 角 | 經堅 | 古得 | 531 | 兼 | 角 | 經堅 | 堅廉 |
| 505 | 臭 | 角 | 經堅 | 古闃 | 532 | 居 | 角 | 經堅 | 斤於 |
| 506 | 礦 | 角 | 經堅 | 古猛 | 533 | 堅 | 角 | 經堅 | 經天 |
| 507 | 虢 | 角 | 經堅 | 古伯 | 534 | 見 | 角 | 經堅 | 經電 |
| 508 | 國 | 角 | 經堅 | 古或 | 535 | 弓 | 角 | 經堅 | 居中 |
| 509 | 甘 | 角 | 經堅 | 古三 | 536 | 拱 | 角 | 經堅 | 居辣 |
| 510 | 感 | 角 | 經堅 | 古禫 | 537 | 供 | 角 | 經堅 | 居用 |
| 511 | 紺 | 角 | 經堅 | 古暗 | 538 | 匊 | 角 | 經堅 | 居六 |
| 512 | 合 | 角 | 經堅 | 古遝 | 539 | 巳 | 角 | 經堅 | 居里 |
| 513 | 緘 | 角 | 經堅 | 古咸 | 540 | 舉 | 角 | 經堅 | 居許 |
| 514 | 減 | 角 | 經堅 | 古斬 | 541 | 據 | 角 | 經堅 | 居御 |
| 515 | 鑑 | 角 | 經堅 | 古陷 | 542 | 規 | 角 | 經堅 | 居為 |
| 516 | 夾 | 角 | 經堅 | 古洽 | 543 | 貴 | 角 | 經堅 | 居胃 |
| 517 | 頰 | 角 | 經堅 | 古協 | 544 | 改 | 角 | 經堅 | 居亥 |
| 518 | 涓 | 角 | 經堅 | 圭淵 | 545 | 蓋 | 角 | 經堅 | 居大 |
| 519 | 鈞 | 角 | 經堅 | 規倫 | 546 | 皆 | 角 | 經堅 | 居諧 |

| | | | | | | | | |
|---|---|---|---|---|---|---|---|---|
| 547 | 戒 | 角 | 經堅 | 居拜 | 574 | 鳩 | 角 | 經堅 | 居尤 |
| 548 | 巾 | 角 | 經堅 | 居銀 | 575 | 救 | 角 | 經堅 | 居又 |
| 549 | 緊 | 角 | 經堅 | 居忍 | 576 | 鉤 | 角 | 經堅 | 居侯 |
| 550 | 靳 | 角 | 經堅 | 居炘 | 577 | 冓 | 角 | 經堅 | 居候 |
| 551 | 捃 | 角 | 經堅 | 居運 | 578 | 今 | 角 | 經堅 | 居吟 |
| 552 | 幹 | 角 | 經堅 | 居寒 | 579 | 錦 | 角 | 經堅 | 居飲 |
| 553 | 葛 | 角 | 經堅 | 居曷 | 580 | 禁 | 角 | 經堅 | 居陰 |
| 554 | 間 | 角 | 經堅 | 居閑 | 581 | 急 | 角 | 經堅 | 居立 |
| 555 | 厥 | 角 | 經堅 | 居月 | 582 | 檢 | 角 | 經堅 | 居奄 |
| 556 | 告 | 角 | 經堅 | 居號 | 583 | 劍 | 角 | 經堅 | 居欠 |
| 557 | 交 | 角 | 經堅 | 居肴 | 584 | 攈 | 角 | 經堅 | 舉蘊 |
| 558 | 教 | 角 | 經堅 | 居效 | 585 | 賈 | 角 | 經堅 | 舉下 |
| 559 | 歌 | 角 | 經堅 | 居何 | 586 | 吭 | 角 | 經堅 | 舉盎 |
| 560 | 嘉 | 角 | 經堅 | 居牙 | 587 | 九 | 角 | 經堅 | 舉有 |
| 561 | 駕 | 角 | 經堅 | 居亞 | 588 | 耇 | 角 | 經堅 | 舉後 |
| 562 | 薑 | 角 | 經堅 | 居兩 | 589 | 扃 | 角 | 經堅 | 涓熒 |
| 563 | 繈 | 角 | 經堅 | 居仰 | 590 | 橘 | 角 | 經堅 | 厥筆 |
| 564 | 岡 | 角 | 經堅 | 居郎 | 591 | 該 | 角 | 經堅 | 柯開 |
| 565 | 俇 | 角 | 經堅 | 居住 | 592 | 戛 | 角 | 經堅 | 訖黠 |
| 566 | 京 | 角 | 經堅 | 居卿 | 593 | 腳 | 角 | 經堅 | 訖約 |
| 567 | 景 | 角 | 經堅 | 居影 | 594 | 慣 | 角 | 經堅 | 古患 |
| 568 | 敬 | 角 | 經堅 | 居慶 | 595 | 儹 | 商 | 精箋 | 積產 |
| 569 | 戟 | 角 | 經堅 | 居逆 | 596 | 爵 | 商 | 精箋 | 即約 |
| 570 | 更 | 角 | 經堅 | 居孟 | 597 | 作 | 商 | 精箋 | 即各 |
| 571 | 搄 | 角 | 經堅 | 居登 | 598 | 齎 | 商 | 精箋 | 箋西 |
| 572 | 亙 | 角 | 經堅 | 居鄧 | 599 | 哉 | 商 | 精箋 | 將來 |
| 573 | 憬 | 角 | 經堅 | 居永 | 600 | 箋 | 商 | 精箋 | 將先 |

| 601 | 咨 | 商 | 精箋 | 津私 | 628 | 借 | 商 | 精箋 | 子夜 |
| 602 | 作 | 商 | 精箋 | 臧祚 | 629 | 蔣 | 商 | 精箋 | 子兩 |
| 603 | 左 | 商 | 精箋 | 臧可 | 630 | 將 | 商 | 精箋 | 子亮 |
| 604 | 劄 | 次商 | 精箋 | 則八 | 631 | 髒 | 商 | 精箋 | 子朗 |
| 605 | 贊 | 商 | 精箋 | 則諫 | 632 | 蹭 | 商 | 精箋 | 子等 |
| 606 | 遭 | 商 | 精箋 | 則刀 | 633 | 甑 | 商 | 精箋 | 子孕 |
| 607 | 灶 | 商 | 精箋 | 則到 | 634 | 則 | 商 | 精箋 | 子德 |
| 608 | 葬 | 商 | 精箋 | 則浪 | 635 | 精 | 商 | 精箋 | 子盈 |
| 609 | 臧 | 商 | 精箋 | 茲郎 | 636 | 井 | 商 | 精箋 | 子郢 |
| 610 | 嗟 | 商 | 精箋 | 咨邪 | 637 | 精 | 商 | 精箋 | 子正 |
| 611 | 增 | 商 | 精箋 | 咨登 | 638 | 租 | 商 | 精箋 | 宗蘇 |
| 612 | 恣 | 商 | 精箋 | 資四 | 639 | 祖 | 商 | 精箋 | 揔五 |
| 613 | 將 | 商 | 精箋 | 資良 | 640 | 瑧 | 次商 | 精箋 | 祖限 |
| 614 | 積 | 商 | 精箋 | 資昔 | 641 | 宗 | 商 | 精箋 | 祖冬 |
| 615 | 蹙 | 商 | 精箋 | 子六 | 642 | 子 | 商 | 精箋 | 祖似 |
| 616 | 濟 | 商 | 精箋 | 子禮 | 643 | 總 | 商 | 精箋 | 作孔 |
| 617 | 霽 | 商 | 精箋 | 子計 | 644 | 稯 | 商 | 精箋 | 作弄 |
| 618 | 宰 | 商 | 精箋 | 子亥 | 645 | 再 | 商 | 精箋 | 作代 |
| 619 | 㩅 | 商 | 精箋 | 子末 | 646 | 薦 | 商 | 精箋 | 作甸 |
| 620 | 剪 | 商 | 精箋 | 子踐 | 647 | 馨 | 羽 | 興軒 | 醯經 |
| 621 | 節 | 商 | 精箋 | 子結 | 648 | 慧 | 羽 | 興軒 | 赫巷 |
| 622 | 早 | 商 | 精箋 | 子晧 | 649 | 肸 | 羽 | 興軒 | 黑乙 |
| 623 | 魼 | 商 | 精箋 | 子戈 | 650 | 墾 | 羽 | 興軒 | 黑各 |
| 624 | 佐 | 商 | 精箋 | 子賀 | 651 | 瞉 | 羽 | 興軒 | 黑角 |
| 625 | 咱 | 商 | 精箋 | 子沙 | 652 | 烘 | 羽 | 興軒 | 呼紅 |
| 626 | 𪗴 | 商 | 精箋 | 子瓦 | 653 | 烘 | 羽 | 興軒 | 呼貢 |
| 627 | 姐 | 商 | 精箋 | 子野 | 654 | 熇 | 羽 | 興軒 | 呼木 |

| | | | | | | | | | |
|---|---|---|---|---|---|---|---|---|---|
| 655 | 灰 | 羽 | 興軒 | 呼回 | 682 | 荒 | 羽 | 興軒 | 呼光 |
| 656 | 麾 | 羽 | 興軒 | 呼為 | 683 | 鶊 | 羽 | 興軒 | 呼頸 |
| 657 | 賄 | 羽 | 興軒 | 呼罪 | 684 | 赫 | 羽 | 興軒 | 呼格 |
| 658 | 誨 | 羽 | 興軒 | 呼對 | 685 | 兄 | 羽 | 興軒 | 呼榮 |
| 659 | 咍 | 羽 | 興軒 | 呼來 | 686 | 敻 | 羽 | 興軒 | 呼正 |
| 660 | 海 | 羽 | 興軒 | 呼改 | 687 | 殈 | 羽 | 興軒 | 呼臭 |
| 661 | 餀 | 羽 | 興軒 | 呼艾 | 688 | 轟 | 羽 | 興軒 | 呼宏 |
| 662 | 昏 | 羽 | 興軒 | 呼昆 | 689 | 輨 | 羽 | 興軒 | 呼迸 |
| 663 | 惛 | 羽 | 興軒 | 呼困 | 690 | 觡 | 羽 | 興軒 | 呼侯 |
| 664 | 忽 | 羽 | 興軒 | 呼骨 | 691 | 吽 | 羽 | 興軒 | 呼怎 |
| 665 | 歡 | 羽 | 興軒 | 呼官 | 692 | 顱 | 羽 | 興軒 | 呼唵 |
| 666 | 喚 | 羽 | 興軒 | 呼玩 | 693 | 憾 | 羽 | 興軒 | 呼紺 |
| 667 | 豁 | 羽 | 興軒 | 呼括 | 694 | 欱 | 羽 | 興軒 | 呼合 |
| 668 | 儇 | 羽 | 興軒 | 呼關 | 695 | 峆 | 羽 | 興軒 | 呼含 |
| 669 | 僣 | 羽 | 興軒 | 呼八 | 696 | 呷 | 羽 | 興軒 | 呼甲 |
| 670 | 顯 | 羽 | 興軒 | 呼典 | 697 | 霍 | 羽 | 興軒 | 忽郭 |
| 671 | 暄 | 羽 | 興軒 | 呼淵 | 698 | 嗊 | 羽 | 興軒 | 虎孔 |
| 672 | 血 | 羽 | 興軒 | 呼決 | 699 | 毀 | 羽 | 興軒 | 虎委 |
| 673 | 囂 | 羽 | 興軒 | 呼驕 | 700 | 訶 | 羽 | 興軒 | 虎何 |
| 674 | 蒿 | 羽 | 興軒 | 呼高 | 701 | 火 | 羽 | 興軒 | 虎果 |
| 675 | 呵 | 羽 | 興軒 | 呼個 | 702 | 慌 | 羽 | 興軒 | 虎晃 |
| 676 | 貨 | 羽 | 興軒 | 呼隊 | 703 | 擤 | 羽 | 興軒 | 虎梗 |
| 677 | 花 | 羽 | 興軒 | 呼瓜 | 704 | 喊 | 羽 | 興軒 | 虎覽 |
| 678 | 化 | 羽 | 興軒 | 呼霸 | 705 | 扮 | 羽 | 興軒 | 花夥 |
| 679 | 罅 | 羽 | 興軒 | 呼嫁 | 706 | 靴 | 羽 | 興軒 | 毀遮 |
| 680 | 欦 | 羽 | 興軒 | 呼郎 | 707 | 瞖 | 羽 | 興軒 | 火皆 |
| 681 | 旰 | 羽 | 興軒 | 呼朗 | 708 | 蠲 | 羽 | 興軒 | 火媧 |

| | | | | | | | | |
|---|---|---|---|---|---|---|---|---|
| 709 | 觬 | 羽 | 興軒 | 火怪 | 736 | 況 | 羽 | 興軒 | 虛放 |
| 710 | 濩 | 羽 | 興軒 | 火管 | 737 | 興 | 羽 | 興軒 | 虛陵 |
| 711 | 詷 | 羽 | 興軒 | 火迥 | 738 | 亨 | 羽 | 興軒 | 虛庚 |
| 712 | 廞 | 羽 | 興軒 | 火禁 | 739 | 休 | 羽 | 興軒 | 虛尤 |
| 713 | 劀 | 羽 | 興軒 | 霍虢 | 740 | 炊 | 羽 | 興軒 | 虛嚴 |
| 714 | 烜 | 羽 | 興軒 | 況遠 | 741 | 險 | 羽 | 興軒 | 虛檢 |
| 715 | 歆 | 羽 | 興軒 | 虛今 | 742 | 脅 | 羽 | 興軒 | 虛業 |
| 716 | 謔 | 羽 | 興軒 | 迄約 | 743 | 胸 | 羽 | 興軒 | 許容 |
| 717 | 虩 | 羽 | 興軒 | 迄逆 | 744 | 凶 | 羽 | 興軒 | 許拱 |
| 718 | 黑 | 羽 | 興軒 | 迄得 | 745 | 呴 | 羽 | 興軒 | 許仲 |
| 719 | 獻 | 羽 | 興軒 | 曉見 | 746 | 畜 | 羽 | 興軒 | 許六 |
| 720 | 曉 | 羽 | 興軒 | 馨杳 | 747 | 喜 | 羽 | 興軒 | 許里 |
| 721 | 闋 | 羽 | 興軒 | 馨激 | 748 | 戲 | 羽 | 興軒 | 許意 |
| 722 | 虛 | 羽 | 興軒 | 休居 | 749 | 噓 | 羽 | 興軒 | 許御 |
| 723 | 狋 | 羽 | 興軒 | 休筆 | 750 | 諱 | 羽 | 興軒 | 許貴 |
| 724 | 閑 | 羽 | 興軒 | 休艱 | 751 | 喊 | 羽 | 興軒 | 許介 |
| 725 | 義 | 羽 | 興軒 | 虛宜 | 752 | 欣 | 羽 | 興軒 | 許斤 |
| 726 | 許 | 羽 | 興軒 | 虛呂 | 753 | 蜆 | 羽 | 興軒 | 許謹 |
| 727 | 總 | 羽 | 興軒 | 虛本 | 754 | 爨 | 羽 | 興軒 | 許刃 |
| 728 | 漢 | 羽 | 興軒 | 虛汗 | 755 | 熏 | 羽 | 興軒 | 許雲 |
| 729 | 軒 | 羽 | 興軒 | 虛延 | 756 | 欻 | 羽 | 興軒 | 許勿 |
| 730 | 耗 | 羽 | 興軒 | 虛到 | 757 | 嘆 | 羽 | 興軒 | 許幹 |
| 731 | 哮 | 羽 | 興軒 | 虛交 | 758 | 罕 | 羽 | 興軒 | 許罕 |
| 732 | 歌 | 羽 | 興軒 | 虛可 | 759 | 曷 | 羽 | 興軒 | 許葛 |
| 733 | 呀 | 羽 | 興軒 | 虛加 | 760 | 瞎 | 羽 | 興軒 | 許瞎 |
| 734 | 香 | 羽 | 興軒 | 虛良 | 761 | 歇 | 羽 | 興軒 | 許竭 |
| 735 | 憒 | 羽 | 興軒 | 虛講 | 762 | 歊 | 羽 | 興軒 | 許照 |

| | | | | | | | | |
|---|---|---|---|---|---|---|---|---|
| 763 | 好 | 羽 | 興軒 | 許晧 | 790 | 林 | 半徵商 | 鄰連 | 黎沉 |
| 764 | 孝 | 羽 | 興軒 | 許教 | 791 | 朗 | 半徵商 | 鄰連 | 里黨 |
| 765 | 韃 | 羽 | 興軒 | 許戈 | 792 | 黝 | 半商徵 | 鄰連 | 力銜 |
| 766 | 誾 | 羽 | 興軒 | 許下 | 793 | 臉 | 半商徵 | 鄰連 | 力減 |
| 767 | 響 | 羽 | 興軒 | 許兩 | 794 | 鑑 | 半商徵 | 鄰連 | 力陷 |
| 768 | 向 | 羽 | 興軒 | 許亮 | 795 | 廉 | 半商徵 | 鄰連 | 力鹽 |
| 769 | 舡 | 羽 | 興軒 | 許江 | 796 | 斂 | 半商徵 | 鄰連 | 力冉 |
| 770 | 興 | 羽 | 興軒 | 許應 | 797 | 殮 | 半商徵 | 鄰連 | 力驗 |
| 771 | 諱 | 羽 | 興軒 | 許更 | 798 | 獵 | 半商徵 | 鄰連 | 力涉 |
| 772 | 朽 | 羽 | 興軒 | 許久 | 799 | 利 | 半徵商 | 鄰連 | 力至 |
| 773 | 齅 | 羽 | 興軒 | 許救 | 800 | 類 | 半徵商 | 鄰連 | 力遂 |
| 774 | 吼 | 羽 | 興軒 | 許後 | 801 | 栗 | 半徵商 | 鄰連 | 力質 |
| 775 | 蔲 | 羽 | 興軒 | 許候 | 802 | 綸 | 半徵商 | 鄰連 | 力准 |
| 776 | 吸 | 羽 | 興軒 | 許及 | 803 | 廬 | 半徵商 | 鄰連 | 力頑 |
| 777 | 歇 | 羽 | 興軒 | 許咸 | 804 | 戀 | 半徵商 | 鄰連 | 力轉 |
| 778 | 譀 | 羽 | 興軒 | 許鑒 | 805 | 劣 | 半徵商 | 鄰連 | 力輟 |
| 779 | 嫠 | 羽 | 興軒 | 許欠 | 806 | 料 | 半徵商 | 鄰連 | 力吊 |
| 780 | 絢 | 羽 | 興軒 | 翾眩 | 807 | 留 | 半徵商 | 鄰連 | 力求 |
| 781 | 訓 | 羽 | 興軒 | 籲運 | 808 | 柳 | 半徵商 | 鄰連 | 力九 |
| 782 | 鈯 | 半徵商 | 鄰連 | 來改 | 809 | 溜 | 半徵商 | 鄰連 | 力救 |
| 783 | 唻 | 半徵商 | 鄰連 | 賴諧 | 810 | 廩 | 半徵商 | 鄰連 | 力錦 |
| 784 | 來 | 半徵商 | 鄰連 | 郎才 | 811 | 臨 | 半徵商 | 鄰連 | 力禁 |
| 785 | 浪 | 半徵商 | 鄰連 | 郎宕 | 812 | 立 | 半徵商 | 鄰連 | 力入 |
| 786 | 灆 | 半徵商 | 鄰連 | 郎紺 | 813 | 洛 | 半徵商 | 鄰連 | 曆各 |
| 787 | 壈 | 半徵商 | 鄰連 | 郎鬥 | 814 | 聊 | 半徵商 | 鄰連 | 連條 |
| 788 | 漏 | 半徵商 | 鄰連 | 郎豆 | 815 | 隆 | 半徵商 | 鄰連 | 良中 |
| 789 | 鄰 | 半徵商 | 鄰連 | 離珍 | 816 | 裏 | 半徵商 | 鄰連 | 良以 |

| 817 | 慮 | 半徵商 | 鄰連 | 良據 | 844 | 攣 | 半徵商 | 鄰連 | 閭員 |
| 818 | 嶙 | 半徵商 | 鄰連 | 良忍 | 845 | 獺 | 半徵商 | 鄰連 | 洛駭 |
| 819 | 吝 | 半徵商 | 鄰連 | 良刃 | 846 | 徠 | 半徵商 | 鄰連 | 落代 |
| 820 | 呂 | 半徵商 | 鄰連 | 兩舉 | 847 | 賴 | 半徵商 | 鄰連 | 落蓋 |
| 821 | 律 | 半徵商 | 鄰連 | 劣戌 | 848 | 拉 | 半徵商 | 鄰連 | 落合 |
| 822 | 離 | 半徵商 | 鄰連 | 鄰溪 | 849 | 魯 | 半徵商 | 零連 | 郎古 |
| 823 | 閭 | 半徵商 | 鄰連 | 淩如 | 850 | 練 | 半徵商 | 零連 | 郎甸 |
| 824 | 倫 | 半徵商 | 鄰連 | 龍春 | 851 | 曆 | 半徵商 | 零連 | 郎狄 |
| 825 | 戀 | 半徵商 | 鄰連 | 龍眷 | 852 | 令 | 半徵商 | 零連 | 離聖 |
| 826 | 樓 | 半徵商 | 鄰連 | 盧侯 | 853 | 領 | 半徵商 | 零連 | 里郢 |
| 827 | 藍 | 半徵商 | 鄰連 | 盧藍 | 854 | 籠 | 半徵商 | 零連 | 力董 |
| 828 | 濫 | 半徵商 | 鄰連 | 盧瞰 | 855 | 朦 | 半徵商 | 零連 | 力懷 |
| 829 | 婪 | 半徵商 | 鄰連 | 盧含 | 856 | 輦 | 半徵商 | 零連 | 力展 |
| 830 | 壈 | 半徵商 | 鄰連 | 盧感 | 857 | 臠 | 半徵商 | 零連 | 力華 |
| 831 | 雷 | 半徵商 | 鄰連 | 蘆回 | 858 | 磊 | 半徵商 | 零連 | 力瓦 |
| 832 | 論 | 半徵商 | 鄰連 | 蘆昆 | 859 | 令 | 半徵商 | 零連 | 力正 |
| 833 | 懇 | 半徵商 | 鄰連 | 蘆本 | 860 | 勒 | 半徵商 | 零連 | 曆德 |
| 834 | 論 | 半徵商 | 鄰連 | 蘆困 | 861 | 羅 | 半徵商 | 零連 | 利遮 |
| 835 | 肆 | 半徵商 | 鄰連 | 蘆沒 | 862 | 列 | 半徵商 | 零連 | 良薛 |
| 836 | 鸞 | 半徵商 | 鄰連 | 蘆官 | 863 | 蓮 | 半徵商 | 零連 | 令年 |
| 837 | 亂 | 半徵商 | 鄰連 | 蘆玩 | 864 | 盧 | 半徵商 | 零連 | 龍都 |
| 838 | 捋 | 半徵商 | 鄰連 | 蘆活 | 865 | 龍 | 半徵商 | 零連 | 盧容 |
| 839 | 了 | 半徵商 | 鄰連 | 蘆皎 | 866 | 弄 | 半徵商 | 零連 | 盧貢 |
| 840 | 壘 | 半徵商 | 鄰連 | 魯猥 | 867 | 祿 | 半徵商 | 零連 | 盧穀 |
| 841 | 卵 | 半徵商 | 鄰連 | 魯管 | 868 | 棱 | 半徵商 | 零連 | 盧登 |
| 842 | 郎 | 半徵商 | 鄰連 | 魯堂 | 869 | 路 | 半徵商 | 零連 | 魯故 |
| 843 | 覽 | 半徵商 | 鄰連 | 魯敢 | 870 | 冷 | 半徵商 | 零連 | 魯杏 |

| | | | | | | | | |
|---|---|---|---|---|---|---|---|---|
| 871 | 殘 | 半徵商 | 零連 | 魯鄧 | 898 | 袂 | 宮 | 民綿 | 彌計 |
| 872 | 爛 | 半徵商 | 令連 | 郎患 | 899 | 民 | 宮 | 民綿 | 彌鄰 |
| 873 | 辣 | 半徵商 | 令連 | 郎達 | 900 | 滅 | 宮 | 民綿 | 彌列 |
| 874 | 傯 | 半徵商 | 令連 | 郎到 | 901 | 妙 | 宮 | 民綿 | 彌笑 |
| 875 | 羅 | 半徵商 | 令連 | 郎何 | 902 | 冒 | 宮 | 民綿 | 彌耶 |
| 876 | 裸 | 半徵商 | 令連 | 郎果 | 903 | 乜 | 宮 | 民綿 | 彌也 |
| 877 | 邏 | 半徵商 | 令連 | 郎佐 | 904 | 瞢 | 宮 | 民綿 | 彌登 |
| 878 | 勞 | 半徵商 | 令連 | 朗刀 | 905 | 靡 | 宮 | 民綿 | 麋詖 |
| 879 | 爛 | 半徵商 | 令連 | 離閑 | 906 | 眇 | 宮 | 民綿 | 弭沼 |
| 880 | 諒 | 半徵商 | 令連 | 力仗 | 907 | 密 | 宮 | 民綿 | 覓筆 |
| 881 | 略 | 半徵商 | 令連 | 力灼 | 908 | 墨 | 宮 | 民綿 | 密北 |
| 882 | 兩 | 半徵商 | 令連 | 良獎 | 909 | 迷 | 宮 | 民綿 | 綿兮 |
| 883 | 良 | 半徵商 | 令連 | 龍張 | 910 | 眉 | 宮 | 民綿 | 旻悲 |
| 884 | 懶 | 半徵商 | 令連 | 魯簡 | 911 | 敉 | 宮 | 民綿 | 名夜 |
| 885 | 老 | 半徵商 | 令連 | 魯皓 | 912 | 媚 | 宮 | 民綿 | 明秘 |
| 886 | 麋 | 宮 | 民綿 | 忙皮 | 913 | 埋 | 宮 | 民綿 | 謨皆 |
| 887 | 麼 | 宮 | 民綿 | 忙果 | 914 | 門 | 宮 | 民綿 | 謨奔 |
| 888 | 瀀 | 宮 | 民綿 | 忙肯 | 915 | 瞞 | 宮 | 民綿 | 謨官 |
| 889 | 鏺 | 宮 | 民綿 | 忙範 | 916 | 蠻 | 宮 | 民綿 | 謨還 |
| 890 | 苗 | 宮 | 民綿 | 眉鑣 | 917 | 茅 | 宮 | 民綿 | 謨交 |
| 891 | 貌 | 宮 | 民綿 | 眉教 | 918 | 麻 | 宮 | 民綿 | 謨加 |
| 892 | 摩 | 宮 | 民綿 | 眉波 | 919 | 茫 | 宮 | 民綿 | 謨郎 |
| 893 | 明 | 宮 | 民綿 | 眉兵 | 920 | 枚 | 宮 | 民綿 | 模杯 |
| 894 | 命 | 宮 | 民綿 | 眉病 | 921 | 謬 | 宮 | 民綿 | 摩幼 |
| 895 | 盲 | 宮 | 民綿 | 眉庚 | 922 | 莫 | 宮 | 民綿 | 末各 |
| 896 | 潜 | 宮 | 民綿 | 美隕 | 923 | 蒙 | 宮 | 民綿 | 莫紅 |
| 897 | 免 | 宮 | 民綿 | 美辨 | 924 | 夢 | 宮 | 民綿 | 莫弄 |

| 925 | 木 | 宮 | 民綿 | 莫卜 | 952 | 覓 | 宮 | 民綿 | 莫狄 |
| 926 | 米 | 宮 | 民綿 | 莫禮 | 953 | 孟 | 宮 | 民綿 | 莫更 |
| 927 | 模 | 宮 | 民綿 | 莫胡 | 954 | 陌 | 宮 | 民綿 | 莫白 |
| 928 | 姥 | 宮 | 民綿 | 莫補 | 955 | 謀 | 宮 | 民綿 | 莫侯 |
| 929 | 暮 | 宮 | 民綿 | 莫故 | 956 | 母 | 宮 | 民綿 | 莫厚 |
| 930 | 浼 | 宮 | 民綿 | 莫賄 | 957 | 茂 | 宮 | 民綿 | 莫候 |
| 931 | 妹 | 宮 | 民綿 | 莫佩 | 958 | 繆 | 宮 | 民綿 | 莫彪 |
| 932 | 買 | 宮 | 民綿 | 莫蟹 | 959 | 蠓 | 宮 | 民綿 | 毋捴 |
| 933 | 賣 | 宮 | 民綿 | 莫懈 | 960 | 靡 | 宮 | 民綿 | 毋彼 |
| 934 | 悶 | 宮 | 民綿 | 莫困 | 961 | 美 | 宮 | 民綿 | 毋鄙 |
| 935 | 沒 | 宮 | 民綿 | 莫孛 | 962 | 懣 | 宮 | 民綿 | 毋本 |
| 936 | 滿 | 宮 | 民綿 | 莫旱 | 963 | 蠻 | 宮 | 民綿 | 毋版 |
| 937 | 幔 | 宮 | 民綿 | 莫半 | 964 | 莽 | 宮 | 民綿 | 毋黨 |
| 938 | 末 | 宮 | 民綿 | 莫葛 | 965 | 猛 | 宮 | 民綿 | 毋梗 |
| 939 | 慢 | 宮 | 民綿 | 莫晏 | 966 | 懵 | 宮 | 民綿 | 毋亙 |
| 940 | 眛 | 宮 | 民綿 | 莫瞎 | 967 | 難 | 徵 | 寧年 | 那壇 |
| 941 | 眠 | 宮 | 民綿 | 莫堅 | 968 | 南 | 徵 | 寧年 | 那合 |
| 942 | 麵 | 宮 | 民綿 | 莫見 | 969 | 攮 | 徵 | 寧年 | 乃董 |
| 943 | 卯 | 宮 | 民綿 | 莫包 | 970 | 伱 | 徵 | 寧年 | 乃禮 |
| 944 | 毛 | 宮 | 民綿 | 莫襃 | 971 | 泥 | 徵 | 寧年 | 乃計 |
| 945 | 蕘 | 宮 | 民綿 | 莫老 | 972 | 奈 | 徵 | 寧年 | 乃帶 |
| 946 | 帽 | 宮 | 民綿 | 莫報 | 973 | 炳 | 徵 | 寧年 | 乃本 |
| 947 | 磨 | 宮 | 民綿 | 莫臥 | 974 | 暖 | 徵 | 寧年 | 乃管 |
| 948 | 馬 | 宮 | 民綿 | 莫下 | 975 | 赧 | 徵 | 寧年 | 乃版 |
| 949 | 禡 | 宮 | 民綿 | 莫駕 | 976 | 難 | 徵 | 寧年 | 乃旦 |
| 950 | 潒 | 宮 | 民綿 | 莫浪 | 977 | 捺 | 徵 | 寧年 | 乃入 |
| 951 | 茗 | 宮 | 民綿 | 莫迥 | 978 | 撚 | 徵 | 寧年 | 乃殄 |

| | | | | | | | | | |
|---|---|---|---|---|---|---|---|---|---|
| 979 | 晛 | 徵 | 寧年 | 乃見 | 1006 | 譍 | 徵 | 寧年 | 奴昆 |
| 980 | 涅 | 徵 | 寧年 | 乃結 | 1007 | 嫩 | 徵 | 寧年 | 奴困 |
| 981 | 褭 | 徵 | 寧年 | 乃了 | 1008 | 訥 | 徵 | 寧年 | 奴骨 |
| 982 | 腦 | 徵 | 寧年 | 乃老 | 1009 | 渜 | 徵 | 寧年 | 奴官 |
| 983 | 胗 | 徵 | 寧年 | 乃亞 | 1010 | 愞 | 徵 | 寧年 | 奴亂 |
| 984 | 曩 | 徵 | 寧年 | 乃黨 | 1110 | 尿 | 徵 | 寧年 | 奴吊 |
| 985 | 頲 | 徵 | 寧年 | 乃挺 | 1120 | 猱 | 徵 | 寧年 | 奴刀 |
| 986 | 寧 | 徵 | 寧年 | 乃定 | 1013 | 臑 | 徵 | 寧年 | 奴到 |
| 987 | 穀 | 徵 | 寧年 | 乃後 | 1014 | 那 | 徵 | 寧年 | 奴何 |
| 988 | 耨 | 徵 | 寧年 | 乃豆 | 1015 | 娜 | 徵 | 寧年 | 奴可 |
| 989 | 南 | 徵 | 寧年 | 乃林 | 1016 | 稬 | 徵 | 寧年 | 奴臥 |
| 990 | 湳 | 徵 | 寧年 | 乃感 | 1017 | 拏 | 徵 | 寧年 | 奴加 |
| 991 | 淰 | 徵 | 寧年 | 乃點 | 1018 | 絮 | 徵 | 寧年 | 奴下 |
| 992 | 痲 | 徵 | 寧年 | 囊來 | 1019 | 囊 | 徵 | 寧年 | 奴當 |
| 993 | 乃 | 徵 | 寧年 | 囊亥 | 1020 | 儴 | 徵 | 寧年 | 奴浪 |
| 994 | 匿 | 徵 | 寧年 | 昵力 | 1021 | 諾 | 徵 | 寧年 | 奴各 |
| 995 | 泥 | 徵 | 寧年 | 年提 | 1022 | 寧 | 徵 | 寧年 | 奴經 |
| 996 | 年 | 徵 | 寧年 | 寧田 | 1023 | 能 | 徵 | 寧年 | 奴登 |
| 997 | 奴 | 徵 | 寧年 | 農都 | 1024 | 噥 | 徵 | 寧年 | 奴等 |
| 998 | 農 | 徵 | 寧年 | 奴冬 | 1025 | 鬞 | 徵 | 寧年 | 奴勒 |
| 999 | 齈 | 徵 | 寧年 | 奴凍 | 1026 | 齈 | 徵 | 寧年 | 奴侯 |
| 1000 | 傉 | 徵 | 寧年 | 奴篤 | 1027 | 婻 | 徵 | 寧年 | 奴紺 |
| 1001 | 弩 | 徵 | 寧年 | 奴古 | 1028 | 納 | 徵 | 寧年 | 奴答 |
| 1002 | 怒 | 徵 | 寧年 | 奴故 | 1029 | 拈 | 徵 | 寧年 | 奴兼 |
| 1003 | 挼 | 徵 | 寧年 | 奴回 | 1030 | 念 | 徵 | 寧年 | 奴店 |
| 1004 | 餧 | 徵 | 寧年 | 奴罪 | 1031 | 撚 | 徵 | 寧年 | 奴協 |
| 1005 | 內 | 徵 | 寧年 | 奴對 | 1032 | 踫 | 宮 | 頻便 | 白銜 |

| 1033 | 弝 | 宮 | 頻便 | 傍下 | 1060 | 杷 | 宮 | 頻便 | 蒲巴 |
|------|---|---|------|------|------|---|---|------|------|
| 1034 | 辦 | 宮 | 頻便 | 備莧 | 1061 | 旁 | 宮 | 頻便 | 蒲光 |
| 1035 | 牝 | 宮 | 頻便 | 婢忍 | 1062 | 傍 | 宮 | 頻便 | 蒲浪 |
| 1036 | 殍 | 宮 | 頻便 | 婢表 | 1063 | 平 | 宮 | 頻便 | 蒲明 |
| 1037 | 雹 | 宮 | 頻便 | 弼角 | 1064 | 裒 | 宮 | 頻便 | 蒲侯 |
| 1038 | 弼 | 宮 | 頻便 | 薄密 | 1065 | 馞 | 宮 | 頻便 | 蒲候 |
| 1039 | 畔 | 宮 | 頻便 | 薄半 | 1066 | 湴 | 宮 | 頻便 | 蒲鑒 |
| 1040 | 瓿 | 宮 | 頻便 | 薄口 | 1067 | 攀 | 宮 | 娉便 | 披班 |
| 1041 | 坌 | 宮 | 頻便 | 步悶 | 1068 | 扳 | 宮 | 娉便 | 普攌 |
| 1042 | 棒 | 宮 | 頻便 | 步項 | 1069 | 派 | 宮 | 娉便 | 普夬 |
| 1043 | 旛 | 宮 | 頻便 | 部本 | 1070 | 眅 | 宮 | 娉便 | 普版 |
| 1044 | 阪 | 宮 | 頻便 | 部版 | 1071 | 襻 | 宮 | 娉便 | 普患 |
| 1045 | 並 | 宮 | 頻便 | 部迥 | 1072 | 汃 | 宮 | 娉便 | 普八 |
| 1046 | 罷 | 宮 | 頻便 | 皮駕 | 1073 | 鋪 | 宮 | 娉偏 | 滂模 |
| 1047 | 病 | 宮 | 頻便 | 皮命 | 1074 | 普 | 宮 | 娉偏 | 滂五 |
| 1048 | 甓 | 宮 | 頻便 | 皮亦 | 1075 | 配 | 宮 | 娉偏 | 滂佩 |
| 1049 | 滭 | 宮 | 頻便 | 皮休 | 1076 | 靹 | 宮 | 娉偏 | 滂保 |
| 1050 | 頻 | 宮 | 頻便 | 毗賓 | 1077 | 聘 | 宮 | 娉偏 | 滂丁 |
| 1051 | 瓢 | 宮 | 頻便 | 毗招 | 1078 | 泡 | 宮 | 娉偏 | 披交 |
| 1052 | 驃 | 宮 | 頻便 | 毗召 | 1079 | 炮 | 宮 | 娉偏 | 披教 |
| 1053 | 盆 | 宮 | 頻便 | 蒲奔 | 1080 | 譬 | 宮 | 娉偏 | 匹智 |
| 1054 | 孛 | 宮 | 頻便 | 蒲沒 | 1081 | 橐 | 宮 | 娉偏 | 匹到 |
| 1055 | 盤 | 宮 | 頻便 | 蒲官 | 1082 | 聘 | 宮 | 娉偏 | 匹正 |
| 1056 | 伴 | 宮 | 頻便 | 蒲滿 | 1083 | 僻 | 宮 | 娉偏 | 匹亦 |
| 1057 | 鈸 | 宮 | 頻便 | 蒲撥 | 1084 | 鯏 | 宮 | 娉偏 | 匹正 |
| 1058 | 瓣 | 宮 | 頻便 | 蒲閑 | 1085 | 紕 | 宮 | 娉偏 | 篇夷 |
| 1059 | 拔 | 宮 | 頻便 | 蒲八 | 1086 | 豇 | 宮 | 娉偏 | 撲蒙 |

| | | | | | | | | |
|---|---|---|---|---|---|---|---|---|
| 1087 | 壞 | 宮 | 娉偏 | 鋪杯 | 1114 | 白 | 宮 | 平便 | 簿陌 |
| 1088 | 撲 | 宮 | 娉偏 | 普蜀 | 1115 | 簿 | 宮 | 平便 | 裴五 |
| 1089 | 厇 | 宮 | 娉偏 | 普弨 | 1116 | 鉋 | 宮 | 平便 | 皮教 |
| 1090 | 鋪 | 宮 | 娉偏 | 普故 | 1117 | 躬 | 宮 | 平便 | 皮及 |
| 1091 | 俖 | 宮 | 娉偏 | 普罪 | 1118 | 避 | 宮 | 平便 | 毗意 |
| 1092 | 橐 | 宮 | 娉偏 | 普袍 | 1119 | 便 | 宮 | 平便 | 毗面 |
| 1093 | 頗 | 宮 | 娉偏 | 普禾 | 1120 | 槌 | 宮 | 平便 | 菩貢 |
| 1094 | 叵 | 宮 | 娉偏 | 普火 | 1121 | 蓬 | 宮 | 平便 | 蒲紅 |
| 1095 | 破 | 宮 | 娉偏 | 普過 | 1122 | 埲 | 宮 | 平便 | 蒲蒙 |
| 1096 | 顃 | 宮 | 娉偏 | 普永 | 1123 | 皮 | 宮 | 平便 | 蒲麋 |
| 1097 | 烹 | 宮 | 娉偏 | 普庚 | 1124 | 裴 | 宮 | 平便 | 蒲枚 |
| 1098 | 郫 | 宮 | 娉偏 | 普等 | 1125 | 纏 | 宮 | 平便 | 蒲眠 |
| 1099 | 拍 | 宮 | 娉偏 | 普伯 | 1126 | 庖 | 宮 | 平便 | 蒲交 |
| 1100 | 蔆 | 宮 | 平便 | 傍個 | 1127 | 抱 | 宮 | 平便 | 蒲皓 |
| 1101 | 辯 | 宮 | 平便 | 婢免 | 1128 | 暴 | 宮 | 平便 | 蒲報 |
| 1102 | 別 | 宮 | 平便 | 避列 | 1129 | 婆 | 宮 | 平便 | 蒲禾 |
| 1103 | 蒲 | 宮 | 平便 | 薄胡 | 1130 | 爸 | 宮 | 平便 | 蒲可 |
| 1104 | 步 | 宮 | 平便 | 薄故 | 1131 | 彭 | 宮 | 平便 | 蒲庚 |
| 1105 | 敗 | 宮 | 平便 | 薄賣 | 1132 | 廬 | 宮 | 平便 | 蒲猛 |
| 1106 | 僕 | 宮 | 平便 | 步木 | 1133 | 鬈 | 宮 | 平便 | 蒲孟 |
| 1107 | 佩 | 宮 | 平便 | 步妹 | 1134 | 朋 | 宮 | 平便 | 蒲弘 |
| 1108 | 排 | 宮 | 平便 | 步皆 | 1135 | 催 | 商 | 親千 | 倉回 |
| 1109 | 蔔 | 宮 | 平便 | 步黑 | 1136 | 村 | 商 | 親千 | 倉尊 |
| 1110 | 婢 | 宮 | 平便 | 部比 | 1137 | 猝 | 商 | 親千 | 倉沒 |
| 1111 | 倍 | 宮 | 平便 | 部浼 | 1138 | 撮 | 商 | 親千 | 倉括 |
| 1112 | 罷 | 宮 | 平便 | 部買 | 1139 | 此 | 商 | 親千 | 雌氏 |
| 1113 | 鮑 | 宮 | 平便 | 部巧 | 1140 | 雌 | 商 | 親千 | 此茲 |

| 1141 取 | 商 | 親千 | 此主 | 1168 譈 | 商 | 親千 | 千侯 |
| 1142 秋 | 商 | 親千 | 此由 | 1169 湊 | 商 | 親千 | 千侯 |
| 1143 趣 | 商 | 親千 | 此苟 | 1170 簽 | 商 | 親千 | 千廉 |
| 1144 焌 | 商 | 親千 | 促律 | 1171 詮 | 商 | 親千 | 且緣 |
| 1145 寸 | 商 | 親千 | 村困 | 1172 璀 | 商 | 親千 | 取猥 |
| 1146 次 | 商 | 親千 | 七四 | 1173 忖 | 商 | 親千 | 取本 |
| 1147 覷 | 商 | 親千 | 七慮 | 1174 竄 | 商 | 親千 | 取亂 |
| 1148 翠 | 商 | 親千 | 七醉 | 1175 縓 | 商 | 親千 | 取絹 |
| 1149 親 | 商 | 親千 | 七人 | 1176 趨 | 商 | 親千 | 逡須 |
| 1150 笉 | 商 | 親千 | 七忍 | 1177 從 | 商 | 秦前 | 才用 |
| 1151 襯 | 商 | 親千 | 七刃 | 1178 茨 | 商 | 秦前 | 才資 |
| 1152 逡 | 商 | 親千 | 七倫 | 1179 嚌 | 商 | 秦前 | 才詣 |
| 1153 攟 | 商 | 親千 | 七桓 | 1180 苴 | 商 | 秦前 | 才餘 |
| 1154 銓 | 商 | 親千 | 七選 | 1181 殘 | 商 | 秦前 | 才幹 |
| 1155 絟 | 商 | 親千 | 七絕 | 1182 瓚 | 商 | 秦前 | 才贊 |
| 1156 鍫 | 商 | 親千 | 七遙 | 1183 囋 | 商 | 秦前 | 才達 |
| 1157 悄 | 商 | 親千 | 七小 | 1184 前 | 商 | 秦前 | 才先 |
| 1158 陗 | 商 | 親千 | 七肖 | 1185 全 | 商 | 秦前 | 才緣 |
| 1159 嗏 | 商 | 親千 | 七加 | 1186 醝 | 商 | 秦前 | 才何 |
| 1160 侵 | 商 | 親千 | 七林 | 1187 查 | 商 | 秦前 | 才邪 |
| 1161 寢 | 商 | 親千 | 七稔 | 1188 藏 | 商 | 秦前 | 才浪 |
| 1162 沁 | 商 | 親千 | 七鴆 | 1189 層 | 商 | 秦前 | 才登 |
| 1163 緝 | 商 | 親千 | 七入 | 1190 剿 | 商 | 秦前 | 才奏 |
| 1164 釅 | 商 | 親千 | 七漸 | 1191 鱏 | 商 | 秦前 | 才心 |
| 1165 墊 | 商 | 親千 | 七豔 | 1192 蠡 | 商 | 秦前 | 才盍 |
| 1166 妾 | 商 | 親千 | 七接 | 1193 曹 | 商 | 秦前 | 財勞 |
| 1167 七 | 商 | 親千 | 戚悉 | 1194 慚 | 商 | 秦前 | 財甘 |

| | | | | | | | | |
|---|---|---|---|---|---|---|---|---|
| 1195 | 秦 | 商 | 秦前 | 慈鄰 | 1222 | 歎 | 商 | 秦前 | 徂感 |
| 1196 | 盡 | 商 | 秦前 | 慈忍 | 1223 | 自 | 商 | 秦前 | 疾二 |
| 1197 | 踐 | 商 | 秦前 | 慈演 | 1224 | 匠 | 商 | 秦前 | 疾亮 |
| 1198 | 樵 | 商 | 秦前 | 慈消 | 1225 | 嚼 | 商 | 秦前 | 疾雀 |
| 1199 | 抯 | 商 | 秦前 | 慈也 | 1226 | 昨 | 商 | 秦前 | 疾各 |
| 1200 | 藉 | 商 | 秦前 | 慈夜 | 1227 | 賊 | 商 | 秦前 | 疾則 |
| 1201 | 牆 | 商 | 秦前 | 慈良 | 1228 | 靜 | 商 | 秦前 | 疾郢 |
| 1202 | 情 | 商 | 秦前 | 慈盈 | 1229 | 淨 | 商 | 秦前 | 疾正 |
| 1203 | 酋 | 商 | 秦前 | 慈秋 | 1230 | 就 | 商 | 秦前 | 疾僦 |
| 1204 | 藚 | 商 | 秦前 | 慈荏 | 1231 | 捷 | 商 | 秦前 | 疾業 |
| 1205 | 潛 | 商 | 秦前 | 慈鹽 | 1232 | 在 | 商 | 秦前 | 盡亥 |
| 1206 | 徂 | 商 | 秦前 | 叢租 | 1233 | 祚 | 商 | 秦前 | 靖故 |
| 1207 | 叢 | 商 | 秦前 | 徂紅 | 1234 | 蓋 | 商 | 秦前 | 齊進 |
| 1208 | 戲 | 商 | 秦前 | 徂送 | 1235 | 齊 | 商 | 秦前 | 前西 |
| 1209 | 摧 | 商 | 秦前 | 徂回 | 1236 | 寂 | 商 | 秦前 | 前曆 |
| 1210 | 罪 | 商 | 秦前 | 徂賄 | 1237 | 從 | 商 | 秦前 | 牆容 |
| 1211 | 存 | 商 | 秦前 | 徂尊 | 1238 | 才 | 商 | 秦前 | 牆來 |
| 1212 | 鱒 | 商 | 秦前 | 徂本 | 1239 | 萃 | 商 | 秦前 | 秦醉 |
| 1213 | 鐏 | 商 | 秦前 | 徂悶 | 1240 | 集 | 商 | 秦前 | 秦入 |
| 1214 | 攢 | 商 | 秦前 | 徂官 | 1241 | 漸 | 商 | 秦前 | 秦冉 |
| 1215 | 欑 | 商 | 秦前 | 徂活 | 1242 | 絕 | 商 | 秦前 | 情雪 |
| 1216 | 雋 | 商 | 秦前 | 徂兗 | 1243 | 薺 | 商 | 秦前 | 在禮 |
| 1217 | 坐 | 商 | 秦前 | 徂果 | 1244 | 咀 | 商 | 秦前 | 在呂 |
| 1218 | 座 | 商 | 秦前 | 徂臥 | 1245 | 攢 | 商 | 秦前 | 在玩 |
| 1219 | 藏 | 商 | 秦前 | 徂郎 | 1246 | 瓚 | 商 | 秦前 | 在簡 |
| 1220 | 劗 | 商 | 秦前 | 徂鉤 | 1247 | 賤 | 商 | 秦前 | 在線 |
| 1221 | 蠶 | 商 | 秦前 | 徂含 | 1248 | 噍 | 商 | 秦前 | 在肖 |

| 1249 | 造 | 商 | 秦前 | 在早 | 1276 | 蟜 | 角 | 勤虔 | 巨夭 |
| 1250 | 漕 | 商 | 秦前 | 在到 | 1277 | 瘸 | 角 | 勤虔 | 巨靴 |
| 1251 | 奨 | 商 | 秦前 | 在朗 | 1278 | 矍 | 角 | 勤虔 | 巨各 |
| 1252 | 槧 | 商 | 秦前 | 在敢 | 1279 | 臼 | 角 | 勤虔 | 巨九 |
| 1253 | 聚 | 商 | 秦前 | 族遇 | 1280 | 舊 | 角 | 勤虔 | 巨又 |
| 1254 | 族 | 商 | 秦前 | 昨木 | 1281 | 噤 | 角 | 勤虔 | 巨禁 |
| 1255 | 載 | 商 | 秦前 | 昨代 | 1282 | 儉 | 角 | 勤虔 | 巨險 |
| 1256 | 疾 | 商 | 秦前 | 昨悉 | 1283 | 匱 | 角 | 勤虔 | 具位 |
| 1257 | 崒 | 商 | 秦前 | 昨律 | 1284 | 郡 | 角 | 勤虔 | 具運 |
| 1258 | 捽 | 商 | 秦前 | 昨沒 | 1285 | 迲 | 角 | 勤虔 | 具住 |
| 1259 | 截 | 商 | 秦前 | 昨結 | 1286 | 酆 | 角 | 勤虔 | 具縛 |
| 1260 | 贈 | 商 | 秦前 | 昨鄧 | 1287 | 權 | 角 | 勤虔 | 逵員 |
| 1261 | 雜 | 商 | 秦前 | 昨合 | 1288 | 倦 | 角 | 勤虔 | 逵眷 |
| 1262 | 暫 | 商 | 秦前 | 昨濫 | 1289 | 喬 | 角 | 勤虔 | 祁堯 |
| 1263 | 粗 | 商 | 秦前 | 坐五 | 1290 | 觀 | 角 | 勤虔 | 其耆 |
| 1264 | 欋 | 角 | 勤虔 | 跪頑 | 1291 | 頜 | 角 | 勤虔 | 其懇 |
| 1265 | 姞 | 角 | 勤虔 | 極乙 | 1292 | 掘 | 角 | 勤虔 | 其月 |
| 1266 | 笈 | 角 | 勤虔 | 極曄 | 1293 | 斡 | 角 | 勤虔 | 其闔 |
| 1267 | 具 | 角 | 勤虔 | 忌遇 | 1294 | 箝 | 角 | 勤虔 | 其廉 |
| 1268 | 及 | 角 | 勤虔 | 忌立 | 1295 | 渠 | 角 | 勤虔 | 求於 |
| 1269 | 巨 | 角 | 勤虔 | 臼許 | 1296 | 瓘 | 角 | 勤虔 | 求患 |
| 1270 | 洪 | 角 | 勤虔 | 巨勇 | 1297 | 伽 | 角 | 勤虔 | 求加 |
| 1271 | 共 | 角 | 勤虔 | 巨用 | 1298 | 趫 | 角 | 勤虔 | 求獲 |
| 1272 | 跪 | 角 | 勤虔 | 巨委 | 1299 | 窮 | 角 | 勤虔 | 渠宮 |
| 1273 | 近 | 角 | 勤虔 | 巨謹 | 1300 | 局 | 角 | 勤虔 | 渠六 |
| 1274 | 窘 | 角 | 勤虔 | 巨隕 | 1301 | 葵 | 角 | 勤虔 | 渠為 |
| 1275 | 圈 | 角 | 勤虔 | 巨卷 | 1302 | 勤 | 角 | 勤虔 | 渠斤 |

| 1303 | 群 | 角 | 勤虔 | 渠雲 | 1330 | 磽 | 角 | 輕牽 | 口教 |
|---|---|---|---|---|---|---|---|---|---|
| 1304 | 倔 | 角 | 勤虔 | 渠勿 | 1331 | 可 | 角 | 輕牽 | 口我 |
| 1305 | 麠 | 角 | 勤虔 | 渠瞎 | 1332 | 軻 | 角 | 輕牽 | 口個 |
| 1306 | 轎 | 角 | 勤虔 | 渠廟 | 1333 | 忼 | 角 | 輕牽 | 口朗 |
| 1307 | 狂 | 角 | 勤虔 | 渠王 | 1334 | 抗 | 角 | 輕牽 | 口浪 |
| 1308 | 誆 | 角 | 勤虔 | 渠放 | 1335 | 銧 | 角 | 輕牽 | 口觥 |
| 1309 | 瓊 | 角 | 勤虔 | 渠營 | 1336 | 磍 | 角 | 輕牽 | 口獲 |
| 1310 | 求 | 角 | 勤虔 | 渠尤 | 1337 | 歉 | 角 | 輕牽 | 口陷 |
| 1311 | 琴 | 角 | 勤虔 | 渠今 | 1338 | 空 | 角 | 輕牽 | 枯紅 |
| 1312 | 濐 | 角 | 勤虔 | 渠飲 | 1339 | 酷 | 角 | 輕牽 | 枯沃 |
| 1313 | 鐱 | 角 | 勤虔 | 渠驗 | 1340 | 恢 | 角 | 輕牽 | 枯回 |
| 1314 | 譴 | 角 | 輕牽 | 詰戰 | 1341 | 坤 | 角 | 輕牽 | 枯昆 |
| 1315 | 挈 | 角 | 輕牽 | 詰結 | 1342 | 寬 | 角 | 輕牽 | 枯官 |
| 1316 | 傔 | 角 | 輕牽 | 詰念 | 1343 | 誇 | 角 | 輕牽 | 枯瓜 |
| 1317 | 孔 | 角 | 輕牽 | 康董 | 1344 | 骼 | 角 | 輕牽 | 枯架 |
| 1318 | 愷 | 角 | 輕牽 | 可亥 | 1345 | 控 | 角 | 輕牽 | 苦貢 |
| 1319 | 恪 | 角 | 輕牽 | 克各 | 1346 | 庫 | 角 | 輕牽 | 苦故 |
| 1320 | 枯 | 角 | 輕牽 | 空胡 | 1347 | 磈 | 角 | 輕牽 | 苦猥 |
| 1321 | 侃 | 角 | 輕牽 | 空旱 | 1348 | 咼 | 角 | 輕牽 | 苦乖 |
| 1322 | 苦 | 角 | 輕牽 | 孔五 | 1349 | 快 | 角 | 輕牽 | 苦夬 |
| 1323 | 楷 | 角 | 輕牽 | 口駭 | 1350 | 砎 | 角 | 輕牽 | 苦恨 |
| 1324 | 鞐 | 角 | 輕牽 | 口戒 | 1351 | 稛 | 角 | 輕牽 | 苦隕 |
| 1325 | 頡 | 角 | 輕牽 | 口恩 | 1352 | 悃 | 角 | 輕牽 | 苦本 |
| 1326 | 懇 | 角 | 輕牽 | 口很 | 1353 | 困 | 角 | 輕牽 | 苦悶 |
| 1327 | 鏗 | 角 | 輕牽 | 口喚 | 1354 | 窟 | 角 | 輕牽 | 苦骨 |
| 1328 | 狠 | 角 | 輕牽 | 口限 | 1355 | 款 | 角 | 輕牽 | 苦管 |
| 1329 | 犒 | 角 | 輕牽 | 口到 | 1356 | 闊 | 角 | 輕牽 | 苦括 |

| | | | | | | | | |
|---|---|---|---|---|---|---|---|---|
| 1357 | 牵 | 角 | 輕牵 | 苦堅 | 1384 | 恰 | 角 | 輕牵 | 苦洽 |
| 1358 | 犬 | 角 | 輕牵 | 苦泫 | 1385 | 謙 | 角 | 輕牵 | 苦廉 |
| 1359 | 䫏 | 角 | 輕牵 | 苦皎 | 1386 | 歉 | 角 | 輕牵 | 苦簟 |
| 1360 | 竅 | 角 | 輕牵 | 苦吊 | 1387 | 塊 | 角 | 輕牵 | 窺睡 |
| 1361 | 尻 | 角 | 輕牵 | 苦高 | 1388 | 傾 | 角 | 輕牵 | 窺營 |
| 1362 | 考 | 角 | 輕牵 | 苦浩 | 1389 | 恐 | 角 | 輕牵 | 欺用 |
| 1363 | 巧 | 角 | 輕牵 | 苦絞 | 1390 | 乞 | 角 | 輕牵 | 欺訖 |
| 1364 | 科 | 角 | 輕牵 | 苦禾 | 1391 | 卻 | 角 | 輕牵 | 乞約 |
| 1365 | 顆 | 角 | 輕牵 | 苦果 | 1392 | 隙 | 角 | 輕牵 | 乞逆 |
| 1366 | 課 | 角 | 輕牵 | 苦臥 | 1393 | 客 | 角 | 輕牵 | 乞格 |
| 1367 | 跨 | 角 | 輕牵 | 苦瓦 | 1394 | 泣 | 角 | 輕牵 | 乞及 |
| 1368 | 跨 | 角 | 輕牵 | 苦化 | 1395 | 篋 | 角 | 輕牵 | 乞葉 |
| 1369 | 呵 | 角 | 輕牵 | 苦下 | 1396 | 𧎸 | 角 | 輕牵 | 棄忍 |
| 1370 | 骺 | 角 | 輕牵 | 苦光 | 1397 | 謦 | 角 | 輕牵 | 棄挺 |
| 1371 | 壙 | 角 | 輕牵 | 苦廣 | 1398 | 溪 | 角 | 輕牵 | 牵溪 |
| 1372 | 曠 | 角 | 輕牵 | 苦謗 | 1399 | 穹 | 角 | 輕牵 | 丘中 |
| 1373 | 廓 | 角 | 輕牵 | 苦郭 | 1400 | 恐 | 角 | 輕牵 | 丘隴 |
| 1374 | 吃 | 角 | 輕牵 | 苦系 | 1401 | 麴 | 角 | 輕牵 | 丘六 |
| 1375 | 肯 | 角 | 輕牵 | 苦等 | 1402 | 墟 | 角 | 輕牵 | 丘於 |
| 1376 | 克 | 角 | 輕牵 | 苦得 | 1403 | 去 | 角 | 輕牵 | 丘舉 |
| 1377 | 闃 | 角 | 輕牵 | 苦臭 | 1404 | 去 | 角 | 輕牵 | 丘據 |
| 1378 | 口 | 角 | 輕牵 | 苦厚 | 1405 | 喟 | 角 | 輕牵 | 丘媿 |
| 1379 | 堪 | 角 | 輕牵 | 苦含 | 1406 | 開 | 角 | 輕牵 | 丘哀 |
| 1380 | 坎 | 角 | 輕牵 | 苦感 | 1407 | 慨 | 角 | 輕牵 | 丘蓋 |
| 1381 | 勘 | 角 | 輕牵 | 苦紺 | 1408 | 揩 | 角 | 輕牵 | 丘皆 |
| 1382 | 㽪 | 角 | 輕牵 | 苦盍 | 1409 | 刊 | 角 | 輕牵 | 丘寒 |
| 1383 | 槏 | 角 | 輕牵 | 苦斬 | 1410 | 渴 | 角 | 輕牵 | 丘葛 |

| | | | | | | | | |
|---|---|---|---|---|---|---|---|---|
| 1411 | 慳 | 角 | 輕牽 | 丘閑 | 1438 | 羌 | 角 | 輕牽 | 驅羊 |
| 1412 | 楬 | 角 | 輕牽 | 丘瞎 | 1439 | 丘 | 角 | 輕牽 | 驅牛 |
| 1413 | 闋 | 角 | 輕牽 | 丘月 | 1440 | 彄 | 角 | 輕牽 | 驅侯 |
| 1414 | 趫 | 角 | 輕牽 | 丘妖 | 1441 | 欽 | 角 | 輕牽 | 驅音 |
| 1415 | 敲 | 角 | 輕牽 | 丘交 | 1442 | 看 | 角 | 輕牽 | 祛幹 |
| 1416 | 珂 | 角 | 輕牽 | 丘何 | 1443 | 器 | 角 | 輕牽 | 去異 |
| 1417 | 呿 | 角 | 輕牽 | 丘加 | 1444 | 炊 | 角 | 輕牽 | 去斤 |
| 1418 | 硈 | 角 | 輕牽 | 丘仰 | 1445 | 敀 | 角 | 輕牽 | 去刃 |
| 1419 | 曉 | 角 | 輕牽 | 丘亮 | 1446 | 舵 | 角 | 輕牽 | 去靴 |
| 1420 | 康 | 角 | 輕牽 | 丘剛 | 1447 | 糗 | 角 | 輕牽 | 去九 |
| 1421 | 躩 | 角 | 輕牽 | 丘縛 | 1448 | 跬 | 角 | 輕牽 | 犬蘂 |
| 1422 | 卿 | 角 | 輕牽 | 丘京 | 1449 | 窺 | 角 | 輕牽 | 缺規 |
| 1423 | 慶 | 角 | 輕牽 | 丘正 | 1450 | 起 | 角 | 輕牽 | 墟里 |
| 1424 | 坑 | 角 | 輕牽 | 丘庚 | 1451 | 薝 | 商 | 清千 | 采五 |
| 1425 | 頃 | 角 | 輕牽 | 丘潁 | 1452 | 草 | 商 | 清千 | 采早 |
| 1426 | 蹞 | 角 | 輕牽 | 丘救 | 1453 | 蒼 | 商 | 清千 | 采朗 |
| 1427 | 寇 | 角 | 輕牽 | 丘候 | 1454 | 恩 | 商 | 清千 | 倉紅 |
| 1428 | 坽 | 角 | 輕牽 | 丘錦 | 1455 | 麁 | 商 | 清千 | 倉胡 |
| 1429 | 摍 | 角 | 輕牽 | 丘禁 | 1456 | 措 | 商 | 清千 | 倉故 |
| 1430 | 嵌 | 角 | 輕牽 | 丘銜 | 1457 | 猜 | 商 | 清千 | 倉來 |
| 1431 | 困 | 角 | 輕牽 | 區倫 | 1458 | 菜 | 商 | 清千 | 倉代 |
| 1432 | 勸 | 角 | 輕牽 | 區願 | 1459 | 粲 | 商 | 清千 | 倉晏 |
| 1433 | 胿 | 角 | 輕牽 | 區旺 | 1460 | 千 | 商 | 清千 | 倉先 |
| 1434 | 屈 | 角 | 輕牽 | 曲勿 | 1461 | 蒨 | 商 | 清千 | 倉甸 |
| 1435 | 匡 | 角 | 輕牽 | 曲王 | 1462 | 操 | 商 | 清千 | 倉刀 |
| 1436 | 遣 | 角 | 輕牽 | 驅演 | 1463 | 蹉 | 商 | 清千 | 倉何 |
| 1437 | 棬 | 角 | 輕牽 | 驅圓 | 1464 | 泚 | 商 | 清千 | 此禮 |

| | | | | | | | | |
|---|---|---|---|---|---|---|---|---|
| 1465 | 采 | 商 | 清千 | 此宰 | 1492 | 祧 | 商 | 清千 | 且勇 |
| 1466 | 砌 | 商 | 清千 | 七計 | 1493 | 噱 | 角 | 擎虔 | 極虐 |
| 1467 | 擦 | 商 | 清千 | 七煞 | 1494 | 劇 | 角 | 擎虔 | 竭系 |
| 1468 | 淺 | 商 | 清千 | 七演 | 1495 | 技 | 角 | 擎虔 | 巨綺 |
| 1469 | 糙 | 商 | 清千 | 七到 | 1496 | 隑 | 角 | 擎虔 | 巨代 |
| 1470 | 且 | 商 | 清千 | 七野 | 1497 | 件 | 角 | 擎虔 | 巨展 |
| 1471 | 搶 | 商 | 清千 | 七兩 | 1498 | 傑 | 角 | 擎虔 | 巨列 |
| 1472 | 蹡 | 商 | 清千 | 七亮 | 1499 | 概 | 角 | 擎虔 | 巨到 |
| 1473 | 鵲 | 商 | 清千 | 七雀 | 1500 | 翃 | 角 | 擎虔 | 巨柯 |
| 1474 | 稽 | 商 | 清千 | 七浪 | 1501 | 強 | 角 | 擎虔 | 巨兩 |
| 1475 | 錯 | 商 | 清千 | 七各 | 1502 | 痙 | 角 | 擎虔 | 巨郢 |
| 1476 | 彰 | 商 | 清千 | 七曾 | 1503 | 競 | 角 | 擎虔 | 具映 |
| 1477 | 蹭 | 商 | 清千 | 七鄧 | 1504 | 勥 | 角 | 擎虔 | 其亮 |
| 1478 | 清 | 商 | 清千 | 七情 | 1505 | 芰 | 角 | 擎虔 | 奇寄 |
| 1479 | 請 | 商 | 清千 | 七靜 | 1506 | 筊 | 角 | 擎虔 | 求蟹 |
| 1480 | 倩 | 商 | 清千 | 七正 | 1507 | 奇 | 角 | 擎虔 | 渠宜 |
| 1481 | 刺 | 商 | 清千 | 七逆 | 1508 | 撎 | 角 | 擎虔 | 渠開 |
| 1482 | 謥 | 商 | 清千 | 千弄 | 1509 | 鱺 | 角 | 擎虔 | 渠介 |
| 1483 | 蔟 | 商 | 清千 | 千木 | 1510 | 乾 | 角 | 擎虔 | 渠焉 |
| 1484 | 妻 | 商 | 清千 | 千西 | 1511 | 健 | 角 | 擎虔 | 渠建 |
| 1485 | 餐 | 商 | 清千 | 千山 | 1512 | 強 | 角 | 擎虔 | 渠良 |
| 1486 | 切 | 商 | 清千 | 千結 | 1513 | 擎 | 角 | 擎虔 | 渠京 |
| 1487 | 瑳 | 商 | 清千 | 千可 | 1514 | 戎 | 半商徵 | 人然 | 而中 |
| 1488 | 剉 | 商 | 清千 | 千隊 | 1515 | 宂 | 半商徵 | 人然 | 而隴 |
| 1489 | 笡 | 商 | 清千 | 千謝 | 1516 | 靰 | 半商徵 | 人然 | 而用 |
| 1490 | 槍 | 商 | 清千 | 千羊 | 1517 | 肉 | 半商徵 | 人然 | 而六 |
| 1491 | 倉 | 商 | 清千 | 千剛 | 1518 | 二 | 半商徵 | 人然 | 而至 |

| | | | | | | | | |
|---|---|---|---|---|---|---|---|---|
| 1519 | 孺 | 半商徵 | 人然 | 而遇 | 1546 | 兒 | 半商徵 | 人然 | 如支 |
| 1520 | 人 | 半商徵 | 人然 | 而鄰 | 1547 | 狋 | 半商徵 | 人然 | 如佳 |
| 1521 | 忍 | 半商徵 | 人然 | 而軫 | 1548 | 榮 | 半商徵 | 人然 | 如累 |
| 1522 | 刃 | 半商徵 | 人然 | 而振 | 1549 | 芮 | 半商徵 | 人然 | 如稅 |
| 1523 | 髻 | 半商徵 | 人然 | 而轄 | 1550 | 偆 | 半商徵 | 人然 | 如匀 |
| 1524 | 熱 | 半商徵 | 人然 | 而列 | 1551 | 然 | 半商徵 | 人然 | 如延 |
| 1525 | 嘢 | 半商徵 | 人然 | 而宣 | 1552 | 饒 | 半商徵 | 人然 | 如招 |
| 1526 | 讓 | 半商徵 | 人然 | 而亮 | 1553 | 禳 | 半商徵 | 人然 | 如羊 |
| 1527 | 扔 | 半商徵 | 人然 | 而證 | 1554 | 若 | 半商徵 | 人然 | 如灼 |
| 1528 | 柔 | 半商徵 | 人然 | 而由 | 1555 | 仍 | 半商徵 | 人然 | 如陵 |
| 1529 | 髾 | 半商徵 | 人然 | 而占 | 1556 | 輮 | 半商徵 | 人然 | 如又 |
| 1530 | 冉 | 半商徵 | 人然 | 而琰 | 1557 | 壬 | 半商徵 | 人然 | 如深 |
| 1531 | 染 | 半商徵 | 人然 | 而豔 | 1558 | 閏 | 半商徵 | 人然 | 儒順 |
| 1532 | 顬 | 半商徵 | 人然 | 而涉 | 1559 | 爇 | 半商徵 | 人然 | 儒劣 |
| 1533 | 擾 | 半商徵 | 人然 | 爾紹 | 1560 | 壤 | 半商徵 | 人然 | 汝兩 |
| 1534 | 惹 | 半商徵 | 人然 | 爾者 | 1561 | 任 | 半商徵 | 人然 | 汝鳩 |
| 1535 | 如 | 半商徵 | 人然 | 人余 | 1562 | 頓 | 半商徵 | 人然 | 乳允 |
| 1536 | 日 | 半商徵 | 人然 | 人質 | 1563 | 軟 | 半商徵 | 人然 | 乳兗 |
| 1537 | 繞 | 半商徵 | 人然 | 人要 | 1564 | 醲 | 次商 | 紉聯 | 尼容 |
| 1538 | 偌 | 半商徵 | 人然 | 人夜 | 1565 | 女 | 次商 | 紉聯 | 尼呂 |
| 1539 | 雛 | 半商徵 | 人然 | 仁眷 | 1566 | 女 | 次商 | 紉聯 | 尼據 |
| 1540 | 耳 | 半商徵 | 人然 | 忍止 | 1567 | 紉 | 次商 | 紉聯 | 尼鄰 |
| 1541 | 汝 | 半商徵 | 人然 | 忍與 | 1568 | 昵 | 次商 | 紉聯 | 尼質 |
| 1542 | 橪 | 半商徵 | 人然 | 忍善 | 1569 | 鐃 | 次商 | 紉聯 | 尼交 |
| 1543 | 蹂 | 半商徵 | 人然 | 忍九 | 1570 | 嗓 | 次商 | 紉聯 | 尼猷 |
| 1544 | 荏 | 半商徵 | 人然 | 忍甚 | 1571 | 抵 | 次商 | 紉聯 | 尼稟 |
| 1545 | 入 | 半商徵 | 人然 | 日執 | 1572 | 湆 | 次商 | 紉聯 | 尼立 |

| 1573 | 霺 | 次商 | 紉聯 | 尼賺 | 1600 | 朔 | 次商 | 身膻 | 色角 |
|------|---|------|------|------|------|---|------|------|------|
| 1574 | 黏 | 次商 | 紉聯 | 尼占 | 1601 | 澀 | 次商 | 身膻 | 色入 |
| 1575 | 黏 | 次商 | 紉聯 | 尼欠 | 1602 | 歃 | 次商 | 身膻 | 色洽 |
| 1576 | 聶 | 次商 | 紉聯 | 尼輒 | 1603 | 灑 | 次商 | 身膻 | 沙下 |
| 1577 | 攮 | 次商 | 紉聯 | 匿講 | 1604 | 蔬 | 次商 | 身膻 | 山祖 |
| 1578 | 朒 | 次商 | 紉聯 | 女六 | 1605 | 殺 | 次商 | 身膻 | 山戛 |
| 1579 | 袽 | 次商 | 紉聯 | 女居 | 1606 | 栓 | 次商 | 身膻 | 山緣 |
| 1580 | 奻 | 次商 | 紉聯 | 女還 | 1607 | 奻 | 次商 | 身膻 | 山巧 |
| 1581 | 奻 | 次商 | 紉聯 | 女患 | 1608 | 書 | 次商 | 身膻 | 商居 |
| 1582 | 豽 | 次商 | 紉聯 | 女滑 | 1609 | 恕 | 次商 | 身膻 | 商豫 |
| 1583 | 橈 | 次商 | 紉聯 | 女巧 | 1610 | 暑 | 次商 | 身膻 | 賞呂 |
| 1584 | 鬧 | 次商 | 紉聯 | 女教 | 1611 | 詩 | 次商 | 身膻 | 申之 |
| 1585 | 娘 | 次商 | 紉聯 | 女良 | 1612 | 申 | 次商 | 身膻 | 升人 |
| 1586 | 孃 | 次商 | 紉聯 | 女兩 | 1613 | 燒 | 次商 | 身膻 | 屍招 |
| 1587 | 釀 | 次商 | 紉聯 | 女亮 | 1614 | 收 | 次商 | 身膻 | 屍周 |
| 1588 | 逽 | 次商 | 紉聯 | 女略 | 1615 | 哂 | 次商 | 身膻 | 失忍 |
| 1589 | 鬞 | 次商 | 紉聯 | 女江 | 1616 | 少 | 次商 | 身膻 | 失照 |
| 1590 | 搦 | 次商 | 紉聯 | 女角 | 1617 | 閃 | 次商 | 身膻 | 失冉 |
| 1591 | 紐 | 次商 | 紉聯 | 女九 | 1618 | 攝 | 次商 | 身膻 | 失涉 |
| 1592 | 糅 | 次商 | 紉聯 | 女救 | 1619 | 山 | 次商 | 身膻 | 師間 |
| 1593 | 誑 | 次商 | 紉聯 | 女林 | 1620 | 沙 | 次商 | 身膻 | 師加 |
| 1594 | 賃 | 次商 | 紉聯 | 女禁 | 1621 | 霜 | 次商 | 身膻 | 師莊 |
| 1595 | 俺 | 次商 | 紉聯 | 女敢 | 1622 | 衫 | 次商 | 身膻 | 師銜 |
| 1596 | 諵 | 次商 | 紉聯 | 女咸 | 1623 | 弛 | 次商 | 身膻 | 詩止 |
| 1597 | 䛏 | 次商 | 紉聯 | 女減 | 1624 | 苫 | 次商 | 身膻 | 詩廉 |
| 1598 | 図 | 次商 | 紉聯 | 女洽 | 1625 | 少 | 次商 | 身膻 | 始紹 |
| 1599 | 截 | 次商 | 身膻 | 色絳 | 1626 | 首 | 次商 | 身膻 | 始九 |

| 1627 | 試 | 次商 | 身膛 | 式至 | 1654 | 爽 | 次商 | 身膛 | 所兩 |
| 1628 | 水 | 次商 | 身膛 | 式軌 | 1655 | 溲 | 次商 | 身膛 | 所九 |
| 1629 | 失 | 次商 | 身膛 | 式質 | 1656 | 瘦 | 次商 | 身膛 | 所救 |
| 1630 | 婎 | 次商 | 身膛 | 式勻 | 1657 | 瘁 | 次商 | 身膛 | 所錦 |
| 1631 | 賰 | 次商 | 身膛 | 式允 | 1658 | 滲 | 次商 | 身膛 | 所禁 |
| 1632 | 眒 | 次商 | 身膛 | 試刃 | 1659 | 摻 | 次商 | 身膛 | 所斬 |
| 1633 | 所 | 次商 | 身膛 | 疎五 | 1660 | 鈔 | 次商 | 身膛 | 所鑒 |
| 1634 | 搜 | 次商 | 身膛 | 疏尤 | 1661 | 社 | 次商 | 神禪 | 常者 |
| 1635 | 森 | 次商 | 身膛 | 疏簪 | 1662 | 辰 | 次商 | 神禪 | 丞真 |
| 1636 | 狩 | 次商 | 身膛 | 舒救 | 1663 | 寁 | 次商 | 神禪 | 承職 |
| 1637 | 閃 | 次商 | 身膛 | 舒贍 | 1664 | 授 | 次商 | 神禪 | 承呪 |
| 1638 | 稅 | 次商 | 身膛 | 輸芮 | 1665 | 石 | 次商 | 神禪 | 裳只 |
| 1639 | 舜 | 次商 | 身膛 | 輸閏 | 1666 | 善 | 次商 | 神禪 | 上演 |
| 1640 | 說 | 次商 | 身膛 | 輸藝 | 1667 | 孰 | 次商 | 神禪 | 神六 |
| 1641 | 閂 | 次商 | 身膛 | 數還 | 1668 | 實 | 次商 | 神禪 | 神質 |
| 1642 | 刷 | 次商 | 身膛 | 數滑 | 1669 | 射 | 次商 | 神禪 | 神夜 |
| 1643 | 率 | 次商 | 身膛 | 朔律 | 1670 | 繩 | 次商 | 神禪 | 神陵 |
| 1644 | 疏 | 次商 | 身膛 | 所故 | 1671 | 蛇 | 次商 | 神禪 | 石遮 |
| 1645 | 衰 | 次商 | 身膛 | 所追 | 1672 | 鍾 | 次商 | 神禪 | 時勇 |
| 1646 | 帥 | 次商 | 身膛 | 所類 | 1673 | 誓 | 次商 | 神禪 | 時制 |
| 1647 | 汕 | 次商 | 身膛 | 所簡 | 1674 | 腎 | 次商 | 神禪 | 時軫 |
| 1648 | 訕 | 次商 | 身膛 | 所晏 | 1675 | 慎 | 次商 | 神禪 | 時刃 |
| 1649 | 灡 | 次商 | 身膛 | 所患 | 1676 | 鋌 | 次商 | 神禪 | 時連 |
| 1650 | 箽 | 次商 | 身膛 | 所眷 | 1677 | 繕 | 次商 | 神禪 | 時戰 |
| 1651 | 梢 | 次商 | 身膛 | 所交 | 1678 | 韶 | 次商 | 神禪 | 時招 |
| 1652 | 稍 | 次商 | 身膛 | 所教 | 1679 | 成 | 次商 | 神禪 | 時征 |
| 1653 | 嗄 | 次商 | 身膛 | 所駕 | 1680 | 盛 | 次商 | 神禪 | 時正 |

| 1681 | 仇 | 次商 | 神禪 | 時流 | 1708 | 世 | 次商 | 聲膻 | 始制 |
|------|---|------|------|------|------|---|------|------|------|
| 1682 | 諶 | 次商 | 神禪 | 時壬 | 1709 | 舍 | 次商 | 聲膻 | 始野 |
| 1683 | 甚 | 次商 | 神禪 | 時鳩 | 1710 | 賞 | 次商 | 聲膻 | 始兩 |
| 1684 | 蟾 | 次商 | 神禪 | 時占 | 1711 | 叔 | 次商 | 聲膻 | 式竹 |
| 1685 | 籲 | 次商 | 神禪 | 時冉 | 1712 | 然 | 次商 | 聲膻 | 式善 |
| 1686 | 贍 | 次商 | 神禪 | 時豔 | 1713 | 扇 | 次商 | 聲膻 | 式戰 |
| 1687 | 邵 | 次商 | 神禪 | 實照 | 1714 | 設 | 次商 | 聲膻 | 式列 |
| 1688 | 十 | 次商 | 神禪 | 實執 | 1715 | 舍 | 次商 | 聲膻 | 式夜 |
| 1689 | 涉 | 次商 | 神禪 | 實攝 | 1716 | 餉 | 次商 | 聲膻 | 式亮 |
| 1690 | 順 | 次商 | 神禪 | 食運 | 1717 | 鑠 | 次商 | 聲膻 | 式約 |
| 1691 | 舌 | 次商 | 神禪 | 食列 | 1718 | 聖 | 次商 | 聲膻 | 式正 |
| 1692 | 甚 | 次商 | 神禪 | 食枕 | 1719 | 深 | 次商 | 聲膻 | 式針 |
| 1693 | 紹 | 次商 | 神禪 | 市紹 | 1720 | 審 | 次商 | 聲膻 | 式荏 |
| 1694 | 受 | 次商 | 神禪 | 是酉 | 1721 | 糝 | 次商 | 聲膻 | 式禁 |
| 1695 | 純 | 次商 | 神禪 | 殊倫 | 1722 | 春 | 次商 | 聲膻 | 書容 |
| 1696 | 盾 | 次商 | 神禪 | 豎允 | 1723 | 聲 | 次商 | 聲膻 | 書徵 |
| 1697 | 商 | 次商 | 聲膻 | 尺羊 | 1724 | 莘 | 次商 | 聲膻 | 疏臻 |
| 1698 | 瑟 | 次商 | 聲膻 | 色櫛 | 1725 | 灑 | 次商 | 聲膻 | 所懈 |
| 1699 | 洗 | 次商 | 聲膻 | 色拯 | 1726 | 曬 | 次商 | 聲膻 | 所賣 |
| 1700 | 筵 | 次商 | 聲膻 | 山皆 | 1727 | 庞 | 次商 | 聲膻 | 所近 |
| 1701 | 索 | 次商 | 聲膻 | 山責 | 1728 | 閴 | 次商 | 聲膻 | 所進 |
| 1702 | 殊 | 次商 | 聲膻 | 山矜 | 1729 | 省 | 次商 | 聲膻 | 所景 |
| 1703 | 膻 | 次商 | 聲膻 | 屍連 | 1730 | 眚 | 次商 | 聲膻 | 所敬 |
| 1704 | 濕 | 次商 | 聲膻 | 失入 | 1731 | 色 | 次商 | 聲膻 | 所力 |
| 1705 | 生 | 次商 | 聲膻 | 師庚 | 1732 | 頌 | 商 | 錫前 | 似用 |
| 1706 | 奢 | 次商 | 聲膻 | 詩遮 | 1733 | 續 | 商 | 錫前 | 似足 |
| 1707 | 釋 | 次商 | 聲膻 | 施只 | 1734 | 松 | 商 | 錫前 | 詳容 |

| 1735 | 謝 | 商 | 餳涎 | 詞夜 | 1762 | 纗 | 商 | 餳延 | 徐剪 |
|------|---|---|------|------|------|---|---|------|------|
| 1736 | 授 | 商 | 餳涎 | 寺劣 | 1763 | 詞 | 商 | 餳茲 | 詳茲 |
| 1737 | 岫 | 角 | 餳涎 | 似救 | 1764 | 似 | 商 | 餳茲 | 詳子 |
| 1738 | 烒 | 商 | 餳涎 | 似也 | 1765 | 寺 | 商 | 餳茲 | 祥吏 |
| 1739 | 象 | 商 | 餳涎 | 似兩 | 1766 | 通 | 徵 | 汀天 | 他紅 |
| 1740 | 猶 | 商 | 餳涎 | 隨婢 | 1767 | 統 | 徵 | 汀天 | 他總 |
| 1741 | 漩 | 商 | 餳涎 | 隨戀 | 1768 | 痛 | 徵 | 汀天 | 他貢 |
| 1742 | 習 | 商 | 餳涎 | 席入 | 1769 | 禿 | 徵 | 汀天 | 他穀 |
| 1743 | 席 | 商 | 餳涎 | 詳亦 | 1770 | 體 | 徵 | 汀天 | 他禮 |
| 1744 | 囚 | 角 | 餳涎 | 徐由 | 1771 | 替 | 徵 | 汀天 | 他計 |
| 1745 | 遂 | 商 | 餳涎 | 徐醉 | 1772 | 土 | 徵 | 汀天 | 他魯 |
| 1746 | 膝 | 商 | 餳涎 | 徐兗 | 1773 | 哈 | 徵 | 汀天 | 他亥 |
| 1747 | 邪 | 商 | 餳涎 | 徐嗟 | 1774 | 貸 | 徵 | 汀天 | 他代 |
| 1748 | 祥 | 商 | 餳涎 | 徐羊 | 1775 | 泰 | 徵 | 汀天 | 他蓋 |
| 1749 | 餳 | 商 | 餳涎 | 徐盈 | 1776 | 暾 | 徵 | 汀天 | 他昆 |
| 1750 | 尋 | 商 | 餳涎 | 徐心 | 1777 | 暉 | 徵 | 汀天 | 他衰 |
| 1751 | � | 商 | 餳涎 | 徐廉 | 1778 | 褪 | 徵 | 汀天 | 他困 |
| 1752 | 隨 | 商 | 餳涎 | 旬威 | 1779 | 宊 | 徵 | 汀天 | 他骨 |
| 1753 | 旋 | 商 | 餳涎 | 旬緣 | 1780 | 湍 | 徵 | 汀天 | 他官 |
| 1754 | 羨 | 商 | 餳延 | 似面 | 1781 | 俔 | 徵 | 汀天 | 他括 |
| 1755 | 殉 | 商 | 餳延 | 松閏 | 1782 | 灘 | 徵 | 汀天 | 他丹 |
| 1756 | 旬 | 商 | 餳延 | 詳倫 | 1783 | 坦 | 徵 | 汀天 | 他旦 |
| 1757 | 徐 | 商 | 餳延 | 祥於 | 1784 | 炭 | 徵 | 汀天 | 他晏 |
| 1758 | 敘 | 商 | 餳延 | 象呂 | 1785 | 撻 | 徵 | 汀天 | 他達 |
| 1759 | 屐 | 商 | 餳延 | 徐預 | 1786 | 天 | 徵 | 汀天 | 他前 |
| 1760 | 爐 | 商 | 餳延 | 徐刃 | 1787 | 腆 | 徵 | 汀天 | 他典 |
| 1761 | 涎 | 商 | 餳延 | 徐延 | 1788 | 瑱 | 徵 | 汀天 | 他旬 |

| | | | | | | | | |
|---|---|---|---|---|---|---|---|---|
| 1789 | 鐵 | 徵 | 汀天 | 他結 | 1816 | 胎 | 徵 | 汀天 | 湯來 |
| 1790 | 祧 | 徵 | 汀天 | 他凋 | 1817 | 他 | 徵 | 汀天 | 湯何 |
| 1791 | 糶 | 徵 | 汀天 | 他吊 | 1818 | 梯 | 徵 | 汀天 | 天黎 |
| 1792 | 叨 | 徵 | 汀天 | 他刀 | 1819 | 琗 | 徵 | 汀天 | 通都 |
| 1793 | 套 | 徵 | 汀天 | 他到 | 1820 | 推 | 徵 | 汀天 | 通回 |
| 1794 | 湯 | 徵 | 汀天 | 他郎 | 1821 | 兔 | 徵 | 汀天 | 土故 |
| 1795 | 儻 | 徵 | 汀天 | 他朗 | 1822 | 瞳 | 徵 | 汀天 | 土緩 |
| 1796 | 錫 | 徵 | 汀天 | 他浪 | 1823 | 朓 | 徵 | 汀天 | 土了 |
| 1797 | 託 | 徵 | 汀天 | 他各 | 1824 | 討 | 徵 | 汀天 | 土皓 |
| 1798 | 聽 | 徵 | 汀天 | 他經 | 1825 | 腿 | 徵 | 汀天 | 吐猥 |
| 1799 | 珽 | 徵 | 汀天 | 他頂 | 1826 | 退 | 徵 | 汀天 | 吐內 |
| 1800 | 聽 | 徵 | 汀天 | 他正 | 1827 | 彖 | 徵 | 汀天 | 吐玩 |
| 1801 | 趯 | 徵 | 汀天 | 他歷 | 1828 | 妥 | 徵 | 汀天 | 吐火 |
| 1802 | 鼟 | 徵 | 汀天 | 他登 | 1829 | 唾 | 徵 | 汀天 | 吐臥 |
| 1803 | 偷 | 徵 | 汀天 | 他侯 | 1830 | 菼 | 徵 | 汀天 | 吐敢 |
| 1804 | 斢 | 徵 | 汀天 | 他口 | 1831 | 賧 | 徵 | 汀天 | 吐濫 |
| 1805 | 透 | 徵 | 汀天 | 他候 | 1832 | 鐪 | 徵 | 汀天 | 託合 |
| 1806 | 貪 | 徵 | 汀天 | 他含 | 1833 | 榻 | 徵 | 汀天 | 託甲 |
| 1807 | 襑 | 徵 | 汀天 | 他感 | 1834 | 鐸 | 徵 | 亭田 | 達各 |
| 1808 | 探 | 徵 | 汀天 | 他紺 | 1835 | 第 | 徵 | 亭田 | 大計 |
| 1809 | 坍 | 徵 | 汀天 | 他酣 | 1836 | 豆 | 徵 | 亭田 | 大透 |
| 1810 | 添 | 徵 | 汀天 | 他廉 | 1837 | 柁 | 徵 | 亭田 | 待可 |
| 1811 | 忝 | 徵 | 汀天 | 他點 | 1838 | 待 | 徵 | 亭田 | 蕩亥 |
| 1812 | 橬 | 徵 | 汀天 | 他念 | 1839 | 電 | 徵 | 亭田 | 蕩練 |
| 1813 | 帖 | 徵 | 汀天 | 他協 | 1840 | 特 | 徵 | 亭田 | 敵得 |
| 1814 | 忒 | 徵 | 汀天 | 胎德 | 1841 | 題 | 徵 | 亭田 | 杜兮 |
| 1815 | 澄 | 徵 | 汀天 | 台鄧 | 1842 | 弟 | 徵 | 亭田 | 杜禮 |

| 1843 | 鏃 | 徵 | 亭田 | 杜罪 | 1870 | 窦 | 徵 | 亭田 | 徒駭 |
| 1844 | 隊 | 徵 | 亭田 | 杜對 | 1871 | 屯 | 徵 | 亭田 | 徒孫 |
| 1845 | 囤 | 徵 | 亭田 | 杜本 | 1872 | 鈍 | 徵 | 亭田 | 徒困 |
| 1846 | 段 | 徵 | 亭田 | 杜玩 | 1873 | 團 | 徵 | 亭田 | 徒官 |
| 1847 | 憚 | 徵 | 亭田 | 杜晏 | 1874 | 斷 | 徵 | 亭田 | 徒管 |
| 1848 | 叀 | 徵 | 亭田 | 杜結 | 1875 | 奪 | 徵 | 亭田 | 徒活 |
| 1849 | 道 | 徵 | 亭田 | 杜皓 | 1876 | 但 | 徵 | 亭田 | 徒亶 |
| 1850 | 狄 | 徵 | 亭田 | 杜歷 | 1877 | 殄 | 徵 | 亭田 | 徒典 |
| 1851 | 代 | 徵 | 亭田 | 度耐 | 1878 | 窕 | 徵 | 亭田 | 徒了 |
| 1852 | 大 | 徵 | 亭田 | 度奈 | 1879 | 調 | 徵 | 亭田 | 徒吊 |
| 1853 | 壇 | 徵 | 亭田 | 唐蘭 | 1880 | 陶 | 徵 | 亭田 | 徒刀 |
| 1854 | 駝 | 徵 | 亭田 | 唐何 | 1881 | 導 | 徵 | 亭田 | 徒到 |
| 1855 | 馱 | 徵 | 亭田 | 唐佐 | 1882 | 唐 | 徵 | 亭田 | 徒郎 |
| 1856 | 庭 | 徵 | 亭田 | 唐丁 | 1883 | 蕩 | 徵 | 亭田 | 徒黨 |
| 1857 | 鄧 | 徵 | 亭田 | 唐互 | 1884 | 宕 | 徵 | 亭田 | 徒浪 |
| 1858 | 臺 | 徵 | 亭田 | 堂來 | 1885 | 鋌 | 徵 | 亭田 | 徒鼎 |
| 1859 | 達 | 徵 | 亭田 | 堂滑 | 1886 | 定 | 徵 | 亭田 | 徒逕 |
| 1860 | 迢 | 徵 | 亭田 | 田聊 | 1887 | 騰 | 徵 | 亭田 | 徒登 |
| 1861 | 田 | 徵 | 亭田 | 亭年 | 1888 | 蹼 | 徵 | 亭田 | 徒等 |
| 1862 | 徒 | 徵 | 亭田 | 同都 | 1889 | 頭 | 徵 | 亭田 | 徒侯 |
| 1863 | 同 | 徵 | 亭田 | 徒紅 | 1890 | 鋀 | 徵 | 亭田 | 徒口 |
| 1864 | 動 | 徵 | 亭田 | 徒總 | 1891 | 覃 | 徵 | 亭田 | 徒合 |
| 1865 | 洞 | 徵 | 亭田 | 徒弄 | 1892 | 禫 | 徵 | 亭田 | 徒感 |
| 1866 | 牘 | 徵 | 亭田 | 徒穀 | 1893 | 潭 | 徵 | 亭田 | 徒紺 |
| 1867 | 杜 | 徵 | 亭田 | 徒五 | 1894 | 沓 | 徵 | 亭田 | 達合 |
| 1868 | 度 | 徵 | 亭田 | 徒故 | 1895 | 談 | 徵 | 亭田 | 徒甘 |
| 1869 | 隤 | 徵 | 亭田 | 徒回 | 1896 | 淡 | 徵 | 亭田 | 徒覽 |

| 1897 | 怛 | 徵 | 亭田 | 徒濫 | 1924 | 諵 | 商 | 新千 | 七紺 |
|------|---|---|------|------|------|---|---|------|------|
| 1898 | 甜 | 徵 | 亭田 | 徒廉 | 1925 | 囃 | 商 | 新千 | 七合 |
| 1899 | 簟 | 徵 | 亭田 | 徒點 | 1926 | 顋 | 商 | 新仙 | 桑才 |
| 1900 | 磹 | 徵 | 亭田 | 徒念 | 1927 | 薩 | 商 | 新仙 | 桑轄 |
| 1901 | 牒 | 徵 | 亭田 | 徒協 | 1928 | 娑 | 商 | 新仙 | 桑何 |
| 1902 | 突 | 徵 | 亭田 | 陀訥 | 1929 | 糝 | 商 | 新仙 | 桑感 |
| 1903 | 務 | 次宮 | 文橫 | 亡暮 | 1930 | 卸 | 商 | 新仙 | 司夜 |
| 1904 | 珳 | 次宮 | 文橫 | 亡凡 | 1931 | 謵 | 商 | 新仙 | 私呂 |
| 1905 | 薆 | 次宮 | 文橫 | 亡泛 | 1932 | 傂 | 商 | 新仙 | 私盍 |
| 1906 | 武 | 次宮 | 文橫 | 罔古 | 1933 | 細 | 商 | 新仙 | 思計 |
| 1907 | 無 | 次宮 | 文橫 | 微夫 | 1934 | 信 | 商 | 新仙 | 思進 |
| 1908 | 問 | 次宮 | 文橫 | 文運 | 1935 | 些 | 商 | 新仙 | 思遮 |
| 1909 | 勿 | 次宮 | 文橫 | 文拂 | 1936 | 僧 | 商 | 新仙 | 思登 |
| 1910 | 文 | 次宮 | 文橫 | 無分 | 1937 | 修 | 商 | 新仙 | 思留 |
| 1911 | 萬 | 次宮 | 文橫 | 無販 | 1938 | 心 | 商 | 新仙 | 思林 |
| 1912 | 轍 | 次宮 | 文橫 | 無發 | 1939 | 勸 | 商 | 新仙 | 思沁 |
| 1913 | 吻 | 次宮 | 文橫 | 武粉 | 1940 | 銛 | 商 | 新仙 | 思廉 |
| 1914 | 橫 | 次宮 | 文橫 | 武元 | 1941 | 辛 | 商 | 新仙 | 斯鄰 |
| 1915 | 晚 | 次宮 | 文橫 | 武綰 | 1942 | 筍 | 商 | 新仙 | 松允 |
| 1916 | 罔 | 次宮 | 文瞞 | 文紡 | 1943 | 送 | 商 | 新仙 | 蘇弄 |
| 1917 | 妄 | 次宮 | 文瞞 | 巫放 | 1944 | 速 | 商 | 新仙 | 蘇縠 |
| 1918 | 亡 | 次宮 | 文瞞 | 無方 | 1945 | 素 | 商 | 新仙 | 蘇故 |
| 1919 | 微 | 次宮 | 無文 | 無非 | 1946 | 雖 | 商 | 新仙 | 蘇回 |
| 1920 | 尾 | 次宮 | 無文 | 無匪 | 1947 | 孫 | 商 | 新仙 | 蘇昆 |
| 1921 | 未 | 次宮 | 無文 | 無沸 | 1948 | 損 | 商 | 新仙 | 蘇本 |
| 1922 | 參 | 商 | 新千 | 倉含 | 1949 | 巽 | 商 | 新仙 | 蘇困 |
| 1923 | 慘 | 商 | 新千 | 七感 | 1950 | 窣 | 商 | 新仙 | 蘇骨 |

| | | | | | | | | |
|---|---|---|---|---|---|---|---|---|
| 1951 | 酸 | 商 | 新仙 | 蘇官 | 1978 | 省 | 商 | 新仙 | 息井 |
| 1952 | 筭 | 商 | 新仙 | 蘇貫 | 1979 | 性 | 商 | 新仙 | 息正 |
| 1953 | 傘 | 商 | 新仙 | 蘇簡 | 1980 | 昔 | 商 | 新仙 | 息積 |
| 1954 | 騷 | 商 | 新仙 | 蘇曹 | 1981 | 潲 | 商 | 新仙 | 息有 |
| 1955 | 掃 | 商 | 新仙 | 蘇老 | 1982 | 秀 | 商 | 新仙 | 息救 |
| 1956 | 鎖 | 商 | 新仙 | 蘇果 | 1983 | 霄 | 商 | 新仙 | 息入 |
| 1957 | 娑 | 商 | 新仙 | 蘇個 | 1984 | 三 | 商 | 新仙 | 息暫 |
| 1958 | 桑 | 商 | 新仙 | 蘇郎 | 1985 | 塞 | 商 | 新仙 | 悉則 |
| 1959 | 喪 | 商 | 新仙 | 蘇浪 | 1986 | 伈 | 商 | 新仙 | 悉枕 |
| 1960 | 叟 | 商 | 新仙 | 蘇後 | 1987 | 跋 | 商 | 新仙 | 悉合 |
| 1961 | 毿 | 商 | 新仙 | 蘇含 | 1988 | 燮 | 商 | 新仙 | 悉協 |
| 1962 | 俫 | 商 | 新仙 | 蘇紺 | 1989 | 西 | 商 | 新仙 | 先齊 |
| 1963 | 三 | 商 | 新仙 | 蘇鹽 | 1990 | 賽 | 商 | 新仙 | 先代 |
| 1964 | 蘇 | 商 | 新仙 | 孫徂 | 1991 | 散 | 商 | 新仙 | 先諫 |
| 1965 | 算 | 商 | 新仙 | 損管 | 1992 | 蕭 | 商 | 新仙 | 先雕 |
| 1966 | 索 | 商 | 新仙 | 昔各 | 1993 | 篠 | 商 | 新仙 | 先了 |
| 1967 | 淞 | 商 | 新仙 | 息中 | 1994 | 嘯 | 商 | 新仙 | 先吊 |
| 1968 | 竦 | 商 | 新仙 | 息勇 | 1995 | 噪 | 商 | 新仙 | 先到 |
| 1969 | 四 | 商 | 新仙 | 息漬 | 1996 | 寫 | 商 | 新仙 | 先野 |
| 1970 | 絮 | 商 | 新仙 | 息據 | 1997 | 星 | 商 | 新仙 | 先清 |
| 1971 | 髓 | 商 | 新仙 | 息委 | 1998 | 漱 | 商 | 新仙 | 先侯 |
| 1972 | 悉 | 商 | 新仙 | 息七 | 1999 | 嗽 | 商 | 新仙 | 先奏 |
| 1973 | 襄 | 商 | 新仙 | 息良 | 2000 | 礦 | 商 | 新仙 | 先念 |
| 1974 | 想 | 商 | 新仙 | 息兩 | 2001 | 私 | 商 | 新仙 | 相諮 |
| 1975 | 相 | 商 | 新仙 | 息亮 | 2002 | 趌 | 商 | 新仙 | 相活 |
| 1976 | 削 | 商 | 新仙 | 息約 | 2003 | 跚 | 商 | 新仙 | 相間 |
| 1977 | 癇 | 商 | 新仙 | 息贈 | 2004 | 死 | 商 | 新仙 | 想姊 |

| 2005 | 徙 | 商 | 新仙 | 想里 | 2032 | 爻 | 羽 | 刑賢 | 何交 |
| 2006 | 額 | 商 | 新仙 | 寫朗 | 2033 | 遐 | 羽 | 刑賢 | 何加 |
| 2007 | 胥 | 商 | 新仙 | 新於 | 2034 | 行 | 羽 | 刑賢 | 何庚 |
| 2008 | 歲 | 商 | 新仙 | 須銳 | 2035 | 杏 | 羽 | 刑賢 | 何梗 |
| 2009 | 荀 | 商 | 新仙 | 須倫 | 2036 | 鶴 | 羽 | 刑賢 | 曷各 |
| 2010 | 峻 | 商 | 新仙 | 須閏 | 2037 | 胡 | 羽 | 刑賢 | 洪孤 |
| 2011 | 恤 | 商 | 新仙 | 雪律 | 2038 | 戶 | 羽 | 刑賢 | 侯古 |
| 2012 | 宣 | 商 | 新先 | 匆緣 | 2039 | 旱 | 羽 | 刑賢 | 侯罕 |
| 2013 | 先 | 商 | 新先 | 蘇前 | 2040 | 翰 | 羽 | 刑賢 | 侯幹 |
| 2014 | 銑 | 商 | 新先 | 蘇典 | 2041 | 懷 | 羽 | 刑賢 | 乎乖 |
| 2015 | 雪 | 商 | 新先 | 蘇絕 | 2042 | 煌 | 羽 | 刑賢 | 乎曠 |
| 2016 | 霰 | 商 | 新先 | 先見 | 2043 | 陷 | 羽 | 刑賢 | 乎韽 |
| 2017 | 屑 | 商 | 新先 | 先結 | 2044 | 洪 | 羽 | 刑賢 | 胡公 |
| 2018 | 選 | 商 | 新先 | 須兗 | 2045 | 澒 | 羽 | 刑賢 | 胡孔 |
| 2019 | 翼 | 商 | 新先 | 須絹 | 2046 | 哄 | 羽 | 刑賢 | 胡貢 |
| 2020 | 呼 | 羽 | 興軒 | 荒胡 | 2047 | 斛 | 羽 | 刑賢 | 胡縠 |
| 2021 | 謼 | 羽 | 興軒 | 荒故 | 2048 | 雄 | 羽 | 刑賢 | 胡弓 |
| 2022 | 虎 | 羽 | 興軒 | 火五 | 2049 | 護 | 羽 | 刑賢 | 胡故 |
| 2023 | 系 | 羽 | 刑弦 | 胡計 | 2050 | 回 | 羽 | 刑賢 | 胡傀 |
| 2024 | 徯 | 羽 | 刑弦 | 戶禮 | 2051 | 潰 | 羽 | 刑賢 | 胡對 |
| 2025 | 兮 | 羽 | 刑弦 | 賢雞 | 2052 | 慧 | 羽 | 刑賢 | 胡桂 |
| 2026 | 下 | 羽 | 刑賢 | 亥雅 | 2053 | 亥 | 羽 | 刑賢 | 胡改 |
| 2027 | 何 | 羽 | 刑賢 | 寒苛 | 2054 | 夥 | 羽 | 刑賢 | 胡買 |
| 2028 | 孩 | 羽 | 刑賢 | 何開 | 2055 | 痕 | 羽 | 刑賢 | 胡恩 |
| 2029 | 寒 | 羽 | 刑賢 | 何干 | 2056 | 魂 | 羽 | 刑賢 | 胡昆 |
| 2030 | 曷 | 羽 | 刑賢 | 何葛 | 2057 | 混 | 羽 | 刑賢 | 胡本 |
| 2031 | 閑 | 羽 | 刑賢 | 何艱 | 2058 | 慁 | 羽 | 刑賢 | 胡困 |

| | | | | | | | | | |
|---|---|---|---|---|---|---|---|---|---|
| 2059 | 鶻 | 羽 | 刑賢 | 胡骨 | 2086 | 黃 | 羽 | 刑賢 | 胡光 |
| 2060 | 桓 | 羽 | 刑賢 | 胡官 | 2087 | 穫 | 羽 | 刑賢 | 胡郭 |
| 2061 | 緩 | 羽 | 刑賢 | 胡管 | 2088 | 行 | 羽 | 刑賢 | 胡孟 |
| 2062 | 換 | 羽 | 刑賢 | 胡玩 | 2089 | 恒 | 羽 | 刑賢 | 胡登 |
| 2063 | 轄 | 羽 | 刑賢 | 胡瞎 | 2090 | 劾 | 羽 | 刑賢 | 胡得 |
| 2064 | 還 | 羽 | 刑賢 | 胡關 | 2091 | 橫 | 羽 | 刑賢 | 胡盲 |
| 2065 | 患 | 羽 | 刑賢 | 胡慣 | 2092 | 汁 | 羽 | 刑賢 | 胡猛 |
| 2066 | 賢 | 羽 | 刑賢 | 胡田 | 2093 | 橫 | 羽 | 刑賢 | 戶孟 |
| 2067 | 峴 | 羽 | 刑賢 | 胡典 | 2094 | 穫 | 羽 | 刑賢 | 胡麥 |
| 2068 | 纈 | 羽 | 刑賢 | 胡結 | 2095 | 弘 | 羽 | 刑賢 | 胡肱 |
| 2069 | 玄 | 羽 | 刑賢 | 胡涓 | 2096 | 侯 | 羽 | 刑賢 | 胡鉤 |
| 2070 | 泫 | 羽 | 刑賢 | 胡犬 | 2097 | 厚 | 羽 | 刑賢 | 胡口 |
| 2071 | 穴 | 羽 | 刑賢 | 胡決 | 2098 | 候 | 羽 | 刑賢 | 胡茂 |
| 2072 | 滈 | 羽 | 刑賢 | 胡了 | 2099 | 含 | 羽 | 刑賢 | 胡南 |
| 2073 | 豪 | 羽 | 刑賢 | 胡刀 | 2100 | 憾 | 羽 | 刑賢 | 胡紺 |
| 2074 | 晧 | 羽 | 刑賢 | 胡老 | 2101 | 合 | 羽 | 刑賢 | 胡合 |
| 2075 | 號 | 羽 | 刑賢 | 胡到 | 2102 | 咸 | 羽 | 刑賢 | 胡邑 |
| 2076 | 效 | 羽 | 刑賢 | 胡孝 | 2103 | 洽 | 羽 | 刑賢 | 胡夾 |
| 2077 | 荷 | 羽 | 刑賢 | 胡箇 | 2104 | 嫌 | 羽 | 刑賢 | 胡兼 |
| 2078 | 禍 | 羽 | 刑賢 | 胡果 | 2105 | 鼸 | 羽 | 刑賢 | 胡忝 |
| 2079 | 和 | 羽 | 刑賢 | 胡臥 | 2106 | 協 | 羽 | 刑賢 | 胡頰 |
| 2080 | 華 | 羽 | 刑賢 | 胡瓜 | 2107 | 攜 | 羽 | 刑賢 | 戶圭 |
| 2081 | 畫 | 羽 | 刑賢 | 胡卦 | 2108 | 瘣 | 羽 | 刑賢 | 戶賄 |
| 2082 | 暇 | 羽 | 刑賢 | 胡駕 | 2109 | 活 | 羽 | 刑賢 | 戶括 |
| 2083 | 杭 | 羽 | 刑賢 | 胡岡 | 2110 | 睆 | 羽 | 刑賢 | 戶版 |
| 2084 | 降 | 羽 | 刑賢 | 胡江 | 2111 | 滑 | 羽 | 刑賢 | 戶八 |
| 2085 | 巷 | 羽 | 刑賢 | 胡降 | 2112 | 和 | 羽 | 刑賢 | 戶戈 |

| | | | | | | | |
|---|---|---|---|---|---|---|---|
| 2113 | 踝 | 羽 | 刑賢 | 戶瓦 | 2140 | 遏 | 羽 | 因煙 | 阿葛 |
| 2114 | 項 | 羽 | 刑賢 | 戶講 | 2141 | 塢 | 羽 | 因煙 | 安古 |
| 2115 | 晃 | 羽 | 刑賢 | 戶廣 | 2142 | 穩 | 羽 | 因煙 | 安很 |
| 2116 | 頷 | 羽 | 刑賢 | 戶感 | 2143 | 侉 | 羽 | 因煙 | 安賀 |
| 2117 | 壞 | 羽 | 刑賢 | 華賣 | 2144 | 姶 | 羽 | 因煙 | 遏合 |
| 2118 | 或 | 羽 | 刑賢 | 榬北 | 2145 | 烏 | 羽 | 因煙 | 汪胡 |
| 2119 | 形 | 羽 | 刑賢 | 奚經 | 2146 | 擁 | 羽 | 因煙 | 委勇 |
| 2120 | 莧 | 羽 | 刑賢 | 狹澗 | 2147 | 蘊 | 羽 | 因煙 | 委粉 |
| 2121 | 學 | 羽 | 刑賢 | 轄覺 | 2148 | 胦 | 羽 | 因煙 | 握江 |
| 2122 | 害 | 羽 | 刑賢 | 下蓋 | 2149 | 翁 | 羽 | 因煙 | 烏紅 |
| 2123 | 駴 | 羽 | 刑賢 | 下楷 | 2150 | 塕 | 羽 | 因煙 | 烏孔 |
| 2124 | 械 | 羽 | 刑賢 | 下戒 | 2151 | 甕 | 羽 | 因煙 | 烏貢 |
| 2125 | 很 | 羽 | 刑賢 | 下懇 | 2152 | 屋 | 羽 | 因煙 | 烏穀 |
| 2126 | 恨 | 羽 | 刑賢 | 下艮 | 2153 | 汙 | 羽 | 因煙 | 烏故 |
| 2127 | 麧 | 羽 | 刑賢 | 下沒 | 2154 | 煨 | 羽 | 因煙 | 烏魁 |
| 2128 | 限 | 羽 | 刑賢 | 下簡 | 2155 | 猥 | 羽 | 因煙 | 烏賄 |
| 2129 | 盪 | 羽 | 刑賢 | 下巧 | 2156 | 穢 | 羽 | 因煙 | 烏胃 |
| 2130 | 苛 | 羽 | 刑賢 | 下可 | 2157 | 隑 | 羽 | 因煙 | 烏懈 |
| 2131 | 沆 | 羽 | 刑賢 | 下朗 | 2158 | 崴 | 羽 | 因煙 | 烏乖 |
| 2132 | 吭 | 羽 | 刑賢 | 下浪 | 2159 | 鱠 | 羽 | 因煙 | 烏怪 |
| 2133 | 悻 | 羽 | 刑賢 | 下頂 | 2160 | 恩 | 羽 | 因煙 | 烏痕 |
| 2134 | 鹻 | 羽 | 刑賢 | 下斬 | 2161 | 饐 | 羽 | 因煙 | 烏恨 |
| 2135 | 脛 | 羽 | 刑賢 | 刑定 | 2162 | 溫 | 羽 | 因煙 | 烏昆 |
| 2136 | 檄 | 羽 | 刑賢 | 刑狄 | 2163 | 穩 | 羽 | 因煙 | 烏本 |
| 2137 | 現 | 羽 | 刑賢 | 形甸 | 2164 | 搵 | 羽 | 因煙 | 烏困 |
| 2138 | 諧 | 羽 | 刑賢 | 雄皆 | 2165 | 膃 | 羽 | 因煙 | 烏骨 |
| 2139 | 眩 | 羽 | 刑賢 | 熒絹 | 2166 | 剜 | 羽 | 因煙 | 烏歡 |

| | | | | | | | | |
|---|---|---|---|---|---|---|---|---|
| 2167 | 盋 | 羽 | 因煙 | 烏管 | 2194 | 諳 | 羽 | 因煙 | 烏含 |
| 2168 | 悗 | 羽 | 因煙 | 烏貫 | 2195 | 唵 | 羽 | 因煙 | 烏感 |
| 2169 | 捾 | 羽 | 因煙 | 烏活 | 2196 | 暗 | 羽 | 因煙 | 烏紺 |
| 2170 | 黫 | 羽 | 因煙 | 烏顏 | 2197 | 委 | 羽 | 因煙 | 鄔毀 |
| 2171 | 彎 | 羽 | 因煙 | 烏還 | 2198 | 攭 | 羽 | 因煙 | 屋虢 |
| 2172 | 綰 | 羽 | 因煙 | 烏版 | 2199 | 矮 | 羽 | 因煙 | 鴉蟹 |
| 2173 | 綰 | 羽 | 因煙 | 烏患 | 2200 | 娃 | 羽 | 因煙 | 麼皆 |
| 2174 | 乞 | 羽 | 因煙 | 烏八 | 2201 | 噧 | 羽 | 因煙 | 一決 |
| 2175 | 襖 | 羽 | 因煙 | 烏皓 | 2202 | 要 | 羽 | 因煙 | 一笑 |
| 2176 | 婀 | 羽 | 因煙 | 烏可 | 2203 | 揖 | 羽 | 因煙 | 一入 |
| 2177 | 窩 | 羽 | 因煙 | 烏禾 | 2204 | 因 | 羽 | 因煙 | 伊真 |
| 2178 | 媒 | 羽 | 因煙 | 烏果 | 2205 | 印 | 羽 | 因煙 | 伊刃 |
| 2179 | 涴 | 羽 | 因煙 | 烏臥 | 2206 | 宴 | 羽 | 因煙 | 伊甸 |
| 2180 | 窊 | 羽 | 因煙 | 烏瓜 | 2207 | 麼 | 羽 | 因煙 | 伊堯 |
| 2181 | 搲 | 羽 | 因煙 | 烏寡 | 2208 | 遷 | 羽 | 因煙 | 伊鳥 |
| 2182 | 攨 | 羽 | 因煙 | 烏吳痞 | 2209 | 幼 | 羽 | 因煙 | 伊謬 |
| 2183 | 伙 | 羽 | 因煙 | 烏郎 | 2210 | 於 | 羽 | 因煙 | 衣虛 |
| 2184 | 块 | 羽 | 因煙 | 烏朗 | 2211 | 欼 | 羽 | 因煙 | 衣亥 |
| 2185 | 盎 | 羽 | 因煙 | 烏浪 | 2212 | 亞 | 羽 | 因煙 | 衣架 |
| 2186 | 惡 | 羽 | 因煙 | 烏各 | 2213 | 淹 | 羽 | 因煙 | 衣炎 |
| 2187 | 汪 | 羽 | 因煙 | 烏光 | 2214 | 鬱 | 羽 | 因煙 | 乙六 |
| 2188 | 醷 | 羽 | 因煙 | 烏桄 | 2215 | 軋 | 羽 | 因煙 | 乙轄 |
| 2189 | 膇 | 羽 | 因煙 | 烏郭 | 2216 | 約 | 羽 | 因煙 | 乙卻 |
| 2190 | 瀅 | 羽 | 因煙 | 烏迥 | 2217 | 握 | 羽 | 因煙 | 乙角 |
| 2191 | 泓 | 羽 | 因煙 | 烏宏 | 2218 | 厄 | 羽 | 因煙 | 乙革 |
| 2192 | 泂 | 羽 | 因煙 | 烏猛 | 2219 | 猎 | 羽 | 因煙 | 乙咸 |
| 2193 | 謳 | 羽 | 因煙 | 烏侯 | 2220 | 黯 | 羽 | 因煙 | 乙減 |

| 2221 | 鴨 | 羽 | 因煙 | 乙甲 | 2248 | 謁 | 羽 | 因煙 | 於歇 |
|------|----|----|------|------|------|----|----|------|------|
| 2222 | 啞 | 羽 | 因煙 | 倚下 | 2249 | 宛 | 羽 | 因煙 | 於阮 |
| 2223 | 鞅 | 羽 | 因煙 | 倚兩 | 2250 | 怨 | 羽 | 因煙 | 於願 |
| 2224 | 一 | 羽 | 因煙 | 益悉 | 2251 | 爊 | 羽 | 因煙 | 於刀 |
| 2225 | 煙 | 羽 | 因煙 | 因肩 | 2252 | 奧 | 羽 | 因煙 | 於到 |
| 2226 | 慃 | 羽 | 因煙 | 音項 | 2253 | 坳 | 羽 | 因煙 | 於交 |
| 2227 | 倚 | 羽 | 因煙 | 隱綺 | 2254 | 拗 | 羽 | 因煙 | 於巧 |
| 2228 | 淵 | 羽 | 因煙 | 縈員 | 2255 | 靿 | 羽 | 因煙 | 於教 |
| 2229 | 瑩 | 羽 | 因煙 | 縈定 | 2256 | 阿 | 羽 | 因煙 | 於何 |
| 2230 | 尉 | 羽 | 因煙 | 紆胃 | 2257 | 鴉 | 羽 | 因煙 | 於加 |
| 2231 | 鬱 | 羽 | 因煙 | 紆勿 | 2258 | 胅 | 羽 | 因煙 | 於靴 |
| 2232 | 邕 | 羽 | 因煙 | 於容 | 2259 | 央 | 羽 | 因煙 | 於良 |
| 2233 | 雍 | 羽 | 因煙 | 於用 | 2260 | 怏 | 羽 | 因煙 | 於亮 |
| 2234 | 伊 | 羽 | 因煙 | 於宜 | 2261 | 英 | 羽 | 因煙 | 於京 |
| 2235 | 意 | 羽 | 因煙 | 於戲 | 2262 | 影 | 羽 | 因煙 | 於丙 |
| 2236 | 傴 | 羽 | 因煙 | 於語 | 2263 | 映 | 羽 | 因煙 | 於命 |
| 2237 | 飫 | 羽 | 因煙 | 於據 | 2264 | 益 | 羽 | 因煙 | 於戟 |
| 2238 | 威 | 羽 | 因煙 | 於非 | 2265 | 罌 | 羽 | 因煙 | 於杏 |
| 2239 | 哀 | 羽 | 因煙 | 於開 | 2266 | 縈 | 羽 | 因煙 | 於營 |
| 2240 | 愛 | 羽 | 因煙 | 於蓋 | 2267 | 嚶 | 羽 | 因煙 | 於孟 |
| 2241 | 隱 | 羽 | 因煙 | 於謹 | 2268 | 憂 | 羽 | 因煙 | 於尤 |
| 2242 | 氲 | 羽 | 因煙 | 於雲 | 2269 | 黝 | 羽 | 因煙 | 於九 |
| 2243 | 醞 | 羽 | 因煙 | 於敏 | 2270 | 歐 | 羽 | 因煙 | 於口 |
| 2244 | 安 | 羽 | 因煙 | 於寒 | 2271 | 漚 | 羽 | 因煙 | 於候 |
| 2245 | 按 | 羽 | 因煙 | 於幹 | 2272 | 音 | 羽 | 因煙 | 於禽 |
| 2246 | 晏 | 羽 | 因煙 | 於諫 | 2273 | 飲 | 羽 | 因煙 | 於錦 |
| 2247 | 偃 | 羽 | 因煙 | 於幰 | 2274 | 陰 | 羽 | 因煙 | 於禁 |

| 2275 | 韽 | 羽 | 因煙 | 於陷 | 2302 | 薝 | 羽 | 寅延 | 以荏 |
| 2276 | 奄 | 羽 | 因煙 | 於檢 | 2303 | 琰 | 羽 | 寅延 | 以冉 |
| 2277 | 厭 | 羽 | 因煙 | 於豔 | 2304 | 豔 | 羽 | 寅延 | 以贍 |
| 2278 | 擪 | 羽 | 因煙 | 於葉 | 2305 | 逸 | 羽 | 寅延 | 弋質 |
| 2279 | 枉 | 羽 | 因煙 | 嫗住 | 2306 | 耀 | 羽 | 寅延 | 弋笑 |
| 2280 | 迥 | 羽 | 寅延 | 戶頂 | 2307 | 熠 | 羽 | 寅延 | 弋入 |
| 2281 | 岇 | 羽 | 寅延 | 牛仲 | 2308 | 葉 | 羽 | 寅延 | 弋涉 |
| 2282 | 夷 | 羽 | 寅延 | 延知 | 2309 | 夜 | 羽 | 寅延 | 寅射 |
| 2283 | 衍 | 羽 | 寅延 | 延面 | 2310 | 麰 | 羽 | 寅延 | 淫沁 |
| 2284 | 拽 | 羽 | 寅延 | 延結 | 2311 | 勇 | 羽 | 寅延 | 尹竦 |
| 2285 | 胤 | 羽 | 寅延 | 羊進 | 2312 | 役 | 羽 | 寅延 | 營只 |
| 2286 | 以 | 羽 | 寅延 | 養里 | 2313 | 用 | 羽 | 寅延 | 余頌 |
| 2287 | 寅 | 羽 | 寅延 | 夷真 | 2314 | 育 | 羽 | 寅延 | 余六 |
| 2288 | 延 | 羽 | 寅延 | 夷然 | 2315 | 遙 | 羽 | 寅延 | 余招 |
| 2289 | 繹 | 羽 | 寅延 | 夷益 | 2316 | 耶 | 羽 | 寅延 | 余遮 |
| 2290 | 淫 | 羽 | 寅延 | 夷斟 | 2317 | 盈 | 羽 | 寅延 | 余輕 |
| 2291 | 鹽 | 羽 | 寅延 | 移廉 | 2318 | 營 | 羽 | 寅延 | 余傾 |
| 2292 | 融 | 羽 | 寅延 | 以中 | 2319 | 顒 | 羽 | 寅延 | 魚容 |
| 2293 | 異 | 羽 | 寅延 | 以智 | 2320 | 玉 | 羽 | 寅延 | 魚六 |
| 2294 | 維 | 羽 | 寅延 | 以追 | 2321 | 硬 | 羽 | 寅延 | 喻孟 |
| 2295 | 唯 | 羽 | 寅延 | 以水 | 2322 | 吾 | 角 | 銀言 | 訛胡 |
| 2296 | 引 | 羽 | 寅延 | 以忍 | 2323 | 嶽 | 角 | 銀言 | 逆各 |
| 2297 | 演 | 羽 | 寅延 | 以淺 | 2324 | 艾 | 角 | 銀言 | 牛蓋 |
| 2298 | 溔 | 羽 | 寅延 | 以紹 | 2325 | 牙 | 角 | 銀言 | 牛加 |
| 2299 | 野 | 羽 | 寅延 | 以者 | 2326 | 虤 | 角 | 銀言 | 牛救 |
| 2300 | 郢 | 羽 | 寅延 | 以井 | 2327 | 五 | 角 | 銀言 | 阮古 |
| 2301 | 媵 | 羽 | 寅延 | 以證 | 2328 | 詠 | 角 | 銀言 | 為命 |

| | | | | | | | | |
|---|---|---|---|---|---|---|---|---|
| 2329 | 誤 | 角 | 銀言 | 五故 | 2356 | 員 | 角 | 銀言 | 於權 |
| 2330 | 詭 | 角 | 銀言 | 五咼 | 2357 | 院 | 角 | 銀言 | 於眷 |
| 2331 | 垠 | 角 | 銀言 | 五根 | 2358 | 王 | 角 | 銀言 | 於方 |
| 2332 | 鎧 | 角 | 銀言 | 五恨 | 2359 | 旺 | 角 | 銀言 | 於放 |
| 2333 | 兀 | 角 | 銀言 | 五忽 | 2360 | 榮 | 角 | 銀言 | 於平 |
| 2334 | 岏 | 角 | 銀言 | 五官 | 2361 | 永 | 角 | 銀言 | 於憬 |
| 2335 | 玩 | 角 | 銀言 | 五換 | 2362 | 尤 | 角 | 銀言 | 於求 |
| 2336 | 枂 | 角 | 銀言 | 五活 | 2363 | 皚 | 角 | 銀言 | 魚開 |
| 2337 | 頑 | 角 | 銀言 | 五還 | 2364 | 聵 | 角 | 銀言 | 魚怪 |
| 2338 | 釿 | 角 | 銀言 | 五板 | 2365 | 銀 | 角 | 銀言 | 魚巾 |
| 2339 | 薍 | 角 | 銀言 | 五患 | 2366 | 憖 | 角 | 銀言 | 魚僅 |
| 2340 | 詽 | 角 | 銀言 | 五刮 | 2367 | 仡 | 角 | 銀言 | 魚乞 |
| 2341 | 越 | 角 | 銀言 | 五伐 | 2368 | 眼 | 角 | 銀言 | 魚懇 |
| 2342 | 阮 | 角 | 銀言 | 五遠 | 2369 | 言 | 角 | 銀言 | 魚軒 |
| 2343 | 魐 | 角 | 銀言 | 五交 | 2370 | 彥 | 角 | 銀言 | 魚戰 |
| 2344 | 咬 | 角 | 銀言 | 五巧 | 2371 | 孽 | 角 | 銀言 | 魚列 |
| 2345 | 訝 | 角 | 銀言 | 五架 | 2372 | 月 | 角 | 銀言 | 魚厥 |
| 2346 | 峱 | 角 | 銀言 | 五江 | 2373 | 樂 | 角 | 銀言 | 魚教 |
| 2347 | 偶 | 角 | 銀言 | 五豆 | 2374 | 牛 | 角 | 銀言 | 魚求 |
| 2348 | 諳 | 角 | 銀言 | 五含 | 2375 | 齵 | 角 | 銀言 | 魚侯 |
| 2349 | 頷 | 角 | 銀言 | 五感 | 2376 | 吟 | 角 | 銀言 | 魚今 |
| 2350 | 鶕 | 角 | 銀言 | 五紺 | 2377 | 僸 | 角 | 銀言 | 魚錦 |
| 2351 | 礏 | 角 | 銀言 | 五合 | 2378 | 岩 | 角 | 銀言 | 魚咸 |
| 2352 | 吟 | 角 | 銀言 | 宜禁 | 2379 | 炭 | 角 | 銀言 | 魚及 |
| 2353 | 广 | 羽 | 銀言 | 疑檢 | 2380 | 嚴 | 角 | 銀言 | 魚枕 |
| 2354 | 巘 | 角 | 銀言 | 以淺 | 2381 | 驗 | 角 | 銀言 | 魚欠 |
| 2355 | 宥 | 角 | 銀言 | 尤救 | 2382 | 業 | 角 | 銀言 | 魚怯 |

| | | | | | | | | | |
|---|---|---|---|---|---|---|---|---|---|
| 2383 | 願 | 角 | 銀言 | 虞怨 | 2410 | 咢 | 角 | 迎研 | 逆各 |
| 2384 | 往 | 角 | 銀言 | 羽枉 | 2411 | 睚 | 角 | 迎研 | 牛懈 |
| 2385 | 籰 | 角 | 銀言 | 羽廓 | 2412 | 顔 | 角 | 迎研 | 牛奸 |
| 2386 | 遠 | 角 | 銀言 | 雨阮 | 2413 | 娥 | 角 | 迎研 | 牛何 |
| 2387 | 聽 | 角 | 銀言 | 語謹 | 2414 | 隗 | 角 | 迎研 | 五罪 |
| 2388 | 雅 | 角 | 銀言 | 語下 | 2415 | 眼 | 角 | 迎研 | 五限 |
| 2389 | 偶 | 角 | 銀言 | 語口 | 2416 | 我 | 角 | 迎研 | 五可 |
| 2390 | 元 | 角 | 銀言 | 遇袁 | 2417 | 餓 | 角 | 迎研 | 五個 |
| 2391 | 域 | 角 | 銀言 | 越逼 | 2418 | 卬 | 角 | 迎研 | 五剛 |
| 2392 | 有 | 角 | 銀言 | 雲九 | 2419 | 娿 | 角 | 迎研 | 五莖 |
| 2393 | 魚 | 角 | 迎妍 | 牛居 | 2420 | 脛 | 角 | 迎研 | 五郢 |
| 2394 | 敖 | 角 | 迎妍 | 牛刀 | 2421 | 嶻 | 角 | 迎研 | 牙葛 |
| 2395 | 語 | 角 | 迎妍 | 偶許 | 2422 | 釅 | 角 | 迎研 | 牙八 |
| 2396 | 嶺 | 角 | 迎妍 | 五老 | 2423 | 涯 | 角 | 迎研 | 宜皆 |
| 2397 | 訛 | 角 | 迎妍 | 五禾 | 2424 | 逆 | 角 | 迎研 | 宜戟 |
| 2398 | 妮 | 角 | 迎妍 | 五果 | 2425 | 為 | 角 | 迎研 | 於偽 |
| 2399 | 臥 | 角 | 迎妍 | 五貨 | 2426 | 魕 | 角 | 迎研 | 於鬼 |
| 2400 | 忟 | 角 | 迎妍 | 五瓜 | 2427 | 胃 | 角 | 迎研 | 於貴 |
| 2401 | 瓦 | 角 | 迎妍 | 五寡 | 2428 | 危 | 角 | 迎研 | 魚為 |
| 2402 | 寏 | 角 | 迎妍 | 烏吳痞 | 2429 | 魏 | 角 | 迎研 | 魚胃 |
| 2403 | 豫 | 角 | 迎妍 | 羊茹 | 2430 | 岸 | 角 | 迎研 | 魚幹 |
| 2404 | 與 | 角 | 迎妍 | 弋渚 | 2431 | 鴈 | 角 | 迎研 | 魚澗 |
| 2405 | 御 | 角 | 迎妍 | 魚據 | 2432 | 仰 | 角 | 迎研 | 魚兩 |
| 2406 | 傲 | 角 | 迎妍 | 魚到 | 2433 | 仰 | 角 | 迎研 | 魚向 |
| 2407 | 於 | 角 | 迎妍 | 雲俱 | 2434 | 虐 | 角 | 迎研 | 魚約 |
| 2408 | 豻 | 角 | 迎研 | 俄寒 | 2435 | 柳 | 角 | 迎研 | 魚浪 |
| 2409 | 額 | 角 | 迎研 | 鄂格 | 2436 | 凝 | 角 | 迎研 | 魚陵 |

| 2437 迎 | 角 | 迎研 | 魚慶 | 2464 主 | 次商 | 真甄 | 腫庾 |
|---|---|---|---|---|---|---|---|
| 2438 駼 | 角 | 迎研 | 語駼 | 2465 隹 | 次商 | 真甄 | 朱惟 |
| 2439 駟 | 角 | 迎研 | 語吭 | 2466 諄 | 次商 | 真甄 | 朱倫 |
| 2440 陽 | 羽 | 盈延 | 移章 | 2467 稕 | 次商 | 真甄 | 朱閏 |
| 2441 養 | 羽 | 盈延 | 以兩 | 2468 專 | 次商 | 真甄 | 朱緣 |
| 2442 藥 | 羽 | 盈延 | 弋灼 | 2469 拙 | 次商 | 真甄 | 朱劣 |
| 2443 漾 | 羽 | 盈延 | 餘亮 | 2470 囀 | 次商 | 真甄 | 株戀 |
| 2444 聿 | 角 | 勻緣 | 以律 | 2471 窋 | 次商 | 真甄 | 竹律 |
| 2445 云 | 角 | 勻緣 | 於分 | 2472 詀 | 次商 | 真甄 | 竹咸 |
| 2446 隕 | 角 | 勻緣 | 羽敏 | 2473 箚 | 次商 | 真甄 | 竹洽 |
| 2447 運 | 角 | 勻緣 | 禹慍 | 2474 捶 | 次商 | 真甄 | 主蘂 |
| 2448 臻 | 次商 | 真甄 | 側詵 | 2475 諸 | 次商 | 真甄 | 專於 |
| 2449 斬 | 次商 | 真甄 | 側減 | 2476 詛 | 次商 | 真甄 | 莊助 |
| 2450 䉛 | 次商 | 真甄 | 仄謹 | 2477 蘸 | 次商 | 真甄 | 莊陷 |
| 2451 櫛 | 次商 | 真甄 | 仄瑟 | 2478 阻 | 次商 | 真甄 | 壯所 |
| 2452 䆻 | 次商 | 真甄 | 張滑 | 2479 跧 | 次商 | 真甄 | 阻頑 |
| 2453 惴 | 次商 | 真甄 | 之瑞 | 2480 鍘 | 次商 | 榛潺 | 查轄 |
| 2454 真 | 次商 | 真甄 | 之人 | 2481 槎 | 次商 | 榛潺 | 茶下 |
| 2455 震 | 次商 | 真甄 | 之刃 | 2482 愁 | 次商 | 榛潺 | 鋤尤 |
| 2456 准 | 次商 | 真甄 | 之允 | 2483 岑 | 次商 | 榛潺 | 鋤簪 |
| 2457 智 | 次商 | 真甄 | 知意 | 2484 巉 | 次商 | 榛潺 | 鋤咸 |
| 2458 質 | 次商 | 真甄 | 職日 | 2485 崇 | 次商 | 榛潺 | 鉏中 |
| 2459 軫 | 次商 | 真甄 | 止忍 | 2486 虇 | 次商 | 榛潺 | 鉏買 |
| 2460 轉 | 次商 | 真甄 | 止兗 | 2487 臁 | 次商 | 榛潺 | 鉏懷 |
| 2461 知 | 次商 | 真甄 | 陟離 | 2488 榛 | 次商 | 榛潺 | 鉏臻 |
| 2462 徵 | 次商 | 真甄 | 陟里 | 2489 潺 | 次商 | 榛潺 | 鉏山 |
| 2463 著 | 次商 | 真甄 | 陟慮 | 2490 棧 | 次商 | 榛潺 | 鉏限 |

| 2491 | 搽 | 次商 | 榛潺 | 鉏加 | 2518 | 摍 | 次商 | 征甗 | 側九 |
|------|---|------|------|------|------|---|------|------|------|
| 2492 | 乍 | 次商 | 榛潺 | 鉏駕 | 2519 | 緅 | 次商 | 征甗 | 側救 |
| 2493 | 淀 | 次商 | 榛潺 | 鉏角 | 2520 | 謺 | 次商 | 征甗 | 側禁 |
| 2494 | 穄 | 次商 | 榛潺 | 鉏九 | 2521 | 戠 | 次商 | 征甗 | 側入 |
| 2495 | 驟 | 次商 | 榛潺 | 鉏救 | 2522 | 爭 | 次商 | 征甗 | 甾耕 |
| 2496 | 隨 | 次商 | 榛潺 | 鉏禁 | 2523 | 詐 | 次商 | 征甗 | 則駕 |
| 2497 | 撰 | 次商 | 榛潺 | 雛縐 | 2524 | 側 | 次商 | 征甗 | 劄色 |
| 2498 | 鉏 | 次商 | 榛潺 | 床魚 | 2525 | 枕 | 次商 | 征甗 | 章荏 |
| 2499 | 齟 | 次商 | 榛潺 | 床呂 | 2526 | 占 | 次商 | 征甗 | 章豔 |
| 2500 | 助 | 次商 | 榛潺 | 床祚 | 2527 | 展 | 次商 | 征甗 | 之輦 |
| 2501 | 柴 | 次商 | 榛潺 | 床皆 | 2528 | 戰 | 次商 | 征甗 | 之膳 |
| 2502 | 爐 | 次商 | 榛潺 | 徐賣 | 2529 | 浙 | 次商 | 征甗 | 之列 |
| 2503 | 齣 | 次商 | 榛潺 | 剒瑟 | 2530 | 昭 | 次商 | 征甗 | 之遙 |
| 2504 | 掰 | 次商 | 榛潺 | 丈夥 | 2531 | 照 | 次商 | 征甗 | 之笑 |
| 2505 | 湛 | 次商 | 榛潺 | 丈減 | 2532 | 遮 | 次商 | 征甗 | 之奢 |
| 2506 | 儳 | 次商 | 榛潺 | 丈陷 | 2533 | 蔗 | 次商 | 征甗 | 之夜 |
| 2507 | 雪 | 次商 | 榛潺 | 直甲 | 2534 | 整 | 次商 | 征甗 | 之郢 |
| 2508 | 砦 | 次商 | 榛潺 | 助賣 | 2535 | 正 | 次商 | 征甗 | 之盛 |
| 2509 | 轈 | 次商 | 榛潺 | 助諫 | 2536 | 只 | 次商 | 征甗 | 之石 |
| 2510 | 床 | 次商 | 榛潺 | 助莊 | 2537 | 詹 | 次商 | 征甗 | 之廉 |
| 2511 | 狀 | 次商 | 榛潺 | 助浪 | 2538 | 眞 | 次商 | 征甗 | 支義 |
| 2512 | 跐 | 次商 | 征甗 | 側買 | 2539 | 障 | 次商 | 征甗 | 知亮 |
| 2513 | 債 | 次商 | 征甗 | 側賣 | 2540 | 灼 | 次商 | 征甗 | 職略 |
| 2514 | 爪 | 次商 | 征甗 | 側絞 | 2541 | 周 | 次商 | 征甗 | 職流 |
| 2515 | 鮓 | 次商 | 征甗 | 側下 | 2542 | 呪 | 次商 | 征甗 | 職救 |
| 2516 | 諍 | 次商 | 征甗 | 側迸 | 2543 | 摂 | 次商 | 征甗 | 職任 |
| 2517 | 鄒 | 次商 | 征甗 | 側鳩 | 2544 | 颷 | 次商 | 征甗 | 職琰 |

| 2545 | 沼 | 次商 | 征甄 | 止少 | 2559 | 征 | 次商 | 征甄 | 諸成 |
| 2546 | 者 | 次商 | 征甄 | 止也 | 2560 | 斟 | 次商 | 征甄 | 諸深 |
| 2547 | 掌 | 次商 | 征甄 | 止兩 | 2561 | 齋 | 次商 | 征甄 | 莊皆 |
| 2548 | 帚 | 次商 | 征甄 | 止酉 | 2562 | 樝 | 次商 | 征甄 | 莊加 |
| 2549 | 支 | 次商 | 征甄 | 旨而 | 2563 | 簪 | 次商 | 征甄 | 緇林 |
| 2550 | 執 | 次商 | 征甄 | 質入 | 2564 | 眾 | 次商 | 征甄 | 之仲 |
| 2551 | 輖 | 次商 | 征甄 | 質涉 | 2565 | 祝 | 次商 | 征甄 | 之六 |
| 2552 | 嘲 | 次商 | 征甄 | 陟交 | 2566 | 腫 | 次商 | 征甄 | 知隴 |
| 2553 | 罩 | 次商 | 征甄 | 陟教 | 2567 | 中 | 次商 | 征甄 | 陟隆 |
| 2554 | 張 | 次商 | 征甄 | 陟良 | 2568 | 莊 | 次商 | 征占 | 側霜 |
| 2555 | 掟 | 次商 | 征甄 | 陟猛 | 2569 | 壯 | 次商 | 征占 | 側況 |
| 2556 | 責 | 次商 | 征甄 | 陟格 | 2570 | 捉 | 次商 | 征占 | 側角 |
| 2557 | 紙 | 次商 | 征甄 | 諸氏 | 2571 | 㤕 | 次商 | 征占 | 之爽 |
| 2558 | 饘 | 次商 | 征甄 | 諸延 | | | | | |

# 第二節　《集成》聲類系統研究

## 一　聲類系聯

　　從第一節中所列的所有小韻首字的聲類進行系聯，我們得出《集成》的聲類共有三十類。為便於與劉文錦先生的《正韻》聲類進行比較，這裡的聲類代表字參考了《洪武正韻聲類考》的代表字。下面，是具體系聯情況：

　　第一類，博類（幫母），1-72韻，共七十二字，其助紐為賓邊。系聯情況如下：

　　1. 包班逋遞用、班悲奔不般扮坲同用（逋）（筆者按：括弧內的字代表前面所指的小韻首字的切語上字，本節內下同）、褾崩砭貶同用（悲）、逋奔互用，同類；2. 卜補布半飽褒寶報邦同用（博）、彼毗擺粄版匾波跛播把牓謗丙絣袆彪同用（補）、博伯遞用、恠拜本八豹捹同用（布）、表鷗同用（彼）、巴背同用（邦），同類；3. 閉稟儐鱉霸北同用（必）、壁必互用、迸北必遞用，同類；4. 賓邊偏焱同用（畢）、瑃篦同用（邊）、邊（卑），同類；5. 柄窆同用（陂），同類；6. 秘兵（晡）遞用、杯（晡），同類；7. 鉢（比）。

　　以上八組互不系聯。今考包寶報同紐平上去相承，當為一類，則一、二組同類；篦毗閉平上去同紐相承，當為一類，則二、三、四組同類；砭貶窆平上去同紐相承，當為一類，則一、五組同類；兵丙柄壁平上去入四聲同紐相承，當為一類，則二、三、五、六組同類；般粄半鉢平上去入四聲相承，當為一類，則一、二、七組同類；綜上七組實同一類。

　　第二類，普類（滂母），73-102韻，1067-1099韻，共六十三字，助紐為繽偏或娉偏。系聯情況如下：

　　1. 標勳品譬橐聘鯿頒片撇膀粕踣秠同用（匹）、匹僻互用；2. 漂繽同用（紕）、紕篇互用；3. 鶉葩妑攀泡炮同用（披）；4. 栩噴朏坢判潑帕滂胖否剖庀鋪俖橐頗叵破頦烹酅拍汃掰派眅襻同用（普）、歂撲普遞用、配皷嫓普同用（滂）、歖潘壞同用（鋪）；5. 品（丕）。

　　以上五組互不系聯。今考繽頒品匹平上去入同紐四聲相承，當為同類，則一、二、五組類；烹酅鯿拍平上去入同紐四聲相承，當為一類，則一、四組同類；泡炮橐平上去同紐三聲相承，當為同類，則一、三組同類；綜上五組實同一類。

　　第三類，丑類（徹母、穿母），103-158韻、223-263韻，共九十七字，助紐為嗔昌或嗔延或稱燀，其系聯情況如下：

　　1. 穿歜處吹充燀杬犫莡覤車撦敞赤躇同用（昌）、姹闡麨昌同用

（齒）；2. 叱蟲出臭佟湆繹唱綽同用（尺）；3. 龘趣詫抽寵憃眙蟶逞稱琛諂誃同用（丑）、摛梴樗同用（抽）、春樞抽遞用、丑徹掌同用（敕）；4. 歗廁齔橇刻察篡劀瘡䩷箼參屬攙昻釵測同用（初）、差叉初楚遞用、揣劃鑹讒炒鈔碤刜篘墋讖懺瘥同用（楚），實同類；5. 娖舀同用（測）；6. 瞋（稱）；7. 毳超襜同用（蚩）；8. 杵（敞）；9. 獋趂同用（充）；10. 圻（恥）。

　　以上十組互不系聯，今考瘡碤刜娖平上去入同紐四聲相承，當為一類，則三、四、五組同類；樞杵處平上去同紐三聲相承，當為一類，則一、三、八組同類；瞋龘趣叱平上去入同紐四聲相承，當為一類，則二、三、六組同類；吹揣毳同紐平上去三聲相承，當為一類，則一、四、七組同類；獋劃鑹察同紐平上去入四聲相承，當為一類，則四、九組同類；襜掌圻同紐平去入三聲相承，當為一類，則三、十組同類。綜上十組實同一類。

　　第四類，時類（禪母），159-170韻、1661-1696韻，共四十八字，助紐為辰常、神禪，其系聯情況如下：

　　1. 侍尚杓烜誓腎慎鋌繕韶成盛仇諶諶甚蟾籧贍同用（時）、瑞樹同用（殊）、純殊尚遞用、時常同用（辰）、社（常）；2. 盾豎上遞用、是上互用、善（上）、受（是）；3. 寔授同用（承）；4. 蛇石遞用；5. 涉邵十同用（實）；6. 舌順甚同用（食）；7. 紹（市）；8. 繩孰射實同用（神）。

　　以上八組互不系聯。今考韶紹邵同紐平上去三聲相承，當為同類，則一、五、七組同類；辰腎慎實同紐平上去入四聲相承，當為一類，則一、八組同類；仇受授同紐平上去三聲相承，當為一類，則一、二、三組同類；蛇社射同紐平上去三聲相承，當為一類，則一、四、八組同類；鋌善繕舌同紐平上去入四聲相承，當為一類，則一、二、六組同類；綜上八組實同一類。

　　第五類，直類（澄母、床母），171-222韻、2480-2511韻，共八十

四字，助紐為陳鏖、榛潺。其系聯情況如下：

1. 除長仲遞用、橙瑒鋥儔同用（除）、纏丈朕同用（呈）、雉柱徎紆掰湛儳同用（丈）、篆傳同用（柱）、直逐互用、重仲逐治椎墜綯陣秩術臕纏轍趙召棹仗著宅呈鄭宙鳩蟄夭朕霅同用（直）、箸（治）、椽（重）；2. 馳陳遞用、潮（馳）；3. 蟲沈同用（持）；4. 巢愁岑讒同用（鋤）；5. 儳崇鷹朣榛棧槎乍涅穇驛隫潺同用（鉏）、鉏齬助柴同用（床）、砦輆床狀同用（助）；6. 齣崰遞用；7. 爐（徐）；8. 奓（茶）9. 撰（雛）；10. 鍘（查）。

以上十組互不系聯。今考巢儳棹同紐平上去三聲相承，當為一類，則一、四、五組同類；馳雉治同紐平上去三聲相承，當為一類，則一、二組類；沈朕鳩蟄同紐平上去入四聲相承，當為一類，則一、三組同類；槎奓乍同紐平上去三聲相承，當為一類，則五、八組同類；潺棧輆鍘同紐平上去入四聲相承，當為一類，則五、十組同類；榛齣同紐平入相承，當為一類，則五、六組同類；朣掰爐同紐平上去三聲相承，當為一類，則一、五、七組同類；又考撰，雛綰切，其韻字篡，又霰先韻除慈切，同一音之兩切語，雛除當為一類，則一、九組同類。綜上十一組實同一類。

第六類，都類（端母），264-341韻，共七十八字，助紐為丁顛。其系聯情況如下：

帶咄姐兜斗同用（當）、丁當互用、帝點戴殿癉陟爹的嶝丟頂鞞鬪豼駞占跕闑同用（丁）、單凋鳥刀倒到朵剁打當平稼頂登耽紞儋膽擔皺店同用（都）、凍等解歺端亶旦顛吊黨等梗德點同用（多）、睹董多遞用、都東德遞用、多答釱同用（得）、底典多遞用；以上各字間均可系聯，實同一類。

第七類，方類（非母、敷母），342-370韻，共二十九字，助紐為分番、芬番和芬蕃。其系聯情況如下：

1. 鴉糞法風捧諷福販發同用（方）；2. 覆斐芬拂訪芝同用（敷）、

敷芳互用、霏費赴（芳）同用；3.尃泛翻同用（孚）；4.粉膚同用（府）；5.缶（俯）；6.紡（妃）；7.撫（斐）；8.返（甫）。

以上八組互不系聯，今考鴇缶覆同紐平上去三聲相承，當為一類，則一、二、五組同類；芳紡訪尃同紐平上去入四聲相承，當為一類，則二、三、六組同類；敷撫赴同紐平上去三聲相承，當為一類，則二、七組同類；翻返販發同紐平上去入四聲相承，當為一類，則一、三、八同類；芬粉糞拂同紐平上去入四聲相承，當為一類，則一、二、四組同類；綜上八組實同一類。

第八類，符類（奉母），371-399韻，共二十九字，助紐為墳煩。其系聯情況如下：

1.皁伐浮伏憤分範同用（房）、縛房防肥焚煩佛凡附縛馮同用（符）、迈（防）、鳳（馮），同類；2.乏梵父飯複同用（扶）、扶（逢）、扉陫奉同用（父），同類。

以上二組互不系聯，今考馮奉鳳伏同紐平上去入四聲相承，當為一類，則以上二組實同一類。

第九類，子類（精母），400-444韻、595-646韻，共九十七字。助紐為津煎、精箋。其系聯情況如下：

1.僦接怚諏尖醉哉箋同用（將）、醮苴聖緁鑣騰蕝劗酒走怎寢浸昝饜憯慼濟霽宰挼剪節早飺佐咱蛆姐借蔣將髒矰甀則精庚井精敬同用（子）、俊尊撙捘鑽鑽簪覃瑲同用（祖）、嶉（尊）、奏劄贊遭灶同用（則）、將積津恣同用（資）、償（積）、祿嗟增同用（咨）、咨（津）、葬則子祖遞用、租宗祖遞用，以上各字同類；2.纂篡帀再總稷薦同用（作）、觜檇晉晬啾僦接作藥爵同用（即）、焦臧同用（茲）、作暮左卒同用（臧），以上各字同類；3.湒（齏）；4.齏（箋）。

以上四組互不系聯，今考齏濟霽同紐平上去三聲相承，當為一類，則一、四組同類；祿寢浸湒同紐平上去入四聲相承，當為一類，

則一、三組同類；哉宰再同紐平上去三聲相承，當為一類，則一、二組同類；綜上四組實同一類。（注：簪，此處為覃韻，祖含切；又侵韻，緇林切。）

第十類，古類（見母），445-594韻，共一百五十字，助紐為經堅。其系聯情況如下：

1. 頼貢穀故詭儈拐怪根頤艮衰睏骨稈幹管貫慣括簡諫刮畎叫杲絞個戈果過瓜寡卦搁江講絳覺廣栿郭誑矍庚梗褿臭礦虢國甘感紺合緘減鑒夾頰同用（古）、古公互用、乖（公）；2. 各（葛）、格（各）；3. 宣（孤）、孤（攻）；4. 傀關高光觥肱同用（姑）；5. 官（沽）；6. 涓（圭）、局（涓）；7. 鈞規居遞用、弓拱供匊巳舉據貴改蓋皆戒巾緊靳捃幹葛間厥告交教歌嘉駕薑繰岡徑京景敬戟更拖互憬鳩救鉤菁今錦禁急檢劍同用（居）、攫賈卝九者同用（舉）、哿（賈），同類；8. 吉（激）、寄昆繭結絹皎同用（吉）；9. 解（佳）；10. 雞驍兼同用（堅）、堅見同用（經）；11. 橘（厥）；12. 該（柯）；13. 戛腳同用（訖）。

以上十三組互不系聯，今考拖宿互褿同紐平上去入四聲相承，當為一類，則一、三、七組同類；皆解戒同紐平上去三聲相承，當為一類，則七、九組同類；堅繭見結同紐平上去入四聲相承，當為一類，則八、十組同類；間簡諫戛同紐平上去入四聲相承，則一、七、十三組同類；該改蓋同紐平上去三聲相承，當為一類，則七、十二組同類；鈞攫捃橘同紐平上去入四聲相承，當為一類，則七、十一組同類；庚梗更格同紐平上去入四聲相承，當為一類，則一、二、七組同類；官管貫括同紐平上去入四聲相承，當為一類，則一、五組同類；昆衰睏骨同紐平上去相承，當為一類，則一、八組同類；局憬臭同紐平上入相承，當為一類，則一、六組同類；傀儈同紐平去相承，當為一類，則一、四組同類。綜上十三組實同一類。

第十一類，呼類（曉母），647-781韻、2020-2022韻，共一百三十八字，助紐為興軒、興軒。其系聯情況如下：

1. 獻曉馨遞用、闃（馨）；2. 巷（赫）、赫烘東烘送熇灰麾賄誨哈海餃昏惛忽歡喚豁儌偆顯喧血罍蒿呵貨花化罅欣旰荒鴞兄夐殈轟輷鼩吽顋欿憾呷呼譁同用（呼）、剞霍忽遞用、扮（花）；3. 肸壑毃同用（黑）、謔虩黑同用（汔）；4. 嗊毀訶慌攍喊同用（虎）、火虎互用、瞽蠤黐澦詗廠同用（火）、靴（毀）；5. 烜（況）、況許義總漢軒耗哮欥呀香愭興庚亨忺歆險脅同用（虛）、犹閑同用（休）、休虛互用、胸凶呴畜喜戲噓譁喊欣蠵蘴熏欻暵罕曷瞎歇歊好孝韡閧響向舡興敬誖朽顈吼蔻吸歔譏嫢同用（許）；6. 絢（翾）；7. 訓（籲）。

以上七組互不系聯。今考喧烜絢血同紐平上去入四聲相承，當為一類，則二、五、六組同類；荒慌況霍同紐平上去入四聲相承，當為一類，則二、四、五組同類；罍曉歆同紐平上去三聲相承，當為一類，則一、二、五組同類；舡愭巷毃同紐平上去入四聲相承，當為一類，則二、三、五組同類；熏訓犹同紐平去入三聲相承，當為一類，則五、七組同類。綜上七組實同一類。

第十二類，力類（來母），782-885韻，共一○四字，助紐為鄰連、零連和令連。其系聯情況如下：

1. 釚來郎遞用、郎魯互用、罍卵覽路冷殘爛懶老同用（魯）、浪瀘塿漏練曆辣僗羅裸邐同用（郎）、洛勒同用（曆）、擺（洛）；2. 唻（賴）、徠賴拉同用（落）；3. 鄰離互用、令庚孏同用（離）、蓮（令）、令敬籠朦犖彎磥劤泃臉龘廉斂殮獵利類栗輪廬孏劣料留柳溜廩臨立諒略同用（力）、律（劣）、羅（利）；4. 林（黎）；5. 勞朗里良龍遞用、領（里）、隆慮嶙吝列兩同用（良）、呂（兩）、盧龍互用、弄祿棱倫戀同用（龍）、樓藍濫婪壈同用（盧）；6. 聊（連）；7. 閭（淩）、攣（閭）；8. 雷論真悬論震肆鸞亂捋了同用（蘆）。

以上八組互不系聯，今考婪壈濫拉同紐平上去入相承，當為一類，則一、二、五組同類；令庚領令敬曆同紐平上去入相承，當為一類，則一、三組同類；林廩臨立同紐平上去入四聲相承，當為一類，

則三、四組同類；閻呂慮同紐平上去三聲相承，當為一類，則五、七組同類；聊了料同紐平上去三聲相承，當為一類，則三、六、八組同類；綜上八組實同一類。

第十三類，莫類（明母），886-966韻，共八十一字，助紐為民綿。其系聯情況如下：

1. 麋麼𪏭䥥同用（忙）；2. 苗貌摩明命盲同用（眉）、眉（旻）、媚（明）；3. 潛免同用（美）、美靡紙䁳蠓濛莽猛懵同用（毋）、靡寘（麋）；4. 袂民滅妙冒乜瞢同用（彌）；5. 眇（弜）；6. 密（覓）、墨（密）；7. 迷（綿）；8. 䅸（名）；9. 埋門瞞蠻茅麻茫同用（謨）；10. 枚（模）、莫（末）、模蒙夢木米姥暮洗妹買賣悶沒滿幔末慢眛眠面卯毛蓩帽磨馬禡潸茗覓孟陌謀母茂繆同用（莫）；11. 謬（摩）。

以上十一組互不系聯，今考盲猛孟陌同紐平上去入四聲相承，當為一類，則二、三、十組同類；瞢𪏭懵墨同紐平上去入四聲相承，當為一類，則一、三、四、六組同類；苗眇妙同紐平上去三聲相承，當為一類，則二、四、五組同類；迷米袂同紐平上去三聲相承，當為一類，則四、七、十組同類；冒乜䅸同紐平上去三聲相承，當為一類，則四、八組同類；繆謬同紐平入二聲相承，當為一類，則十、十一組同類；麻馬禡同紐平上去三聲相承，當為一類，則九、十組同類；綜上十一組實同一類。

第十四類，奴類（泥母、娘母），967-1031韻，1564-1598韻，共一百字，助紐為寧年、紉聯。其系聯情況如下：

1. 難山南覃同用（那）、難諫癮伱泥奈暖报捼撚瞇涅裏腦胗囊頂寧穀耨南侵湳淰炳同用（乃）、痭乃同用（囊）、泥年寧奴遞用、奴農互用、囊𩔖㑲弩怒挼餒內澳悷尿猱臑那娜穤挐絮儾諾能喃蜺䏔婻納拈念撚𤹪嫩訥同用（奴）；2. 匿（昵）、攃（匿）；3. 釀女語女孃紉昵鐃㨮抵潜𪏰黏黏聶同用（尼）、胹䏢妳山妖諫豽橈鬧娘𩎟釀迶鬡搦糅詶賃俺譀罔囡同用（女）。

以上三組互不系聯，今考寧頷寧匿同紐平上去入四聲相承，當為一類，則一、二組同類；鬒攮搦同紐平上入三聲相承，當為一類，則二、三組同類；綜上三組實同一類。

第十五類，蒲類（並母），1032-1066韻、1100-1134韻，共七十字，助紐為頻便或平便。系聯情況如下：

1. 辯牝殍同用（婢）、婢部互用、旆䍺並罷倍鮑同用（部）；2. 罷病羵澎鮑躳同用（皮）3. 便頻瓢驃同用（毗）、別避（毗）遞用；4. 緶盆字盤伴鈸瓣拔杷旁傍平哀熖涅蓬埲皮裴庖抱暴婆彭爸廬髼朋同用（蒲）、簿裴蒲遞用、弼畔瓶蒲步敗同用（薄）、踚白簿遞用（埲棒僕佩排匐同用（步）、雹（弼）、跁䪞同用（傍），實同類；5. 辦（備）；6. 槌（菩）。

以上六組互不系聯。今考緶辯便別平上去入四聲同紐相承，當為一類，則一、三、四組同類；瓣畔辦拔平上去入四聲相承，當為一類，則一、四、五組同類；蓬埲槌僕平上去入四聲相承，當為一類，則四、六同類；平並病羵平上去入上聲相承，當為一類，則一、二、四組同類；綜上六組實同一類。

第十六類，七類（清母），1135-1176韻，1451-1492韻、1922-1925韻，共八十八字，助紐為親千、清千、新千。其系聯情況如下：

1.催村猝撮恩麁措猜菜粲蒨操蹉參同用（倉）、譙湊籤謥蔟妻餐瑳剉筗槍切同用（千）、千倉互用、寸（村）；2.此雌互用、取秋趣泚采同用（此）、璀忖竁綫同用（取）、薝草蒼同用（采）；3.焌（促）；4.次覷翠親真笭親震逡攛烇絟鍫悄陗嗺侵寢沁緝釃塹妾砌摖淺糙且搶蹌鵲稴錯彰蹭清請倩刺慘謥嘶同用（七）、七（戚）、趨（逡）、詮鬆同用（且）。

以上四組互不系聯。今考恩鬆謥蔟同紐平上去入四聲相承，當為一類，則一、四組同類；逡焌同紐平入相承，當為一類，則三、四組同類；雌此次同紐平上去三聲相承，當為一類，則二、四組同類；綜

上四組實同一類。

第十七類，昨類（從母），1177-1263韻，共八十七字，助紐為秦前。其系聯情況如下：

1. 剿從送茨嚌蒩殘瓚噴前全醛查藏層鰶垂同用（才）、薺（齊）、齊寂同用（前）、從東才同用（牆）、牆酋盡踐樵挅藉情蕈潛秦同用（慈）、萃集漸同用（秦）、絕（情）、在（盡）、薺咀攢瓚賤噍造漕奜椉同用（在）；2. 慚曹同用（財）；3. 徂叢互用、剗鏙摧罪存鱒鐏攢檣雋坐座藏靈歜同用（徂）、粗（坐）；4. 就自匠嚼賊靜淨捷同用（疾）、昨疾互用、聚（族）、族載睟捽截贈雜暫同用（昨）；5. 祚（靖）。

以上五組互不系聯，今考徂粗祚同紐平上去三聲相承，當為一類，則二、五組同類；存鱒鐏捽同紐平上去入四聲相承，當為一類，則三、四組同類；慚椉暫圓同紐平上去入四聲相承，當為一類，則一、二、四組同類；綜上五組實同一類。

第十八類，渠類（群母），1264-1313韻、1493-1513韻，共七十一字，助紐為勤虔、擎虔。其系聯情況如下：

1. 虡（跪）、巨臼互用、跪洪共近窘圈鬝癯嶇舊噤儉技隑件傑概翃強痙同用（巨）；2. 姞笈噱同用（極）；3. 具及同用（忌）、匵郡迀酆競強同用（具）；4. 權倦同用（逵）；5. 喬（祁）；6. 覰頠掘矜箍同用（其）；7. 襀伽趹筇同用（求）、渠求互用、窮局葵勤群倔齲轎狂誆瓊琴濂鐮擋幹健強擎同用（渠）、芰奇渠遞用；8. 劇（竭）。

以上八組互不系聯。今考擎痙競劇同紐平上去入四聲相承，當為一類，則一、三、七、八組同類；箍儉鐮笈同紐平上去入四聲相承，當為一類，則一、二、六、七組同類；權圈倦掘同紐平上去入四聲相承，當為一類，則一、四、六組同類；喬嬌轎同紐平上去三聲相承，當為一類，則一、五、七組同類；綜上八組實同一類。

第十九類，苦類（溪母），1314-1450韻，共一百三十七字，助紐

為輕牽。其系聯情況如下：

1.讀挈傔同用（詰）；2.苦孔康丘遞用、恐穹麹墟去語去禦嗋開慨揩刊渴慳楬闕趨敲珂咔碹哓躩卿慶坑頃踱寇坽撼嵌同用（丘）、丘遣卷羌彄欽同用（驅）、欽歔器鴕糗同用（去）、乞恐同用（欺）、卻隙客泣篋同用（乞）、庫控硊咼快硪稇悃困窟款闊犬齦竅尻考巧科顆課跨跨呵骹壞曠廓吃肯克闔堪坎勘楷槏恰謙歉琰口牽同用（苦）、溪（牽）、詿（犬）、起（墟）、愷可口遞用、楷鞳報懇鑗狠犒磽軻忼抗銚磟歉勘同用（口）、恪（克）；3.侃（空）、枯空互用、酷恢坤寬誇髂同用（枯）；4.看（祛）；5.塊傾同用（窺）、窺（缺）；6.蟶謦同用（棄）；7.困勸鑑同用（區）；8.屈匡（曲）。

以上八組互不系聯。今考謙歉傔篋同紐平上去入四聲相承，當為一類，則一、二組同類；刊侃看渴同紐平上去入四聲相承，當為一類，則二、三、四組同類；困稇屈同紐平上入三聲相承，當為一類，則二、七、八組同類；卿謦慶隙同紐平上去入四聲相承，當為一類，則二、六組同類；傾頃闋同紐平上入三聲相承，當為一類，則二、五組同類；綜上八組實同一類。

第二十類，而類（日母），1514-1563韻，共五十字，助紐為人然。其系聯情況如下：

1.戎宂靰肉二孺刃臂熱腝讓扔柔髯冉染顜忍同用（而）、耳汝橪蹂荏同用（忍）、壤任同用（汝）、如日繞偌同用（人）、入日人遞用、兒猱榮芮犉然饒禳若仍輭壬同用（如）；2.擾惹同用（爾）；3.雞（仁）；4.閏藝同用（儒）；5.蝡軟同用（乳）。

以上五組互不系聯。今考饒擾繞同紐平上去三聲相承，當為一類，則一、二組同類；腝軟雞藝同紐平上去入四聲相承，當為一類，則一、三、四、五組同類；綜上五組實同一類。

第二十一類，所類（審母），1599-1660韻、1697-1731韻，共九十七字，助紐為身膻、聲膻。其系聯情況如下：

1. 稅舜說同用（輪）；2. 朔色所疏遞用、截澀歃瑟冼同用（色）、搜森莘同用（疏）、衰帥汕訕瀀篲梢稍嗄爽溲瘦瘁滲摻鈔曬庇閟省眭灑同用（所）、灑沙山遞用、蔬殺栓敠箷索殊同用（山）、山沙霜衫生同用（師）、率（朔）；3. 春書商遞用、恕（商）、聲（書）；4. 暑（賞）、賞少筱首世舍同用（始）；5. 弛詩申遞用、苫奢同用（詩）；6. 燒收膻同用（屍）；7. 哂少嘯閃琰攝濕同用（失）、失試水婼睗叔然扇設舍餇鑠聖深審廔同用（式）；8. 狩閃黤同用（舒）；9. 閂刷同用（數）；10. 釋（施）；11. 眒（試）。

以上十一組互不系聯。今考燒少筱少嘯同紐平上去三聲相承，當為一類，則四、六、七組同類；苫閃琰閃黤攝同紐平上去入四聲相承，當為一類，則五、七、八組同類；聲聖釋同紐平去入三聲相承，當為一類，則三、七、十組同類；閂瀀刷同紐平去入三聲相承，當為一類，則二、九組同類；申哂眒失同紐平上去入四聲相承，當為一類，則五、七、十一組同類；婼睗舜率同紐平上上入四聲相承，當為一類，則一、二、七組同類。綜上十一組實同一類。

第二十二類，徐類（邪母），1732-1765韻，共三十四字，助紐為餳涎、餳前、餳延、餳茲。其系聯情況如下：

1. 誦續岫炧象羨同用（似）、敘（象）、似席松旬詞寺同用（詳）、謝（詞）、習（席）、隨旋同用（旬）、猶漩同用（隨）、殉（松）、撋（寺）；2. 囚遂朒邪餳尋猶膶屟燼涎緣同用（徐）、徐祥互用。

以上二組互不系聯。今考徐敘屟同紐平上去三聲相承，錄為一類，則一、二組同類。

第二十三類，他類（透母），1766-1833韻，共六十八字，助紐為汀天。其系聯情況如下：

1. 通統痛禿體替土咍貸泰嚘啍裼宎湍俔灘坦炭撻天腆嗔鐵祧糶叨套儻錫託聽庚珽聽敬剔鼟偷齆透貪禢探坍添忝桾帖同用（他）、忒胎

湯遞用、他湯互用、梯（天）、琜推同用（通）、兔疃朓討同用
（土）；2. 澄澄（台）3. 腿退彖妥唾莛睒同用（吐）；4. 錔榻同用
（託）。

以上四組互不系聯。今考鼕澄忒同紐平去入三聲相承，當為一
類，則一、二組同類；坍莛睒榻同紐平上去入四聲相承，當為一類，
則一、三、四組同類。綜上四組實同一類。

第二十四類，徒類（定母），1834-1902韻，共六十九字，助紐為
亭田。其系聯情況如下：

1. 鐸杳（達）、臺達同用（堂）；2. 第豆同用（大）、代大同用
（度）；3. 柂待蕩徒遞用、徒同互用、電（蕩）、動洞牘度隤篜屯鈍團
斷奪但殄窀調陶導蕩宕鋌定騰蹳頭鉅覃禫潭談淡怛甜簟磹牒杜唐同用
（徒）、題弟鐵隊囤段憚耷道狄同用（杜）、壇駝馱庭鄧同用（唐）；
4. 特（敵）；5. 迢（田）、田（亭）；6. 突（陀）。

以上六組互不系聯。今考臺待代同紐平上去三聲相承，當為一
類，則一、二、三組同類；屯囤鈍突同紐平上去入相承，當為一類，
則三、六組同類；駝柂馱同紐平上去三聲相承，當為一類，則三、四
組同類；迢窀調同紐平上去三聲相承，當為一類，則三、五組同類；
綜上六組實同一類。

第二十五類，武類（微母），1903-1921韻，共十九字，助紐為文
橆、無文。其系聯情況如下：

1. 務琗莈同用（亡）、吻武罔文無遞用、微無互用、問勿同用
（文）、萬韈亡尾未同用（無）、橆晚同用（武）；2. 妄（巫）。

以上二組互不系聯。今考亡罔妄同紐平上去三聲相承，當為一
類，則一、二組實同一類。

第二十六類，蘇類（心母），1926-2019韻，共九十四字，助紐為
新仙、新先。其系聯情況如下：

1. 顋薩娑糝同用（桑）、桑損送速素雖孫巽窣酸箅傘騷掃鎖娑喪

叜毸俆三覃先銑雪同用（蘇）、蘇（孫）、西賽散蕭篠嘯噪星潄嗽礒霰屑寫同用（先）、算（損）、頛（寫）；2.卸（司）；3.諝儨同用（私）、私赿珊同用（相）、索（昔）、相昔淞竦四絮髓襄想削孃省性潃秀霄悉三勘同用（息）、塞伈趿孌同用（悉）、死徙同用（想）；4.細信些僧修心勸銚同用（思）；5.辛（斯）；6.筍（松）；7.胥（新）；8.歲茍峻恤選異同用（須）；9.宣（匆）。

　　以上九組互不系聯。今考些寫卸同紐平上去三聲相承，當為一類，則一、二、四組同類；三覃三勘儨同紐平去入三聲相承，當為一類，則一、三組同類；茍筍峻恤同紐平上去入四聲相承，當為一類，則一、六、八組同類；辛信悉同紐平去入三聲相承，當為一類，則三、四、五組同類；胥諝絮同紐平上去三聲相承，當為一類，則三、七組同類；宣選異雪同紐平上去入四聲相承，當為一類，則一、八、九組同類；綜上九組實同一類。

　　第二十七類，胡類（匣母），2023-2139韻、2280韻，共一一七加一字，助紐為刑弦、刑賢。其系聯情況如下：

　　1.胡洪互用、系潝哄斛雄護回潰慧亥夥痕魂混閽鵑桓緩換轄還患賢峴繾玄泫穴溫豪晧號效荷禍和個華畫暇杭降巷黃獲行敬恒劾橫㆒卄獲弘侯尤厚候宥含憾合咸洽嫌鹺協同用（胡）、戶旱翰同用（侯）、傒攜瘣活睆滑和歌踝橫㆐項晃頷同用（戶）、兮（賢）、下（亥）、害駭械很恨麧限溎苛沆吭悻鎌同用（下）、行庚孩曷閑交遝杏同用（何）、何寒互用、鶴（曷）、壞（華）、學（轄）、諧（雄）；2.煌陷懷同用（乎）；3.或（樓）；4.形（奚）、現脛敬同用（形）；5.莧（狹）；6.檄（刑）；7.眩（熒）。

　　以上七組互不系聯。今考玄泫眩穴同紐平上去入四聲相承，當為一類，則一、七組同類；形悻脛敬檄同紐平上去入四聲相承，當為一類，則一、四、六組同類；懷夥壞同紐平上去三聲相承，當為一類，則一、二組同類；弘或同紐平入相承，當為一類，則一、三組同類；

閑限莧轄同紐平上去入四聲相承，當為一類，則一、五組同類；綜上七組實同一類。

　　第二十八類，烏類（影母），2140-2279韻，共一百四十字，助紐為因煙。其系聯情況如下：

　　1. 姶遏阿安遞用、塢穩侉同用（安）、奄厭壓邕雍伊意傴飫威哀愛隱氳醔安按晏傿謁宛怨熬奧坳拗勒阿鴉朏央快英影映益縈噯憂黝歐漚音飲陰鷁礜同用（於）、於幼淹欸亞同用（衣）、淵瀠同用（縈）、愔（音）、娃（幺）、么印因宴杳同用（伊）、煙（因）、噫要揖同用（一）、一（益）；2. 烏汪互用、隘巖鱠襖翁塕甕屋汗煨猥穢恩隱溫穩搵膃剜盎惋悹豎彎絟綰穵婀窩媕涴宛搣擓佚块盎惡醞臆澄泓洄謳諳唵暗同用（烏）；3. 矮（鴉）；4. 擁蘊同用（委）、委（鄒）；5. 枉（嫗）；6. 胦（握）、鬱軋約握猥黯鴨同用（乙）、尉鬱同用（紆）；7. 擭（屋）；8. 啞鞅同用（倚）、倚（隱）

　　以上八組互不系聯。今考氳蘊醔鬱同紐平上去入四聲相承，當為一類，則一、四、九組同類；娃矮隘同紐平上去三聲相承，當為一類，則一、二、三組同類；汪枉醞臆同紐平上去入四聲相承，當為一類，則二、五組同類；泓洄噯擭同紐平上去入四聲相承，當為一類，則一、二、七組同類；央鞅快約同紐平上去入四聲相承，當為一類，則一、六、八組同類；綜上八組實同一類。

　　第二十九類，以類（喻母、疑母），2281-2447韻，共一百六十七字，助紐為寅延、盈延、銀言、迎研、迎妍、勻緣。其系聯情況如下：

　　1. 牙岈艾敖同用（牛）、嶜齾同用（牙）、牛魚互用、顒玉皚贖銀懋仡眼言彥孽月樂齫吟傑岩嚴驗業岌禦傲危魏岸鴈仰仰虐昂凝迎同用（魚）；2. 延夷互用、衍拽同用（延）、寅繹淫同用（夷）、夜（寅）、歋（淫）；3. 胤豫同用（羊）；4. 以養互用、融異維唯引演漾野郢媵潭琰豔爓聿同用（以）；5. 鹽陽同用（移）；6. 熠逸耀葉與藥同用（弋）；7. 元（遇）；8. 勇（尹）；9. 役（營）、用育遙耶盈營漾同用

（餘）；10. 運（禹）；11. 硬（喻）；12. 豻（俄）；13. 額（鄂）；14. 嶽
咢同用（逆）、逆吟涯同用（宜）；15. 五阮互用、詠誤詭垠餤兀屼玩
枂頑齗齴詘越憨咬訝峴偶諞鎖髏礧輄訛妮臥伀瓦宆睚顏娥隗眼我餓卬
娷脛梗同用（五）、吾（訛）、域（越）；16. 廣（疑）；17. 宥（尤）、
尤員王旺榮永為雗胃院同用（於）、於雲互用、有（雲）；18. 願
（虞）；19. 往矍隕同用（羽）；20. 聽雅駊駒同用（語）、偶語互用；
21. 遠（雨）。

　　以上二十一組互不系聯，今考寅引胤逸同紐平上去入四聲相承，
當為一類，則二、三、四、六組同類；嚴廣驗業同紐平上去入四聲相
承，當為一類，則一、十六組同類；鹽琰豔葉同紐平上去入四聲相
承，當為一類，則四、五、六組同類；盈郢硬繹同紐平上去入四聲相
承，當為一類，則二、四、九、十一組同類；融甬用育同紐平上去入
四聲相承，當為一類，則四、八組同類；員遠院越同紐平上去入上聲
相承，當為一類，則十五、十七、二十一組同類；元阮願月同紐平上
去入四聲相承，當為一類，則一、七、十五、十八組同類；羽隕運聿
同紐平上去入四聲相承，當為一類，則四、十、十七、十九組同類；
娷脛梗額同紐平上入三相承，當為一類，則十三、十五組同類；豻岸
嶭同紐平去入三聲相承，當為一類，則一、十三組同類；卬駒昂咢同
紐平上去入四聲相承，當為一類，則一、十四、十五、二十組同類；
綜上二十一組實同一類。按：另有庚韻第四十四類上聲「迥」字，
《集成》歸入羽次濁音，助紐為寅延，將其歸入「喻」母中，並釋為
「戶頂切，本音悻，《韻會》戶茗切……《中原雅音》收董韻音洶」。
筆者覺得此處有誤：《集成》庚韻四十四類的目錄明確顯示兩小類合
併為一類，並將其七音標為「羽次濁音」，且其位置排在影組中，顯
然將其歸入「喻」母中了。其「榮永詠域」四聲相承和「營迥役」平
上入三聲相承合併成一類的，今考「榮」、「營」二組，除「迥」韻
外，《四聲韻譜》均標為「喻」母字，但《集成》卻將「榮」組標為

「疑」母字（其助紐標為「銀言」），這當為其錯之一；「迥」組韻字
（還有炯、泂等字），原均為「匣」母字，切語「戶頂切」，但《集
成》將其併入「喻」母字中（助紐標為「寅延」）卻未改其切語，這
當為其錯之二。綜上分析，《集成》將中古的「匣」母字併入「喻」
母字中，唯有此韻共五個韻字，當為特例，並不能說明中古的「匣」
「喻」二母在《集成》中可以合併的，邵榮芬（1981：33）在分析
《中原雅音》喉牙音互注音切時已明確指明這種互注「全都是個別的
特殊讀音」，我想將其用在《集成》此類現象的分析上也是行得通
的。筆者的假設是這五個韻字確實在章氏時代已經發生了音變，故將
此五個韻字歸入「喻」母字中，但章氏在歸併時忘了改變其切語的反
切上字，導致此切語的過時。按筆者系聯的結果，反切上字為「戶」
的，當為胡類（即中古的匣母），顯然「迥」韻的聲類已經不能歸入
胡類中了。唯一可以解釋的是《中原雅音》已將喻母與匣母合二為一
類了，《集成》依《中原雅音》將其併入喻母中。這與下文提及的
「雄熊」等字的歸併（詳見聲類分析一節中的「喻」「疑」歸併部
分）就可以相互印證了。

　　第三十類，陟類（知母、照母），2448-2479、2512-2571韻，共
九十二字，助紐為真氈、征氈、征氈、征占。其系聯情況如下：

　　1. 臻斬阯債爪鮓諍鄒揪縐譖戢莊壯捉同用（側）、詛莊側遞用、
蘸齋榸同用（莊）、跧（阻）、阻（壯）；2. 篆櫛同用（仄）；3. 智障同
用（知）、知征著嘲罩張捉責中同用（陟）、窡（張）、捶主腫知遞
用；4. 愯真震准展戰浙昭照遮蔗整正只詹眾祝怵同用（之）；5. 質灼
周呪攝颭同用（職）、執輒同用（質）；6. 軫轉沼者掌帚支同用
（止）、真（支）；7. 佳諄稕專拙同用（朱）、諸（專）、紙饘征斟同用
（諸）；8. 噂（株）；9. 窋詀箌同用（竹）；10. 爭（甾）；11. 枕占同用
（章）；12. 簪侵（緇）；13. 詐（則）。

　　以上十三組互不系聯。今考爭掟諍責同紐平上去入四聲相承，當

為一類，則一、二、十組同類；真軫震質同紐平上去入四聲相承，當為一類，則四、五、六組同為類；張掌障灼同紐平上去入四聲相承，當為一類，則三、五、六組同類；專轉囀拙同紐平上去入四聲相承，當為一類，則六、七、八組同類；詀斬蘸箚同紐平上去入四聲相承，當為一類，則一、九組同類；諄稕准窋同紐平上去入四聲相承，當為一類，則四、七、九組同類；簪侵譖戢同紐平去入三聲相承，當為一類，則一、十二組同類；櫨鮓詐同紐平上去三聲相承，當為一類，則一、十三組同類；詹颭占輒同紐平上去入四聲相承，當為一類，則四、五、十一組同類；綜上十三組實同一類。

綜上系聯，《集成》共有三十個聲類。

## 二　聲類分析

《集成》共分十三卷，每卷中又各分若干韻，而在每個韻部的正文前都列有該韻部小韻首字的目錄表，如東韻就列有「東董送屋四聲」目錄表。每個目錄中包含以下幾個部分的內容：一是小韻首字的分類數，如東韻的小韻首字共分一韻貢穀、二空孔控西酷、三翁塕甕屋、四烘嗊烘熇……三十七馮奉鳳伏等三十七類。每一類中除給平、上、去、入四聲韻字標注反切外，還包括兩個部分的內容，這兩部分的內容是我們在研究《集成》的聲類之前，我們必須先介紹的《集成》中能決定聲類劃分的兩個重要因素：

一個七音清濁的標注（實際上是九音），主要含有以下這些類別：

角音：清音、次清音、濁音、次濁音

羽音：清音、次清音、濁音、次濁音

徵音：清音、次清音、濁音、次濁音

宮音：清音、次清音、濁音、次濁音

次宮音：清音、次清音、濁音、次濁音

商音：清音、次清音、次清次音、濁音、次濁音

次商音：清音、次清音、次清次音、濁音、次濁音、次濁次音

半商音（無清濁標注）

半徵音（無清濁標注）

從以上標注來看，如果「七音清濁」的標注不同就可以劃分為一個聲類的話，《集成》當可以劃分為三十三個聲類。與《直音篇》前的「七音清濁三十六母反切定局（如表二）」所列的聲類數是一致的。這顯然與上文所系聯的結果是不吻合的。這誤差是如何造成的，我們將在下文詳細分析。

另一個是助紐字。助紐字在《集成》聲類的歸納中也是一個很重要的因素。在弄清《集成》助紐字的情況之前，我們有必要討論一下「紐」與「助紐」的關係。

「紐」是漢語音韻學中一個較為特殊的詞，說其特殊，主要有兩個原因，一個是其使用頻率很高，一個是其概念具有一定的模糊性。關於「紐」的概念，學術界有多種說法，但公說公有理，婆說婆有理，尚難定論。胡安順（2003：9）認為：「最早提到『紐』的文獻是唐代孫愐的《唐韻》〈序〉。根據瑞典漢學家高本漢的研究，聲紐與現在所說的聲母略有不同，它包括同輔音的顎化音和非顎化音，如『見』紐包括〔kj〕、〔k〕兩個聲母。」劉志成（2004：52-54）羅列了兩家關於「紐」的定義，如馬宗霍《音韻學通論》第五以為「紐」指韻；李新魁《漢語音韻學》以為紐的意思是紐結，指拼切。之後，錄空海《文鏡秘府論》所載《調四聲譜》來說明他的意見，劉先生認為：正紐指韻相同的雙聲字，傍紐指韻不同的雙聲字。「正，在一紐之中」即是正紐在韻同的平上去入之中。「傍，出四聲之外」即傍出同韻雙聲字的平上去入之外，韻不同。劉先生還認為：「助紐」本指雙聲字，所以《韻鏡》三十六字母，下有歸納助紐字，每個字母下列二字，即歸納幫助判斷雙聲的字。很多字是鈔自《切字要法》二十八

類的，又經補充修訂的。其修訂有的是因語音變化，如邦：賓邊；
明：民眠等等。劉先生並未單獨說明何為「紐」，但可以看出他並未
認同把其歸為韻或者拼切的說法。而《語言學百科詞典》則認為
「紐」是「音紐」、「聲紐」的簡稱（頁287），其釋「聲紐」為「聲
母」（頁245），釋「音紐」為「聲母」（頁427）。而《古代漢語知識詳
解辭典》（1996：275-276）則釋「紐」為四個語義：

　　　1.全稱「聲紐」、「音紐」。聲母。本為聲、韻「紐結」拼切的意
思，如南齊沈約的〈紐字圖〉。唐人禪神珙〈四聲五音九弄反紐圖〉
云：「昔有梁朝沈約，創立紐字之圖。」章炳麟據唐人孫愐《唐韻》
〈序〉中「紐其唇齒喉牙部件而次之」一語，認為自此指導稱聲
母⋯⋯

　　　2.韻母。唐人封演《封氏聞見記》云：「周顒好為體語（案指雙
聲字），因此切字皆有紐，紐有平上去入之異。」李新魁《漢語音韻
學·字母、紐及助紐字》說：「這裡的紐，則是指韻母。」

　　　3.小韻。《中國大百科全書》〈語言文字〉「聲紐」（謝紀鋒撰）：
「最初指韻書每韻中的小韻，一個小韻稱一紐。」

　　　4.反切。唐代孫愐《唐韻》云：「『蓋』字云公害翻，代『反』以
『翻』；『受』字下云平表紐，代『反』以『紐』。是則反也，翻也，
紐也，一也。」唐人神珙〈四聲五音九弄反紐圖〉中的「反紐」，意
即「反切」。

　　　從漢語史發展的演變事實來看，《古代漢語知識詳解辭典》的解
釋是比較全面和正確的。對於「紐」的這一語音指稱，一些大型字典
的解釋也是不完整的，如《辭源》（1990：2407）「紐」字的六個義項
中，只有第五個義項釋為「聲母，漢語音節開頭的輔音。」《漢語大
字典》（1990：3377）「紐」字的十二個義項中，也只有第九個釋為
「漢語音韻學名詞，指輔音或聲母。」兩部字典的解釋都是不全的。
但筆者認為，字典辭書作為一種工具書，其釋義全面、完整是應該

的。但語言是發展的，不同的詞在不同的時代裏，其語義不能完全等同於字典辭書所解釋的義項，這是一個基本的常識。所以筆者認為，從目前常見或習慣的用法來看，「紐」的語義至少應該包含《古代漢語知識詳解辭典》所釋義項中的前三個。至於《音韻學通訊》第二十五期（2006年8月）（徵求意見稿）中「音韻學名詞審訂」第二十二個名詞「紐」所釋的三個語義：（1）又稱「聲紐」，指聲母。（2）指聲韻拼合。（3）指聲韻拼合得出的字音，在韻書中即為「小韻」。筆者覺得值得商榷。「紐」作為聲母來講，這是很常見的現象，自不待言；作為小韻來講，也是可以理解的，《韻鏡》中的「重紐」現象，實際上，紐就是指小韻；至於指聲韻拼合，筆者覺得不如理解為「韻母」來得準確，理由有三：一方面，《古代漢語知識詳解辭典》釋其作為「韻母」的語義已經很詳細，符合歷史原貌。另一方面，如果理解為「聲韻拼合」，這是一個過程，應當是一個動詞，與「音韻學名詞」不符；再次，如果是指聲韻拼合的結果，那「小韻」就已經包含此意了，已經造成釋義重複了。

　　還有一點，為什麼許多人都只把「紐」字理解為「聲母」這一語義呢？就連《語言學百科詞典》這樣的專門性的詞典也認為「紐」只指「聲母」的意思呢？筆者猜測，可能是受「助紐」一詞語義的影響。

　　關於「助紐」，學術界的認識是比較一致的，一般都認為它是一組雙聲字，來幫助切識聲母，所以它只作用於聲母。李新魁先生曾在《韻鏡校證》（1982：118）作過研究，李先生指出：「《玉篇》（上海涵芬樓印周氏藏元刊本）卷首列有『切字要法』及『三十六字母切韻法』各一則，即傳習拼切字音之法。『切字要法』所列『一因煙、二人然、三新鮮、四餳涎、五迎妍』，即為助紐字，與《韻鏡》卷首張麟之所撰『字母括要圖』中列出之助紐字『賓邊、繽篇、頻蠙、民眠』等大致相同。所謂助紐字，乃是古人由於對字母（反切）的作用和拼音的方法認識不足，在拼音時應用來幫助拼切字音的一組組雙聲

字。古人拼音的方法，如《玉》『切字要法』所述，『（切語）上字喉聲，下二字即以喉聲應之（如歌字居何切，居經堅歌）；上字唇音，下二字即以唇音接之（如邦字悲江切，悲賓邊邦）。』這裡所舉的經堅和賓邊，就是助紐字，它作為切母的『助手』使反切拼切成音。」這樣，「助紐」中的「紐」的語義範圍就縮小為「聲母」的意思了。我們從一些韻書中所體現出來的關於助紐的描述就可以看出來。如上文引《古代漢語知識詳解辭典》所釋「……其後張麟之刊行的《韻鏡》、清江永《音學辨微》均錄為雙聲字。明濮陽淶《韻學大成》、清張吳曼《切字辨疑》，皆以此為聲母的標目。」《音韻學通訊》第二十五期（2006年8月）（徵求意見稿）中「音韻學名詞審訂」第一百六十三個名詞「助紐字」釋為「用以幫助出切和識別字母的若干組雙聲字」就極為正確。由於這個語義基本沒有認識上的分歧，這裡就不再贅言。

　　《集成》中的助紐字，主要有以下這些類別：

| | | | | | | | | | |
|---|---|---|---|---|---|---|---|---|---|
| 經堅 | 輕牽 | 擎虔 | 迎妍 | 銀言 | 丁顛 | 汀天 | 亭田 | 零連 | 寧年 |
| 賓邊 | 娉偏 | 平便 | 民綿 | | 分蕃 | 芬番 | 墳煩 | 文樠 | |
| 精箋 | 清千 | 新仙 | 秦前 | 錫涎 | 征氈 | 稱燀 | 聲膻 | 澄廛 | 紉䄠 |
| 因煙 | 興軒 | 刑賢 | 寅延 | 人然 | 真氈 | 嗔延 | 榛潺 | 神禪 | 辰常 |

　　其實，通過對助紐字的分析，就可以推論出該助紐字所代表的聲類及其七音清濁情況。但《集成》對助紐的用字似乎比較隨意，用字前後有時會不一致，如同為邪母的助紐，其名稱就有錫涎、錫前、錫延、錫茲等，我們只代表性地選擇其中名稱羅列出來；所以以上助紐名稱只是列舉而已，而且不是一個助紐就代表一個聲類，如零連、寧年兩個助紐只代表一個聲類，而且可能還與其他助紐字同表一個聲類（如紉䄠）。

　　據景印文淵閣《四庫全書》第兩百三十七冊所載，宋司光撰《切韻指掌圖》卷三附有明邵光祖所撰〈檢例一卷〉，其中就提到助紐與七音清濁的關係，其「三十六母圖（引類清濁）」中非常清楚到表明了二者的關係，我們將其羅列如下：

端丁顛全清，透汀天次清，定廷田全濁，泥寧年不清不濁；舌頭音；
知珍邅全清，徹癡脡次清，澄陳纏全濁，娘紉聯不清不濁；舌上音；
幫賓邊全清，滂繽篇次清，並貧便全濁，明民綿不清不濁；唇音重；
非分番全清，敷芬蕃次清，奉墳煩全濁，微文亡不清不濁；唇音輕；
精津煎全清，清親千次清，從秦前全濁，心新先全清；斜餳涎半濁半清，齒頭音；
照征邅全清，穿嗔蟬次清，床崢潺全濁，審身膻全清；禪唇蛇半濁半清，正齒音；
影因煙全清，曉馨軒次清，匣刑賢全濁，喻寅延不清不濁；是喉音；
來鄰連不清不濁，日人然不清不濁，舌齒音。

　　從以上所列可以看出，三十二個助紐字分別對應不同的清濁和七音關係，顯示出其聲類的個數是明確的。《集成》無法做到這樣的對應，而是有時一個助紐代表一個聲類，有時好幾個助紐字代表一個聲類，這就是其選用助紐字太隨意所致。但《集成》中相同或相差無幾的助紐字在目錄表中的排列與七音清濁的排列是有對應規律的，這些規律詳見後文「表二」所示。我們在這裡將這些七音清濁和助紐字羅列出來，就是要強調其在《集成》聲類分析中的重要地位。

　　對於《集成》的聲類，諸多學者已進行了闡述，主要有三十一類說和三十二類說。如耿振生（1992：240）指出「《韻學集成》卷首『七音三十六母反切定局』列了三十三個聲母，僅比三十六字母少知、徹、澄三母；但書中實際的聲母是三十二個，不分非、敷。」他

（1992：168）還說：「《韻學集成》的三十二母是從三十六字母減去照穿床敷」。李新魁（1983[1]：228-229）認為《集成》「聲母方面，它把三十六字母中的知、照組聲母合在一起，又併疑於喻（疑紐在開口呼字中仍存在），併娘於泥，所以只有三十一個聲母。它採用《古今韻會舉要》的做法，以宮商等七音及清濁來區分聲母，另一方面，又按呼的不同，將聲母分為一百四十四聲。各個韻圖之中，橫列聲母，標明角清音、羽清音等，並注助紐字於其下。縱列平、上、去、入四聲。字下注明切語。這切語就是韻書正文中所用的反切。」楊耐思（1978）認為有三十一類，等等。因此，本文聲類分析的重點就在於分析和統計《集成》的聲類數。我們主要從以下幾個方面來探討：

## （一）「七音三十六母反切定局」造成聲類分析的混亂

從《直音篇》中的「七音三十六母反切定局」一表所體現出來的聲類數應當是三十三類；再結合每章前面所列的韻目目錄表對《集成》的聲類進行歸納，只能得出三十一或三十二類，這是很正常的。從實際聲類系聯的情況來看，《集成》以上兩種表格與正文內容有不相符的地方，如反切上字中的非敷不分、泥娘不分、喻疑不分，表格根本就沒有體現出來，才會產生因使用材料不同而歸納出不同聲類總數的現象。如何說其反切上字中有非敷不分、泥娘不分、喻疑不分的現象呢？試舉例如下：

非敷不分：《直音篇》中「七音清濁三十六母反切定局」表明，非母的「七音清濁」是「次宮清音」，助紐是「分蕃」；敷母的「七音清濁」是「次宮次清音」，助紐是「芬番」。但《集成》在每一韻部的韻字目錄中，對韻字歸屬的「七音清濁」和「清濁」的標注，卻有許多混同之處。如：真韻「芬粉糞拂」等字標為「次宮清音」，助紐是「芬番」，山韻「燔返貶髮」等字也標為「次宮清音」，但助紐卻標「分蕃」。顯然，二者已經混淆了。另外，從其反切上字來看也存在

許多混同之處。如：「敷」字既可以當「次宮次清音」的反切上字，如支韻「斐」字；又可以當「次宮清音」的反切上字，如尤韻「覆」字、覃韻「芝」字等。這就是說「敷」的歸屬已經與「七音清濁三十六母反切定局」的規定違背了。

　　泥娘不分：「七音清濁三十六母反切定局」表明，泥母的「七音清濁」是「徵次濁音」，助紐是「寧年」；娘母的「七音清濁」是「次商次濁音」，助紐是「紉孃」。但這一「七音清濁三十六母反切定局」並不能囊括《集成》中泥娘二母的實際情況。這可以從兩個方面來說明，一是《集成》中泥娘二母反切的混同，二是泥娘二母擺放位置的混亂。從「七音清濁三十六母反切定局」來看，《集成》泥娘二母是從立的，這樣一來，依陳澧的反切系聯條例，此二母的反切應該是不能相同的。在《集成》實際的切語中，泥母字的反切上字主要是上述系聯中第一組字中的那、乃、囊、農、奴、泥、年、寧等字；娘母字的反切上字主要是上述系聯中第三組字中的尼、女等字。但這兩組字也不是絕然分開的，如庚韻三十八類寧寍寧甯同紐平上去入四聲相承，當為一類，屬泥母；而陽韻五十類鬤攮搦同紐平上入三聲相承，當為一類，屬娘母，但其中「攮」小韻的反切上字為「匿」，說明所謂泥母、娘母，其實是同一類矣。

　　至於擺放的位置，我們知道三十六母的位置擺放是相對固定的，一般情況下，泥母擺放在端組中，娘母擺放在知組中。《集成》泥娘二母的位置在多數情況下也是遵循此規律的，如東韻、山韻、真韻等。但也有混置的地方：如覃韻，二十八類泥母和二九類娘母併排列在一起，且都放在端組中；又如鹽韻，泥母和娘母則合併在二十三類中，放在端組中，且娘母排在泥母前。可見，《集成》中，泥娘二母已經混同了。

　　同理，《集成》喻疑也是不分的，我們將在下文詳細論述，這裡不再贅言。這些事實說明：這三組聲類中的六個聲母，實際上已經合

併為三個聲類了（詳見下文分析）。這樣，其聲類歸納必定與《直音篇》中的「七音三十六母反切定局」的標注不一致了，這無疑是《集成》聲類分析的一個值得關注的地方。

　　試比較下面兩個表格（表一、表二），我們可以看出《直音篇》「七音三十六母反切定局」實際是一種指導解讀正文聲類的重要表格，只是沒有配備文字說明，才導致人們在進行聲類分析時出現了混亂。

　　《四聲等子》卷首列有「七音綱目」（見於《等韻五種》）（見表一）。表一是《四聲等子》聲類辨別的總表，三十六母齊全，讀懂了此表，就可對正文所有韻字的聲類進行分析和研究，可以說是正文聲類之綱目。趙蔭棠（1957：141）認為章氏《集成》的「七音三十六母反切定局」、「大概是本於《韻會》」，花登正宏（1986：234）也指出：「《禮部韻略七音三十六母通考》是反映元代語音的一種韻表」。從《集成》〈凡例〉的「七音三十六母清濁切法」指出：「《玉篇》三十六母五音撮要圖……」的表述來看，其法似從《玉篇》而來，從筆者的研究來看，《韻會》的表格也應追溯到此表，《集成》的「反切定局」表可以說是對此表的模仿和歸併，它是《集成》聲類的總綱，見表二。

　　從表二中完全可以看出知照不分、徹穿不分、澄床不分的格局，可以說它基本上體現了正文中的聲類特點，但並不完全準確，所以如果僅是從此表來歸納聲類，就容易出現偏差。因此，必須從實際反切中系聯其聲類，才能得出正確的聲類總數。

　　「七音綱目」如下表：

**表一**

| 七音＼清濁 | 角 | 徵 | | 宮 | | 商 | | 羽 | 半商徵 | |
|---|---|---|---|---|---|---|---|---|---|---|
| | 牙音 | 舌頭 | 舌上 | 唇重 | 唇輕 | 齒頭 | 正齒 | 喉音 | 半舌 | 半齒 |
| 全清 | 見 | 端 | 知 | 幫 | 非 | 精 | 照 | 影 | | |
| | 經堅 | 丁顛 | 珍邅 | 賓邊 | 分蕃 | 津煎 | 諄專 | 因煙 | | |
| 次清 | 溪 | 透 | 徹 | 滂 | 敷 | 清 | 穿 | 曉 | | |
| | 輕牽 | 汀天 | 獬脡 | 砏篇 | 芬翻 | 親千 | 春川 | 馨軒 | | |
| 全濁 | 群 | 定 | 澄 | 並 | 奉 | 從 | 床 | 匣 | | |
| | 勤幹 | 廷田 | 陳纏 | 貧便 | 墳煩 | 秦前 | 神諯 | 刑賢 | | |
| 不清不濁 | 疑 | 泥 | 娘 | 明 | 微 | | | 喻 | 來 | 日 |
| | 銀言 | 寧年 | 紉孃 | 民綿 | 文樠 | | | 寅延 | 鄰連 | 人然 |
| 全清 | | | | | | 心 | 審 | | | |
| | | | | | | 新先 | 申膻 | | | |
| 半清半濁 | | | | | | 邪 | 禪 | | | |
| | | | | | | 餳涎 | 純船 | | | |

**表二**

| 七音清濁三十六母反切定局 | | | | | | | | | | |
|---|---|---|---|---|---|---|---|---|---|---|
| | 角音 | 羽音 | 商音 | 次商音 | | 徵音 | 宮音 | 次宮音 | 半商音 | 半徵音 |
| 清音 | 見母<br>經堅 | 影母<br>因煙 | 精母<br>精箋<br>津煎 | 照母<br>征氈 | 知母<br>真氈 | 端母<br>丁顛 | 幫母<br>賓邊 | 非母<br>分蕃 | 日母<br>人然 | 來母<br>零連<br>鄰連 |
| 次青音 | 溪母<br>輕牽 | 曉母<br>興軒 | 清母<br>清千<br>親千 | 徹母<br>稱燀 | 穿母<br>嗔延<br>嗔昌 | 透母<br>汀天 | 滂母<br>娉偏<br>繽偏 | 敷母<br>芬番 | | |

| 七音清濁三十六母反切定局 | | | | | | | | | |
|---|---|---|---|---|---|---|---|---|---|
| | 角音 | 羽音 | 商音 | 次商音 | 徵音 | 宮音 | 次宮音 | 半商音 | 半徵音 |
| 次清次音 | | | 心母 新仙 | 審母 聲膻 身膻 | | | | | |
| 濁音 | 群母 擎虔 勤虔 | 匣母 刑賢 | 從母 秦前 | 澄母 陳塵　床母 榛潺 | 定母 亭田 | 並母 平便 頻便 | 奉母 墳煩 | | |
| 次濁音 | 疑母 迎妍 銀言 | 喻母 寅延 匀緣 | 邪母 餳涎 | 娘母 紉孃 | 泥母 寧年 | 明母 民綿 | 微母 文樠 無文 | | |
| 次濁次音 | | | | 禪母 神禪 辰常 | | | | | |

## （二）對中古聲母的合併及「仍見母音切」導致對聲類合併理解的混亂

　　《集成》〈凡例〉中有這樣的一段論述：「內有角次濁音與羽次濁音兩音聲相似，依《洪武正韻》併之，如『宜移』是也。又徵次濁音與次商次濁音，兩音併之，如泥尼是也。今以應併者併之，仍見母音切」。既然已經合併，為什麼還「仍見母音切」呢？應該說這是章氏囿於《正韻》權威的結果，「凡例」上段文字的前文還提到「……《洪武正韻》析併作七十六韻，如元支韻內『羈敧奇』，微韻內『機祈』等字音同聲順，《正韻》以清濁分之，本宜通用，不敢改也。但依《正韻》定例……」因此，可以說分析聲類合併中出現的混亂，主要是由這「仍見母音切」的體例所引起的。上文聲類系聯的結果正確

與否，從審音的角度，可以進一步驗證。我們也可以通過將系聯後的聲類與其所標注的七音清濁進行列表比較，以驗證系聯結果的正確與否。（詳見表三）

表三

| 聲類 | 聲母 | 七音 | 清濁 | 聲類 | 聲母 | 七音 | 清濁 |
|---|---|---|---|---|---|---|---|
| 博類 | 幫 | 宮 | 清 | 徐類 | 邪 | 商 | 次濁 |
| 普類 | 滂 | 宮 | 次清 | 陟類 | 知、照 | 次商 | 清 |
| 蒲類 | 並 | 宮 | 濁 | 丑類 | 徹、穿 | 次商 | 次清 |
| 莫類 | 明 | 宮 | 次濁 | 直類 | 澄、床 | 次商 | 濁 |
| 古類 | 見 | 角 | 清、次清 | 奴類 | 泥 | 徵 | 次濁 |
| 苦類 | 溪 | 角 | 次清 | | 娘 | 次商 | 次濁 |
| 渠類 | 群 | 角 | 濁 | 所類 | 審 | 次商 | 次清次 |
| 以類 | 喻 | 角 | 次濁 | 時類 | 禪 | 次商 | 次濁、次濁次 |
| | 疑 | 羽 | 次濁 | 都類 | 端 | 徵 | 清 |
| 烏類 | 影 | 羽 | 清 | 他類 | 透 | 徵 | 次清 |
| 呼類 | 曉 | 羽 | 次清 | 徒類 | 定 | 徵 | 濁 |
| 胡類 | 匣 | 羽 | 濁、次濁 | 方類 | 非、敷 | 次宮 | 清、次清 |
| 子類 | 精 | 商 | 清 | 符類 | 奉 | 次宮 | 濁 |
| 七類 | 清 | 商 | 次清 | 武類 | 微 | 次宮 | 次濁 |
| 昨類 | 從 | 商 | 濁 | 而類 | 日 | 半徵商 | |
| 蘇類 | 心 | 商 | 次清次 | 力類 | 來 | 半徵商 | |

　　表三實際上是對「七音三十六母反切定局」一次重要調整，其不同之處，主要體現在喻疑、泥娘和非敷的三組合併上，從表中可見以上三組已經出現了合併的趨勢，但又不完全合併，因而形成了交叉併存，從而可再細分為兩小類的局面。其他聲類較為簡單，均可從此表

及「七音三十六母反切定局」中看出端倪。由於分析聲類的合併必然
涉及韻類開合口呼和等第問題，那就得進行歷時比較，而《集成》所
反映的應是近代音的語音系統，我們就將其與以《廣韻》音系為代表
的中古音進行比較，在檢覽其字音時則主要以梁僧寶的《四聲韻譜》
（1957）作為基本依據。同時，因較多韻類可再細分為兩類，即洪音
和細音（按：洪音指開口呼和合口呼，細音指齊齒呼和撮口呼），我
們在分析時勢必要顧及聲韻之間的相拼問題。下面就對這三組特殊的
合併進行逐一說明：

　　第一，「泥」與「娘」合併。

　　《集成》中「泥」與「娘」母中東韻、侵韻、山韻、覃韻、鹽
韻、陽韻、爻韻、尤韻、真韻等九韻中是對立併存的；在歌韻、庚
韻、寒韻、灰韻、皆韻、麻韻、模韻、齊韻、先韻和蕭韻等十韻中只
有「泥」母而無「娘」母，而魚韻中只有「娘」母，屬互補狀態。但
併存並不意味著對立存在地分為兩類，互補也不表示完全等同而無任
何區別。如「庚」韻中，「泥」母分三十八和五十三兩類，其實第三
十八類，是庚韻中中古「泥」母細音字（如「寧」等）與中古「娘」
母字（如「匿」等）合併而成後歸在端組中，而第五十三類，則為中
古「泥」母洪音字，亦歸在端組中；鹽韻中的第二十三類，「黏」韻
（中古娘母）與「拈」韻（中古泥母）合併為一類，「黏」韻釋為
「尼占切，次商次濁音。」「拈」韻釋為「元奴兼切，徵次濁音，《洪
武正韻》併音黏……《中原雅音》音黏。」可見《集成》已按《正
韻》《雅音》例，將「拈」韻併入「黏」韻中，並將合併後的聲類位
置定在端組的位置上了。由於《集成》的每韻是按聲類順序來排列
的，按此，其位置應該排在知組，但卻排在端組中，這與麻韻的
「拏」韻、山韻的「報」韻的歸併是一樣的：此二韻的韻字中古均為
「娘」母字中的二等字，《集成》直接將其合併為「泥」母字且排在
端組中，這就體現了「泥」、「娘」合併的一個重要傾向：合併的只是

其中的一小部分，凡是二者合併的，一律放在端組中。這裡的「元奴兼切」大體能體現《集成》〈凡例〉中所提及「又徵次濁音與次商次濁音，兩音併之，如泥尼是也，今以應併者併之，仍見母音切」的觀點，而這一「仍見母音切」正說明其切語的字音也符合章氏年代的讀音，至少可以說明它們的讀音已經區別不大了，也進一步證明我們將其系聯為一類的合理性。

　　除此，我們還可以從聲類的系聯結果及其與聲韻的搭配關係上進一步證明《集成》「泥」、「娘」二母合併的事實。《集成》雖然已經取消韻等的概念，然而其對中古「泥」、「娘」二母韻字合併後的排列在韻等上是極有規律的：凡一、四等字均排在「泥」母位置上，凡二、三等字均排在「娘」母位置上，除一些特殊的合併，如麻韻「拏」組字、山韻的「赧」韻字，中古屬「娘」母二等字，《集成》直接標為「泥」母字外，都符合這一規律，可以說在《集成》二十二韻部中，其中古「泥」、「娘」二母韻字的排列呈現出有規律的互補狀態，這種互補狀態正好體現「泥」、「娘」二母既合併又併存的現狀，因此，我們有理由這樣下結論：在系聯為同屬「奴類」（即合併為同一類）的前提下，又可以相對有規律地細分為兩類，一類乃類，與中古一、四等韻字相拼；一類女類，與中古二、三等韻字相拼。

　　第二，「喻」與「疑」合併。

　　《集成》「喻」、「疑」二母的合併是比較複雜的，章氏也出現了一些錯誤。複雜之處表現在兩個方面：一是《集成》將中古的「喻」「疑」二母合併後的歸屬較複雜，有的排在影組中，有的排在見組中；二是合併時，有的明確體現二母歸併的軌跡，有的則直接將歸併結果體現在目錄中。下面，對以上兩點逐一分析。首先談談位置的擺放，《集成》目錄中二母同時出現的韻類有：庚韻、侵韻、先韻、鹽韻、陽韻、真韻、爻韻、蕭韻和灰韻。這九個韻類中都有中古「喻」「疑」二母韻字的合併，其中，除灰韻和尤韻合併後排在見組中外，

其他均排在影組中；其次，在體現二母的合併上，有些地方體現中古的二母合併的軌跡，如東韻十七類，「融甬用育」四聲中古屬「喻」母，「顒峮玉」平去入三聲相承中古屬「疑」母，合併後排在影母中，而蕭韻中「遙漾耀」中古屬「喻」母，「堯僥垚嶢」等字則屬「疑」母，但《集成》直接將後者併入前者中併排在影組中，尤韻中的「尤有宥」中古屬「喻」母，「牛汼糾」等字則屬「疑」母，《集成》則直接將前者併入後者中併排在見組中。錯誤之處，就體現在章氏對這些合併字的七音與清濁定位標準不一，有的指的是合併前的七音清濁，有的則是指合併後的七音清濁，導致理解上的混亂。如尤韻第四類，「尤」韻與「牛」韻合併後排在見組的位置上，但「尤有宥」等韻字中古屬「喻」母，《集成》卻直接標為「角次濁音」，助紐為「銀言」，顯然是將其直接當作「疑」母字了，這是直接既改七音清濁，又改助紐。

　　鹽韻第七類將助紐「寅延」（喻）和「銀言」（疑）合併為一類，標為「羽次濁音」，顯然是將助紐為「銀言」的中古「疑」母字「嚴廣驗業」等韻字直接當作「喻」母字了，這是只改七音清濁，不改助紐；灰韻第四類和魚韻的第四類，則分別將中古為「喻」母字的「為韙胃」和「於與豫」等韻字的七音清濁及助紐均直接改為「角次濁次音」和「迎妍」，顯然是直接當作「疑」母字了，這也是直接改其七音清濁及助紐；先韻第三十類，「員遠院越」（喻）與「元阮願月」（疑）合併後排在影組中，當成「喻」母字，卻將其七音清濁和助紐都標為「疑」母字的了，這就更令人費解了；有的雖然將中古二母的韻字合併，但其原有的七音清濁及助紐卻都沒有改動，如真韻第六類、先韻第七類、陽韻第七類等。這個錯誤雖然容易看出來，但這一錯誤正說明了《集成》的一大不足：對韻字聲類地位的表述，即對最能體現韻字聲類性質的七音、清濁和助紐的表述沒能徹底摒棄舊音的影響，從而更準確表現時音的特點，導致這一不足的罪魁禍首就是：

「仍見母音切」的規則。而章氏為什麼會以「仍見母音切」來體現呢？我們將在第四章和第五章第一節詳細論述。

　　《集成》對中古「喻」、「疑」二母韻字的歸併體現出複雜性，還可以從中古二母的韻等來分析。我們將其中古二母韻字合併後擺放位置（下文「合併到影組中」表示中古「疑」母字併入「喻」母中，位置排在影組；「合併到見組中」表示中古「喻」母字併入「疑」母中，位置排在見組）及其開、合、等、第羅列分析如下：

　　東韻：合併到影組中，均為合口三等韻字；

　　支韻：合併到影組中，均為開口三等韻字。

其中十六類平聲「雄」，中古為喻母合口三等韻字，《集成》歸為匣母字，並注曰：「《正韻》胡容切，舊韻胡弓切，羽濁音……《中原雅音》戲容切。」可見，《集成》是依《中原雅音》或《正韻》將「雄熊」等字歸入匣母中，而非根據當時章氏自己的音讀來歸類的，這與「迥」字的歸併是一樣的。寧忌浮（2003：43）提到：「《禮部韻略》以及《廣韻》、《集韻》『融』與『雄』都不同音。《增韻》將它們合併與毛氏父子的口耳有關。《正韻》離析很是。」可見他對《正韻》將「雄熊」從其他韻字中離析出來是持肯定態度的。

　　魚韻：合併到見組中，均為合口三等韻字；

　　模韻：「疑」母字無合併，合口一等在見組；

　　山韻：「疑」母字開合二等各一類無合併，均排見組；

　　遮韻：「喻」母開口三等韻無合併；

　　覃韻：「疑」開一二等各一類排見組中；

　　侵韻：二母開三合併於影組中；

　　灰韻：合併到見組中，除「隈」韻屬合口一等外，均為合口三等韻字；另有影組「喻」母字「維唯」等亦屬合口三等，無合併；

　　皆韻：「疑」母字三類均排見組無合併，開合口一二等韻字；

真韻：合併到見組，均為開口三等；另有「疑」母字兩類、
　　　「喻」母字一類無合併，前者一等開（垠眼傑）合（僅入
　　　聲「兀」韻）各一類排在見組，後者合口三等字排在影
　　　組；
寒韻：「疑」母字無合併，開合一等各一類，均排見組；
先韻：兩組的合併均到影組中，開合口三等韻字；
蕭韻：二母開口四等字合併到影組；
爻、歌、麻三韻：爻韻「疑」母字開口一、二等各一類，歌韻開
　　　　合一等各一類，麻韻開合二等各一類，均排見組無合併；
陽韻：「喻」開四與「疑」開三合併排在影組中；另有「喻」合
　　　三一類（王往旺饗）直接排在見組中；「疑」開一、二等
　　　各一類，無合併，均排在見組中；
庚韻：「喻」合三（榮永詠域）、合四（營役）合併排在影組中；
　　　另有「喻」開三（盈郢媵繹）與「疑」開二各一類無合
　　　併，分別排在影組和見組中。
尤韻：「喻」、「疑」二母開三合併於見組中；另有「疑」開一一
　　　類無合併排見組中；
鹽韻：「喻」開四與「疑」開三合併於影組中。

綜上分析，中古「喻」、「疑」二母在《集成》中的歸併確實較複
雜，但有一點是肯定的，即二母的合併，除灰韻「隗」韻外，其他都
是三、四等字的合併，合併後的位置即可放在見組，也有放在影組，
但排在見組的較少，只有魚韻、灰韻、真韻和尤韻，其他排在影組
中。另有遮韻、灰韻、真韻和庚韻的「喻」三無合併排在影組中，只
有陽韻「喻」三無合併排在見組中。「疑」母一、二等韻不與「喻」
母字合併，均排見組中。因此，我們可以得出結論：中古「喻」母字
的一、二等韻還保持相對獨立，沒有與「喻」母字合併，而「喻」、
「疑」的三、四等字，則多數可以合併。結合系聯的情況來看，中古

的「喻」、「疑」二母在《集成》中可以相對分為兩小類，一類與一、
二等韻相拼，較少；一類與三、四等韻相拼，居多。

以上兩類，我們的結論是兩兩可系聯為同一類的前提，各分為兩
小類，分別與中古不同的等第相拼。但這種各分兩小類，正像韻部的
可細分一樣，前提是在同一聲類下。這樣的結果，剛好與《集成》
〈凡例〉中所提到的合併是一樣的：「……但依《正韻》定例，五音
有半徵半商凡七音、清濁、三十六母、平仄一百四十四聲，內有角次
濁音與羽次濁音兩音聲相似，依《洪武正韻》併之，如『宜移』是
也。又徵次濁音與次商次濁音，兩音併之，如泥尼是也，今以應併者
併之，仍見母音切」。

第三，「非」與「敷」合併。

《集成》此二母總共才二十九個小韻首字，其合併比較簡單。
《集成》標為「非」母的有東韻、山韻、尤韻等三類，標為「敷」母
的有模韻、覃韻、陽韻、真韻、支韻等五類。但其實每一韻類中都是
二母的合併，我們稍分析如下：

非母：《集成》東韻和山韻二類的「非」母，均是由中古「非」、
「敷」二母的合口三等韻字合併而成；尤韻則是由中古「非」、「敷」
二母的開口三等韻字合併而成；

敷母：《集成》陽韻、真韻、模韻和支韻四類的「敷」母，均是
由中古「非」、「敷」二母的合口三等韻字合併而成；覃韻則是由中古
二母的開口三等韻字合併而成。

由上可見，《集成》已將中古的「非」、「敷」二母韻字完全合併
成一類，所標七音、清濁和助紐還有「非」、「敷」之分，只是保留了
舊韻的形式而已，其毛病如同「喻」、「疑」二母合併後的形式一樣。
實際上，章氏已經將「泥」與「娘」、「喻」與「疑」兩兩合併，只是
「仍見母音切」，沒有改動它們的切語與七音而已，這就容易導致在
分析聲類合併時出現混亂。為了能更清楚地看清《集成》在七音、清

濁、助紐及反切上的這一「新舊混同」的特點，我們在「小韻首字字表」裡，保留了這一面貌，沒有進行改動。

## (三)「知」組與「照」組的合併

《集成》對中古三十六母的合併，除以上三組外，還有知照二組的合併，即「知」與「照」、「徹」與「穿」和「澄」與「床」六母的合併，因其涉及較多的聲母，是《集成》聲類合併中較為複雜的一組合併，有的韻部此六母完全合併，有的部分合併，有的則知照兩組分立，因此，我們單獨討論。我們知道，中古知照二組是分成三系即知莊章三組，知組即知徹澄，莊組即照二：莊初崇生俟，章組即照三：章昌船書禪。《四聲韻譜》仍以照二、照三排列，照二只有照穿床審，照三比照二多出禪母，這樣禪母獨立一類，審母只有本身二、三等韻字的合併問題，而複雜的就是照穿床三母的二、三等韻與知組合併問題。因此，本文重點討論「知徹澄」與「照穿床」的合併，只有此二組韻字碰到與審母和禪母有關時才順便提及，因為《集成》本來就將禪母、審母各列一類的。

## 東韻

知與照、徹與穿、澄與床三組部分合併。聲類排列次序為：照徹母、審母、澄母、床母和禪母，具體是：

1. 知與照合併：

知母字有東合三：中竹竺築；鐘合三：塚塚埴鑷；

照母字有東合二：緘；東合三：終眾粥祝；鐘合三：鐘腫種燭；

2. 徹與穿合併：

徹母字有東合三：忡蠢蓄；鐘合三：蹱寵憃丁；

穿母字有東合三：充銃杶；鐘合三：沖幢觸；

3. 澄與床分立：

　　《集成》東韻目錄中澄與床分屬二十一、二十二兩類。其中：

　　澄母韻字主要來自中古東合三澄母字：蟲盅仲逐；鐘合三澄母字：重緟躅；床母字則來自中古東合三床母字：崇密；鐘合三床母字「贖」則併入禪母中。

## 支韻

　　韻部分兩類，知組與照組都與它們相拼。

　　知母字有支開三：徵置；之開三：知蜘智；脂開三上去：致鷙駤質；

　　徹母字有支開三、脂開三和之開三的全部徹母字和穿母字；

　　澄母字則只含有支開三、脂開三和之開三的澄母字；

　　照母字有支開三：支紙寘；脂開三：脂旨指至；之開三：之止志；脂開三知母平聲字：胝氐秪；之開二床母平聲字：茬；

　　穿母字有支開二：差嵯；之開二穿母上去聲：欻廁；

　　禪母字有兩類：

　　一類是助紐為神禪，來自中古去聲祭韻：誓逝；

　　一類是助紐為辰常，來自中古支開三床母上聲：舐揥；脂開；

　　三床母去聲：示諡；之開二床母上去聲：士仕事；之開三床母平聲：犛。

　　另外，中古之開三床母上聲韻字「俟騃」等歸入邪母字中。

　　筆者認為：如果《集成》支韻禪母的兩類反切沒有錯的話，那麼這所謂的禪母分兩類，當只是一種形式，因為「誓」與「侍」的反切上字均為「時」，怎能反切上字相同，卻分屬不同聲類呢？否則就「仍見母音切」導致的一種混亂，即將祭韻的誓字歸併到支韻後沒有改變「誓」，因為「誓」字釋為「元從祭韻，時制切……」，說明此字的韻部發生了轉移。

## 魚韻

知組與照組合二為一，較為整齊。雖然從助紐字可以看出聲母排列為：知、穿、審、澄和禪，但除審禪外，知與照、徹與穿、澄與床已分別併為一類，具體如下：

知母字有：魚合三：豬貯著；虞合三：株拄住；及照母字的魚合三：諸渚翥；虞合三：朱主注；

穿母字含有中古徹母字和穿母字的魚合三、虞合三的所有韻字；

澄母字也含有中古澄母字和床母字的魚合三、虞合三的所有韻字。

## 模韻：

知組和照組合二為一。具體如下：

知母字來自中古魚合二照母字的上去聲：阻詛作；

穿母字來自中古魚合二穿母字：初楚楚；虞合二照、穿母字：芻嫗菆；

審母字來自中古魚合二、虞合二的審母字：疏所數；

床母字來自中古魚合二床母字：鋤助；虞合二床母字：雛鶵。

## 灰韻

知組與照組合二為一。其排列次序是：知母、穿母、審母和澄母，具體如下：

知母字有支合三知母照母字：腄娷、挰惴；脂合三知母字：追轛；祭合三知母字：畷；

穿母字有支合三穿母字：吹炊；脂合三徹母穿母字：出推；祭合三穿母字：畷；

澄母字有支、脂合三澄母字：錘槌縋、椎槌墜；祭合三照母字：贅；支合三禪母平聲字併入澄母中：垂陲圖；

　　審母字有支合三、脂合二、脂合三審母字：祝、衰帥、水；祭合三審母字：稅說。

## 真韻

　　韻部可以細分為四類，知組與照組只與其中三類相拼，即與開口、合口和撮口相拼。

　　與開口相拼的是：知穿床；

　　與合口相拼次序都是：知穿澄；與開口相拼的是：知穿床；

　　與撮口相拼次序是：知穿澄。具體如下：

合口：知母字有真開三知、照母字：珍鎮窒、真軫震質；

　　穿母字有真開三徹、穿字：縝䠗趁、嗔叱；

　　澄母字有真開三澄母字：陳塵陣診秩；真開三床母字併入禪母中：神實；

開口：知、穿、床母字均為臻開二照母字：臻榛𧎢櫛、齔辿、榛；

撮口：知母字有諄合三知、照母字：屯肫絀、諄准稕；

　　穿母字有諄合三知、照母字：椿楯黜怵、春蠢出；

　　澄母字諄合三床母入聲字：術述；諄合三床母上去入三聲併入禪母中：脣盾順。

## 山韻

　　韻部分開合口兩類，知組與照組與開合口都有相拼，與開口相拼的次序是：穿床；與合口相拼的次序是：知穿床。具體如下：

開口：穿母字有山開二穿母字：獮剗鏟剎；

　　山開二審母字上聲：產滻簅撰；

　　刪開二徹、穿母字：鏟察；

　　床母字有：刪開二床母字：棧轏；山開二澄、床母字：綻袒、孱潺鏟；

精母字有：刪開二照母字：拃酢䈆；山開二知、照母字：醆瑢；
仙開三照母字：劀；

合口：知母字有：山合二知母字：窡；刪合二知、照母字：娷錣、跧
茁；

　　穿母字有：仙開二穿母字：劅剸；仙合二穿母字：篹；

　　床母字有：刪合二床母字：撰饌。

## 先韻

韻部分齊齒和撮口兩類，均有與知組或照組相拼。與齊齒相拼的
次序是照徹澄；與撮口相拼的次序是知穿澄。具體如下：

齊齒：照母字有：仙開三知、照母字：鱣展輾哲蜇、氈戰淅；

　　徹母字有：仙開三徹、穿母字：搌蒇徹撤、嘽燀掣；

　　澄母字有：仙開三澄母字：纏廛躔轍；仙開三床母字（僅入聲）
併入禪母中：舌；

撮口：知母字有：仙合二照母字：恮跧茁；仙合三知、照母字：轉傳
輟、專湍拙；

　　穿母字有：仙合三徹、穿母字：猭鷁、川穿釧；

　　澄母字有：仙合二床母字：撰饌僎籑；仙合三澄、床母字：傳椽
篆、船。

## 陽韻

韻部分四類，知照組與其中兩類相拼，與開口韻相拼的次序是：
照徹澄；與合口韻相拼的次序是：照穿床；具體如下：

開口：照母字有：陽開三知、照母字：張長帳著、章漳掌嶂障酌；

　　徹母字有：陽開三徹、穿母字：倀昶暢、昌倡敞唱綽；

　　澄母字有：陽開三澄母字：長場丈仗著；

合口：照母字有：江合二知、照母字：椿戇啄琢卓、捉斮；陽合三照

母字：莊妝裝壯；

　　穿母字有：江合二徹、穿母字：戇、踔啅；陽合三徹、穿母字：
創瘡、愴滄；

　　床母字有：江合二澄、床母字：**幢撞憧艟濯濁擢**、淙泥；陽開三
床母字：床狀斨。

## 庚韻

　　韻部分四類，知照組與其中兩類相拼，相拼的次序均為：照徹
澄。具體如下：

開口：照母字有：庚開二知、照母字：趙偵、窄嘖；耕開二知、照母
字：丁摘滴、爭箏諍責債幘；蒸開二照母字：側仄；

　　徹母字有：庚開二徹、穿母字：橕瞠坼拆、槍柵；耕開二徹、穿
母字：淨錚策冊；蒸開二穿母字：測惻；

　　澄母字有：庚開二、耕開二澄、床母字：澄盯根鋥宅翟、傖崢詐
咋齰齚；橙瞪踶適、淨瀆嘖；蒸開二床母字：礛崱茟；

齊齒：照母字有：清開三、蒸開三知、照母字：貞楨禎、正征整證拓
蹠炙；征陟稙、蒸拯職織；

　　徹母字有：清開三、蒸開三徹、穿母字：樫偵逞裎彳、尺；敕
飭、稱秤；

　　澄母字有：清開三澄、床母字：呈程鄭擲躑、射麝；蒸開三澄母
字：澄瞪直；

　　禪母字有：清開三和蒸開三禪母字：成城盛晟石、承丞實殖；蒸
開三床母字併入禪母中：繩乘勝剩食蝕。

　　類似魚、模、灰三韻合併情況將知組和照組合二為一的韻部還
有：蕭韻、爻韻、麻韻、遮韻、覃韻和鹽韻，以上有九個韻部是知照
合一，兩組字合併在一起的，其中，麻韻的麻合二照母字「苴」併入
精母中。類似支、真等韻，知照組分別與可以細分為若干類的韻部相

拼的還有尤韻、侵韻和皆韻，其中，皆韻中知照組與合口韻相拼的只有床母字，主要來自中古的皆合二澄、床母字和來自佳合二的澄母字。

綜上分析，知與照組的合併上，我們可以得出以下結論：

第一，莊組（即照二）與精組的聯繫已經疏遠。

正如李行傑（1994：19）所指出的「在上古語音系統中，中古的莊組字常與精組字互諧，經典異文和通假字也顯示出莊組與精組互通」那樣，《集成》雖然有支韻、山韻和麻韻三個韻部的幾個韻字（支韻兩個韻字屬照三）併入精組中，但相對於四萬多個韻字來說，這幾個韻字幾乎可以忽略，因此，從整體上來看，到了《集成》時代，莊組與精組已經相當疏遠了，基本已經分開。

第二，莊組字與章組字（即照三）還處於相對對立併存的狀態。

《集成》二十二個韻部中，有知照組韻字的共有十九個韻部，都有照二與照三沒有合併的現象存在。但不能說二者是完全對立的，有些韻部如支韻、陽韻、灰韻等少數韻部，有照二與照三合併的情況。因此，我們只能從總體上來說，照二與照三是相對對立的，尚未完全合併。李行傑（1994：23）「《韻學集成》『觸』下注：《中原雅音》音楚，『出』下注：《中原雅音》音杵。王文璧增注《中原音韻》『觸』下注：叶楚，『出』下注：叶杵，今姑從《中原雅音》及王文璧將兩小韻分屬〔u〕、〔iu〕兩韻類」。李先生（1994：24）還指出「蘭茂的《韻略易通》序於明正統壬戌（1442）年，比《中原音韻》晚一百多年。書中載早梅詩一首，代表二十聲母。其中枝、春、上三字，代表中古知莊章三系，似乎表明這三系已經完全合併。但是，正如三十六字母照二照三有別而統歸於照組一類一樣，枝、春、上三母似乎也是有區別的。只是像照二的〔tʃ〕與照三的〔tɕ〕一樣，早梅詩的枝、春、上似乎分為〔tʂ〕與〔tʃ〕兩類。〔tʃ〕的發音已由舌葉向舌尖靠近，與 tʂ 很相近，雖然歸為一類，在列字時還是把它們分開的。」從《集成》的照二與照三的關係來看，可以證明李先生這一段話的正

確性，從系聯的情況來看，應該說照二與照三已經完全歸為一類了，但從與韻部相拼的情況來看，確實是分開的，但助紐字是混置的。因此，我們認為李先生（1994：26-27）所指出的：「中古知莊章三系兩分完成於元代。元代的兩類，到明代開始合併為一類，至晚到清初即已完成。明代北音韻書的共同特點是，聲母在十九個與二十二個之間。最早把聲母歸納為二十個代表字的，是蘭茂的《韻略易通》，早梅詩中的枝、春、上三母，是中古知莊章三系的代表字，從字母上看，三系已完全合併。雖然在各韻列字時仍依《中原音韻》的原則分成兩類，但這兩類肯定已經十分接近，兩類之分，是歷史與方言的反映，同時，與韻母也有關係。」他同時在文末指出：「可以斷定，知照章三系從三分到二分，完成於元代，從二分到合一，完成於明末清初，與此同時，在不少方音中，依然存在著兩分現象。」這一結論也適用於《集成》。但這種相對對立，並沒有造成聲類的對立，從系聯的實際情況來看，它們無疑都屬照母，只是分別與不同的韻母相拼造成的，正如李新魁（1983[1]：63）所提到的那樣：「我們認為，照系和知系聲母的音值，在元代都是捲舌音〔tʂ〕等，照二組與照三組無別。在《蒙古字韻》和《中原音韻》分列的小韻中，知二莊與知三章是列為不同的小韻的，也就是說有對立的，這些字之所以對立，主要表現於韻母的不同。前者不帶〔i〕介音，後者帶〔i〕介音。支思韻中因為韻母都變為　（即〔ɿ〕和〔ʅ〕），沒有介音，所以莊組和章組也就沒有區別。」綜上兩種觀點，比《中原音韻》遲一百三十六年的《集成》的知照組的分合也應符合歷史發展的趨勢，照二與照三更應該是已經沒有區別了。因此，我們將照母（與知母合併後）擬音為〔tʂ〕。

　　第三，知組與照組已經合併。

　　從上述分析中，知組與照組的合併顯而易見：一方面，章氏在使用助紐時，已經把知母與照母（同等第）完全混同，同樣，徹與穿、

澄與床也完全混同；另一方面，從知組與照組與各韻類韻字的相拼來
看，除東韻、支韻等少數韻部各有一類知組與照組沒有「完全合併」
外，其他均完全合併在一起。床母的中古來源較為複雜，大多數是與
澄母合併，一部分併入禪母中，如東韻、支韻、真韻、先韻、庚韻等
的部分中古床母字，小部分併入邪母中，如支韻的之開三上聲字等。

　　綜上分析，知組照組的情況與系聯出來的結果是比較一致的，由
於《集成》已經取消等第的概念，中古知組與照二的合併，也就無法
體現出來，因此，此二組的三系九母（知徹澄、莊初崇、章昌船）到
了《集成》合併為一組三類：徹穿（丑類）、澄床（直類）、知照（陟
類），其擬音分別是：〔tʂ〕、〔tsʻ〕和〔dʐ〕。需要說明的一點是併入
其他聲類的少數中古床母字（如併入邪、禪母中）或照母字（併入精
母中）當屬個例，它們的讀音已經發生了改變且等同於所併入的聲類
的讀音了。至於《集成》將上述三組不標為同聲類的情況，也應當是
「仍見母音切」所造成的疏漏；另外，由於《集成》中徹穿二組的助
紐字已經混置，澄床、知照兩組的助紐也一樣是混置的，也即它們只
是一種形式上的分別，而無實質上的區別，如：東韻二十一、二十二
類的澄母和床母、支韻的徹母和穿母、先韻的知母和照母等，都應當
併為一類。

## 三　結論

　　從實際系聯中和以上對《集成》的聲類進行分析的結果，可以得
出以下幾個結論：

### （一）《集成》聲類數為三十個

　　其三十個聲類與中古三十六字母的對應關係，借鑒劉文錦
（1931）對《正韻》聲類的歸類，可以將其羅列如下：博類（幫）、

普類（滂）、蒲類（並）、莫類（明）、方類（非、敷）、符類（奉）、武類（微）、都類（端）、他類（透）、徒類（定）、奴類（泥、娘）、陟類（知、照）、丑類（徹、穿）、直類（澄、床）、古類（見）、苦類（溪）、渠類（群）、以類（喻、疑）、子類（精）、七類（清）、昨類（從）、蘇類（心）、徐類（邪）、所類（審）、時類（禪）、烏類（影）、呼類（曉）、胡類（匣）、力類（來）、而類（日）。

## （二）每一韻部前的小韻首字表具有韻圖的性質

筆者認為，《集成》在編纂過程中已具有韻圖的某些性質，這主要體現在每個韻部前所列的小韻首字表中。該表橫排按該韻部的聲序來排列，每一列自上而下依次是：聲序、七音、助紐、平聲小韻首字及反切、上聲小韻首字及反切、去聲小韻首字及反切、入聲小韻首字及反切，而且每一列都是平、上、去、入四聲相承（缺字除外）。與《韻鏡》的韻圖相比，就比韻圖少一個等第的說明（但多注了反切），其他都一樣。這樣，就便於我們對其小韻首字的字數和次序進行分析和統計。

## （三）七音、清濁和助紐統攝各聲類，一目了然

《集成》以七音、清濁和助紐統攝各聲類，使我們在進行聲類的初步分析中一目了然。由此也可看出《集成》仍有全濁聲母並、奉、定、澄（床）、群、從、匣等七個。次濁音聲母疑、喻、邪、娘、泥、明、微、禪等八個，其中，禪母標為次濁或次濁次音，其他次濁音聲母均標為次濁音。這一聲類的清濁劃分，與《四聲等子》卷首所列「七音綱目」（見表一）已經有較大的區別。「七音綱目」中，濁音聲母有八個，基本與《集成》相同，只是澄母、床母分立，仍屬「全濁」；疑母、泥母、娘母、明母、微母、喻母、來母和日母等八個聲母均屬「不清不濁」；而邪母、禪母則屬「半清半濁」。二者既有歸類

上的不同，又有聲類名稱上的不同，區別較大。

從整體上來說，《集成》的這一聲類劃分與《直音篇》卷首的「七音清濁三十六母反切定局」是一致的。略有區別的是《集成》中標注禪母為次濁音或次濁次音，但從《集成》清濁的標注整體來看，這樣標注應該是有錯的。那麼，到底是哪個標注為錯呢？我們將二十二個韻部中禪母的清濁標注羅列如下：

東韻：次商次濁音，助紐為神禪，只有上聲和入聲。

支韻：次商次濁次音，助紐為辰常；平、上、去三聲具備。

　　　次商次濁次音，助紐為神禪；只有去聲。

魚韻：次商次濁次音，助紐為辰常，平、上、去三聲具備。

灰韻：次商次濁韻，助紐為辰常，只有平聲和去聲。

真韻：次商次濁次音，助紐為辰常，平、上、去、入四聲具備。

　　　次商次濁次音，助紐為神禪，只有平、上、去三聲。

先韻：次商次濁音，助紐為神禪，平、上、去三聲具備。

蕭韻：次商次濁次音，助紐為神禪，平、上、去三聲具備。

遮韻：次商次濁次音，助紐為神禪，平、上、去三聲具備。

陽韻：次商次濁音，助紐為辰常，平、上、去、入四聲具備。

庚韻：次商次濁次音，助紐為神禪，分兩類。

尤韻：次商次濁次音，助紐為神禪，平、上、去三聲具備。

侵韻：次商次濁次音，助紐為神禪，平、上、去、入四聲具備。

鹽韻：次商次濁音，助紐為神禪，平、上、去、入四聲具備。

　　齊韻、模韻、皆韻、寒韻、山韻、爻韻、歌韻、麻韻、覃韻等九個韻部無禪母字。

以上有禪母字的十三個韻部中，其清濁標注是沒有規律的，大都標為「次商次濁次音」，只有東韻、先韻、灰韻、陽韻和鹽韻五個韻部標為「次商次濁音」。從《七音清濁三十六母反切定局》的排列來看，禪母的清濁是屬於「次商次濁次音」，從《集成》各韻部的目錄

所標注的七音清濁來看，只有商音中存在次清次音和次濁次音，其中，「娘」母字均標注為「次商次濁音」，這就與「禪」母所標注的「次商次濁音」完全相同，而不同聲母的發音應該是不相同的，如果「禪」母也標為「次商次濁音」的話，其發音就應該與「娘」母相同，也就是此二聲母是可以合併為一個聲母的，這顯然與《集成》的語言事實不符。所以我們判斷其標注肯定有誤，這個錯誤就是誤將「禪」母「次商次濁次音」的七音清濁筆誤成「次商次濁音」，這是一個很顯然的錯誤。今考《集成》中將「禪」母標注為「次商次濁音」的五個韻部中，東韻、先和灰韻均無標注為「次商次濁音」的「娘」母字，標注為「次商次濁音」的「禪」母字，均排列在標注為「次商濁音」的「澄」母字後；陽韻有兩類標注為「次商次濁音」的「娘」母字，「禪」母字接在「娘」母字之後；鹽韻有一類標注為「次商次濁音」的「娘」母字，緊接在標注為「次商濁音」的「澄」母字後。由此可以類推，章氏在排列小韻目錄時是按七音和清濁的一定順序來排列的，只是二者的次序略有不同而已，而章氏可能在排表時，就按「次商音」的清濁次序，誤把應標注為「次商次濁次音」的「禪」母字標為「次商次濁音」。而且章氏還把這種錯誤延續至正文中，這是很不該的。如：

　　東韻：𪉼：元從腫韻，時勇切，次商次濁音。

　　灰韻：誰：原從支韻，視隹切，次商次濁音。

　　當然，正文中的標注也有正確的，如：

　　先韻平聲：鋋：時連切，次商次濁次音。

　　陽韻平聲：常：元辰羊切，次商次濁次音。

　　鹽韻平聲：蟾：時占切，次商次濁次音。

　　從以上正確三例，我們可以進一步說明《集成》目錄中對於「禪」母清濁的標注是有錯誤的。由此可見，章氏在編纂《集成》時

是存在疏忽的，錯誤也是比較多的。這一點，我們也將在《總論》中
進行專門的分析。

## （四）「五音」與「七音」的對應關係

　　從《直音篇》〈總目〉中的「七音清濁三十六母反切定局」（詳見
表四）所標示的歸屬及《集成》實際韻目的標示來看，五音的唇、
舌、牙、齒、喉、半舌、半齒分別對應《集成》中七音的宮與次宮、
徵、角、商與次商、羽、半商、半徵；其中唇音幫組對應宮音、非組
對應次宮音，齒音精組對應商音、知照組對應次商音。但《集成》
〈凡例〉中「七音三十六母清濁切法」提及：「《玉篇》三十六母五音
撮要圖以影曉匣喻四母屬宮音，《韻會》以四母屬羽音……然此按
《玉篇》影曉二字正屬宮音，匣喻二字當依《韻會》屬羽音。《玉
篇》敷奉二字屬羽音，幫滂並明四字當依《韻會》屬宮音，非微二字
當屬宮音者恐差，若以舌抵齒較之，非微二字當屬徵音為是，故說見
於此。」《四庫全書總目》〈韻學集成十三卷〉提要也指出《集成》
「其分配五音，以影曉二母從《玉篇》舊圖屬宮，不從《韻會舉要》
屬羽；通喻二母從《韻會舉要》屬羽，不從《玉篇》圖屬宮；幫滂並
明四母從《玉篇》屬宮，不從《韻會舉要》屬羽；非敷二母則以舊
譜，均誤，屬宮而改為屬徵。」趙蔭棠（1957：142）也曾將其與
《玉篇》《古今韻會舉要》的聲母歸屬不同之處列表如下：

**表四**

| 玉篇 | 宮 | 音 | 羽 | 音 | 羽 | 音 |
|------|-----|-----|-----|-----|-----|-----|
| 韻會 | 羽 | 音 | 宮 | 音 | 宮 | 音 |
| 字母 | 影 曉 | 匣 喻 | 幫滂並明 | 敷 奉 | 非 微 |
| 集成 | 宮 音<br>（從玉篇） | 羽 音<br>（從韻會） | 宮 音<br>（從韻會） | 羽 音<br>（從玉篇） | 徵 音<br>（自酌） |

　　以上三說均與「七音清濁三十六母反切定局」及《集成》韻目的
實際歸類不符，主要體現在：一、「定局」所標，影喻曉匣四母均從
《韻會》屬羽，而非如二說的影曉二母屬宮；二、「定局」非敷二母
標為「次宮音」，而《韻會》將「非」母標為「次宮清音」，「敷」母
標為「次宮次清音」，可見《集成》還是從《韻會》屬宮音而非徵
音。因此，趙蔭棠（1957：142）批評其「對於七音之辨別，彷彿煞
有介事。其實這真是無聊的事！」是很中肯的。由上我們可以看出
《集成》與《韻會》的傳承關係。

## （五）《集成》三十個聲類對中古三十六母的歸併情況

　　其歸併主要體現在：徹穿（丑類）不分、澄床（直類）不分、非
敷（方類）不分、知照（陟類）不分、喻疑（以類）不分、泥娘（奴
類）不分。這一系聯的結果及其對三十六母的歸併，正好與《辨音纂
要》的對三十六母歸併的情況完全吻合，李無未（2003）認為
「《辨》承襲的是《洪武正韻》，其正音音系受《洪武正韻》影響很
深，應當把它歸入到《洪武正韻》一系韻書中」，他列出了《辨音纂
要》〈序〉中以《重複交互音》為題來說明歸併三十六字母起因的一
段文字：「尚論疑喻本一家，泥前娘後亦云賒。會同知照方為複，合
併非敷定不差。既有床兮澄可去，若存穿也徹休加。惟留三十為音
母，免使相重混似麻。」之後提到：「疑喻、泥娘、知照、非敷、床
澄、穿徹混而成一。由此，《辨》三十字母是：見溪群疑端透定泥幫
滂並明敷奉微精清從心邪照穿床審禪影曉匣來日」。從以上論述及李
先生對《辨音纂要》聲、韻、調的分析，我們更有理由認為，《集
成》三十六母的歸併是存在的，但它在「七音三十六母反切定局」一
表中並無法體現非敷合一、喻疑合一和泥娘合一的特點，只有通過反
切系聯之後，我們才能歸納出這一特點。而將此結論與「七音三十六
母反切定局」表相比較，則必然發現一個問題，那就是從嚴格意義上

來說，喻疑不分，泥娘不分，非敷不分，其七音、清濁和助紐應該是
相同（至少是極為相近）的，那麼，其位置為何會如此擺放呢？這是
亟待解決的重要的問題，但要解決這個問題，必須結合音系系統及與
《韻會》的比較之後才能完成，因為它直接決定了《集成》的聲類系
聯結果的正確與否，因此我們放到第四章來詳細論述。至於以上六類
聲類的歸併現象，我們也將在與其他韻書比較時（主要是第四、五
章）詳細論述。

# 第三節　《集成》韻部系統研究

## 一　韻部分類

《集成》分韻完全遵照《洪武正韻》，共二十二韻部，七十六
韻。韻類分割擺脫了四等的框架，基本上是四呼體系。李新魁
（1983[1]：228）認為「《韻學集成》本是一部韻書，但各部之前均列
有一韻圖總攝其字音。此書據《洪武正韻》併韻類為七十六韻，分為
二十二組：

| | | | | |
|---|---|---|---|---|
| 東董送屋 | 支紙寘 | 齊薺霽 | 魚語御 | 模姥暮 |
| 灰賄隊 | 皆解泰 | 真軫震質 | 寒旱翰曷 | 山產諫鎋 |
| 先銑霰屑 | 蕭篠嘯 | 爻巧效 | 歌哿箇 | 麻馬禡 |
| 遮者蔗 | 陽養漾藥 | 庚梗敬陌 | 尤有宥 | 侵寢沁緝 |
| 覃感勘合 | 鹽琰豔葉 | | | |

分組之後不再歸攝，入聲韻與陽聲韻相配，「每音平上去入四聲
連之」，韻類方面，反映的基本上是《洪武正韻》的系統。」在這二
十二組韻部中，平上去三聲各二十二個，入聲韻部十個，入聲韻全部

與陽聲韻相配。韻部排列依聲類不同而分列，聲類相同而韻分列二、三、四類的，依陳澧反切系聯的「分析條例」（詳見〈緒論〉），當為四呼不同而列。《正韻》、《集成》和《集要》三書的韻母都是二十二韻部，其最顯著的共同特點是都有平、上、去聲各二十二部，入聲十部，且仍保留入聲韻配陽聲韻；另外，二十二個韻部的名稱也基本相同。當然，這裡也涉及到個別韻字的平上去入對應關係略有不同，舉例說明見下表五：

## 表五

| 正韻 | 東董送屋 | 灰賄隊 | 山產諫轄 | 麻馬禡 | 遮者蔗 | 皆解泰 | 庚梗敬陌 |
|---|---|---|---|---|---|---|---|
| 集成 | 東董凍篤 | 灰賄誨 | 山產諫轄 | 麻馬禡 | 遮者蔗 | 皆解泰 | 庚梗更格 |
| 集要 | 東董凍篤 | 灰賄誨 | 山汕訕殺 | 瓜寡卦 | 嗟姐借 | 皆解戒 | 庚梗更格 |

表中顯示，《正韻》的韻部名稱與《廣韻》的韻部用字相同，看不出對《廣韻》韻類合併的實際情況，《集成》與《集要》的韻部名稱則都所有改變，而《集要》改變最大；所改變的這些韻字，看似只有字面上的不同，在韻部上沒有體現合併的情況，但這些改變至少以下三個方面體現出不同：第一是聲類的不同，如「灰賄隊」與「灰賄誨」都以灰韻字作韻部名稱，「誨」與「隊」一樣屬灰韻去聲，看不出韻部的合併概況，但「灰賄誨」屬中古曉母字，而「隊」則屬端母字，這就體現了它們聲類的合併；第二是韻部名稱的改變，則更多地體現在韻類的合併上，如「篤」屬中古冬韻入聲、「汕訕」屬刪韻去聲、「解」屬佳韻上聲、「泰」則屬獨立去聲韻、而「戒」屬皆韻去聲怪韻；第三是體現了對中古韻字不同等第的歸併情況，如「皆解戒」屬中古見母開口二等韻字，而「泰」則屬透母開口一等韻字，又如「庚梗更格」均屬見母開口二等韻字，而「敬」則屬見母開口三等韻字。由此可見「東董送篤」、「山汕訕殺」、「皆解泰」韻部名稱所體現出來

的對《廣韻》韻部合併的概況。但不管名稱的區別有多大，我們可以從其名稱看出《集成》與其他二者之間的傳承關係。經統計，《集成》共有小韻首字兩千五百七十一字，現將各韻字數統計如下：

**表六**

| 韻類 | 小韻首字數 | 韻類 | 小韻首字數 | 韻類 | 小韻首字數 |
|---|---|---|---|---|---|
| 東董送屋 | 132 | 支紙寘 | 73 | 齊薺霽 | 42 |
| 魚語御 | 60 | 模姥暮 | 76 | 灰賄隊 | 101 |
| 皆解泰 | 114 | 真軫震質 | 257 | 寒旱翰曷 | 94 |
| 山產諫轄 | 128 | 先銑霰屑 | 182 | 蕭篠嘯 | 74 |
| 爻巧效 | 100 | 歌哿箇 | 80 | 麻馬禡 | 69 |
| 遮者蔗 | 40 | 陽養漾藥 | 231 | 庚梗敬陌 | 256 |
| 尤有宥 | 133 | 侵寢沁緝 | 96 | 覃感勘合 | 139 |
| 鹽琰豔葉 | 94 | | | | |

我們在分析《集成》韻部的時候，主要依據以上小韻首字來分析，也參考了個別韻部小韻首字以下的韻字情況。特別是個別韻字混置情況的分析，就是將小韻首字所含的所有韻字與中古進行比較分析的。

## 二　韻部再細分的情況

對《集成》韻部的分析，目的有二：一是分析韻字歸併的中古來源，從而探索韻部是否可以再細分為若干類，同時也看出《集成》韻字歸併與中古的異同；二是通過韻部分析，來驗證聲類系聯的結論是否正確。採用的方法主要以韻部為單位，逐一分析其反切上字的聲類、反切下字的呼及等，其等第主要與中古韻進行比較。由於這一分析涉及大量的表格，為節省篇幅，表格統計以東韻平、上、去共九十

七韻為例，其他韻部的分析，表格從略（詳見下表）。

## 表七

《韻學集成》東韻反切上下字統計表（聲呼洪音，平聲）

| 小韻首字 | 公 | 空 | | | 東 | 通 | 同 | 農 | | | | | | 矼 | 蓬 | 蒙 | | | | |
|---|---|---|---|---|---|---|---|---|---|---|---|---|---|---|---|---|---|---|---|---|
| 反切 | 古紅 | 枯紅 | | | 德紅 | 他紅 | 徒紅 | 奴冬 | | | | | | 撲蒙 | 蒲紅 | 莫紅 | | | | |
| 反切上字 | 古 | 枯 | | | 德 | 他 | 徒 | 奴 | | | | | | 撲 | 蒲 | 莫 | | | | |
| 字母 | 見 | 溪 | 群 | 疑 | 端 | 透 | 定 | 泥 | 知 | 徹 | 澄 | 娘 | 幫 | 滂 | 並 | 明 | 非 | 敷 | 奉 | 微 |
| 反切下字 | 紅 | 紅 | | | 紅 | 紅 | 紅 | 冬 | | | | | | 蒙 | 紅 | 紅 | | | | |
| 等　一 | √ | √ | | | √ | √ | √ | √ | | | | | | √ | √ | √ | | | | |
| 等　二 | | | | | | | | | | | | | | | | | | | | |
| 等　三 | | | | | | | | | | | | | | | | | | | | |
| 等　四 | | | | | | | | | | | | | | | | | | | | |

| 小韻首字 | 宗 | 恩 | 叢 | | | | | | | | 烘 | 洪 | 翁 | | | |
|---|---|---|---|---|---|---|---|---|---|---|---|---|---|---|---|---|
| 反切 | 祖冬 | 倉紅 | 徂紅 | | | | | | | | 呼紅 | 胡公 | 烏紅 | | | |
| 反切上字 | 祖 | 倉 | 徂 | | | | | | | | 呼 | 胡 | 烏 | | | |
| 字母 | 精 | 清 | 從 | 心 | 邪 | 照 | 穿 | 床 | 審 | 禪 | 曉 | 匣 | 影 | 喻 | 來 | 日 |
| 反切下字 | 冬 | 紅 | 紅 | | | | | | | | 紅 | 公 | 紅 | | | |

| 等 | 一 | √ | √ | √ |  |  |  |  | √ | √ | √ |  |  |
|---|---|---|---|---|---|---|---|---|---|---|---|---|---|
|  | 二 |  |  |  |  |  |  |  |  |  |  |  |  |
|  | 三 |  |  |  |  |  |  |  |  |  |  |  |  |
|  | 四 |  |  |  |  |  |  |  |  |  |  |  |  |

### 《韻學集成》東韻反切上下字統計表（聲呼洪音，上聲）

| 小韻首字 | 頴 | 孔 |  |  | 董 | 統 | 動 | 顤 |  |  |  |  | 琫 |  | 埲 | 蠓 | 捧 |  |  |  |
|---|---|---|---|---|---|---|---|---|---|---|---|---|---|---|---|---|---|---|---|---|
| 反切 | 古孔 | 康董 |  |  | 多動 | 他總 | 徒總 | 乃董 |  |  |  |  | 邊孔 |  | 蒲蠓 | 毋揔 | 方孔 |  |  |  |
| 反切上字 | 古 | 康 |  |  | 多 | 他 | 徒 | 乃 |  |  |  |  | 邊 |  | 蒲 | 毋 | 方 |  |  |  |
| 字母 | 見 | 溪 | 群 | 疑 | 端 | 透 | 定 | 泥 | 知 | 徹 | 澄 | 娘 | 幫 | 滂 | 並 | 明 | 非 | 敷 | 奉 | 微 |
| 反切下字 | 孔 | 董 |  |  | 動 | 總 | 總 | 董 |  |  |  |  | 孔 |  | 蠓 | 揔 | 孔 |  |  |  |
| 等 一 | √ | √ |  |  | √ | √ | √ | √ |  |  |  |  | √ |  | √ | √ | √ |  |  |  |
| 等 二 |  |  |  |  |  |  |  |  |  |  |  |  |  |  |  |  |  |  |  |  |
| 等 三 |  |  |  |  |  |  |  |  |  |  |  |  |  |  |  |  |  |  |  |  |
| 等 四 |  |  |  |  |  |  |  |  |  |  |  |  |  |  |  |  |  |  |  |  |

| 小韻首字 | 總 |  |  |  |  |  |  |  |  |  | 嗊 | 澒 | 塕 |  | 籠 |  |
|---|---|---|---|---|---|---|---|---|---|---|---|---|---|---|---|---|
| 反切 | 作孔 |  |  |  |  |  |  |  |  |  | 虎孔 | 胡孔 | 烏孔 |  | 力董 |  |
| 反切上字 | 作 |  |  |  |  |  |  |  |  |  | 虎 | 胡 | 烏 |  | 力 |  |
| 字母 | 精 | 清 | 從 | 心 | 邪 | 照 | 穿 | 床 | 審 | 禪 | 曉 | 匣 | 影 | 喻 | 來 | 日 |
| 反切下字 | 孔 |  |  |  |  |  |  |  |  |  | 孔 | 孔 | 孔 |  | 董 |  |

| 等 | 　 |  |  |  |  |  |  |  |  |  |  |  |  |
|---|---|---|---|---|---|---|---|---|---|---|---|---|---|
| 　 | 一 | √ |  |  |  |  |  | √ | √ | √ |  | √ |  |
| 　 | 二 |  |  |  |  |  |  |  |  |  |  |  |  |
| 　 | 三 |  |  |  |  |  |  |  |  |  |  |  |  |
| 　 | 四 |  |  |  |  |  |  |  |  |  |  |  |  |

### 《韻學集成》東韻反切上下字統計表（聲呼洪音，去聲）

| 小韻首字 | 貢 | 控 |  | 凍 | 痛 | 洞 | 戇 |  |  |  |  |  |  |  | 槿 | 夢 |  |  | 鳳 |  |
|---|---|---|---|---|---|---|---|---|---|---|---|---|---|---|---|---|---|---|---|---|
| 反切 | 古送 | 苦貢 |  | 多貢 | 他貢 | 徒弄 | 奴凍 |  |  |  |  |  |  |  | 菩貢 | 莫弄 |  |  | 馮貢 |  |
| 反切上字 | 古 | 苦 |  | 多 | 他 | 徒 | 奴 |  |  |  |  |  |  |  | 菩 | 莫 |  |  | 馮 |  |
| 字母 | 見 | 溪 | 群 | 疑 | 端 | 透 | 定 | 泥 | 知 | 徹 | 澄 | 娘 | 幫 | 滂 | 並 | 明 | 非 | 敷 | 奉 | 微 |
| 反切下字 | 送 | 貢 |  |  | 貢 | 貢 | 弄 | 凍 |  |  |  |  |  |  | 貢 | 弄 |  |  | 貢 |  |
| 等　一 | √ | √ |  |  | √ | √ | √ | √ |  |  |  |  |  |  | √ | √ |  |  | √ |  |
| 　　二 |  |  |  |  |  |  |  |  |  |  |  |  |  |  |  |  |  |  |  |  |
| 　　三 |  |  |  |  |  |  |  |  |  |  |  |  |  |  |  |  |  |  |  |  |
| 　　四 |  |  |  |  |  |  |  |  |  |  |  |  |  |  |  |  |  |  |  |  |

| 小韻首字 | 糭 | 謥 | 嗽 | 送 |  |  |  |  |  |  | 烘 | 哄 | 甕 |  | 弄 |  |
|---|---|---|---|---|---|---|---|---|---|---|---|---|---|---|---|---|
| 反切 | 作弄 | 千弄 | 祖送 | 蘇弄 |  |  |  |  |  |  | 呼貢 | 胡貢 | 烏貢 |  | 盧貢 |  |
| 反切上字 | 作 | 千 | 祖 | 蘇 |  |  |  |  |  |  | 呼 | 胡 | 烏 |  | 盧 |  |
| 字母 | 精 | 清 | 從 | 心 | 邪 | 照 | 穿 | 床 | 審 | 禪 | 曉 | 匣 | 影 | 喻 | 來 | 日 |
| 反切下字 | 弄 | 弄 | 送 | 弄 |  |  |  |  |  |  | 貢 | 貢 | 貢 |  | 貢 |  |

| 等 | | | | | | | | | | | | | | | | |
|---|---|---|---|---|---|---|---|---|---|---|---|---|---|---|---|---|
| 一 | √ | √ | √ | √ | | | | √ | √ | √ | | √ | | | | |
| 二 | | | | | | | | | | | | | | | | |
| 三 | | | | | | | | | | | | | | | | |
| 四 | | | | | | | | | | | | | | | | |

### 《韻學集成》東韻反切上下字統計表（聲呼細音，平聲）

| | 見 | 溪 | 群 | 疑 | 端 | 透 | 定 | 泥 | 知 | 徹 | 澄 | 娘 | 幫 | 滂 | 並 | 明 | 非 | 敷 | 奉 | 微 |
|---|---|---|---|---|---|---|---|---|---|---|---|---|---|---|---|---|---|---|---|---|
| 小韻首字 | 弓 | 穹 | 窮 | | | | | | | 充 | 蟲 | 醲 | | | | | 風 | | 馮 | |
| 反切 | 居中 | 丘中 | 渠宮 | | | | | | | 昌中 | 持中 | 尼容 | | | | | 方中 | | 符中 | |
| 反切上字 | 居 | 丘 | 渠 | | | | | | | 昌 | 持 | 尼 | | | | | 方 | | 符 | |
| 字母 | 見 | 溪 | 群 | 疑 | 端 | 透 | 定 | 泥 | 知 | 徹 | 澄 | 娘 | 幫 | 滂 | 並 | 明 | 非 | 敷 | 奉 | 微 |
| 反切下字 | 中 | 中 | 宮 | | | | | | | 中 | 中 | 容 | | | | | 中 | | 中 | |
| 等 一 | | | | | | | | | | | | | | | | | | | | |
| 等 二 | | | | | | | | | | | | | | | | | | | | |
| 等 三 | √ | √ | √ | | | | | | | √ | √ | √ | | | | | √ | | √ | |
| 等 四 | | | | | | | | | | | | | | | | | | | | |

| | 精 | 清 | 從 | 心 | 邪 | 照 | 穿 | 床 | 審 | 禪 | 曉 | 匣 | 影 | 喻 | 喻 | 來 | 來 | 日 |
|---|---|---|---|---|---|---|---|---|---|---|---|---|---|---|---|---|---|---|
| 小韻首字 | | 從 | 淞 | 松 | 中 | | 崇 | 春 | | 胸 | 雄 | 邕 | 顒 | 融 | 龍 | 隆 | 戎 | |
| 反切 | | 牆容 | 息中 | 詳容 | 陟隆 | | 鉏中 | 書容 | | 許容 | 胡弓 | 於容 | 魚容 | 以中 | 盧容 | 良中 | 而中 | |
| 反切上字 | | 牆 | 息 | 詳 | 陟 | | 鉏 | 書 | | 許 | 胡 | 於 | 魚 | 以 | 盧 | 良 | 而 | |
| 字母 | 精 | 清 | 從 | 心 | 邪 | 照 | 穿 | 床 | 審 | 禪 | 曉 | 匣 | 影 | 喻 | 喻 | 來 | 來 | 日 |
| 反切下字 | | 容 | 中 | 容 | 隆 | | 中 | 容 | | 容 | 弓 | 容 | 容 | 中 | 容 | 中 | 中 | |

| 等 | 一 |  |  |  |  |  |  |  |  |  |  |  |  |  |  |  |  |  |  |  |  |
|---|---|---|---|---|---|---|---|---|---|---|---|---|---|---|---|---|---|---|---|---|---|
|  | 二 |  |  |  |  |  |  |  |  |  |  |  |  |  |  |  |  |  |  |  |  |  |
|  | 三 |  | √ | √ | √ | √ |  | √ | √ |  | √ | √ | √ | √ | √ | √ | √ | √ |  |  |  |
|  | 四 |  |  |  |  |  |  |  |  |  |  |  |  |  |  |  |  |  |  |  |  |  |

### 《韻學集成》東韻反切上下字統計表（聲呼細音，上聲）

| 小韻首字 | 拱 | 恐 | 洪 |  |  |  |  |  | 寵 | 重 |  |  |  |  |  |  |  |  | 奉 |  |
|---|---|---|---|---|---|---|---|---|---|---|---|---|---|---|---|---|---|---|---|---|
| 反切 | 居竦 | 丘隴 | 巨勇 |  |  |  |  |  | 丑勇 | 直隴 |  |  |  |  |  |  |  |  | 父勇 |  |
| 反切上字 | 居 | 丘 | 巨 |  |  |  |  |  | 丑 | 直 |  |  |  |  |  |  |  |  | 父 |  |
| 字母 | 見 | 溪 | 群 | 疑 | 端 | 透 | 定 | 泥 | 知 | 徹 | 澄 | 娘 | 幫 | 滂 | 並 | 明 | 非 | 敷 | 奉 | 微 |
| 反切下字 | 竦 | 隴 | 勇 |  |  |  |  |  | 勇 | 隴 |  |  |  |  |  |  |  |  | 勇 |  |
| 等 一 |  |  |  |  |  |  |  |  |  |  |  |  |  |  |  |  |  |  |  |  |
| 等 二 |  |  |  |  |  |  |  |  |  |  |  |  |  |  |  |  |  |  |  |  |
| 等 三 | √ | √ | √ |  |  |  |  |  | √ | √ |  |  |  |  |  |  |  |  | √ |  |
| 等 四 |  |  |  |  |  |  |  |  |  |  |  |  |  |  |  |  |  |  |  |  |

| 小韻首字 |  | 松 |  | 竦 |  | 腫 |  |  |  | 燻 | 凶 |  | 擁 | 勇 |  | 冘 |
|---|---|---|---|---|---|---|---|---|---|---|---|---|---|---|---|---|
| 反切 |  | 且勇 |  | 息勇 |  | 知隴 |  |  |  | 時勇 | 許拱 |  | 委勇 | 尹竦 |  | 而隴 |
| 反切上字 |  | 且 |  | 息 |  | 知 |  |  |  | 時 | 許 |  | 委 | 尹 |  | 而 |
| 字母 | 精 | 清 | 從 | 心 | 邪 | 照 | 穿 | 床 | 審 | 禪 | 曉 | 匣 | 影 | 喻 | 來 | 日 |
| 反切下字 |  | 勇 |  | 勇 |  | 隴 |  |  |  | 勇 | 拱 |  | 勇 | 竦 |  | 隴 |

| 等 | | | | | | | | | | | | |
|---|---|---|---|---|---|---|---|---|---|---|---|---|
| 一 | | | | | | | | | | | | |
| 二 | | | | | | | | | | | | |
| 三 | √ | | √ | | √ | | | √ | √ | | √ | √ | √ |
| 四 | | | | | | | | | | | | |

## 《韻學集成》東韻反切上下字統計表（聲呼細音，去聲）

| | 見 | 溪 | 群 | 疑 | 端 | 透 | 定 | 泥 | 知 | 徹 | 澄 | 娘 | 幫 | 滂 | 並 | 明 | 非 | 敷 | 奉 | 微 |
|---|---|---|---|---|---|---|---|---|---|---|---|---|---|---|---|---|---|---|---|---|
| 小韻首字 | 供 | 恐 | 共 | | | | | | | | 慫 | | | | | | 諷 | | | |
| 反切 | 居用 | 欺用 | 巨用 | | | | | | | | 丑用 | | | | | | 方鳳 | | | |
| 反切上字 | 居 | 欺 | 巨 | | | | | | | | 丑 | | | | | | 方 | | | |
| 字母 | 見 | 溪 | 群 | 疑 | 端 | 透 | 定 | 泥 | 知 | 徹 | 澄 | 娘 | 幫 | 滂 | 並 | 明 | 非 | 敷 | 奉 | 微 |
| 反切下字 | 用 | 用 | 用 | | | | | | | | 用 | | | | | | 鳳 | | | |
| 等 一 | | | | | | | | | | | | | | | | | | | | |
| 等 二 | | | | | | | | | | | | | | | | | | | | |
| 等 三 | √ | √ | √ | | | | | | | | √ | | | | | | √ | | | |
| 等 四 | | | | | | | | | | | | | | | | | | | | |

| | 精 | 清 | 從 | 心 | 邪 | 照 | 穿 | 床 | 審 | 禪 | 曉 | 匣 | 影 | 喻 | 來 | 日 | 喻 | 澄 |
|---|---|---|---|---|---|---|---|---|---|---|---|---|---|---|---|---|---|---|
| 小韻首字 | | | 從 | | 頌 | 眾 | | | | | 恟 | | 雍 | 用 | | 毪 | 岼 | 仲 |
| 反切 | | | 才用 | | 似用 | 之仲 | | | | | 許仲 | | 於用 | 余頌 | | 而用 | 牛仲 | 直眾 |
| 反切上字 | | | 才 | | 似 | 之 | | | | | 許 | | 於 | 余 | | 而 | 牛 | 直 |
| 字母 | 精 | 清 | 從 | 心 | 邪 | 照 | 穿 | 床 | 審 | 禪 | 曉 | 匣 | 影 | 喻 | 來 | 日 | 喻 | 澄 |
| 反切下字 | | | 用 | | 用 | 仲 | | | | | 仲 | | 用 | 頌 | | 用 | 仲 | 眾 |

| 等 | 一 | | | | | | | | | | | |
|---|---|---|---|---|---|---|---|---|---|---|---|---|
| | 二 | | | | | | | | | | | |
| | 三 | | √ | | √ | √ | | √ | | √ | √ | | √ | √ |
| | 四 | | | | | | | | | | | |

　　從以上表七的系列表格來看，《集成》的東韻較為簡單，其中古來源較有規律，其韻字主要來自中古的通攝東冬鐘三韻。見、溪、影、曉、匣、泥（娘）和來母各分兩類，其他各聲都為一類。分兩類的，一類來自中古的一等韻，另一類則來自中古的三等韻；這樣一來，東韻的兩類可分為洪音和細音兩類，來自中古一等韻的為洪音，三等韻的為細音。當然也有例外，如東韻第九類從母「叢弡族」三韻，中古均屬東韻從母合口一等韻字，「從從」平去二韻中古則屬東韻從母合口三等韻，章氏將其併為一類，屬洪音；第二十六類「籠弄祿」上去入三韻中古屬東韻來母合口一等韻字，「礱灤」等韻字屬冬韻來母合口一等韻，「龍朧壟」等韻字屬鐘韻來母合口三等韻字，「六陸僇」等韻字則屬東韻來母合口三等入聲韻字，章氏將合併為一類，屬細音；而第二十七類只收平聲韻「隆」，其含有韻字「隆窿窿龍」等則屬東韻來母合口三等平聲韻字，章氏將其獨立一類，亦放在細音中。筆者認為，章氏如此處理似有不妥之處，理由有三：第一，第二十六、二十七類的七音、助紐均相同，聲類系聯亦屬同一類；第二，正文釋「龍朧壟」中的「龍」為：「元從冬韻，盧容切……《中原雅音》收龍一字音隆。」「元從冬韻」當源從《韻會》，如此，則《韻會》（2000：36）就已標明「音與隆同」，而第二十七類「隆」韻的最後一個韻字就是「龍」，其釋為「《中原雅音》音隆，又見上盧容切」，這豈不是章氏亦已將其併為一類矣？第三，既已分立，當改切語，東韻中切語下字「容中」均見於細音中，從東韻的三十七類來分析，其他韻類都只能再細分為兩類，難道來母細音中還可再細分？另

外，明母的東鐘三、四等韻也都與一等韻合併排在洪音中；而精組字也都將三、四等與一、二等韻合併排在洪音中。當然，來母、明母和精組字較為特殊外，其他韻類的中古來源則有規律，具體如下：

洪音（開口呼）：東冬韻的合口一等韻字（除來母外）；明母東合三與東合一（蒙矇等）合併的韻字，如夢懵目穆等；精組所有三四等韻字，如㩻足從促粟等；非組東鐘合口三四等韻字，如風豐馮奉諷鳳福伏覆等。

細音（齊齒呼）：除明母、精組外東鐘合口三四等韻字，如弓穹戎凶甬玉仲共局肉竹等；東合一來母字，如籠攏弄鹿祿等。

筆者按統計東韻的上述表格，依次將二十二組韻部的中古來源都進行了列表（限於篇幅，其他表格略）分析，發現《集成》的聲類，實際上不是每一聲類都可再細分為二或三類，而只有奴類（泥、娘）和以類（喻、疑）兩類可以再各細分為兩類（詳見上文聲類分析）。以見母為例，從東韻的分析來看，聲母似可將其再細分為兩類：一類是與洪音相拼的「古類」，一類是與細音相拼的「居類」，但此假設是不能成立的，如歌韻見母，古居均與洪音相拼；寒韻見母，古既與洪音相拼，也與細音相拼。溪母也同樣，歌韻中苦丘均與洪音相拼，庚韻中丘既與洪音相拼、又與細音相拼，先韻中苦則與細音相拼。其他各聲類也是如此。這樣的現象不是個別，而是普遍的，因此，我們可以得出的結論是：《集成》的三十個聲類中只有兩個聲類可以再細分為二類，其他均不能再細分為二或三類；而不少韻類則可以再細分為二、三或四類。按陳澧（1984）反切系聯法的「分析條例」（詳見〈緒論〉）的規定，我們可以定出每韻的二、三、四類的情況。我們從《集成》目錄的韻圖來分析各韻類再細分為二類以上的韻部情況，可以清楚地看出除東韻外，還有十三個韻部可以再細分成若干類，其

中陽韻和庚韻可以再細分的最多，分別可以再細分為五類，而尤韻再細分的情況則較為整齊，六組聲母中均有韻部再細分的情況。這十三個韻部的再細分情況如下：

### 支韻

知照兩組在合併中，除開口洪細音分開外，其餘只分一類。如：

歸知母的有：中古支韻開口三等知母字：知智等；脂開三知母字：致；之開三知母字：徵置等。

歸照母的有：中古支韻開口三等照母字：支只紙寘等；脂開三知母字：胝氏痻等，脂開三照母字：脂旨至等；之開二母字：甾菑等；之開三照母字：之止志等。

### 皆韻

共分為三類：開口呼、合口呼和齊齒呼。主要體現在羽音（喉音）中，如第五類、第十七類、第三十二類，均標為羽清音，助紐為因煙；第六類、第十八類、第三十三類，均標為羽次清音，助紐為興軒；第七類、第十九類、第三十四類，均標為羽濁音，助紐為刑賢。其餘牙音、齒音等均只分兩類。這三組喉音字的中古來源分別如下：

開口呼的有：咍韻開一等：咍孩哀來等；海開一：海亥欬等；代開一：愛優儗等；泰開一：餀害奈等；

齊齒呼的有：佳韻開口二等：䁜娃鞋窪；蟹開二：蟹解嶰矮；卦開二：隘邂；皆開二：諧俙鞋；駭開二：挨駭；怪開二：械欸等；

合口呼的有：佳韻合口二等：䴏嘬；皆合二：嵓懷褢淮；怪合二：壞咶；蟹合二：扮夥；卦合二：罣詿；夬合二：餕喝餲等。

### 陽韻

《集成》陽韻的細分情況較為複雜。按目錄表所示，陽韻當可細

分為五類，主要體現在見組中，以見母為例，分別是：第一類，角清音，姜僵繈等；第十四類，角清音，岡剛罡肮杭等；第二十四類，角清音，江講降等；第三十七類，角清音，光胱廣桄等；第三十八類，角次清音（按：此處當為《集成》筆誤，本當注為角清音，依《韻會》案，誆鼍等字標注為「角清音」，而《集成》七音清濁全依《韻會》而定）。實際應當是五類。葉寶奎（2002：38）把《正韻》的陽韻平上去聲擬為三類（入聲也對應三類）：〔ɒŋ〕、〔iɒŋ〕和〔uɒŋ〕。葉先生認為：「開三陽（莊）變成合口洪音；合口三等陽（唇音）變開口洪音，喉牙音字變合口洪音；開口二等江，幫組字與一等唐混（邦幫，博旁切），知莊組變合口（霜雙，師莊切，瘡窗，初莊切），見組字韻母齶化與開口三等陽韻混（羌腔，驅羊切；疆姜江，居良切），個別字保持洪音：扛，居郎切。」筆者認為十分精確，今仍以見組為例，考《正韻》陽韻見組，只分為三類：姜類、岡類和光類。而依《集成》定例的《字學集要》（詳見第六章比較），陽韻見組也只分類：姜類、岡類和光類，分類完全與《正韻》相同。而且把《集成》陽韻的第二十四類江類併入岡類中，把誆類併入光類中，這兩個歸併都與《集成》的案語是相一致的。《集成》姜類下收「江玒」二字，並下案語：「元從江韻，古雙切，有一十三字，今《洪武正韻》分收江玒二字併音姜，餘字音岡，《中原音韻》江亦音薑」。同時也在江類下注云：「古雙切，角清音，共數字，今《洪武正韻》以江玒二字分併姜，餘字併音岡。見上注。《中原雅音》亦然分開。」不知為何《集成》還單列一江類呢？我們考證《集成》這五類韻字的中古來源，具體如下：

薑韻：主要來自中古陽韻開口三等韻；

江韻：主要來自中古江韻開口二等韻；

岡韻：主要來自中古唐韻開口一等韻：岡剛罡等，和中古江韻開口二等韻：扛矼豇茳等；

光韻：主要來自中古唐韻合口一等韻：光桄胱廣等；

誆韻：主要來自中古陽韻合口三等韻：誆軭等。

以上五類，《集成》分得很清楚，而且都有案語說明，也符合一定的規律，且具有一定的道理，但這樣分類就與《正韻》和《字學集要》這兩部與《集成》關係十分密切的韻書的小韻分類絕然不同！既然這三部韻書具有十分明顯的傳承關係，而為什麼唯獨作為中介的《集成》在小韻的再細分上卻與其他二書不同呢？筆者猜想，應該是方音的緣故。《正韻》由於是官書，可能採納讀音書更多些，也更概括些，而《集成》和《字學集要》更傾向於方音，《集成》兼收併蓄的多一點（詳見《總論》分析），而《集要》更傾向於吳語。只是這五類小韻，就相當於開口三類，合口有兩類，這樣一來，擬音也就相對複雜些。合口兩音較容易，都有介音，中古三等韻字當開口稍小些，擬為不圓唇後〔ɑ〕，合口一等韻字則開口度略大些，擬為圓唇後〔ɒ〕，此二音可擬為：〔uɑŋ〕、〔uɒŋ〕。開口三音中，從《集成》的分類和歸併來看，二三等韻均有介音，可擬為：〔iaŋ〕和〔iɑŋ〕；另一音是開口洪音〔aŋ〕。此外，影組字也可以細分為四類，除合口併為一類外，其他均與見母字同，不再贅言。關於陽韻的韻部再細分情況，我們要強調的是這四、五類中，均無撮口呼，這是陽韻與其他韻類不同之處。

## 庚韻

　　也分為五類，開、齊、合、撮四呼俱全。五類主要體現在見組中，仍以見母為例，分別在第一類，角清音：京景敬戟；第十八類，角清音：庚梗更格；第二十類，角清音：抯寂互減；第三十九類，角清音：扃憬臭等和第五十四類，角清音：觥肱礦虢。其中古來源也較有規律，具體如下：

登韻開口一等獨立一類，是開口洪音（開口呼，開口度最大，主要母音擬為〔e〕）：揯峘搄恒等；

庚韻開口二等和耕韻開口二等一類：開口洪音（開口呼，開口度比前一類稍小些，主要母音可擬為〔ɐ〕）：庚梗更耕庚峺等；

庚開三、蒸開三、青開四和清開四合併為一類，是開口細音（齊齒呼）：京景荆，兢，經剄，頸勁等；

庚合三、青合四和清合四併為一類，當為撮口呼：冋矎，扃熲，泂坰等；

登合一和庚合二併為一類，是合口呼：肱觥礦黆等。

庚韻再細分為若干類的聲類中，有四類以上的還有影組字，除合口只有一類外，其他大體與見組相同，也是四呼俱全，這裡不再細述。

## 真韻

真韻中可以再細分為四類的有見組和影組字，均四呼俱全。還是以見組見母韻字為例，其中古來源分別是：

痕開一獨立一類，為開口呼：根跟艮痕等；

真開三、真開四、欣開三和諄開三、諄開四合併為一類，為齊齒呼：巾緊靳，斤筋釿，螼㐃等；

魂合一獨立一類，為合口呼：昆鯤崑悃袞輥等；

真合三、真合四、文合三、諄合四併為一類，為撮口呼：麋麕昀詢，君軍窘菌皸，均鈞沟等。

## 尤韻

見組、影組、精組、幫組、端組和知（照）組均分兩類，是二十二個韻部中再細分較為整齊的一個韻部。可以分為開口呼和齊齒呼兩類。

## 山韻

　　見組、影組和知（照）組各分兩類，主要來自中古的山合二、刪合二韻字：鰥綸，關慣串等，這一類為合口呼；另一類為齊齒呼，主要來自中古的山開二：艱間簡柬等。

## 先韻

　　見組、影組、精組和知（照）組也各分兩類；分別是齊齒呼和撮口呼。

　　此外，寒韻、爻韻、歌韻、麻韻、覃韻等五個韻各均為見組和影組各分兩類。其中，寒韻的兩類是開口呼和合口呼，爻韻的兩類是開口呼和齊齒呼，歌韻的兩類是開口呼和合口呼，麻韻的兩類是合口呼和齊齒呼。覃韻的兩類是開口呼和齊齒呼。而麻韻稍特殊些，主要來自中古的二、三等韻，《集成》目錄中的韻圖明確顯示只有兩類，一類是齊齒呼，來自中古的麻開二所有韻字及麻合二照組字（苬傻諓等）、庚開二端母字（打）、戈開三群母字（伽茄）；一類是合口呼，來自中古麻韻合口二等韻字（除陟類，即知照組韻字外），如瓜寡瓦花華畫化等。群母三等韻字排在開口二等見組中，當表示群母三等韻字併入二等見組中，其讀音已跟著相應變化。否則，就拿前面聲類分析的例子來說，庚韻中蒸開三床母字併入禪母中的字有「繩乘勝剩食蝕」，而這些字的聲母當然就發生了改變而讀成禪母了，如果還是讀床母的話，那豈不「照穿床審禪」均屬同一聲類了？我們說麻韻稍特殊些，其特殊之處就在於麻合二照組字（主要是審母字）歸到齊齒呼。

　　而齊韻、魚韻、模韻、灰韻、蕭韻、遮韻、侵韻和鹽韻等八個韻部都只有一類，不能再細分為若干類，不再羅列。當然這二十二個韻部的韻字歸併的中古來源及其與《正韻》之間的分歧都是很複雜的，

由於它不是本文的重點且下文進行韻書比較時會涉及到。這裡不再贅言。

　　綜上看來，《集成》二十二個韻部中，可以再細分的十四個韻部中，見組字和影組字再細分為若干類的情況是最多、最活躍的，除支韻外，均有見組字和影組字的細分，這說明此二組聲母與韻母的拼合能力是較強的。除東韻外，我們分析韻部的細分主要以見組字為例，主要是便於各韻部的韻字比較和歸納，其中一個重要原則就是嚴格按照陳澧的反切系聯法中的分析條例來把握韻部再細分的尺度。但是反切系聯法並不能解決我們在分析中的所有現象或《集成》韻部中的一些特殊現象，這就得結合《集成》的實際情況進行具體分析。下面，我們就簡要說說如何結合具體實際來解決韻部再細分中特殊問題。

　　寧忌浮（2003：17）提到「研究《正韻》用什麼方法？前輩學者用反切系聯法。其具體操作程序，劉文錦有詳細說明：當取《正韻》反切上字依陳澧《切韻考》同用互用遞用可以相聯之例，試加綴系。顧有反切上字不相系聯而聲實同類者，以《正韻》於一字兩音者並不互注切語，故不能沿用陳氏系聯《切韻》聲類之變例。然考「正紐」四聲相承之字聲必同類。《正韻》部居雖與《廣韻》不同，而其四聲相承則一，故凡《廣韻》同紐四聲相承者，《正韻》亦必同紐四聲相承。今於《正韻》反切上字聲實同類，而因兩兩互用不能系聯者，即據此以證之。（如《正韻》反切上字奴乃二字本不系聯。然考《廣韻》侯韻『㜯奴鉤切』，有韻『𦗔𨰿奴豆切』，亦當同紐平上相承，故奴乃二字不系聯，實同一類也。」因而寧先生（2003：20）提到劉文錦「用反切系聯法研究《正韻》是很難成功。不能依賴反切。」這一問題的提出，為我們研究《集成》，解決《正韻》所存在的問題提供了行之有效的思路，即：有些韻部可以再細分為若干類。我們以寧先生所舉的例子為例進行分析：「於是，劉先生便把『徂、雛、鉏、鋤、叢、坐、茶、查』八個反切上字系聯在一起，歸入『昨類（即等

韻從母及床母四字澄母一字）』。用系聯法只能如此歸類。可是，把系聯結果還回《正韻》，就遇上了麻煩。請看東韻四個小韻：

　　崇：鉏中切　　從：牆容切　　叢：徂紅切　　蟲：持中切

> 「牆」字劉先生亦列入「昨類」，「鉏」、「牆」、「徂」可系聯。反切下字「中」、「容」可系聯。「崇鉏中切」和「從牆容切」同音，重出。若將「鉏」字歸「持類」，則「崇鉏中切」又與「蟲持中切」重出。

　　寧先生以上一段話是十分中肯的，《正韻》確實無法用系聯法進行聲類系聯，而《集成》依《正韻》定例，是否也存在同樣的問題？我們的回答是否定的，即《集成》的有些韻部可以再細分為若干類，因此即使反切上字可以系聯，反切下字同部，也會因韻部的再細分而避免韻字重出的可能。從前文的分析，我們知道東韻可以再細分為兩類：洪音（開口呼）和細音（齊齒呼）。今考《集成》「從牆容切」、「叢徂紅切」已併為從母洪音；雖然「蟲持中切」標屬床母，「崇鉏中切」標屬澄母，但從上文「知照組」合併分析來看，澄床排在知照組的韻字當已合併為一類，《集成》將其分為東韻二十一、二十二類，當為恪守「仍見母音切」之故，因而「蟲崇」二字當屬同聲同韻調。這樣一來，無論從聲韻分析角度還是從聲類系聯的角度來看，以上四字在《集成》中就不存在重韻或重出的問題。

## 三　開齊合撮四呼的情況

　　唐作藩（1991：174）認為：「〔y〕音的產生才標誌四呼的形成。十五世紀的《韻略易通》將《中原音韻》的魚模部析為居魚與呼模二部，表明居魚的韻母已不是《中原音韻》那樣讀〔iu〕，而已演變為〔y〕了……《等韻圖經》雖只分開口篇與合口篇，實際上已有四

呼……」從上文分析來看，《集成》有十四個韻部可以再細分為若干類，其中皆韻分為三類：開口呼、合口呼和齊齒呼；陽韻分四類：開口、合口和兩組細音；真韻、庚韻各分為四類：開齊合撮四呼俱全；它與《韻略易通》（1442）所處的年代相當，具備開齊合撮四呼不足為怪。李新魁（1984：483）指出：「現代的撮口呼韻母除了由原來陽聲韻的先天韻及真文韻的合口字變來的〔yan〕、〔yən〕及由原來陰聲韻的魚模韻變來的〔y〕外，還加上這個由原來入聲韻的覺、藥、薛、屑、月等韻變來的〔yɛ〕，合共是四個撮口呼韻母。」胡安順（2003：167）也認為：「關於四呼形成的時間，大體可以確定在明代初年。明初蘭茂的《韻略易通》（1442）將《中原音韻》中的『魚模』部分成了『居魚』、『呼模』兩部，可見其時〔y〕韻母和〔y〕介音已經出現。〔y〕韻母和〔y〕介音的出現，意味著開齊合撮四呼已經形成（中古的開口細音後來即叫作齊齒呼），只是尚未有其名而已。開齊合撮的名稱是清初潘耒正式提出來的，他在其《類音》中首次使用了這些名稱。」從《集成》具體韻部來看，二十二個韻部中，魚韻和模部各成一部，也是分為兩部，這一分法是對《正韻》的和盤承襲。而《正韻》成書於洪武八年（1375），應該說比《韻略易通》還早。寧忌浮（2003：159-160）就指出：「《中原音韻》魚虞、模三韻合一，立魚模部。《正韻》魚、虞合併立魚部，模韻獨立為模部，另將魚虞二韻之莊組非組字歸模部。魚虞與模分立，標明現代漢語〔y〕韻母的形成。前輩把〔y〕韻母產生時間定在十六世紀，例證有《字母切韻要法》、《西儒耳目資》、《類音》。今依《正韻》可將〔y〕韻母出現的時間提前至十四世紀。」因此，寧忌浮先生認為「其中，魚模分韻，是《正韻》對語音史的一個重要貢獻。」《集成》傳承了《正韻》的這一分法。只不過是在個別韻字的歸類上與《正韻》有所不同，如州、洲等字，《正韻》歸入魚韻中，並注為「古音」，而《集成》將其歸入尤韻中，可能是實際語音發生了變化。二者分韻相同，

說明《集成》也已經有〔y〕韻母了，何況《集成》成書時間比《韻略易通》還遲十來年。

　　《集成》二十二個韻部中，從上文韻部的細分情況分析，可以清楚看出，有撮口〔y〕的，除魚韻整個韻部的韻母都是〔y〕外，主要還有：真韻、庚韻和先韻等三個韻部，入聲覺與藥等在陽韻中，尚屬細音齊齒類，未演變成撮口呼，其他韻部的撮口韻與李新魁先生提到的基本一致。具體分析詳見上文的韻部再細分情況的分析。總之，《集成》共有四個韻部有撮口〔y〕韻，這一事實與《正韻》的情況是基本吻合的，據葉寶奎（2002：35-39）對《正韻》韻部細分情況的分析，《正韻》二十二個韻部中，有撮口呼〔y〕的，主要有魚韻、真韻、先韻、遮韻和庚韻五個韻部，比《集成》多出一個遮部。

## 四　「元從某韻」或「元某某切」考

　　《集成》的反切改動較大，可以說是對各個歷史時期的韻書注音成分的兼收併蓄，成複雜體系。但從書中的注音情況來看，這種兼收併蓄應當是以作者所要體現的某種音讀為前提的，這一點，可以從其釋字體例得到證明。如第四卷目錄下標「貸」字為他代切，正文釋為「《正韻》併音泰，他蓋切，舊從代韻，他代切……《中原雅音》音泰」；第十卷目錄下標「往」字為羽枉切，正文則釋為「《正韻》羽枉切，《集韻》於昉切，《中原雅音》餘廣切」。第十三卷目錄下標「談」為徒甘切，正文釋為「《正韻》徒監切，《集韻》併音覃韻，《韻會》徒甘切，音與覃同……《中原雅音》音覃，亦他南切。」《集成》對以上三字的注音是有選擇的，如「貸」字的注音採用的是「舊韻某某切」的反切，「往」字的注音採用的是《正韻》的反切，而「談」的注音則採用《韻會》的反切，這說明每卷目錄下標有的反切為《集成》所採用的反切，而正文的解釋則說明各種注音的來源，

而且一般是將《集成》的反切放在最前面，並標明其七音清濁（當
然，像以上三字的解釋方式是比較少的），筆者也是依此規律來確定
第七卷先韻、第十二卷侵韻等目錄下沒有標出反切的小韻首字的反
切。而《集成》注音的兼收併蓄，範圍是廣泛的，有的採用《廣韻》
的反切，如書中有五個小韻首字直接標明與《廣韻》的關係，這五個
韻字分別是：羞／才盍切，《廣韻》才盍切；哧／丘加切，《廣韻》丘
倨切；傝／私盍切，《廣韻》私盍切；淵／縈員切，《廣韻》烏玄切；
額／鄂格切，《廣韻》五陌切；其中羞、傝二字就與《廣韻》同切。
有的採用《集韻》的反切，書中共有婪、陊、喊、貪、怛、襦、鍺、
楊、探、往、怎、僭等十二個小韻首字直接標明與《集韻》的關係，
如婪／盧含切，《集韻》併音藍；陊／丁戈切，《集韻》杜果切等，其
中只有怎／子吽切與《集韻》同切。有的採用《正韻》的反切、有的
採用《中原雅音》的反切（例子詳見下文），有的則採用「舊韻」的
反切，如書中有九個小韻首字直接標明「舊韻」的反切，《集成》除
「牛」字外，均以此「舊韻」反切作為正切，這九字是：雄、危、
松、牛、涉、嶙、嘁、蠙、廣等。以其他韻書的反切為切語較易考
證，而以「舊韻」的切語為反切，考證起來可就不易了。那麼，「舊
韻」指的是什麼呢？我們來考證一下。

　　據寧忌浮（1997：1、45、47）的研究，《韻會》的韻例第七條中
所標注的「舊韻所載，考之《七音》，有一韻之字而分入數韻者，有數
韻字而併為一韻者」中的「舊韻，即指《禮部韻略》，並指出「《禮部
韻略》，初名《景祐韻略》，頒行於宋仁宗景祐四年（1037）……可惜
均亡佚。現在能見到的《禮部韻略》是私刻的《附釋文互注禮部韻
略》五卷……但從《附釋文互注禮部韻略》中仍能辨認出《禮部韻
略》的原貌來。如果排除『互注』和『附釋文』，再減去『新制』添
入字，然後補上宋英、神、哲、徽、欽、高、孝、光、寧、理宗，計
十個皇帝的名諱用字及其同音字，大概就與丁度等人的原著相差無

幾了。《附釋文互注禮部韻略》是研究《禮部韻略》的主要依據。」另外，寧先生（2003：25、27）還提到「《洪武正韻》是在《增修互注禮部韻略》的基礎上改併重編的。」他還提到七十六韻本《洪武正韻》中的「舊韻」「指的是《禮部韻略》和《增韻》。」王碩荃（2002：7、49）也提到「《古今韻會舉要》的底本可以說即是《禮部韻略》。《韻會》一書是在對《禮部韻略》增補、注釋、分併、類聚的基礎上形成的，從這層意義上說，《韻會》也是《禮部韻略》的一種修定本」，「《韻會》卷中常見到的『舊音』或『舊韻』，其所指稱的語音，正是前文所分析到的《韻會》所依照的《禮部韻略》的音系。這種《禮部韻略》本子，是尚未加入毛晃、毛居正父子的《增修互注禮部韻略》的，是尚未加入劉淵（這為王文鬱）的《平水韻》的，也就是說，這是《韻會》要修定的《禮部韻略》。」筆者認同以上觀點，即《韻會》中的「舊韻」指的就是《禮部韻略》，《正韻》中的「舊韻」指的是《禮部韻略》和《增修互注禮部韻略》（以下簡稱《增韻》）。但《集成》中所指的「舊韻」當指《韻會》，而不是《禮部韻略》，也不是《增韻》；《集成》所指的「元某某韻」也當指《韻會》的韻部。另一個與「舊韻」相似的表述「元某某切」，就複雜多了，詳見下文考證。

　　我們認為《集成》中的「舊韻」主要指《韻會》，理由有二：

　　第一，《集成》中各聲類七音清濁的體例來源於《韻會》，這一點，我們會在下一章詳細論述。

　　第二，《集成》小韻首字中有九個韻字明確標明「舊韻某某切」，據筆者考證，最有可能的當指《韻會》。而且「涉」字釋為「《廣韻》時攝切，《正韻》音攝，《韻會》實攝切，音與韘同。本從韘出之，因《中原雅音》各反之，今從舊韻。」從以上論述中可以看出「舊韻」主要指《韻會》。今考上述九個有標明「舊韻」反切的韻字，除「牛」字外，其七音清濁與切語均與《韻會》相同，不同的「牛」

字，《集成》釋為「舊韻魚求切，韻與尤同，《洪武正韻》《中原雅
音》皆併音尤」，而「尤」字釋為「於求切，角次濁音」。《韻會》則
釋「牛」字為「疑尤切，舊韻魚尤切」，釋「尤」為疑求切，角次濁
音，舊韻於求切」。雖然從以下比較來看，沒有一部韻書有與之相合
的切語，但就《集成》和《韻會》的釋語來看，其七音清濁是相同
的，均為「角次濁音」；另外，從二書的釋語來看，不同切語中的反
切上字「魚」、「疑」和「於」當屬同聲類，反切下字「尤」和「求」
也同韻，所以二者的區別當只是用字不同而已，而無聲韻區別。我們
將此九個韻字在不同韻書中的反切羅列如下：

| 韻字 | 《集成》 | 《禮部韻略》 | 《增韻》 | 《韻會》 | 《正韻》 |
|---|---|---|---|---|---|
| 雄 | 胡弓切 | 回弓切 | 以中切 | 胡弓切 | 胡容切 |
| 危 | 魚為切 | 虞為切 | 魚為切 | 魚為切 | 吾回切 |
| 松 | 詳容切 | 詳容切 | 詳容切 | 詳容切 | 息中切 |
| 牛 | 魚求切 | 魚尤切 | 魚尤切 | 疑尤切 | 於求切 |
| 涉 | 實攝切 | 實攝切 | 實攝切 | 實攝切 | 失涉切 |
| 嶭 | 牙葛切 | 牙葛切 | 牙葛切 | 牙葛切 | 牙八切 |
| 噦 | 一決切 | 無 | 於月切 | 於月切 | 一決切 |
| 蛢 | 滂丁切 | 普丁切 | 普丁切 | 滂丁切 | 披耕切 |
| 广 | 疑檢切 | 魚掩切 | 魚掩切 | 疑檢切 | 以冉切 |

「噦」字是到了《增韻》才增列的，有四讀：一讀在卷四去聲十
二「霽」（子計切）韻的「嘒」小韻中，切語為「呼惠切」，並注明
「音呼惠切，又泰廢月薛四韻重增」；一讀在卷四去聲十四「泰」（他
蓋切）韻的「譮」小韻中，切語為「呼外切」；一讀在卷四去聲 二十
「廢」（放吠切）韻的「喙」小韻中，切語為「許穢切」，也注明「亦
作噦，又泰霽月薛四韻」；一讀在卷五入聲十「月」（魚厥切）韻的

「曃」小韻中，切語為「於月切」，並注明「又霽泰廢薛四韻增入」。
《禮部韻略》沒有此字，它的反切採用的是《正韻》的反切，但《集
成》釋之為「一決切，舊韻於月切……《中原雅音》於也切」，《韻
會》的反切也與其所指的「舊韻」反切相同。

　　從以上的考證，我們有充分的理由認為：《集成》的「舊韻」當
主要指《韻會》。

　　有一值得關注的現象，即書中共錄有二百一十六字小韻首字，都
標明「元從某韻」或「元某某切」，而絕大多數的「元某某切」就是
《集成》的反切。這二百一十六字，能進一步證實《集成》的反切是
以兼收併蓄的方式來表示某種特定音讀而非對各種韻書反切的拼湊的
這一結論。為使分析更為清晰，我們將此二百一十六字按其在《集
成》中的小韻首字、韻調（為節省篇幅，韻類都是舉平以賅上去入）、
反切和「元某某韻」或「元某某切」的順序將其整理排列如下：

| | | | | | | | | |
|---|---|---|---|---|---|---|---|---|
| 宗 | 東平 | 祖冬 | 元冬韻 | | 赨 | 東上 | 時勇 | 元腫韻 |
| 淞 | 東平 | 息中 | 元冬韻 | | 癑 | 東上 | 乃董 | 元腫韻 |
| 邕 | 東平 | 於容 | 元冬韻 | | 奉 | 東上 | 父勇 | 元腫韻 |
| 醲 | 東平 | 尼容 | 元冬韻 | | 農 | 東平 | 奴冬 | 元奴冬切 |
| 龍 | 東平 | 盧容 | 元冬韻 | | 䱰 | 歌平子戈 | | 元戈韻子戈切 |
| 用 | 東去 | 餘頌 | 元宋韻 | | 北 | 庚入 | 必勒 | 元德韻博墨切 |
| 酷 | 東入 | 枯沃 | 元沃韻 | | 匐 | 庚入 | 步黑 | 元德韻步墨切 |
| 局 | 東入 | 渠六 | 元沃韻 | | 墨 | 庚入 | 密北 | 元德韻莫北切 |
| 篤 | 東入 | 都毒 | 元沃韻 | | 朋 | 庚平 | 蒲弘 | 元登韻 |
| 竦 | 東上 | 息勇 | 元腫韻 | | 崩 | 庚平 | 悲朋 | 元登韻悲朋切 |
| 頌 | 東去 | 似用 | 元宋韻 | | 弘 | 庚平 | 胡肱 | 元登韻胡肱切 |
| 續 | 東入 | 似足 | 元沃韻 | | 曹 | 庚平 | 彌登 | 元登韻彌登切 |
| 勇 | 東上 | 尹竦 | 元腫韻 | | 䰙 | 庚上 | 忙肯 | 元等韻 |

堋　庚去　逋鄧　元嶝韻　　　　初　模平　楚徂　元魚韻

懵　庚去　母亙　元嶝韻　　　　蔬　模平　山徂　元魚韻

凝　庚平　魚陵　元蒸韻　　　　鉏　模平　床魚　元魚韻床魚切

拯　庚平　居登　元蒸韻　　　　阻　模上　壯所　元語韻

殊　庚平　山矜　元蒸韻　　　　楚　模上　創祖　元語韻

繩　庚平　神陵　元蒸韻　　　　齟　模上　床呂　元語韻

兵　庚平　晡明　元蒸韻　　　　所　模上　疏五　元語韻疏舉切

冼　庚上　色拯　元拯韻　　　　詛　模去　莊助　元御韻

媵　庚去　以證　元證韻　　　　楚　模去　創故　元御韻

克　庚入　苦得　元職韻　　　　脛　庚去　刑定　元徑韻

芮　灰去　如稅　元祭韻　　　　馨　庚平　醯經　元青韻

毳　灰去　蚩瑞　元祭韻充芮切　形　庚平　奚經　元青韻

威　灰平　於非　元微韻　　　　令　庚平　離聖　元青韻

隗　灰上　於鬼　元尾韻　　　　劾　庚入　胡得　元職韻

魏　灰去　魚胃　元未韻　　　　側　庚入　劄色　元職韻

胃　灰去　於貴　元未韻　　　　色　庚入　所力　元職韻

葵　灰平　渠為　元支韻　　　　或　庚入　檴北　元職韻胡國切

危　灰平　魚為　元支韻　　　　營　庚平　餘傾　元餘傾切

為　灰平　於偽　元支韻　　　　退　灰去　吐內　元隊韻

維　灰平　以追　元支韻　　　　內　灰去　奴對　元隊韻

摧　灰平　尊綏　元支韻　　　　恢　灰平　枯回　元灰韻

雖　灰平　蘇回　元支韻　　　　狉　灰平　如佳　元支韻

隨　灰平　旬威　元支韻　　　　誰　灰平　視佳　元支韻視佳切

佳　灰平　朱惟　元支韻　　　　水　灰上　式軌　元紙韻

吹　灰平　昌垂　元支韻　　　　匱　灰去　具位　元寘韻

椎　灰平　直追　元支韻　　　　醉　灰去　將遂　元寘韻

畫　麻去　胡卦　元卦韻　　　　翠　灰去　七醉　元寘韻

| | | | | | | | | | |
|---|---|---|---|---|---|---|---|---|---|
| 衰 | 灰平 | 所追 | 元支韻所追切 | | 隗 | 灰上 | 五罪 | 元賄韻 | |
| 詭 | 灰上 | 古委 | 元紙韻 | | 瘣 | 灰上 | 戶賄 | 元賄韻 | |
| 跪 | 灰上 | 巨委 | 元紙韻 | | 浼 | 灰平 | 莫賄 | 元賄韻 | |
| 委 | 灰上 | 鄔毀 | 元紙韻 | | 歲 | 灰去 | 須銳 | 元祭韻 | |
| 觜 | 灰上 | 即委 | 元紙韻 | | 稅 | 灰去 | 輸芮 | 元祭韻 | |
| 髓 | 灰上 | 息委 | 元紙韻 | | 遂 | 灰去 | 徐醉 | 元寘韻 | |
| 猶 | 灰上 | 隨婢 | 元紙韻 | | 惴 | 灰去 | 之瑞 | 元寘韻 | |
| 捶 | 灰上 | 主蘂 | 元紙韻 | | 帥 | 灰去 | 所類 | 元寘韻 | |
| 揣 | 灰上 | 楚委 | 元紙韻 | | 墜 | 灰去 | 直類 | 元寘韻 | |
| 萃 | 灰去 | 秦醉 | 元寘韻 | | 瑞 | 灰去 | 殊偽 | 元寘韻 | |
| 助 | 模去 | 床祚 | 元御韻 | | 類 | 灰去 | 力遂 | 元寘韻 | |
| 疏 | 模去 | 所故 | 元御韻所據切 | | 慨 | 皆去 | 丘蓋 | 元代韻 | |
| 祚 | 模去 | 靖故 | 元遭素切 | | 愛 | 皆去 | 於蓋 | 元代韻 | |
| 寄 | 齊去 | 吉器 | 元寄韻吉器切 | | 瘥 | 皆去 | 楚懈 | 元卦韻 | |
| 離 | 齊平 | 鄰溪 | 元支韻 | | 戒 | 皆去 | 居拜 | 元怪韻 | |
| 你 | 齊上 | 乃禮 | 元紙韻 | | 鞂 | 皆去 | 口戒 | 元怪韻 | |
| 巳 | 齊上 | 居里 | 元紙韻居里切 | | 該 | 皆平 | 柯開 | 元哈韻 | |
| 起 | 齊上 | 墟里 | 元紙韻墟里切 | | 開 | 皆平 | 丘哀 | 元哈韻 | |
| 利 | 齊去 | 力至 | 元寘韻 | | 改 | 皆上 | 居亥 | 元海韻 | |
| 器 | 齊去 | 去異 | 元寘韻去異切 | | 愷 | 皆上 | 可亥 | 元海韻 | |
| 劇 | 庚入 | 竭系 | 元昔韻 | | 奈 | 皆去 | 乃帶 | 元乃帶切 | |
| 逆 | 庚入 | 宜戟 | 元昔韻 | | 餐 | 山平 | 千山 | 元寒韻 | |
| 闃 | 庚入 | 馨激 | 元錫韻 | | 粲 | 山去 | 倉晏 | 元翰韻 | |
| 索 | 庚入 | 山責 | 元山責切 | | 擦 | 山入 | 七煞 | 元曷韻 | |
| 煨 | 灰平 | 烏魁 | 元灰韻 | | 翻 | 山平 | 孚艱 | 元元韻 | |
| 回 | 灰平 | 胡傀 | 元灰韻 | | 販 | 山去 | 方諫 | 元願韻 | |
| 磈 | 灰上 | 苦猥 | 元賄韻 | | 晚 | 山上 | 武綰 | 元武遠切 | |

夾 覃入 古洽 元洽韻　　趨 魚平 逡須 元虞韻

鴨 覃入 乙甲 元洽韻　　柱 魚上 丈呂 元虞韻

緘 覃平 古咸 元咸韻　　摳 魚平 抽居 元虞韻舂朱切

鑒 覃去 古陷 元陷韻　　宛 先上 於阮 元阮韻

減 覃上 古斬 元豏韻　　軒 先平 虛延 元元韻

儋 覃平 都監 元都甘切　　言 先平 魚軒 元元韻

偃 先上 於幰 元阮韻　　撚 鹽入 奴協 元奴協切

獻 先去 曉見 元願韻　　拈 鹽平 奴兼 元奴兼切

勸 先去 區願 元願韻　　常 陽平 辰羊 元辰羊切

怨 先去 於願 元願韻　　葬 陽去 則浪 元宕韻

謁 先入 於歇 元月韻　　曠 陽去 苦謗 元宕韻

歇 先入 許竭 元月韻　　桄 陽去 古曠 元宕韻古曠切

厥 先入 居月 元月韻　　廣 陽上 古晃 元蕩韻

闕 先入 丘月 元月韻　　壙 陽上 苦廣 元蕩韻

掘 先入 其月 元月韻　　曩 陽上 乃黨 元蕩韻

衍 先去 延面 元延面切　　廓 陽入 苦郭 元鐸韻

元 先平 遇袁 元遇袁切　　雹 陽入 弼角 元覺韻

捉 陽入 側角 元覺韻　　觥 陽平 苦光 元唐韻

娖 陽入 測角 元覺韻　　汪 陽平 烏光 元唐韻

朔 陽入 色角 元覺韻　　囊 陽平 奴當 元唐韻

浞 陽入 鉏角 元覺韻　　羌 陽平 驅羊 元陽韻

搦 陽入 女角 元覺韻　　與 魚上 弋渚 元饗韻

高 爻平 姑勞 元豪韻　　垠 真平 五根 元魂韻

毛 爻上 莫襃 元豪韻　　仡 真入 魚乞 元迄韻

抱 爻上 蒲皓 元皓韻　　品 真上 丕敏 元寢韻

居 魚平 斤於 元魚韻　　勤 真平 渠斤 元殷韻

於 魚平 云俱 元虞韻　　欣 真平 許斤 元殷韻

蠦 真上 許謹 元隱韻　　　　握 陽入 乙角 元覺韻

稟 真上 必敏 元寢韻　　　　郎 陽平 魯堂 元陽韻

暄 先平 呼淵 元元韻　　　　誆 陽去 古況 元漾韻

健 先去 渠建 元願韻　　　　戄 陽入 古霍 元藥韻

慃 陽上 音項 元講韻烏項切　　躩 陽入 丘縛 元藥韻

博 陽入 伯各 元鐸韻　　　　各 陽入 葛鶴 元鐸韻葛鶴切

粕 陽入 匹各 元鐸韻　　　　肥 支平 符非 元微韻

峱 陽平 五江 元江韻　　　　霏 支平 芳微 元微韻

龐 陽平 女江 元江韻　　　　斐 支上 敷尾 元尾韻

邦 陽平 博旁 元江韻　　　　俳 支上 父尾 元父尾切

攮 陽上 匿講 元講韻　　　　費 支去 芳未 元未韻

棒 陽上 步項 元講韻　　　　扉 支去 父沸 元未韻

截 陽去 色絳 元絳韻　　　　誓 支去 時制 元祭韻

嶨 陽入 巨各 元覺韻　　　　世 支去 始制 元祭韻

　　通過上表，可以看出《集成》對「元從某韻」的合併情況，以
「慨愛瘶戒䚦該開改愷奈」等十字為例：「元從某韻」沿承的是《韻
會》的韻類系統，分屬代、卦、怪、咍、海等韻，如果舉平以賅上去
入的話，它們分屬蟹攝的佳、皆、咍三韻，而《集成》則併為皆韻一
類。由此，可以將上面這二百一十六個韻字對「元從某某韻」的合併
情況列為下表：

## 表八

| 集成韻部 | 含有《韻會》韻部 | 集成韻部 | 含有《韻會》韻部 | 集成韻部 | 含有《韻會》韻部 |
|---|---|---|---|---|---|
| 東 | 東、冬、鐘 | 模 | 魚 | 爻 | 豪 |
| 庚 | 清、青、蒸、登 | 齊 | 支 | 魚 | 魚、虞 |
| 灰 | 灰、祭、微、支 | 山 | 寒、元 | 真 | 魂、欣、侵 |
| 皆 | 佳、皆、咍 | 覃 | 咸、談 | 先 | 元、仙 |
| 歌 | 戈 | 鹽 | 添、嚴 | 支 | 微、祭 |
| 麻 | 佳 | 陽 | 唐、江、陽 | | |

　　當然，以上只是從小韻首字的情況歸納出來的，在實際韻字中，《集成》含有《韻會》韻部的範圍會更大些，如模韻，實際來自中古魚、虞、模三韻的一些韻字；灰韻，來自中古支、脂、微、灰、齊、泰、祭和廢韻的一些韻字；山韻來自中古的寒、山、刪和元韻；歌韻來自中古的歌、戈韻；爻韻來自中古的豪、肴韻；麻韻來自中古的麻、戈和庚；等等。不管它還含有哪些《韻會》韻部，有一點是肯定的，它主要依據《韻會》來合併韻部的，這些合併與我們對《韻會》韻部的統計分析是相吻合的。另外，我們說「元某某切」的情況比較複雜，在於我們無法準確確定這些「元某某切」究竟源自哪一本韻書，還是如《集成》序言所提到的「諸韻」的綜合？筆者經過大量的比較，還是不得而知，只能下個大體的結論：這些「元某某切」的切語，應該是《正韻》以前，主要是《韻會》及其以前韻書切語的一種兼收併蓄，而不是專門指哪一部韻書的反切。下面，就將筆者所查閱的注有「元某某切」的三十一個韻字在諸韻書中的切語列表比較如下：

## 表九

| 例字 | 集成 | 元某某切 | 廣韻 | 集韻 | 篇海類編 | 玉篇 | 禮部韻略 | 增韻 | 韻會 | 正韻 |
|---|---|---|---|---|---|---|---|---|---|---|
| 農 | 奴冬 | 奴冬 | 奴冬 | 奴冬 | 奴冬 | 奴冬 | 奴宗 | 奴宗 | 奴冬 | 奴宗 |
| 錢 | 子戈 | 子戈 | 子銓 | 缺 | 子又 | 子銓 | 缺 | 缺 | 缺 | 缺 |
| 北 | 必勒 | 博墨 | 博墨 | 必墨 | 博墨 | 補妹 | 必墨 | 必勒 | 必墨 | 必勒 |
| 匐 | 步黑 | 步墨 | 步墨 | 步木 | 步墨 | 步北 | 蒲墨 | 蒲墨 | 鼻墨 | 步黑 |
| 墨 | 密北 | 莫北 | 莫北 | 密北 | 莫北 | 缺 | 密北 | 密北 | 密北 | 密北 |
| 崩 | 悲朋 | 悲朋 | 悲朋 | 悲朋 | 悲朋 | 缺 | 缺 | 缺 | 悲朋 | 補耕 |
| 弘 | 胡肱 | 胡肱 | 胡肱 | 胡肱 | 胡肱 | 胡肱 | 胡肱 | 胡肱 | 胡肱 | 胡盲 |
| 或 | 樘北 | 胡國 | 胡國 | 獲北 | 胡國 | 胡國 | 獲北 | 獲北 | 獲北 | 獲北 |
| 營 | 餘傾 | 餘傾 | 餘傾 | 誰傾 | 餘傾 | 餘傾 | 維瓊 | 胡瓊 | 維傾 | 於平 |
| 毳 | 蚩瑞 | 充芮 | 此芮 | 充芮 | 蚩瑞 | 充芮 | 充芮 | 充芮 | 此芮 | 蚩瑞 |
| 誰 | 視隹 | 視隹 | 視隹 | 視隹 | 是錐 | 視隹 | 視隹 | 視隹 | 視隹 | 視隹 |
| 衰 | 所追 | 所追 | 所追 | 初危 | 桑何 | 先和 | 所追 | 所追 | 初危 | 所追 |
| 奈 | 乃帶 | 乃帶 | 奴帶 | 乃帶 | 乃帶 | 奴帶 | 乃帶 | 乃帶 | 乃帶 | 尼帶 |
| 鉏 | 床魚 | 床魚 | 士魚 | 床魚 | 床濁 | 仕湢 | 床魚 | 床魚 | 床魚 | 叢租 |
| 所 | 疏五 | 疏舉 | 疏舉 | 爽阻 | 疏五 | 師呂 | 疏舉 | 疏舉 | 爽阻 | 疏五 |
| 疏 | 所故 | 所據 | 所去 | 所據 | 所湢 | 所湢 | 所據 | 所據 | 所據 | 所故 |
| 己 | 居里 | 居里 | 居理 | 口起 | 居里 | 居里 | 居里 | 居里 | 苟起 | 居里 |
| 起 | 墟里 | 墟里 | 墟里 | 口已 | 墟里 | 丘紀 | 墟里 | 墟里 | 口已 | 墟里 |
| 器 | 去異 | 去異 | 去冀 | 去異 | 祛記 | 祛冀 | 去冀 | 去冀 | 去冀 | 去冀 |
| 晚 | 武綰 | 武遠 | 無遠 | 武遠 | 武綰 | 莫遠 | 武遠 | 武遠 | 武遠 | 武綰 |
| 儋 | 都監 | 都甘 | 都甘 | 都甘 | 都甘 | 丁含 | 都甘 | 都甘 | 都甘 | 都監 |
| 衍 | 延面 | 延面 | 以淺 | 延面 | 以淺 | 以淺 | 延面 | 延面 | 延面 | 以淺 |
| 元 | 遇袁 | 遇袁 | 愚袁 | 遇袁 | 愚袁 | 魚袁 | 愚袁 | 愚袁 | 愚袁 | 於權 |

| 例字 | 集成 | 元某某切 | 廣韻 | 集韻 | 篇海類編 | 玉篇 | 禮部韻略 | 增韻 | 韻會 | 正韻 |
|---|---|---|---|---|---|---|---|---|---|---|
| 撚 | 奴協 | 奴協 | 奴協 | 諾葉 | 奴協 | 奴協 | 諾協 | 奴協 | 諾協 | 尼輒 |
| 拈 | 奴兼 | 奴兼 | 奴兼 | 章貶 | 奴廉 | 乃兼 | 奴廉 | 奴兼 | 奴兼 | 尼欠 |
| 常 | 辰羊 | 辰羊 | 市羊 | 辰羊 | 辰羊 | 市羊 | 辰羊 | 辰羊 | 辰羊 | 陳羊 |
| 桄 | 古曠 | 古曠 | 古曠 | 古曠 | 古曠 | 古曠 | 缺 | 缺 | 缺 | 缺 |
| 各 | 葛鶴 | 葛鶴 | 古落 | 剛鶴 | 古落 | 古落 | 葛鶴 | 葛鶴 | 葛鶴 | 葛鶴 |
| 慃 | 音項 | 烏項 | 烏項 | 鄔項 | 烏項 | 烏項 | 缺 | 缺 | 缺 | 缺 |
| 樞 | 抽居 | 春朱 | 昌朱 | 春朱 | 抽居 | 昌朱 | 春朱 | 春朱 | 春朱 | 抽居 |
| 陫 | 父尾 | 父尾 | 符沸 | 父尾 | 蒲枚 | 符鬼 | 父尾 | 無匪 | 父尾 | 無匪 |
| 薹 | 彌登 | 彌登 | 武登 | 彌登 | 彌登 | 謨中 | 眉登 | 眉登 | 彌登 | 眉庚 |
| 寄 | 吉器 | 吉器 | 居義 | 居義 | 吉器 | 居義 | 居義 | 居義 | 居義 | 吉器 |
| 胙 | 靖故 | 遭素 | 昨誤 | 存故 | 靖故 | 才故 | 存故 | 存故 | 存故 | 靖故 |

由上表，我們可以看出：《集成》中這標有「元某某切」的三十一個小韻首字，切語與《廣韻》、《禮部韻略》相同的有十七個，與《集韻》、《增韻》、《篇海類編》相同的各有十八個，與《玉篇》相同的十個，與《韻會》相同的十六個，與《正韻》相同的十七個，可見這些反切都不是單一來自以上諸韻書的某一部韻書，但除「餸」字無法從以上的韻書的反切中找到相同切語外，其他都可以找到相同切語，這說明《集成》是在對各種韻書進行綜合的基礎上，根據實際語音的需要，兼收併蓄的結果。當然，對於徐博在《集成》序言中提到章氏「搜閱《三蒼》、《爾雅》、《字說》、《字林》、《韻集》、《韻略》、《說文》、《玉篇》、《廣韻》、《韻會》、《聲韻》、《聲譜》、《雅音》諸家書」，筆者也都進行了粗略的檢索，尚無發現有哪一部韻書的切語更能吻合。而就以上三十一個字的反切來說，《集成》切語與《篇海類編》的相同的最多，有十九個，《正韻》次之，相同的有十七個，再

次是《集韻》、《增韻》各十四個，第四是《禮部韻略》和《韻會》各十三個。由上面兩個方面的分析可見，《集成》與《正韻》還是有距離的，並非只是簡單的模仿和抄襲，這也進一步說明《集成》有對《正韻》進行修正和發展的地方。

　　因此，《集成》的反切是兼收併蓄，有所揚棄的。《韻學集成》〈凡例〉提及：「古之篇韻，翻切繁舛，不能歸一。昔韓道昭改併《五音篇海》，既按『七音三十六母』。元有假音反切者，傳而不改正之，如『煸披礜模』四字屬宮音之清濁也，以『煸』字作方間切，『披』字作敷羈切，『礜』字作扶真切，『模』字作亡胡切，乃『方敷扶亡』四字是次宮音也，故借音互用，豈能翻之已。上『方敷扶亡』四字宜改作『邦鋪蒲芒』，為毋反切之正得。『煸披啓模』四字乃是今韻，以正切篇、以直音無音者，亦以正切定之，斯為順矣……每韻目錄以領音之字逐一布定音切聲號……字有多音者以他音切一一次第注之。」查《集成》煸：逋還切；披：普弭切；礜：毗賓切；模：莫胡切。四字的反切上字「逋普毗莫」剛好分別與「邦鋪蒲芒」同聲類，這說明作者在韻字的反切上確實作了改併。

# 第四節　《集成》聲調

　　《集成》的聲調系統較為簡單，分為平、上、去、入四聲；平聲不分陰陽，只有一調；存在九個全濁聲母，且全濁聲母的四聲併存，濁上並未歸去。十個入聲韻部是屋質曷轄屑藥陌緝合葉。下面，我們主要從以下兩個方面作簡單分析：

## 一　關於平上去入四聲的問題

　　《集成》二十二個韻部中，只有平、上、去三聲的有十二個韻

部，分別是：支、齊、魚、模、灰、皆、蕭、爻、歌、麻、遮和尤韻等十二個，都為陰聲韻；入聲十個韻部均配入陽聲韻，分別是東、真、寒、山、先、陽、庚、侵、覃和鹽韻等十韻。兩千五百七十一個小韻首字中，平聲韻字七百六十個，上聲韻六百七十八字，去聲韻字七百一十個，入聲韻字四百二十三個。平聲古清、濁聲母不分陰陽，只有一調。而且七百六十個平聲字無一例外地都用平聲字作切。如：宗：祖冬切，波：補禾切，征：諸成切，寒：何干切，吹：昌垂切，等等。這說明《集成》平聲自成一調，與上、去、入三聲分別劃然，入聲韻字也獨自成一調，並未派入平、上、去三聲中。這與《集成》所載的《中原雅音》的資料是很不一樣的。據邵榮芬（1981：75-81）研究，《中原雅音》是沒有入聲韻的，入聲消失，全部變入舒聲，而且全濁上聲已經變同去聲了。這是我們研究《集成》音系值得關注的一個問題。為更好說明入聲調問題，我們不妨將《集成》的十個入聲韻部與《正韻》和《集要》的入聲韻部稍作比較。

同為二十二個韻部，《集成》入聲十個韻部與《正韻》的十個入聲韻部的名稱完全一樣，與《集要》則有較大的不同，我們將其列成表十，比較如下（表十）。表中我們似乎可以說《集成》與《正韻》的入聲韻是一樣的，而《集要》則有較大的不同，如篤、殺、格和遝等。實際上三者在歸字上都有些不同。

**表十**

| | | | | | | | | | | |
|---|---|---|---|---|---|---|---|---|---|---|
| **《集成》** | 屋 | 質 | 曷 | 轄 | 屑 | 藥 | 陌 | 緝 | 合 | 葉 |
| **《正韻》** | 屋 | 質 | 曷 | 轄 | 屑 | 藥 | 陌 | 緝 | 合 | 葉 |
| **《集要》** | 篤 | 質 | 曷 | 殺 | 屑 | 藥 | 格 | 緝 | 遝 | 葉 |

我們以屋韻為例，《集成》屋韻分三十五類、《正韻》分三十七類、《集要》則分三十二類，我們將其列出比較如下（「○」表缺字）：

　　集成：縠酷屋熇斛蹙蔟速族續粥麹局鬱畜育玉祝柷叔逐孰肉朒祿
　　　　　篤禿牘侷蜀撲僕木福伏○○○

　　正韻：縠酷屋穀熇蹙蔟速族續粥麹局鬱畜育玉祝柷叔逐孰肉朒祿
　　　　　篤禿牘○蜀撲僕木福伏足縮夙

　　集要：縠酷屋熇斛蹙蔟速族○粥麹局鬱畜育玉祝柷叔逐○肉○祿
　　　　　篤禿牘侷蜀撲僕木福伏○○○

屋韻中，《正韻》聲類數最多，比《集成》多出兩個。在排序上，《集成》、《集要》雖都遵循《正韻》的排列次序，但各有增減。《集成》較《正韻》少了四類：穀、足、縮和夙類，而多出斛和侷兩類；次序遵循《正韻》。《集要》較《正韻》缺少七類：穀、續、孰、朒、足、縮和夙類；多出斛和侷兩類，多出的類別與《集成》相同。《集要》較《集成》少了續、孰、朒三類，次序則完全依據《集成》。 我們將這些增減聲類的中古地位作個羅列：「續」在中古屬鐘韻合口四等邪母，「穀」屬東韻合口一等見母，「孰」屬東韻合口三等禪母，「朒」屬東韻合口三等娘母，「足」屬鐘韻合口四等精母，「縮」屬東韻合口二等審母，「夙」屬東韻合口四等心母；「斛」在中古屬東韻合口一等匣母，「侷」屬冬韻合口一等泥母。而在《集成》中，「縠」、「穀」同在見母中；「足」、「蹙」同在精母中；「速」、「夙」同在心母中；「叔」、「縮」同在審母中。而「斛」屬匣母；「侷」屬泥母。此二韻中，《正韻》無「侷」韻，而「斛」韻屬「縠」韻。可見其三十五類是對《正韻》三十七類的合併，韻字並無缺少。不管其聲類差別多大，由上述可見三部韻書的入聲韻部都是存在的，沒有派入平、上、去三聲中，而且每個韻部的韻字還存在一定的區別。當然，入聲韻部較簡單，這裡只是簡要列舉一例，平上去三調的韻類中也都存在著區別，不再贅言。

## 二　關於濁上是否歸去的問題

從上文的聲母分析可以知道，《集成》有全濁聲母七個：群母、匣母、從母、澄（床）母、定母、並母和奉母；有次濁聲母五個：疑（喻）母、邪母、泥（娘）母、明母和微母和一個次濁次聲母：禪母。而且《集成》大量引用《雅音》的材料來釋字，而《雅音》的聲調，據邵榮芬（1981：84）研究，已經濁上歸去，而且入聲已經消失。但《集成》卻存在入聲韻，也存在全濁上聲韻，據寧忌浮（2003：120-125）統計，在七十八個常見的古全濁上聲字中，《正韻》上去兩讀的有四十二個，有三十四個仍讀上聲。那麼，《集成》的上聲韻是否也有類似情況呢？我們也以寧先生所列舉的這七十八個全濁上聲字為例進行簡要的比較如表十一。

從下表分析得出（「＋」表示有此調，「－」表示沒有），以上七十八個中古上聲韻字，《集成》上、去兩讀的只有四十個，只有上聲沒有去聲的有三十八個，而注明《雅音》讀去聲的將近五十個。由此可見《集成》保留全濁上聲韻的情況與《正韻》很接近，也出現了全濁上聲韻字上去兩讀的現象，因此，雖然《集成》還存在著全濁上聲韻字，但也已出現了濁上歸去的痕跡，只是上聲字基本還保留，存在著上去兩讀的狀態，因此這種變化還比較少。

## 表十一

| 音類 | 韻字 | 上 | 去 | 音類 | 韻字 | 上 | 去 | 音類 | 韻字 | 上 | 去 | 音類 | 韻字 | 上 | 去 |
|---|---|---|---|---|---|---|---|---|---|---|---|---|---|---|---|
| 並講 | 棒 | + | + | 混 | 盾 | + | − | 海 | 在 | + | + | 養 | 上 | + | + |
| 紙 | 被 | + | + | 旱 | 但 | + | + | 賄 | 罪 | + | − | 有 | 受 | + | − |
| 姥 | 部 | + | + | 緩 | 斷 | + | + | 軫 | 盡 | + | + | 匣講 | 項 | + | − |
| 海 | 倍 | + | + | 皓 | 道 | + | + | 獼 | 踐 | + | − | 姥 | 戶 | + | + |
| 混 | 笨 | + | − | 哿 | 舵 | + | − | 皓 | 皂 | + | − | 蟹 | 蟹 | + | + |
| 緩 | 伴 | + | + | 果 | 惰 | + | + | 果 | 坐 | + | + | 賄 | 匯 | + | + |
| 銑 | 辮 | + | − | 蕩 | 蕩 | + | + | 靜 | 靜 | + | + | 混 | 混 | + | − |
| 獼 | 辯 | + | + | 澄腫 | 重 | + | + | 琰 | 漸 | + | − | 很 | 很 | + | + |
| 皓 | 抱 | + | + | 夔 | 柱 | + | − | 邪止 | 似 | + | − | 旱 | 旱 | + | + |
| 果 | 爸 | + | − | 獼 | 篆 | + | − | 語 | 敘 | + | − | 緩 | 緩 | + | − |
| 迴 | 並 | + | + | 小 | 趙 | + | + | 養 | 像 | + | − | 產 | 限 | + | + |
| 奉腫 | 奉 | + | + | 養 | 丈 | + | − | 床止 | 士 | + | + | 果 | 禍 | + | − |
| 夔 | 父 | + | + | 群紙 | 技 | + | + | 產 | 棧 | + | + | 馬 | 下 | + | + |
| 吻 | 憤 | + | + | 紙 | 跪 | + | − | 禪紙 | 是 | + | + | 蕩 | 晃 | + | − |
| 有 | 婦 | − | + | 語 | 巨 | + | − | 止 | 市 | + | + | 梗 | 杏 | + | + |
| 範 | 範 | + | − | 隱 | 近 | + | + | 夔 | 豎 | + | − | 耿 | 幸 | + | − |

| 音類 | 韻字 | 集成音調 上 | 集成音調 去 | 音類 | 韻字 | 集成音調 上 | 集成音調 去 | 音類 | 韻字 | 集成音調 上 | 集成音調 去 | 音類 | 韻字 | 集成聲調 上 | 集成聲調 去 |
|---|---|---|---|---|---|---|---|---|---|---|---|---|---|---|---|
| 定董 | 動 | ＋ | ＋ | 獮 | 件 | ＋ | － | 軫 | 腎 | ＋ | － | 厚 | 厚 | ＋ | ＋ |
| 姥 | 杜 | ＋ | － | 有 | 舅 | ＋ | － | 獮 | 善 | ＋ | ＋ | 檻 | 艦 | ＋ | － |
| 薺 | 弟 | ＋ | ＋ | 琰 | 儉 | ＋ | － | 小 | 紹 | ＋ | ＋ | | | | |
| 海 | 待 | ＋ | ＋ | 從覽 | 聚 | ＋ | ＋ | 馬 | 社 | ＋ | － | | | | |

# 第三章
# 《集成》與《直音篇》

　　本文所用明章黼撰、吳道長重訂的《直音篇》的版本，見於《續修四庫全書》兩百三十一冊，是據北京圖書館藏明萬曆三十四年明德書院刻本的影印本。徐博的《集成》序言中指出：「練川章名黼⋯⋯著《韻學集成》若干卷，凡收四萬三千餘字，每舉一聲而四聲具者自為帙，二聲三聲絕者如之，仍別為《直音篇》，總考其字之所出，前此未有也。沒後十餘年，其子冕將鋟諸梓，⋯⋯」而章氏在《直音篇》的卷首「題韻《直音篇》」也指出：「今於諸篇韻等搜集四萬三千餘字成編，所用直音或以正切，使習者而利矣。又元篇有有音無注者三千餘字，今亦收之；俟賢參注，共善而流焉。」以上所提韻字數字基本相符，而此篇作者所作時間為「天順庚辰」（1460）年，恰與《集成》成書時間相同，足見《直音篇》是《集成》的姊妹篇，其用意似乎在於彙集《集成》所有韻字，以直音的形式或直接標明反切，以達直音便覽之目的。而《直音篇》序中所提的「正統間嘉定章道常複本《正韻》編習《直音篇》若干卷藏於家」當指以《正韻》為參考來編寫《直音篇》，而非指《正韻》的「直音」。《正韻》〈凡例二〉指出「舊韻元收九千五百九十字，毛晃增二千六百五十字，劉淵增四百三十六字。今依毛晃所載，有闕略者以他韻參補之」也可作為並非《正韻》的「直音」的輔證。那麼，《直音篇》就是以《集成》為範本來完成的嗎？為解決此問題，下面分二節來討論二者的關係。

# 第一節　體例比較

　　《直音篇》作為《集成》的姊妹篇，本當詳細介紹其編排體例及有關凡例，說明材料來源及與《集成》的區別，為讀者提供檢索方便，而作者卻隻字未題，即便在卷首〈題韻《直音篇》〉也未作說明。因此，有必要將其編排體例等與《集成》作簡單比較和分析。

## 一　釋字體例

　　《集成》是具有韻圖性質的韻書，它不僅注音、而且釋義。其釋字體例如「凡例」所言：「今韻所增之字，每字考諟依例併收；每韻目錄以領音之字遂一定音切聲號；每音平上去入四聲連之；每字通義詳依韻書增注；字有多音者，以他音切一一次第注之；字有相類者辨正字體偏旁兩相引注。」其他體例詳見「緒論」。而《直音篇》則依部首分類，若干部首成一卷，共有四百七十五部（部首四百七十四部、雜字一部，共四百七十五部）而七卷，卷首除列有「七音三十六母反切定局」一表外，還列有所有部首的總目，並以直音或反切的方式直接在總目中對各部首注音，如總目第四卷，少：始紹切；升：音聲。正文則依部首順序一一列出韻字，同時在該部首注明該部首韻字總數。如「三部第五，凡五字」，表示「三部」是四百七十五部的第五部首，該部首共有韻字五字。韻字排列則按二十二組韻類的順序依平上去入四聲順序排列，並在每韻前標明韻類、每調類前標明聲調（平聲不標）。其釋字，主要以注音為主，也多有釋義，如一部「福」：方六切，善也，祥也。從釋字內容來看，《直音篇》的反切，基本與《集成》一樣，如：口／舌厚切、能／奴登切、土／他魯切、二／而至切、父／扶古切等；直音時，用來注音的字也基本來自《集成》，如：璿／音茲、妠／音中、严／音亞等。當然，也有一些反切

的切語不是引自《集成》，如盾／石允切、共／渠用切，《集成》分別
是豎允切、巨用切；另外，由於採用直音，也有不少標音只注重韻
類，沒有顧及聲調或聲類，如：烽／音供、祭／音詠等，烽供的聲類
在《集成》中是不同的，而祭詠則聲調不同，但這種情況是極少的。
我們以上表《集成》注音與「元某某韻」或「元某某切」的切語用字
有所不同的韻字，拿來與《直音篇》的切字相比，也多為不同。如：
或、匐、晚、儋、常、惝、樞、祚等字，《直音篇》的反切分別是：
胡國、蒲北、武縮、都甘、辰羊、烏項、抽居和靖故，其聲韻調都與
《集成》相同，可見這些韻字的切語用字雖略有變化，但並沒有改變
韻字的聲韻調。

## 二　收字比較

　　我們說，《直音篇》並非以《集成》的範本來完成的，理由有二：
　　第一，二者收字總數不同。按作者的說法，它比《集成》所收的
韻字多了三千多字「元篇有音無注者」，這些字《集成》是不收的，
如卿、耗、躼等，按筆者的統計，《直音篇》實際收字多達四萬九千
來字，而這些《集成》不收的字，當有四至五千字，而非作者所言三
千多。
　　第二，相同的韻字，注音也略有不同。《集成》以韻部為綱，每
韻不同聲者，又依聲類不同而依次排列，因此，它注音注重聲韻調的
綜合，給每個韻字定出準確的音學地位，而且很少用直音，直音的情
況，多數用在又讀音上或引用《中原雅音》的直音。而《直音篇》則
主要強調韻字的韻調，採用直音的方式較《集成》多；而且其許多標
出直音的韻字，《集成》並無標注，如功／音公、躬／音弓、攻／音
工，等等。同時，許多韻字的注音，其切語用字上也有區別，如：
卯、非、色、危等字，《集成》的反切分別是：魯管、芳微、所力和

魚為；而《直音篇》的反切則分別是：蘆管、方微、殺測和牛為。雖然《集成》魯蘆、芳方、所殺、魚牛（分屬喻疑合併）四組字各屬同聲類，力測二字在兩部韻書中也都屬陌韻，也即以上四字在二書中的切語應該說是沒有導致聲韻的區別，但畢竟用了不同的切語來切相同韻字，二者的區別還是挺大的。

## 三　功能比較

從體例比較中，可以看出《集成》與《直音篇》的排列次序是絕然不同的。《集成》以韻部為序，《直音篇》以部首為序。從功能上來看，《集成》側重聲韻調義的綜合；既注音又釋義，且釋義如凡例所言「每字通義詳依韻書增注」。《直音篇》側重部首的排列與直音檢索。而釋字體例及收字總數的不同，更可以看出二者在功能上的區別：《集成》有韻圖的性質，注重韻字的音學地位，釋義講究考證用典，但收字以有音有注為主，收字自然較少；而《直音篇》注重韻字的韻調、又讀音和收字的齊全，釋義從簡，多隻解釋本義，不引經據典，行文簡略。

## 第二節　《直音篇》特點

《直音篇》並不全「直音」，這是其在注音上一個最大特點。我們知道，所謂「直音」，應當是用一個字直接注另一個同音字的音，如示：音侍，目：音木等。但從《直音篇》的部首總目來看，明確標出的四百七十四部中，直音的只有二百零四部，其他二百三十部都是以反切形式來注音的；在正文中的注音，雖然大多數是用直音的方式來注音，但也出現不少反切和直音相結合來注音的情況，或直音、或反切、或直音反切併用，而切語基本與《集成》一樣。因此，《音韻

學辭典》（1991：306）所提到的「據章黼《韻學集成》諸序所載，此書收字同於《韻學集成》，然注音全用直音」的表述是不夠準確的。《直音篇》作為一部直音便覽的工具書，最能體現其檢覽特點的應是其部首排列和諧聲系統，下面就試從這兩方面來探索它的主要特點。

## 一　部首特點

　　《直音篇》共分七卷，設有四百七十五個部首，可謂分部浩瀚繁雜。綜觀全書部首排序，沒有絕對規律性的歸類，只是按大致分類而已，如第一、二卷部首主要與人體、器官、行為等有關，如鼻、面、舌、骨、言、足等，但也有一些例外，如一、二、土等；第三卷部首主要與人的起居、吃住等有關，食、走、門、臥等，但也有一些例外，如天、大等；第四、五卷主要與工具、自然界、五穀等有關，如木、竹、米、矛等，例外的如：白、小等；第六卷主要與動物有關，如羊、馬、魚、蟲等，例外的如：山、石等；第七卷為混雜部，主要與衣著、顏色、天干、地支及其他雜類。這樣的分類，顯然是借用其他韻書的分類方式，如金邢准撰的《新修累音引證群籍玉篇》（即本文提到的《玉篇》）共分三十卷五百四十四部，加上新增雜部（龍龕餘部）三十六部，可以說是較為完備的分部方式；《篇海類編》（即本文提到的《篇海》）二十卷二十部，則分為天文、地理、時令、人物、身體、花木、鳥獸、鱗介等二十類，分類標準比較規範。但《直音篇》借而不襲，只是大致分類，既沒有像《玉篇》分成三十卷那樣分部浩繁，也沒有像《篇海》那樣按具體名目的類別來分類。這種大致性，就與作者「直音便覽」的目的略相違背，給讀者的檢索造成一定的困難。當然，由於其部首總目已在開卷彙總分陳，在檢覽方面不至於造成太大的麻煩。按部首歸類之後，其韻字是按《集成》二十二個韻部的先後順序來排列的，如第二十六部女部，共有八百四十一

字，其韻字按東、支、齊、魚、模、灰……侵、覃、鹽的韻序（舉平以賅上去入）的聲調次序來排列的，因此，韻字的韻調歸屬一目了然，但其聲類歸屬則須靠《集成》來體現，卷首的「七音三十六母反切定局」也只能對《集成》產生作用了。就這一點而言，我們認為此「七音三十六母反切定局」是為《集成》所設，此表雖然放在《直音篇》前面，但它應該同時對《集成》和《直音篇》都產生統領作用，理由有二：一、《集成》中的七音、清濁及其與助紐的標示與對應關係均與此表相同；二、《集成》與《直音篇》成書的時間（1460）相同，且其收字大體相同。邵榮芬（1981：24）「據《集成》卷首《七音三十六母定局圖》……」的提法，也說明邵認為此定局圖也是對《集成》產生作用的。

## 二　諧聲特點

盡可能依諧聲字來注音（或直音）是《直音篇》在注音上的另一個重要特點。《直音篇》的部首歸類雖然沒有嚴格的標準，只是大體上將部首分為四百七十五類，這就給檢字帶來一定的困難，但由於常用諧聲字來注音，這就為我們研究諧聲系統提供了很好的材料。如：仿／音紡、紡／妃兩切，均屬陽韻上聲；枋／音芳、房／符方切、坊／音方、妨／音方、防／音房、芳／敷房切，均屬陽韻平聲。又如：棋／音機、箕／音基、基／音肌，均屬齊韻平聲；旗／音其、期／音其、萁／音其、祺／音其，均屬支韻平聲。

## 三　結論

從以上比較及《直音篇》本身的特點來看，我們可以得出以下三個結論：第一，《直音篇》不是《集成》所收韻字的直音，但其聲韻

調當與《集成》等同。根據作者《題韻直音篇》所注時間為「天順庚辰」，剛好與《集成》成書時間相同，應該說它與《集成》是同步完成的姊妹篇。其「有音無注者」多數也按《集成》的韻部次序來排列，雖然有些韻字是單獨排於該部首之後單列出來，讀者一眼即可知其為作者所謂的「有音無注者」，如頁二十四、一〇七、二二六等，都在鹽韻後列出，這些韻字雖然無法與《集成》的聲韻調比較，但並未發現其注音有超出二十二個韻部的範圍，因此，可以忽略其對《直音篇》音系的影響。第二，《直音篇》的注音並不是全部用直音的方式，而且其注音也不完全等同於《集成》。這點上文已有論述，此處不再贅言。第三，兩本韻書音系相同，這是最重要的一點。我們說兩本韻書的音系相同，除二者所體現出來的韻部完全一樣，即兩本韻書都是二十二個韻部，《直音篇》二十二個韻部的排序、韻部名稱也與《集成》完全相同外，還有體現在以下兩個方面：一、收字情況基本相同；二、許多反切上下字不同的韻字，其聲韻調在二書中也都是相同的。這兩點均詳見上文論述。

# 第四章
# 《集成》與《韻會》

## 第一節　《集成》與《韻會》的傳承關係

我們在《緒論》中曾引用徐博序，其提到章氏搜閱「《三蒼》、《爾雅》、《字說》、《字林》、《韻集》、《韻略》、《說文》、《玉篇》、《廣韻》、《韻會》、《聲韻》、《聲譜》、《雅音》諸家書」，《嘉定縣志》中也有關於《集成》的分韻及體例問題，「其分部遵《洪武正韻》，四聲具者九部，三聲無入者十一部。其隸字先後從《韻會舉要》例，以字母為序。」章氏在〈凡例〉後所附的「七音三十六母清濁切法」中也提到聲母的排列與《玉篇》的關係，可見《集成》在編纂中所參閱的韻書之多。但綜觀《集成》全書，其在編排和釋字體例上，除主要依《正韻》定例外，與《古今韻會舉要》（1297，以下簡稱《韻會》）的關係是相當密切的。我們可以從以下兩個方面看出二者的關係：

## 一　《集成》對《韻會》的承襲

《集成》對《韻會》的承襲體現在以下兩個方面：

第一，《集成》「七音清濁」的標注來源於《韻會》。章氏在《集成》〈凡例〉「七音三十六母清濁切法」涉及聲母位置時，自稱均「依《韻會》」，可見章氏對《韻會》是推崇備至的。《韻會》在釋字時，都在小韻的反切之下注出七音清濁，並以反白形式標示出來，讓人一目了然，如：雞，堅奚切，角清音（此三字反白顯示）；《集成》在每個韻部的小韻首字目錄表及正文小韻首字的釋文中，都標注了該小韻

的七音清濁，在正文中的釋例，也是依《韻會》順序的，如：雞，堅
奚切，角清音。不同之處在於《韻會》在涉及七音清濁、增注、補
遺、異音及異體等方面時，常以反白的形式突顯出來，而《集成》則
沒有這樣的處理而已。我們還是以東韻平聲為例，將其七音清濁作個
簡要的對比（《集成》的七音清濁詳見第二章小韻首字表）：

公：沽紅切，角清音；空：枯公切，角次清音；東：都籠切，
　　徵清音；

通：他東切，徵次清音；同：徒東切，徵濁音；濃：奴同切，
　　徵濁音；

蓬：蒲蒙切，宮濁音；蒙：謨蓬切，宮次濁音；瞢：謨中切，
　　宮次濁音；

風：方馮切，次宮清音；豐：敷馮切，次宮次清音；馮：符風
　　切，次宮濁音；

嵏：祖叢切，商清音；戎：而融切，半商徵音；雄：胡弓切，
　　羽濁音；

怱：粗叢切，商次清音；憁：蘇叢切，商次清音；叢：徂聰
　　切，商濁音；

中：陟隆切，次商清音；終：之戎切，次商清音；充：昌嵩
　　切，次商次清音；

忡：敕中切，次商次清音；翁：烏公切，羽清音；崇：鉏弓
　　切，次商濁音；

烘：呼公切，羽次清音；洪：胡公切，羽濁音；籠：盧東切，
　　半徵商音；

弓：居雄切，角清音；穹：丘弓切，角次清音；窮：渠弓切，
　　角濁音；

嵩：思融切，商次清次音；蟲：持中切，次商濁音；融：余中
　　切，羽次濁音；

隆：良中切，半徵商音；

由於「終」與「中」同音，「蕾」與「蒙」同，「忡」與「充」同，因而可以各算為一類，這樣一來，《韻會》東韻共有三十一個小韻，與《集成》小韻相同的有二十三個，其七音清濁完全一樣。

《集成》沒有的幾個小韻分別是豐、崇、匆、忡、嵩、憁、濃和籠等八韻，考《集成》，以上八個韻字除「憁」字沒有、「濃」字較特殊外，其他六字歸入所在的韻部如下：豐-風韻（次宮清音）、崇-宗（元從冬韻，祖冬切，商清音）、匆-恖（倉紅切，商次清音）、忡-充（昌中切，次商次清音）、嵩-淞（元從冬韻，息中切，商次清次音）、籠-龍（元從冬韻，虛容切，半商音），都與《韻會》的七音清濁完全一樣。而「濃」字，《集成》歸入「農」韻中（目錄第二十五類，誤將「醲」寫成「濃」），並釋「農」為「元從冬韻，徵次濁音」；《韻會》釋為「同濃音」，即徵濁音；而「醲」字，《集成》釋為「元從冬韻，尼容切，次商次濁音」，則與《韻會》冬韻「醲」字所釋相同。由上可見，《韻會》東韻三十一小韻的七音清濁除「濃」稍有不同外，都與《集成》東韻相應小韻的七音清濁完全一樣，完全可以說，《集成》的七音清濁是照搬《韻會》的。

另外，《韻會》的冬韻的三十個小韻，有二十個與東韻合併，標為「音與某韻同」，如攻：沽宗切，音與東韻公同；冬：都宗切，音與東同；彤：徒冬切，音與同同。沒有合併的十個小韻分別是：舂（書容切，次商次清音）、鱅（常容切，次商次濁音）、醲（尼容切，次商次濁音）、顒（魚容切，角次濁音）、縱（將容切，商清音）、摐（七恭切，商次清音）、從（牆容切，商濁音）、邕（於容切，羽清音）、松（商次濁音）、胸（虛容切，羽次清音），而十個小韻分別歸入《集成》的舂、戎、醲、顒、宗、恖、從、邕、松和凶韻中，其七音清濁除「戎（半商徵音）」韻外，其他九韻也完全與《韻會》相

同；不同的「鱐」韻在併入《集成》「戎」韻中也注明「元常容切，次商次濁音……《洪武正韻》併音戎，《中原雅音》音蟲」，其七音清濁也完全一樣。足見《集成》的七音清濁當來自《韻會》。

第二，章氏在《集成》〈凡例〉雖強調「但依《洪武正韻》定例」，但整部韻書在釋字上的體例顯然不是依照《正韻》，而是依照《韻會》來定的。這體現在兩個方面：

1.「七音清濁」的標注方式依《韻會》而不依《正韻》例。《正韻》在釋字體例中一般是不涉及七音清濁的，即使偶有出現，也是編纂過程中的失誤，寧忌浮（2003：64-65）就對《正韻》中出現的七音清濁現象提出批評意見，寧先生說：「《正韻》依《平水韻》、《韻會》增補韻字或援引它們的注釋，應當把它們同化到自己的體例之中，刪除韻藻及七音清濁。可是《正韻》未能完全刪除，殘留的韻藻及七音清濁非常刺眼，與全書不和諧」。

2. 在釋字方面的詳盡與否上，《集成》也多依《韻會》而不依《正韻》。如：空，《正韻》釋為「苦紅切，虛也」；《韻會》釋為「枯公切，角次清音，《說文》空，竅也，從穴工聲，又虛也，又太空，天也，又官名，司空主國空地以居民，又董送韻」；《集成》釋為「去紅切，角次清音，虛也，盡也，《說文》竅也，又太空，天也，司空，官名，主國空地以居民，又姓，唐有司空圖，又上去二聲。」綜觀三本韻書，在釋字體例上《集成》與《韻會》更近，而與《正韻》更遠，正如崔樞華（1997）所提到的：「《洪武正韻》是明王朝科舉考試在文字音韻方面的依據，因此它收字少、釋義簡略」一樣，《正韻》在釋字體例上是較為精簡的。而《集成》在釋字上基本體現就繁避簡的趨勢，而《韻會》的編纂，依王碩荃（2002：1）所言「在《四庫全書》纂輯者看來，《韻會》的語音，記錄了唐宋以後語音發展史上的一次重大變革，而且又是集各家變革之大成者」，因此《集成》在某些地方依《韻會》而不依《正韻》是自然的。

　　第三，對許多韻字的歸部上，《集成》也有依《韻會》而不依《正韻》之處。如「橫」、「榮」、「宏」三字，《集成》都在庚韻中，分別釋為：橫：羽濁音，胡盲切；榮：於平切，角次濁音；宏與橫音和。《韻會》橫、宏也都在庚韻橫小韻中，但都注為「音與洪同」；榮也是庚韻中的一個小韻，於營切，角次濁次音。而《正韻》釋橫為「《韻會》胡盲切，音與洪同，定正入洪韻」，「宏」也釋為「《韻會》乎盲切，音與洪同，定正入洪韻。」而釋「榮」為「《韻會》於營切，定正入融韻。」也即把以上三字併入東韻中。用圖表表示就很明顯可以看出這種不同了：

|  | 《韻會》 | 《集成》 | 《正韻》 |
|---|---|---|---|
| 橫、宏： | 屬庚韻橫韻 | 屬庚韻橫韻 | 屬東韻洪韻 |
| 榮： | 屬庚韻榮韻 | 屬庚韻榮韻 | 屬東韻融韻 |

　　這就存在著《集成》與《正韻》在韻部歸字上的區別。可見，《集成》也有不少韻字的歸部是直接參酌《韻會》，而不依《正韻》的，這樣的例子還很多，主要集中在《正韻》的古音部分。以上三個韻字的歸例，《正韻》應當是參酌《中原音韻》的，據楊耐思（1985：78-80）所列的「中原音韻同音字表」，「橫宏榮」均屬「東鐘」韻平聲陽，只是聲母有所不同：「橫宏」屬「x」母；「榮」屬零聲母。由此可見，在一些韻字的歸屬上，《正韻》是參酌了《中原音韻》的。

　　另外，《集成》對《韻會》韻字歸部上的承襲，還可以從一些韻部合併上看出來。試舉例如下：

　　《韻會》「叢」屬東韻：徂聰切，商濁音，「從」屬冬韻：牆容切，商濁音。考《集成》東韻：「從」、「叢」併為一類，均為商濁音。

　　應該說，這一部分也正是《集成》與《正韻》在韻字歸類上的一個重要區別，下文詳述。

## 二　《集成》對《韻會》的改易

　　《集成》對《韻會》的承襲是很明顯的，但也有不少地方對《韻會》的內容進行了改易，如在反切上的一些改易、韻部歸類上的改易及韻目排列順序等，都有與《韻會》不同的地方。我們簡要敘述如下：

　　第一，反切上的改易。《集成》的反切較多地依照《正韻》，而不是《韻會》，上文表九的反切比較，就是一個很好的說明。對反切上下字的改易，基本上沒有造成聲、韻類的變化，如：

公：古紅切──沽紅切；　　　東：德紅切──都籠切；

英：於京切──於驚切　　　　棖：丑成切──癡貞切；

聲：書征切──書盈切；

以上韻字（切語前為《集成》，後為《韻會》），要麼反切上字改易，要麼下字改易，要麼上下字都改，但都沒有改變韻字的聲韻類。而有些韻字的反切改易，則關係到其聲、韻類的變化，如：

弸：悲朋切──蒲萌切；　　　禎：諸成切──知盈切；

靴：毀遮切──許茄切

弸：《集成》屬庚韻幫母，《韻會》屬庚韻並母；禎：《集成》、《韻會》都在庚韻，但「諸」與「章」分屬不同聲類；靴：《集成》屬遮韻曉母，《韻會》屬戈韻曉母。當然，這種通過反切的改易來改變聲韻情況是比較少的，《集成》對《韻會》反切的改易，多依《正韻》，而且大多數的改易並沒有改變聲、韻、調的性質。

　　第二，韻目排列順序的改易。《集成》每一韻部的小韻首字的排列是依聲類次序來排列的，一般依見組→影組→精組→知（照）組→日、來→端組→幫組→非組的順序（缺韻或少數韻除外）排列，而《韻會》排列順序也不依舊韻體系，對小韻的排列次序作了更改，多

依牙音→脣音→齒音→舌音→舌齒音→喉音之序，如庚韻等，但較不固定。

　　第三，聲類的改易。從我們系聯的情況來看，《集成》的聲類共分三十類，其中中古知徹澄與照穿床六母兩兩合併、喻與疑合併、泥與娘合併、非與敷合併。而《韻會》除非與敷分立外，其他都與《集成》一樣。而且《集成》合併的情況與《韻會》所標注該合併的情況是一致的，可以說是對《韻會》內容的傳承，但非與敷的合併則是對《韻會》的改易，具體情況詳見下節分析。

　　第四，韻部歸類的改易。韻部歸類的改易反映在兩個方面，第一，韻部分類的歸併上，《集成》承襲《正韻》，將《韻會》的一〇七韻合併為七十六韻，由原來的三十個韻部合併為二十二個韻部，可以說，在韻部歸類上是對《韻會》的一種改易。如東韻，《韻會》將中古通攝分二部，一部是東韻，一部是冬與鐘通。《集成》依《正韻》將其併為一部。又如《集成》庚韻，合併了《韻會》庚（與耕清通）、青（獨用）和蒸（與登通）三個韻部的韻字。而《韻會》魚韻的韻字，則被《集成》分併到魚韻和模韻二韻中。第二，個別韻字歸屬韻部的不同。這又分兩個方面，一方面是按《韻會》的標注改變韻字改變韻字的歸屬，如《韻會》冬韻以下韻字都分別標注：

　　攻，音與東韻公同；彤，音與同同；農，音與濃同；封，音與風同；逢，音與馮同。

　　《集成》都依其標注分別歸入東韻的公、同、濃、風和馮等小韻中。另一方面是不按《韻會》的標注來決定韻字的歸屬，如《韻會》庚韻（與庚清通）中，「盲」、「甍」二字均注「音與蒙同」，《集成》仍排在庚韻盲韻中；「甦」注「音與東韻公同」，《集成》仍排在庚韻甦韻中。還有，如《韻會》融：余中切，羽次濁音；顒：魚容切，角

次濁音；分屬東韻和冬韻，在聲類顯然是有所區別的，但《集成》依
《正韻》將「融」的反切改為「以中切」，並將二者併為同一聲類，
卻沒有改變其七音清濁。

　　從對《韻會》的改易上來說，《集成》有著自己一套系統，它不
像《韻會》那樣，只是以標注的形式來體現某些同音韻字的關係，而
把《韻會》中標注同音的韻字應當併者合併在一起，不當併者依然分
立，可以說它更能體現時音的特點，這一點，我們也可以從《集成》
所援引的諸多韻書的音讀中進行選擇的風格中窺見一斑。

## 第二節　《集成》對《韻會》音系的傳承

　　我們知道，《集成》對《韻會》七音清濁的繼承是非常徹底的，
而七音清濁應該最能體現二者的聲母傳承關係。雖然《集成》在繼承
其體例的同時，也對《韻會》的聲母進行了歸併，但基本沒有改變
《韻會》的聲類數。以東韻為例：

　　《集成》東韻為三十七個小韻，將相同的七音清濁合併：半徵
商、角清音、角次清音、羽清音、羽次清音、羽濁音各二合一之後，
不同的七音清濁共三十一類（其中次商次濁與徵次濁音分別是娘母和
泥母，暫不合併）；《韻會》東韻和冬韻共有六十一類（東韻已合併三
類相同的），相同的七音清濁合併之後完全與《集成》相同。

　　其他韻部的聲類也基本一樣。只是少數韻部略有更動，如：灰韻
「回」字，《集成》標為「羽濁」音，《韻會》標為「羽濁次音」；《韻
會》元韻「元」小韻與先韻「員」小韻均屬「角次濁次」音，《集
成》合併到先韻的一類中，七音清濁改為「角次濁音」。

　　另外，我們從《韻會》的聲類提示中，也可以進一步證實我們在
第二章分析的《集成》的聲類合併情況。我們上文分析，《集成》的
知組和照組、非與敷、疑與喻、泥與娘已經合併，跟《韻會》的情況

大體一樣，唯有《韻會》的非敷二母韻字尚未合併。對以上的結論，我們試舉例、分析如下：

## 一　喻與疑

依第二章的分析，《集成》喻疑已經合併為一類，但在七音清濁的標注上比較複雜，如：

東韻喻疑合併，但喻母字「融甬用育」等標為「羽次濁音」，疑母字「顒岈玉」等標為「角次濁」，即七音清濁仍存古，但其位置排在影組中，表示二母是併入喻母中；《韻會》「融」屬東韻羽次濁音，「顒」屬冬韻角次濁音，沒有標注二者合併；所以《集成》雖將二者合併，但七音清濁沒有改動。

實際上《韻會》在多數韻部中喻疑也是合併為一類的。如：

《韻會》蕭韻「遙」標為羽次濁音，「堯」標為「音與遙同」，合併為一類；《集成》依《韻會》將「遙」（喻母字）和「堯」（疑母字）合併為一類，並標為「羽次濁音」。

《韻會》標「危」：角次濁音，「為」：音與危同；《集成》「為」（喻母字）併入「危」（疑母字）中，並標為：角次濁音。

《韻會》「尤」：角次濁音，「牛」：音與尤同；《集成》將「尤」與「牛」併為一類，並標為：角次濁音。

《韻會》「元」：角次濁音，「員」：音與元同；《集成》將二者合併為一類，並標為：角次濁音。

綜上可見，《集成》喻疑合併是依《韻會》的標注來定的，而且當《韻會》標喻母字的讀音同疑母字的讀音時，其七音清濁就標為疑母字的七音清濁，即「角次濁」音；當《韻會》標疑母字讀如喻母字時，則其七音清濁就標為喻母字的七音清濁，即「羽次濁」音；當《韻會》喻疑母分立時，《集成》就將二者合併為一類，但其七音清濁仍然存古分立。

## 二　泥與娘

　　《集成》泥與娘已經合併為一類，如東韻、庚韻、鹽韻等。但《韻會》並沒有直接標明泥娘二母合併為一類，其與《韻會》的關係卻是比較複雜的。如：

　　《集成》庚韻寧（泥）與𡠹（娘）併為一類，而《韻會》寧：徵次濁音；𡠹：音與尼同；尼：女夷切，次商次濁音；二韻分立。

　　《集成》鹽韻拈（泥）與黏（娘）合併，但七音清濁仍分別標為：徵次濁音和次商次濁音；《韻會》二韻分立：黏：次商次濁音；拈：徵次濁音。

　　《集成》農（泥）與醲（娘）分立，分別標為：徵次濁音和次商次濁音，「濃」字歸「農」韻，並釋「醲」為：「元從冬韻，尼容切，次商次濁音，《洪武正韻》農醲同音，奴宗切，又與濃同」；《韻會》「農」：奴冬切，音同濃；濃：奴同切，徵濁音；「醲」：尼容切，次商次濁音。

　　《集成》真韻「紉」字原為泥母字，卻標為娘母：尼鄰切，次商次濁音；《韻會》「紉」：泥鄰切，徵次濁音，舊韻尼鄰切。

　　《集成》爻韻猱（泥）與鐃（娘）分立，分別標為：徵次濁音和次商次濁音，鐃：尼交切；《韻會》鐃：泥交切，徵次濁音；猱：奴刀切，音與鐃同；二韻合併。

　　《集成》覃韻南（泥）諵（娘）分立：分別標為：徵次濁音和次商次濁音；「諵」釋為「元從咸韻，女咸切，次商次濁音」；《韻會》「諵」有兩讀，一同「南」韻，那含切，徵次濁音，一為泥咸切（屬咸韻），徵次濁音，當均屬泥母字；《正韻》則「南諵」同音，《增韻》也兩讀，一為那含切，一為尼咸切（屬咸韻）。這樣看來，《集成》「諵」韻的標注可能有誤。

　　綜上可見，《集成》泥娘合併也是依《韻會》而定，《韻會》二母

雖較多分立，但從以上材料，可以肯定「尼泥奴」同母，因此《集
成》將二母合併。

## 三　知組與照組

《集成》知徹澄與照穿床已兩兩合併為一類。這一合併，也可以
從《韻會》的語音材料中得到輔證：

《集成》東韻知與照合併：知母：中：陟隆切，次商清音；照
母：終鐘等均與知母併為一類；《韻會》中：陟隆切，次商清音；
終：音與中同；鐘：音與終同，三韻合為一類。

《集成》東韻徹與穿合併：徹母字「忡」與穿母字「充」併為
一類；《韻會》充：昌嵩切，次商次清音；忡：音與充同；二韻合為
一類。

《集成》東韻澄床分立：澄母字「蟲重」均標「次商濁音」，床
母字「崇」也標次商濁音，但二者卻分屬不同聲類；《韻會》崇：鉏
弓切，次商濁音；蟲：持中切，次商濁音；重：傳容切，音與蟲同；
《韻會》七音清濁相同竟沒標「音與某某同」，故《集成》分立，實
可合併。

《集成》支韻知照分為兩類，助紐一類標為知母、一類標為照
母，七音清濁亦均標為：次商清音；韻字知母如：知，陟離切；照母
如：支，旨而切；《韻會》支：章移切，次商清音；知：珍離切，音
與支同；二韻合為一類。

以上韻例亦可見知組與照組在《集成》和《韻會》中都是合二為
一的。

## 四　非與敷

　　《集成》非與敷二母合併，非母字七音清濁標為「次宮清音」，敷母字標為「次宮次清音」。但在目錄中無論是標注哪一母，都是二母韻字的混同，但《韻會》非敷二母尚處分立狀態。

　　《集成》模韻標為敷母：次宮次清，但敷母字：敷：芳無切，非母字：膚等，已合併在一起；《韻會》膚：風無切，宮清音（按：以《韻會》七音排列次序，宮音已列「逋鋪」等韻，「膚」韻以下如「敷扶無」等緊隨其後，均標為「次宮音」，此處標為「宮音」有誤，當標為「次宮」），二韻分立。

　　《集成》支韻標為敷母：次宮次清，但敷母字：霏，非母字：非等，已合併在一起；《韻會》非：次宮清音；霏：次宮次清音；二韻分立。

　　《集成》東韻標為非母：次宮清音，但非母字：風封；敷母字：豐等已合併在一起；《韻會》：風：次宮清音；封：音與風同；豐：次宮次清；二母分立。

　　《集成》非敷二母合併的還有山韻、尤韻、覃韻、陽韻、真韻等五個韻部，而《韻會》這五個韻部的非敷二母韻字均分立。今考《正韻》東韻，「風封豐」等韻字已併入「風」韻中，切語為方中切；支韻「非霏妃」已併入「霏」韻，芳微切；真韻「分芬紛」等已併入「芬」韻，敷文切；刪韻「番翻潘蕃藩」等字已併入「翻」韻中，孚艱切。因此，《集成》非敷二母韻字的合併，並非源自《韻會》，而是依《正韻》定例，這是《集成》與《韻會》音系有所區別的重要現象之一。

## 五　聲調與字母韻

　　對於聲調，《集成》與《韻會》都是平上去入四聲俱全，這裡不再贅述。但有一個現象值得我們關注，寧忌浮（1997：37-38）指出《韻會》的聲母有「清濁分韻」的情況，寧先生認為：「第四節例三（按：指的是文韻和先韻中一些韻字分屬兩個不同字母韻的情況），可稱之為『清濁分韻。』」此類例子，《韻會》一系韻書甚多……儘管清濁分韻現象發生的範圍是局部的（《禮部韻略》二〇六個韻部只涉及二十八個，且多是三、四等韻），而且又極不嚴整，帶隨意性，但它卻牽動了中古十個全濁聲母的全部，破壞了傳統韻圖的清、次清、全濁的塞音三位對比的格局。韻圖上全濁聲母的可有可無，是韻圖作者口耳沒有全濁聲母的反應；韻圖上大面積的全濁聲母，是作者對舊韻圖不得不就範的結果，它不代表時音。不能說《七音韻》沒有全濁聲母，也不能說《七音韻》完好地保留了全濁聲母，但可以這樣說，全濁聲母清化在《七音韻》中有所反應，它畢竟不是單一音系的記錄。」寧先生的這段論述一針見血地指出《韻會》與《集成》在聲母上的另一個重要區別：那就是《韻會》比《集成》多了所謂的「字母韻」。因為《韻會》通過「字母韻」，強行將韻部歸類，導致聲類上的臨時聚類，正如《韻會》在案語中提及「又《禮部韻略》承用既久，學者童習白紛，難以遽變，今但於逐韻各以類聚，注云『已上屬某字母韻』。若貢舉文字、事幹條制，須俟申明，至於泛作詩文，無妨通押，以取諧叶之便。」可見其「字母韻」的主要用途就在於「諧叶之便」，我們試以東韻和支韻為例來分析：

### 東韻

　　公字母韻含有清濁兩類韻字：清音韻字有：公、東、通、風、豐、中充等；濁音韻字有：濃、蓬、蒙、洪、崇等；

　　雄字母韻也含有清濁和半商半徵音三類韻字：清音韻字有：弓、
穹、嵩等；濁音韻字有：窮、蟲、融、雄等；半商或半徵韻字有：
戎、隆等。

## 支韻

　　羈字母韻含有清濁音韻字：清音韻字有：羈欺卑支等腰三角形；
濁音韻字有：宜毗彌尼等；

　　惟字母韻含有次濁音韻字：惟維唯等；

　　雞字母韻含有濁音音韻字：祇岐祁耆等；

　　貲字母韻含有清濁音韻字：清音韻字如：貲雌差師等；濁音韻字
如：慈茲瓷等；

　　媯字母韻含有清濁音韻字：清音韻字如：媯虧陂吹佳等；濁音韻
字如：危皮椎垂等；

　　規字母韻含有清濁兩類韻字：清音韻字如：規；濁音韻字如：觿；

　　麾字母韻含有清音韻字，如：麾摩；

　　乖字母韻含有清音韻字，如：衰榱。

　　以上字母韻字，雄屬濁音，惟屬次濁音，其他均屬清音字。應該
說字母韻字也是清濁音具備，而非全部是清音字母韻字，只是相對來
說，濁音字母韻字少些。《韻會》的這種「字母韻」的功能，依筆者
之見，當全為這種「諧叶之便」而設，並沒有改變聲類的意圖。其
「字母韻」的提法，《集成》全部摒棄了，這也是《集成》對《韻
會》體例的一種改易。

　　綜上，《集成》與《韻會》在音系上的最大區別當為：《集成》聲
類上的非與敷合併為一類，而《韻會》分立，這樣一來，《韻會》的
聲類就比《集成》多出一個，聲類總數為三十一個。但《集成》的二
十二韻部七十六韻是對《韻會》一○七韻的合併，而其合併《韻會》
的韻部多依《韻會》某韻「音與某同」的提示來合併的，而在聲調上

二者也都是平上去入四聲相承。因此，對《韻會》音系的傳承是主要
的。只是《韻會》一〇七韻傳承的是舊韻的體例，是守舊的表現；而
《集成》二十二個韻部傳承的是《正韻》的體例，是定正和體現時音
的表現。而《韻會》所守的舊規就是《禮部韻略》、《平水韻》和《增
韻》等的體例，這樣一來，其音系應當有一脈相承的特徵。慎鏞權
（2003：58-73）認為「《韻會》音系是在北宋的首都汴京音的基礎上
形成的，反映南宋首都臨安通用的雅音」，而《正韻》則是「反映明
代官話」的語音系統。從其傳承關係上來說，二者同為南部某種音系
的代表的說法，是很有道理的。而從以上《集成》對《韻會》驚人相
似的傳承，其音系當與《韻會》一脈相承，也就是說《韻會》、《正韻》
和《集成》二書在音系上應當存在著較大的共同性。理由有二：第
一，《正韻》與《集成》對《韻會》的聲韻調都有傳承（詳見第五章論
述）；第二，三書的聲韻調存在著相似，甚至一致性。聲類除喻疑合
併與否有所不同外，其他均相同；《集成》、《正韻》的二十二個韻部多
是按《韻會》一〇七韻中關於某字「音與某某同」的案語來合併的，
體現出驚人的相似之處，可以說，它們的音系基礎是一脈相承的。

# 第五章
# 《集成》與《正韻》

## 第一節　《集成》與《正韻》對「舊韻」的傳承

### 一　《集成》與《正韻》傳承「舊韻」的同源性

　　依寧忌浮（2003：25-68）的研究，《正韻》七十六韻本《凡例》中的「舊韻」「指的是《禮部韻略》和《增韻》」（頁27）。寧先生（1997：1）同時也指出：「《韻會》以《禮部韻略》為基礎」，《韻會》中的「舊韻」「即指《禮部韻略》」。而《增韻》是增補《禮部韻略》而成的，因而寧先生（1997：258）說：「《古今韻會舉要》對《增韻》所增補的韻字，注釋以及字形的勘正，多有採擷，對《增韻》所記錄的一些語音演變現象，也多有吸收。明代的官韻《洪武正韻》是《增韻》的改併重編，它的切語、小韻次第、韻字排列、注釋文字，無不脫胎於毛氏父子。」另外，《正韻》在引證古音時，也多以《韻會》某韻「音與某韻同」的說明進行歸併的，如東韻「崩」字，釋為「卜公切，定正幫公切。《韻會》悲朋切，而朋字注音與蓬同」，而章氏在編纂《集成》時是「依《正韻》定例」，但同時在體例上對《韻會》有很大的承襲，而《正韻》與《韻會》都與《七音韻》《禮部韻略》和《增韻》有著千絲萬縷的關係，《韻會》〈凡例〉中指出：「舊韻所載，考之七音，有一韻之字而分入數韻者，有數韻之字而併為一韻者。今每韻依《七音韻》，各以類聚，注云：『以上案七音屬某字母韻』」。由於《七音韻》無從考證，有極少數《韻會》提及舊韻反切時，與《禮部韻略》或《增韻》的切語是不符的（據我們考

證，多數是符合的，如尤、牛、銀等字），如：「囂」字，《韻會》注「舊韻於莖切」，《集成》也注「元於莖切」，但《禮部韻略》和《增韻》都是「於耕切」，有可能就是與《七音韻》相吻合，因此對這極少數韻字的反切待考外，我們認為《集成》和《正韻》在傳承舊韻上具有同源性，即都以《增韻》和《韻會》為源本進行改編的。只不過是《集成》同時又傳承了《正韻》的體例。下面，我們從兩個方面來看看這種同源的可能性。

　　首先，我們通過《韻會》所載〈毛氏韻增〉的韻字來看《集成》和《正韻》對《韻會》和《增韻》二書的傳承情況（表中《增韻》一欄的順序是韻字、所在韻部、所在小韻及反切；《韻會》韻部取第一字，除附注語外，與後二書中的順序則為所在韻部、所在小韻和反切）：

**表十二**

| 《增韻》 | 《韻會》 | 《集成》 | 《正韻》 |
|---|---|---|---|
| 兒－齊－倪－研奚 | 齊－倪－研奚 | 支－夷－延知（注有「元從齊韻，正韻研奚切」） | 齊－倪－研奚 |
| 欨－咍－哀－於開 | 灰－哀－於開 | 皆－哀－於開 | 皆－哀－於開 |
| 蘊－文－熅－於雲 | 文－熅－於雲 | 真－氳－於云 | 真－氳－紆倫 |
| 昆－元－魂－胡昆 | 元－魂－胡昆 | 真－魂－胡昆 | 真－魂－胡昆 |
| 攤－寒－灘－他幹 | 寒－灘－他幹 | 山－灘－他丹 | 刪－灘－他丹 |
| 貫－寒－歡－沽歡 | 寒－官－沽歡 | 寒－官－沽歡 | 寒－官－沽歡 |
| 患－刪－還－胡關 | 山－還－胡關 | 山－還－胡關 | 刪－還－胡關 |
| 殷－先－煙－因肩 | 先－煙－因肩 | 先－煙－因肩 | 先－煙－因肩 |
| 廖－蕭－聊－蓮條 | 蕭－聊－憐蕭 | 蕭－聊－蓮條 | 蕭－聊－蓮條 |
| 胞－爻－包－班交 | 肴－包－班交 | 爻－包－班交 | 爻－包－班交 |

| 《增韻》 | 《韻會》 | 《集成》 | 《正韻》 |
|---|---|---|---|
| 耗－豪－毛－莫袞 | 豪－毛－莫袞（注有「音與茅同」，茅：謨交切） | 爻－茅－謨交（注有「元從豪韻，莫袞切」） | 爻－茅－謨交 |
| 請－庚－清－七情 | 庚－**清－親盈**（請入情韻） | 庚－清－七情 | 庚－清－七情 |
| 眾－東－終－之中 | 東－**終－之戎**（音與中同，中－陟隆切） | 東－中－**陟隆** | 東－中－**陟隆** |
| 濡－之－而－人之 | 支－而－人之（音與兒同，兒－如支切） | 支－兒－**如支** | 支－兒－**如支** |
| 齬－魚－魚－牛居 | 魚－魚－**魚居**（舊韻牛居切） | 魚－魚－牛居 | 魚－魚－牛居 |
| 寧－魚－除－陳如 | 魚－除－陳如 | 魚－除－**長魚** | 魚－除－**長魚** |
| 桐－東－同－徒紅 | 東－同－**徒東** | 東－同－徒紅 | 東－同－徒紅 |
| 淹－覃－諳－烏含 | 覃－諳－烏含 | 淹－覃－諳－烏含 | 淹－覃－諳－烏含 |
| 鑒－銜－監－古銜 | 咸－監－**居銜**（音與緘同，緘－居咸切） | **覃－緘－古咸**（注有「元從咸韻」） | **覃－監－古銜** |

　　從以上韻字的韻部及反切比較來看，三部韻書對《增韻》的內容各有傳承，也各有不同，加粗字就是其具體表現。《韻會》所載《增韻》的內容，《集成》與《正韻》基本有參照，這種傳承關係應該說是比較密切的，只是二者在參照過程中，對韻部的歸類變化比《韻會》更大些，而《集成》在體現這種傳承關係時，主要通過「元從某韻」或「元某某切」來體現。而《正韻》對《韻會》的傳承，《韻

會》張鯤序中就有提及：「我太祖高皇帝龍飛八年，召命詞臣樂韶鳳、宋濂諸學士大夫刊定《洪武正韻》，以括舉一切補韻者五十家之偏陋，以風同文。而學士大夫一時號稱博雅，並以《韻會》為之證據，然後經生學子始知《韻會》者，藝圃之寶也。」同時，《正韻》在定正古音時，也多依《韻會》（詳見本節下文），這些均可看出《正韻》對《韻會》的傳承。當然，在傳承舊韻中，《韻會》反切的改易較多，在傳承過程中發生反切用字的改易是很正常的現象，因為時代在發展變化中，韻書要反映時音，在參考舊韻書的同時，也要有所揚棄或更改。而對舊韻書切語的傳承情況，可以看出其與舊韻書之間的關係，下面就從這個方面來比較。

　　第二，我們比較《增韻》的韻字在二書中的切語情況，來看看二書對《增韻》傳承的相似度。由於《集成》與《正韻》都出現了全濁上聲韻字兩讀的情況，應當最有可能發生音變，我們就以全濁上聲字為例進行比較如下：

**表十三**

| 韻字 | 增韻 | 集成 | 正韻 | 韻會 | 韻字 | 增韻 | 集成 | 正韻 | 韻會 |
|---|---|---|---|---|---|---|---|---|---|
| 苟 | 下可 | 下可 | 下可 | 合可 | 限 | 下簡 | 下簡 | 下簡 | 下簡 |
| 澒 | 胡孔 | 胡孔 | 胡孔 | 虎孔 | 晃 | 戶廣 | 戶廣 | 戶廣 | 戶廣 |
| 蕩 | 徒黨 | 徒黨 | 徒黨 | 待朗 | 鮑 | 部巧 | 部巧 | 部巧 | 部巧 |
| 戶 | 侯古 | 侯古 | 侯古 | 後五 | 項 | 戶講 | 戶講 | 戶講 | 戶講 |
| 簿 | 斐古 | 斐古 | 斐古 | 伴姥 | 巨 | 臼許 | 臼許 | 臼許 | 臼許 |
| 亥 | 胡改 | 胡改 | 胡改 | 下改 | 禫 | 徒感 | 徒感 | 徒感 | 徒感 |
| 盡 | 慈忍 | 慈忍 | 慈忍 | 上忍 | 簟 | 徒點 | 徒點 | 徒點 | 徒點 |
| 杏 | 何梗 | 何梗 | 何梗 | 下梗 | 踝 | 戶瓦 | 戶瓦 | 戶瓦 | 戶瓦 |
| 駭 | 下楷 | 下楷 | 下楷 | 下楷 | 悖 | 下頂 | 下頂 | 下頂 | 下頂 |
| 臼 | 巨九 | 巨九 | 巨九 | 巨九 | 粗 | 坐五 | 坐五 | 坐五 | 坐五 |

| 韻字 | 增韻 | 集成 | 正韻 | 韻會 | 韻字 | 增韻 | 集成 | 正韻 | 韻會 |
|---|---|---|---|---|---|---|---|---|---|
| 偶 | 語口 | 語口 | 語口 | 語口 | 薺 | 在禮 | 在禮 | 在禮 | 在禮 |
| 技 | 巨綺 | 巨綺 | 巨綺 | 巨綺 | 很 | 下懇 | 下懇 | 下懇 | 下懇 |

我們隨意抽取的以上二十四個全濁上聲韻字中，除十六個四部韻書的切語完全相同外，有八個韻字是《韻會》與其他三部韻書不同的。不同的八個韻字《韻會》所改易的反切，都主要是反切上字，在中古除「伴」與「斐」是類隔切外，「慈」與「上」、「虎」與「胡」各分屬不同聲類，因而已改變韻字的聲類，其他沒有改變聲類類別，只是韻字的不同而已。但整體可以看出在切語上《集成》與《正韻》比《韻會》更接近於《增韻》。當然，也有一些韻字的反切，《增韻》與其中的某韻書相同，而與其他的不同，但大體都能體現三者對《增韻》的傳承關係。而且這種關係是比較複雜的。就以上的分析，我們可以將《禮部韻略》、《增韻》、《韻會》、《集成》和《正韻》五書的傳承關係，用一個較為簡單的關係圖來表示：

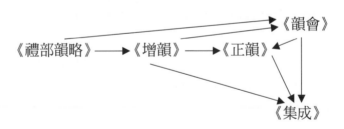

## 二　《集成》與《正韻》在傳承「舊韻」上的區別

由上圖的關係表，我們可以看到《正韻》對舊韻傳承的體系較為單一，而《集成》則同時對《增韻》、《正韻》和《韻會》都有傳承，這勢必導致二書在傳承舊韻書的過程中在音系、體例等方面的不同，音系方面我們下節詳論，這裡先探討一下傳承體例的區別。

　　首先，來探討存古與定正的關係。在傳承舊韻書的體例上，《集成》採取兼收併蓄的存古方式，而《正韻》則採取大刀闊斧的定正方式。《集成》的體例從上文分析中，我們可以感受到濃厚的《韻會》氣息，古韻、今韻大薈萃，且多有交代其源流所在，如：

　　覃韻平聲「談」：《正韻》徒藍切，《集韻》併音覃韻，《韻會》徒甘切，與覃同……《中原雅音》音覃，亦他南切。（頁589）（在目錄中「談」為徒甘切）

　　鹽韻入聲「涉」：《廣韻》時攝切，《正韻》音攝，《韻會》實攝切，音與堞同。本從堞出之，因《中原雅音》各反之，今從舊韻。《說文》……《中原雅音》式耶切。（頁604）

　　真韻平聲「銀」：魚巾切，角次濁次音。《正韻》銀寅併出……《中原雅音》音寅。（頁209）

　　真韻平聲「寅」：夷真切，羽次濁音。《正韻》以寅與銀併音同切，然依同號，銀有俗聲，故分出之。（頁208）

　　魚韻平聲「于」：元從虞韻，雲俱切，音與魚同。本「魚于」同出，因魚語御各有俗聲，故分出之。《中原雅音》魚、于、余等字同音。

　　以上四例，可以感受到這種存古方式對實現章氏定書名時這個「集成」的意義所在。尤其對我們分析一些韻部及切語考源或比較等，都起到了十分重要的作用，如「銀」與「寅」，一個標角次濁次音（疑母），一個標羽次濁音（喻母），在許多場合二母的韻字是一起出現的（例子詳見第二章「喻」、「疑」合併專述），《正韻》也是「喻」「疑」合一的，寧忌浮（1998）認為《正韻》：「中古疑母喻母字已混同，『夷、宜、疑、移、沂、飴、遺』同音，與《中原音韻》完全一致。」通過上述「寅銀」、「魚于」二例，我們就清楚了，原來《集成》有時二者合一，有時又分開，主要原因是疑母「俗聲」在作怪，這也說明，章氏在編纂《集成》時認同《正韻》把二者併為一

類，因為他在目錄中就是把「寅」、「銀」併為一類的，而「銀有俗聲，故分出之」、「因魚語御各有俗聲，故分出之」的交代，則說明他把方音介入其音系中了，這應該說是章氏在編纂過程中的雙重標準導致的。因此，章氏在《集成》的編纂過程中有可能以兩種語音系統來編排的，書中雖然對這一觀點的支持僅有三例（另一例是「硬」字，詳見最後一節）。但這對分析喻疑二母的情況是大有裨益的。我們對《集成》喻疑二母分析的結果是二母已併為一類，但可分為兩小類，這肯定與《集成》所提到的「俗聲」有關。葉寶奎（2002：96-98）在分析《洪武正韻譯訓》（1455）的俗音時指出「俗音聲母系統與正音大體相同。所異者唯疑母略有不同。《譯訓》疑母之反切上字尚有『魚牛牙虞宜越』等六字，《譯訓》以此六字作反切上字之小韻，皆注疑母，但其下所注俗音卻多半為喻母。」這種情況無疑與《集成》的情況是相似的，這對解釋喻疑二母的有些韻字為何時分時合的現象提供了一個很好的思路。這一點，可以說是《集成》對《正韻》傳承中的改易。

　　《集成》在體例上的存古，最重要的表現，當是對《韻會》七音清濁體例的和盤接受。《集成》兩千五百七十一個小韻的七音清濁完全是對《韻會》七音清濁的再現，只不過是有些韻部的七音清濁因為從《韻會》到《集成》的分併而發生相應的變化，這主要體現在兩個方面：一個是同一聲類內的合併，有些韻部的七音清濁稍微發生變化。下面是這一類型變化的兩個例子：

　　1.《韻會》的冬韻「農」小韻：奴冬切，音與濃同；東韻「濃」小韻：奴同切，徵濁音；此二韻均併入《集成》東韻「農」小韻：奴冬切，元從冬韻，徵次濁音。

　　2.《韻會》的庚韻「行」小韻：何庚切，羽濁次音；「莖」韻：何耕切，音與行同；此二韻均併入《集成》庚韻的「行」小韻：何庚切，七音清濁改為「羽濁音」。

　　另一個是不同聲類的合併，如知組與照組的合併、泥母字與娘母字的合併、非母字與敷母字的合併，其七音清濁則有時會不變，有時則依一方給出其七音清濁，如：

　　《韻會》「鹽」韻「嚴」小韻：疑枚切，角次濁音；「鹽」小韻：余廉切，羽次濁音；此二韻《集成》併為一類，助紐仍然保持不同，但把七音清濁改成與「鹽」小韻同為「羽次濁音」。

　　《集成》的這種存古體例比《韻會》強多了，因為它把《韻會》就已經是同一聲類或韻部本就應該合併而《韻會》沒有合併的工作完成了，而且還讓我們能看到其合併的來龍去脈，可以猜測說，這也是《集成》為什麼要保持「仍見母音切」的主要原因了。

　　《正韻》的體例則不然，由於它是明代官定的韻書，是明王朝科舉考試在文字音韻方面的依據，要維護它具有法定的權威地位，因此它在重刊時對舊韻書採取了大刀闊斧的定正。正如宋濂〈洪武正韻序〉所言：「恭惟皇上，稽古右文，萬機之暇，親閱韻書，見其比類失倫，聲音乖舛，如詞臣諭之曰：『韻學起於江左，殊失正音。有獨用當併為通用者，如東冬清青之屬；亦有一韻當析為二韻者，如虞模麻遮之屬。若斯之類，不可枚舉。卿等當廣詢通音韻者，重刊定之』」，其編纂的目的就是要定正時音。這種定正，多體現在每部後面對「古音」和「逸字」的定正，如東韻後對「古音」的定正：

　　朋：蓬；《韻會》蒲弘切，音與蓬同，定正並公切，載入蓬韻。
　　馮：彭；《韻會》音與蓬同，定正入蓬韻。
　　盲：蒙；定正入蒙，《韻會》亦入曹矇。
　　榮：雄；《韻會》於營切，定正入融韻。
　　橫：洪；《韻會》胡盲切，音與洪同，定正入洪韻。

　　《正韻》在定正中，則存在著較多的矛盾之處，如以上韻字已經定正到東韻中了，然而，我們在庚韻中仍可見到上述的韻字，如：

　　橫：胡盲切……而古多從東者，《韻會》皆兩讀，定正則盡入
　　　　東，不入庚，宜從兩讀為是。（頁131）

盲：眉庚切；

榮：於平切……定正專屬東，文憲專屬庚，《韻會》兩讀存古，
　　從今兩通；既已定正，何來兩讀？還有許多韻字在定正過程
　　中出現切語上字或下字即為被切字本身，如：銑韻：遠：五
　　遠切；隊韻：位：於位切；葉韻：涉：失涉切；可見《正
　　韻》在定正中，出現的失誤是比較多的。

　　其次，再來看看二者在傳承舊韻中釋字體例的區別。應該說，在
傳承舊韻過程中，二書的編纂目的是不同的。《集成》〈凡例〉中提到
「今韻所增之字，每字考是依例併收；每韻目錄以領音之字逐一布定
音切聲號；每音平上去入四聲連之；每字通義詳依韻書增注；字有多
音者以他音切一一次第注之；字有相類者辨正字體偏旁兩相引注。」
可見其編纂是以詳細考注音義的來龍去脈，以音義「集成」為目的
的。這一點與《韻會》更為相似些，《韻會》在《禮部韻略》的基礎
上，又參酌了《禮部韻略續降》、《禮部韻略補遺》、《增修互注禮部韻
略》、《壬子新刊禮部韻略》及「今增」韻字（〈凡例〉一）等方面韻
字，而且都各有標注，較為詳細（例子見第四章第一節「空」字釋義
比較）；《集成》則又在《韻會》基礎上加考《正韻》、《雅音》、《集
韻》、《五音篇》、《龍龕手鑒》、《玉篇》等諸韻書的內容，使之在收字
上由《韻會》的一萬二千六百五十二字猛增至四萬三千多字，可謂收
字浩繁，是一個浩瀚的工程。在編纂過程中，凡遇一字多音或歸入不
同韻部的，一般都會注明又讀情況，如真韻異韻，收有「隸」字，其
後注有「又泰韻音代」，泰韻代韻中也可見「隸」字注有「又真韻音
異」；同音「曳」字，其後注有「又屑韻延結切」，收入先韻拽韻的曳
也注有「又真韻以制切」，應該說其釋字是比較詳盡的。而《正韻》

的釋字體例則延續《禮部韻略》和《增韻》的風格，以簡明扼要為主。正如寧忌浮（2003：31）所提到的「《增韻》小韻次第、韻字次第，甚至被合併了的韻部次第都給了相當的尊重。至於注釋更是一依毛晃父子之舊。」不僅如此，寧先生（2003：149）還指出：「說《正韻》遷就舊韻書，確乎如此。豈止是遷就⋯⋯《增韻》的三十一聲類、四聲格局、陽入相配等，七十六韻本《正韻》都襲下來。」同時，《正韻》又在許多方面給了《韻會》相當重要的地位，如對「古音」的定正，許多是依《韻會》定正的，如東韻「朋」、「橫」、「肱」、「榮」等韻字的定正；還有，一些韻字的歸部及切語，尤其是增補《增韻》內容的，也較多依《韻會》定例，如下文提到的「烓」：「淵畦切⋯⋯案：《說文》惟古迥切一音，讀若回，在上聲；《篇海》音威音惠，《博雅》音桂，並與《說文》不合，《韻會》淵畦切，更還平聲三齊」，就是依《韻會》定例的。

## 第二節　《集成》對《正韻》的傳承與改易

　　《集成》對《正韻》的傳承是顯而易見的，正如《集成》〈凡例〉中提到的：「但依《正韻》定例」，在韻部分類、聲調、小韻排列次序、韻字切語等諸多方面都有傳承。在韻部分類上，與七十六韻本《正韻》的韻部總數是一樣的，均分七十六韻，韻中名稱也基本一樣，只有個別字不同（詳見第六章比較）。聲調都是平上去入四聲相承，都有全濁聲母字。切語的傳承，可見表十二、十三和表十四（下文詳敘）三表中的韻字比較。至於小韻排列的次序，可以說《集成》的排列比《正韻》更有秩序，下面以二書支韻、齊韻、魚韻、模韻和灰韻的小韻排列次序為例對比如下：

## 支韻

《集成》：奇伊義夷咨雌私茨詞知摛馳支差詩時兒悲紕皮麋霏肥
　　　　微；

《正韻》：支蕾施差時兒斯雌觜疵知摛馳紕悲皮麋夷奇義伊詞微
　　　　肥霏；

## 齊韻

《集成》：雞溪兮齎妻西齊離低梯替題泥箆迷；

《正韻》：齊西妻齎氐梯題泥倪離雞溪兮迷洼；

## 魚韻

《集成》：居壚渠魚於於虛苴趨胥苴聚徐諸樞書除殊如袽閭；

《正韻》：魚於於虛區居渠胥疽徐書諸除殊如袽樞閭趨；

## 模韻

《集成》：孤吾枯烏呼胡租麁蘇徂祚初蔬鉏盧都琮徒奴逋鋪蒲模
　　　　敷扶無；

《正韻》：模鋪逋租徂蒲都徒盧奴胡孤枯呼吾粗烏蘇初蔬敷扶無；

## 灰韻

《集成》：傀規恢窺葵危為煨威灰麾回攜維嶊催翠雖摧隨佳吹衰
　　　　椎誰𤷌雷堆推隤挼杯壞裴枚浼；

《正韻》：灰恢煨傀規回危堆推隤雷崔杯丕枚垂隨佳𤷌雖為嶊
　　　　裴衰痿㕅誰睢吹摧。

從以上韻部的小韻首字的次序及數目可以看出，二書沒有一個韻
部的小韻是全部相同的，即使數目全部相同的齊韻，其小韻首字的次

序也略有差別，如《集成》「低」，《正韻》即「氐」（「低」字收入其中）；但《正韻》娃：淵畦切，案語標注是依《韻會》切，今考《韻會》，「娃」屬羽清音，而《集成》齊韻無此音；《集成》宮清音字「箆」字，邊迷切，《韻會》釋為「邊迷切，音與支韻卑同」，而「卑」則為「賓彌切，宮清音」。而《正韻》則將「卑」併入支韻「悲」中，卻無收「箆」字。《集成》依《正韻》將「卑」收入「悲」韻中，卻又改易了《韻會》的標注，將「箆」字另立一類。另外，《正韻》小韻的排列次序主要依據《增韻》，是比較沒有規律的，而《集成》小韻的排列次序則是按一定的聲類次序，一般以見組先，以非組收尾。

　　以上只是小韻首字的次序問題。《正韻》的小韻次序，依寧忌浮（2003：31）的研究，「《增韻》小韻次第、韻字次第、甚至被合併了的韻部次第都給予相當的尊重」，顯然是依《增韻》的次第來列小韻的，沒有固定的次序。而《集成》的小韻則是按一定次序來排列的，詳見第四章第一節論述。

　　關於切語的傳承，以東韻的小韻首字為例，將《集韻》、《韻會》等韻書的反切摘錄如下表（表十四），來分析《集成》對《正韻》切語上的傳承情況。

**表十四**

| 《廣韻》 | 《古今韻會舉要》 | 《洪武正韻》 | 《集成》 |
|---|---|---|---|
| 東，德紅切 | 公，沽紅切 | 東，德紅切 | 公，古紅切 |
| 同，徒紅切 | 空，枯公切 | 通，他紅切 | 空，枯紅切 |
| 中，陟弓切 | 東，都籠切 | 同，徒紅切 | 翁，烏紅切 |
| 蟲，直弓切 | 通，他東切 | 龍，盧容切 | 烘，呼紅切 |
| 終，職戎切 | 同，徒紅切 | 隆，良中切 | 洪，胡公切 |
| 仲，敕中切 | 濃，奴同切 | 蓬，蒲紅切 | 宗，祖冬切 |

| 《廣韻》 | 《古今韻會舉要》 | 《洪武正韻》 | 《集成》 |
|---|---|---|---|
| 崇，鋤弓切 | 蓬，蒲蒙切 | 蒙，莫紅切 | 恖，倉紅切 |
| 嵩，息弓切 | 蒙，謨蓬切 | 恖，倉紅切 | 淞，息中切 |
| 戎，如融切 | 風，方馮切 | 宗，祖冬切 | 從，牆容切 |
| 弓，居戎切 | 豐，敷馮切 | 縱，將容切 | 叢，徂紅切 |
| 融，以戎切 | 夋，祖叢切 | 叢，徂紅切 | 松，詳容切 |
| 雄，羽弓切 | 匆，粗叢切 | 從，牆容切 | 弓，居中切 |
| 瞢，莫中切 | 忪，蘇叢切 | 洪，胡公切 | 穹，丘中切 |
| 穹，去宮切 | 叢，徂聰切 | 烘，呼洪切 | 窮，渠宮切 |
| 窮，渠弓切 | 中，陟隆切 | 空，苦紅切 | 邕，於容切 |
| 馮，房戎切 | 充，昌嵩切 | 公，古紅切 | 凶，許容切 |
| 風，戎七切 | 忡，敕中切 | 翁，烏紅切 | 雄，胡弓切 |
| 豐，敷空切 | 翁，烏公切 | 風，方中切 | 融，以中切 |
| 充，昌終切 | 崇，鉏弓切 | 馮，符中切 | 禺頁，魚容切 |
| 隆，力中切 | 烘，呼公切 | 松，息中切 | 中，陟隆切 |
| 空，苦紅切 | 洪，胡公切 | 充，昌中切 | 充，昌中切 |
| 公，古紅切 | 籠，盧東切 | 中，陟隆切 | 舂，書容切 |
| 蒙，莫紅切 | 弓，居雄切 | 戎，而中切 | 蟲，持中切 |
| 籠，盧紅切 | 穹，丘弓切 | 崇，鉏中切 | 崇，鉏中切 |
| 洪，戶公切 | 窮，渠弓切 | 蟲，持中切 | 戎，而中切 |
| 叢，徂紅切 | 嵩，思融切 | 融，以中切 | 醲，尼容切 |
| 翁，烏紅切 | 蟲，持中切 | 禺頁，魚容切 | 龍，盧容切 |
| 匆，倉紅切 | 融，余中切 | 弓，居中切 | 隆，良中切 |
| 通，他紅切 | 隆，良中切 | 穹，丘中切 | 東，德紅切 |
| 嵏，子紅切 | 戎，而融切 | 窮，渠宮切 | 通，他紅切 |
| 蓬，薄紅切 | 雄，胡弓切 | 農，奴宗切 | 同，徒紅切 |
| 烘，呼東切 |  | 舂，書容切 | 農，奴冬切 |

| 《廣韻》 | 《古今韻會舉要》 | 《洪武正韻》 | 《集成》 |
|---|---|---|---|
| 崬，五東切 | | 胸，許容切 | 艹，撲蒙切 |
| 木蔥，蘇公切 | | 邕，於容切 | 蓬，蒲紅切 |
| | | 雄，胡容切 | 蒙，莫紅切 |
| | | 古音三十八個，略 | 風，方中切 |
| | | | 馮，符中切 |

　　從表中，我們可以看出切語的相似率最高的是《集成》與《正韻》。《正韻》東韻三十五個小韻首字（不含古音）中，只有縱、胸兩小韻《集成》沒有，而《集成》三十七個小韻中，只有淞、凶、醲和豇四小韻《正韻》沒有；更能說明二者體例相似的是三十三個相同小韻中，只有烘、空、松和雄四小韻的切語不盡相同外，其他的二十九個小韻的切語完全一樣。相比較而言，《集成》離《廣韻》、《韻會》的距離就更遠一些了。《韻會》東韻三十一個小韻首字中，有八個《集成》是沒有的，且二者二十四個相同的小韻首字中也只有六個小韻的切語完全。可見，《集成》在切語上，主要還是傳承《正韻》的反切。

　　《集成》在傳承《正韻》的音系過程中，也不是全盤照搬，在許多細節上，《集成》也是有所改易的。從《集成》分韻七十六部的情況來看，《集成》定例當依《正韻》七十六韻本，而非八十韻本。寧忌浮（1998）認為《洪武正韻》八十韻本的修訂是參酌了《中原音韻》的：

　　「雖然《洪武正韻》〈凡例〉以及宋濂序、吳沉序都未提及《中原音韻》，但從書中審音定韻的很多做法可以看出《洪武正韻》確實參照了《中原音韻》。八十韻本有一特殊現象，即『皮疲分韻』，就是一個很有說服力的證據。《增韻》支韻第二十七小韻，蒲糜切，收『皮疲罷郫』四個韻字。七十六韻本將它們作為支韻第十五小韻的前四個字。八十韻本突然單把『皮』字抽出，歸入灰韻蒲枚切小韻與

『裴』字同音，而『疲罷郫』三個字留在微韻，以『疲』字作小韻首字。並將第十六小韻的反切『忙皮切』改為『忙疲切』。『皮』與『疲』在《平水韻》、《蒙古字韻》、《古今韻會舉要》都同音，現代北方方言也沒有不同音的。八十韻本憑什麼把它們分開？憑《中原音韻》！《中原音韻》『皮』字讀〔P'ui〕，『疲』字讀〔P'i〕。《洪武正韻》是在毛晃、毛居正父子《增修互注禮部韻略》（簡稱《增韻》）的基礎上改併重編而成。支微齊灰等十二個韻部來自《增韻》的支脂之微齊灰祭廢泰等二十一個韻部。七十六韻本的最主要工程就是歸併韻部、合併小韻。韻部的歸併與小韻的合併是一致的，後者是前者的基礎。當舉例說明。支韻有二十四個小韻四百八十五個韻字，是由《增韻》支脂之微齊五個韻部中的七十一個小韻合併而成。如第十七小韻『夷，延知切』的六十八個韻字，分別來自《增韻》如下幾個小韻：

脂韻第二十小韻，延知切，夷等二十字；

支韻第四十一小韻，魚奇切，宜等十字；

之韻第十七小韻，魚其切，疑等四字；

支韻第三十一小韻，余支切，移等十九字；

微韻第十小韻，魚依切，沂等二字；

之韻第十二小韻，盈之切，飴等十二字；

脂韻第二十一小韻，夷隹切，遺一字；

同音（聲韻調全同）才可合併。從上例可以看出，中古疑母喻母字已混同，『夷、宜、疑、移、沂、飴、遺』同音，與《中原音韻》完全一致。」

考之《集成》，支韻的情況，與七十六韻本《正韻》的情況是相同的，切語相同，且前四個韻字也是收「皮疲罷郫」；同時，次序也相同，支韻都在第十五小韻。另外，《正韻》的第十七小韻夷，《集成》的反切也一樣，只是次序不同，放在第四小韻上，韻字也遠比《正韻》多，共有一〇八個韻字，其中添入了《玉篇》、《集韻》和

《五音篇》的一些韻字，如：巇巇嵯等；及齊韻倪小韻的一些韻字，並將原來九個韻字添至十四個韻字。由此可見，《集成》在小韻排列的次序和收字體例上，都對七十六韻本《正韻》進行了改易。同時，由寧先生的以上研究，我們可以推測，《正韻》七十六韻本受到《中原音韻》的影響就少多了。而依七十六韻本定例的《集成》，無論從注音，還是釋義，都看不出與《中原音韻》有多大的傳承關係，因此，《四庫全書提要》所提到的「其音兼載《中原音韻》之北聲」是應該受到質疑的。

　　瞭解《集成》對《正韻》的傳承與改易，還得從注音中明確標明與《正韻》關係的一〇一個小韻首字的情況進行分析，這是瞭解《集成》在傳承中改易的最好資料，我們依《集成》所屬韻部（舉平以賅上、去、入）、反切和《正韻》注音情況（或反切、或直音、或併音及其他）的順序列表比較如下（見頁189-191）。

　　《集成》以下一〇一條資料，只有十八條的切語與《正韻》相同，其餘的反切，都與《正韻》不同，但並沒有造成韻部歸屬上的改易。綜上資料，一共只有四個韻字的韻部與《正韻》不同：轃（《正韻》屬遮韻）穆（寢）麘（薺）麘（霽），其中「麘」字兩讀，實際只有三個韻字歸部不同，這種情況與上文所列的支韻、齊韻等小韻排列次序的情形是大體一致的，因此，我們認為這種切語的改易，實際並沒有太多影響到其韻部歸屬的改易，應該說，只是用字的不同而已。

　　《集成》對《正韻》的改易，還體現在體例上的區別。首先，體現在《集成》在每一韻類前比《正韻》多了一張韻圖。《集成》在每一韻部之前均列有一表，將該韻部韻字的七音、三十六母、反切及韻調都排於表中。它不像以《韻鏡》為代表的宋元時期的韻圖，每圖均包括等次、開合呼、內外轉及攝類等內容。但也有一表總括各圖體例，此圖列在《直音篇》的前面，名為「七音清濁三十六母反切定局」我們摘錄如表二。

　　這圖是各韻部聲類的總繩。從表二中，我們可以更準確把握各韻部中聲類地位的情況。我們說《集成》也是韻圖，除此表外，還因《集成》將七十六韻分為二十二組，每組又將小韻首字按平上去入四聲依次分組列於表中，並在表中注明其聲類、反切及七音情況。基本上又以一大類分成一卷，東（舉平以賅上、去、入，下同）、真、先、陽、庚類各分一卷；兩或三小類合成一卷，如支齊、魚模、灰皆、寒山、蕭爻、歌麻遮、尤侵、覃鹽類各合成一卷，共十三卷。但每一類自成一圖，用徐博序言的話來說，是「聲韻區分，開卷在目」，這就體現了韻圖的特徵——聲韻調的表格化。這表格化的二十二圖，確實給檢覽者大大提供了方便，也是《集成》體例獨特的一個體現，就連改定《集成》而成的《集要》，也只是把小韻首字列表於前，而無法將聲類、反切等諸方面內容列成目錄表，並體現於每一韻部之前。可以說，在這點上，《集成》的工具性更強，尤其是其助紐字的使用為聲類的歸納提供了詳細的材料，《集成》的這個優點也讓我們看到《正韻》在編纂過程中的一個不足之處。

| | | | | | | | |
|---|---|---|---|---|---|---|---|
| 奉 | 東 | 父勇 | 併音捧 | 匐 | 庚 | 步黑 | 步黑切 |
| 農 | 東 | 奴冬 | 奴宗切 | 肱 | 庚 | 姑弘 | 併音觥 |
| 醲 | 東 | 尼容 | 奴宗切 | 輷 | 庚 | 呼迸 | 戶孟切作橫 |
| 松 | 東 | 詳容 | 息中切 | 弘 | 庚 | 胡肱 | 音橫 |
| 雄 | 東 | 胡弓 | 胡容切 | 或 | 庚 | 㯮北 | 㯮北切 |
| 擁 | 東 | 委勇 | 音勇 | 克 | 庚 | 苦得 | 併音客 |
| 剟 | 歌 | 都唾 | 併丁佐切 | 瞢 | 庚 | 彌登 | 併音盲 |
| 韠 | 歌 | 許戈 | 毀遮切收遮韻 | 懜 | 庚 | 毋亘 | 併音孟 |
| 北 | 庚 | 必勒 | 必勒切 | 墨 | 庚 | 密北 | 密北切 |
| 崩 | 庚 | 悲朋 | 併音絣 | 朋 | 庚 | 蒲弘 | 併音彭 |
| 兵 | 庚 | 晡明 | 併音兵 | 甏 | 庚 | 滂丁 | 披耕切 |

| | | | |
|---|---|---|---|
| 斑 | 庚 | 他頂 | 併音徒鼎 |
| 營 | 庚 | 余傾 | 併音榮 |
| 縈 | 庚 | 於營 | 併音榮 |
| 硬 | 庚 | 喻孟 | 魚孟切 |
| 崱 | 庚 | 疾力 | 疾力切 |
| 毳 | 灰 | 蚩瑞 | 蚩瑞切 |
| 罅 | 灰 | 蘇回 | 蘇回切 |
| 危 | 灰 | 魚為 | 吾回切 |
| 維 | 灰 | 以追 | 兩音 |
| 委 | 灰 | 鄔毀 | 音猥 |
| 胃 | 灰 | 於貴 | 於位切 |
| 貸 | 皆 | 他代 | 他蓋切 |
| 奈 | 皆 | 乃帶 | 尼帶切 |
| 跐 | 皆 | 側買 | 初買切 |
| 打 | 麻 | 都瓦 | 馬韻 |
| 離 | 齊 | 鄰溪 | 鄰溪切 |
| 利 | 齊 | 力至 | 力地切 |
| 系 | 齊 | 胡計 | 胡計切 |
| 岌 | 侵 | 魚及 | 音及 |
| 噤 | 侵 | 巨禁 | 併音禁 |
| 汕 | 山 | 所簡 | 併音剗 |
| 撰 | 山 | 雛綰 | 雛產切 |
| 刮 | 山 | 五刮 | 音刮 |
| 慚 | 覃 | 財甘 | 音讒 |
| 儋 | 覃 | 都監 | 都監切 |
| 惋 | 寒 | 烏貫 | 收諫韻音綰 |
| 欱 | 覃 | 呼合 | 併音合 |
| 糝 | 覃 | 桑感 | 又收寢韻 |
| 談 | 覃 | 徒甘 | 徒監切 |
| 孽 | 先 | 魚列 | 魚列切 |
| 言 | 先 | 魚軒 | 雅音歸延 |
| 衍 | 先 | 延面 | 歸硯倪旬 |
| 巘 | 先 | 以淺 | 語蹇切 |
| 彥 | 先 | 魚戰 | 歸衍 |
| 元 | 先 | 遇袁 | 音員 |
| 遠 | 先 | 雨阮 | 音阮五遠 |
| 怨 | 先 | 於願 | 迂絹切 |
| 願 | 先 | 虞怨 | 虞怨切 |
| 越 | 先 | 五伐 | 併音月 |
| 鳥 | 蕭 | 都了 | 尼了切 |
| 繞 | 蕭 | 人要 | 併音紹 |
| 漻 | 蕭 | 胡了 | 併音杳 |
| 廣 | 鹽 | 疑檢 | 併音琰 |
| 拈 | 鹽 | 奴兼 | 併音黏 |
| 撚 | 鹽 | 奴協 | 併音聶 |
| 贍 | 鹽 | 時豔 | 併音舒贍切 |
| 涉 | 鹽 | 實攝 | 音攝 |
| 脅 | 鹽 | 虛業 | 併音協 |
| 嚴 | 鹽 | 魚杴 | 併音鹽 |
| 常 | 陽 | 辰羊 | 陳羊切 |
| 防 | 陽 | 符訪 | 音訪 |
| 煌 | 陽 | 乎曠 | 音王於放 |
| 殼 | 陽 | 黑角 | 併音學 |
| 江 | 陽 | 古雙 | 與雅音同 |

| | | | | | | |
|---|---|---|---|---|---|---|
| 薑 | 陽 | 居兩 | 居良切 | 婚 | 真 | 式勻 | 產併從術 |
| 腳 | 陽 | 訖約 | 併音覺韻 | 犉 | 真 | 如勻 | 併音純 |
| 虐 | 陽 | 魚約 | 併音藥 | 盾 | 真 | 豎允 | 乳允切 |
| 往 | 陽 | 羽枉 | 羽枉切 | 稟 | 真 | 必敏 | 稟品軫韻 |
| 報 | 爻 | 博耗 | 併音豹 | 品 | 真 | 丕敏 | 丕敏切 |
| 鉋 | 爻 | 皮教 | 音暴 | 寅 | 真 | 夷真 | 寅銀同切 |
| 瓿 | 尤 | 薄口 | 併音剖 | 麋 | 支 | 忙皮 | 存支韻 |
| 鶀 | 尤 | 方鳩 | 併音浮 | 靡 | 支 | 母彼 | 收薺韻 |
| 牛 | 尤 | 魚求 | 併音尤 | 靡 | 支 | 縻詖 | 又音米袂 |
| 囚 | 尤 | 徐由 | 音酋慈秋 | 俳 | 支 | 父尾 | 併音尾 |
| 與 | 魚 | 弋渚 | 併音與 | 徵 | 支 | 陟里 | 併音止 |
| 靴 | 遮 | 毀遮 | 毀遮切 | | | | |
| 不 | 真 | 逋骨 | 逋沒切 | | | | |

其次，《集成》對《正韻》的改易，還體現在對《正韻》諸多重出小韻的更正上。《正韻》在編纂中出現了諸多問題，如重出切語、重出小韻，重出已刪併的舊韻舊切等，寧忌浮（2003：661-68）已進行了全面的論述。而其許多問題，在《集成》中都基本得到了更正。我們以重出小韻為例，《正韻》庚韻中第六小韻「橫胡盲切」中重出的小韻「竑」，寘韻第二十九小韻「費芳未切」中重出的小韻「費」，在《集成》庚韻和寘韻中，均已得到了更正。其他更正例子不再贅述。可見，《集成》在編纂過程已經注意到了《正韻》的諸多不足，而且進行了比較徹底的訂正。

再次，從小韻首字的切語不同，可以看出《集成》與《正韻》的聲韻區別，從而說明《集成》對《正韻》的改易。還是以表十四的東韻為例。《集成》東韻有三十七個韻目，《正韻》有三十五個，二書東韻有三十三個相同小韻，在這一點上二書極為接近。但《集成》並不

是「抄襲」，相同的三十三個韻目中，有烘、空、松和雄四小韻的切語不同，如：

| 《集成》 | 《正韻》 | 《廣韻》 |
|---|---|---|
| 烘：呼紅切；羽次清音，曉母興軒 | 烘：呼洪切 | 烘：呼東切 |
| 松：詳容切；商次濁音，邪母餳涎 | 松：息中切 | 松：詳容切 |
| 空：枯紅切；角次清音，溪母輕牽 | 空：苦紅切 | 空：苦紅切 |
| 雄：胡弓切；羽濁音，匣母型賢 | 雄：胡容切 | 雄：羽弓切 |

切語不同的四個韻目中，烘、空和雄三字，雖然要麼反切上字不同，要麼下字不同，但從其切語的上下字的音學地位來看，應該都是相同的，因此，此三字的切語不同，只是形式上的不同，歸屬則是相同的。這一點在寧忌浮（2003：51）在論述到《正韻》與《增修互注禮部韻略》反切字改易時，也指出「半數以上的反切還看不出有什麼語音價值，如東韻『烘，呼洪切——呼紅切』之類」。雖然沒有什麼大的價值，但至少可以看出其切語用字的習慣或傾向。當然，也不是全部沒有區別，既然切語用字發生了改變，多少可以反映一些問題，如「松」字，《集成》與《廣韻》相同，為詳容切；《正韻》為息中切，息歸心母，詳歸邪母，均為三等。這就說明《集成》與《正韻》在「松」字的切語上就存在區別，而這一區別就為我們進一步深入研究二者的聲類提供了一個資訊，如：二書在心母、邪母的歸字有所區別？也為我們作一步的研究提供了方向。

# 第三節　《集成》與《正韻》屬同一音系

## 一　《正韻》與《集成》音系問題討論的多元性

　　《正韻》的語音基礎，是音韻學界的一個熱點問題，學術界仁者見仁，智者見智，提出許多不同觀點。寧忌浮（2003：148）在討論《正韻》性質的時候，有一段論述對《正韻》性質的學術分歧進行了總結，可以說是比較全面的，我們將其論述引用如下：

> 前輩學者錢玄同、羅常培、王力、張世祿、趙蔭棠、董同龢、張清常諸先生及當代學者李新魁、葉寶奎諸先生，對《正韻》的性質有種種論述。常被引用的有如下四種：一、「《洪武正韻》的分韻，實在是藍本於《中原音韻》」、「《中原音韻》和《洪武正韻》是元明時代的標準音。」二、「《洪武正韻》雖然說是『一以中原雅音為定』，可是內容上並非純粹屬於北音系統，一方面遷就了舊韻書，一方面又參雜了當時的南方的方音」。三、「如果洪武正韻沒有遷就舊韻書的地方，他所表現的，或者就是當時的南方官話。」「它總是反映元末明初南京話的材料，今南京方言是屬於北方方言而又有入聲的。」或曰：「《正韻》所代表的是以南京為中心的江淮方言。」四、「基本上代表了明代初年中原共同語的讀書音系統。」

　　對於以上觀點，我們試列舉諸家論點，以作比較。如王力先生在《漢語史稿》（2002：9）說：「明初樂韶鳳、宋濂等奉敕所撰的洪武正韻（1375）自稱『一以中原雅音為定』，可是它裡面雜著吳音的特點（如濁音和入聲）」；葉寶奎（2002：44）認為《正韻》的語音基礎是「十四世紀漢民族共同語的讀書音，它代表的是明初官話音系，比

較準確地說，是十四世紀以讀書音為基礎的官話音系。」劉靜
（1984）也認為《正韻》「所代表的無疑是十四世紀共同語語音，是
以『中原雅音』為其語音基礎的。」李葆嘉（1998：103）認為「認
為《洪武正韻》南北雜糅的學者，一是過於將《中原》音系『正統
化』，一是混淆口用俗音與書用雅音、北留汴洛語音與南遷汴洛語音
的差別。僅僅看到《中原》與《洪武》時代之先後，看不到地域與語
體的差異，認定《洪武》為《中原》之延續，故責難《洪武》雜湊。
因此，可以認為由汴洛正音南遷演變而來的南方官話就是以金陵音為
代表的江淮官話，《洪武正韻》反映的是南方官話音系即元明之交的
江淮活音系。」李先生（2003：254）還說「《洪武》音系以南京音系
為主體的江淮語言為基礎，入聲韻和濁聲紐是當時南京書面雅音的實
際反映，既不可能是『南北雜糅』，更不可能是『復古倒退』。」而寧
先生（2003：161）則認為「時音和舊韻併存，雅音與方言相雜，這
就是《洪武正韻》。《正韻》不是單純的、聲諧韻協的、完整的語音系
統，它不能代表明初的中原雅音（即明初的官話），也不是舊韻的翻
版，也不是江淮方言的反映，更不是什麼讀書音系統。」等等。

　　由此可見，對《正韻》音系性質的討論，學術界存在著較大的分
歧，體現出複雜性和多元性。由此，我們可以想像依《正韻》定例的
《集成》，其音系性質也肯定存在著多元性，許多專家學者的看法與
分析《正韻》的音系性質一樣存在著分歧就不足為怪了（《集成》音
系性質的述評，詳見本文〈緒論〉）。當然，以上的分歧，我們看到更
多的專家、學者認為《正韻》與南方官話的關係更為密切些。正如慎
鏞權（2003：54-57）將《韻會》與《正韻》進行比較時，探索了
「反映明代官話的《洪武正韻》和反映南宋通語的《韻會》之間語音
系統的差異」，引發了我們的思考，即《集成》傳承了《正韻》的什
麼內容？它的音系與《正韻》音系關係如何？解決了這兩個問題，我
們來討論《集成》的音系，才會有不至於迷失方向。

## 二　《集成》與《正韻》同屬一音系

　　要解決《集成》與《正韻》的音系關係，就得解決上文提出的問題。《集成》對《正韻》的傳承是多方面的，首先，聲韻調的傳承是最為關鍵的。《集成》的韻部與平上去入四聲相承，存在全濁聲母韻字，都是與《正韻》一樣的。只是聲類略有不同。據劉文錦（1931：237-249）系聯的結果，《正韻》共有三十一個聲類：

　　古類（見）、苦類（溪）、渠類（群）、五類（疑）、呼類（曉）、胡類（匣）、烏類（影）、以類（喻及疑母一部分）、陟類（知照）、丑類（徹穿）、直類（澄、床及禪母一部分）、所類（審）、時類（禪）、而類（日）、子類（精）、七類（清）、昨類（從，床四字，澄一部分）、蘇類（邪）、都類（端）、佗（透）、徒類（定）、奴類（泥娘）、博類（幫）、普類（滂）、蒲類（並）、莫類（明）、方類（非敷）、符類（奉）、武類（微）。

　　劉先生指出：「綜此三十一個聲類與等韻三十六字母相較，則知徹澄娘與照穿床泥不分，非與敷不分；禪母半轉為床，疑母半轉為喻；而正齒音二等亦與齒頭音每相涉入，（如床母『鉏鋤查』可與從母『徂叢坐』系聯；《廣韻》魚韻『菹沮』兩字本作『側魚切』屬照母，《正韻》魚韻改作『子余切』轉為精母。）此其大齊也。」

　　據葉寶奎（2001：31-32）的考證，早在一五一七年崔世珍的《四聲通解》序中就有〈洪武韻三十一字母之圖〉，考訂出《正韻》的三十一字母，葉先生提到「崔世珍考訂的洪武韻三十一母是：見溪群疑、端透定泥、幫滂並明、非奉微、精清從心邪、照穿床審禪、影曉匣喻、來日。在字母圖下加注云：『時用漢音，以知併於照，徹併於穿，澄併於床，娘併於泥，敷併於非而不用，故今亦去之』。」葉先生同時指出：「崔世珍所歸納的三十一字母與劉文錦的分類大同小異。劉文錦《洪武正韻聲類考》中的『以類』與《四聲通解》略有不

同。劉氏把『以類』看作『喻母及疑母的一部分』，但在崔世珍的三十一字母裡劉氏的『以類』被分為疑母、影母、匣母、喻母」。

《集成》三十個聲類與《正韻》三十一個聲類的區別，主要在於「喻母」與「疑母」的合併與否，筆者認為二者應該合併，而劉先生等認為當分兩類：一類是中古疑母字的大部分，一類是中古喻母字和轉入喻母字的疑母字。高龍奎（2004[1]）對《集成》「喻疑」母字的分析情況也與劉先生一致。從《正韻》的角度來看，這樣分也許是有道理的，但從《集成》的實際歸類來看，是沒必要分開的。章氏將「喻疑」分開，最有可能的就是他所提到的「俗音」的影響。除此因素外，從《集成》七音清濁的標注可以看出，二者實際已經合二為一了：《集成》標為「喻」母字的，確實有中古的疑母字，如東韻的「顒玉」、支韻的「疑義藝」、魚韻的「魚語御」等；但標為「疑」母字的，也有中古的喻母字，如灰韻的「為圍衛」、尤韻的「尤友有」等。這就是說，二者已經混同了，其聲類系聯的結果也是如此，其與不同等第的韻母相拼，只能說可以相對再分為兩小類，而是聲類的對立，否則反切上字就不可能會系聯為同一類了。

由此可見，《集成》與《正韻》的聲類大體一致的，概括二者聲類的共同特點有：一、都對三十六母進行歸併，非與敷不分、喻與疑基本不分、知徹澄與照穿床不分；二、都保留有全濁音聲母；三、都併等為呼。

其次，《正韻》所體現出來的一些方音特點，《集成》也是有所傳承的。《集成》在傳承中雖然改變了《正韻》的一些小韻次序，但在《正韻》體現出方音特點的一些韻字的歸併上，《集成》是依《正韻》的，如寧忌浮（2003：149-155）指出《正韻》有「吳音的流露」，並論及八十韻本入聲字與江淮方言的關係。關於《正韻》與江淮方言的關係，寧先生的理由主要有三點：

1. 明朝立國於南京，《正韻》成書在南京。朱元璋及其左右多是江淮人，樂韶鳳的籍貫即是安徽全椒。
2. 《正韻》有入聲韻，江淮方言有入聲。
3. 「班關」與「般官」不同音，江淮方言區許多方言點都如此，與《正韻》一致。

　　寧先生說：「現代漢語有入聲的方言不少，很難論證《正韻》的入聲韻與江淮方言有傳承關係。七十六韻本的十個入聲韻大抵依照《增韻》的獨用通用例合併而成，不便與今方言比較。」他還提到「可否這樣說，十四世紀末以揚州為代表的江淮方言，在古入聲字的分併上，與《正韻》並不相同。」至於第三點，寧先生說「這也不是江淮方言所獨有的現象，今吳語、贛語、客家話甚至是汀語粵語也有……」黎新第（1995：85）指出寒、桓分韻的情況，「這裡『寒』『桓』分別指《中原音韻》的寒山合口和桓歡，「分韻」謂二者唇音和牙喉音字讀音有區別……顯示出明代官話方音中南、北兩系的又一項差異：仍舊只是南方系才保持了前代南方系官話方音中寒、桓分韻的特點。」而寧忌浮（2003：153）則認為「江淮方言區的通泰方言，如南通泰州，『幹寒』與『桓歡』同韻，跟《正韻》相同。本書認為《正韻》的『殘』、『寒』分韻是吳音的反映，通泰方言與吳語同源，故『幹寒』與『桓歡』同韻不視為江淮方言的特點。」兩位先生的觀點實際並不矛盾，因為「殘」是寒韻的開口韻，這樣，「殘」、「寒」分韻就不是黎先生所提到的「寒、桓分韻」。那麼，《正韻》與《集成》是否具有江淮方言的以上特點呢？我們以《中原音韻》寒山韻的合口字與桓歡韻的韻字進行一個詳細的比較，看看《正韻》與《集成》是否是「寒、桓分韻」：
　　依楊耐思（1985：129-131）所列寒山合口韻字大體如以下（舉平以賅上去）：跧饌譔拴篡；還環摄圜寰患幻宦豢；彎灣頑綰腕。

　　楊先生所列的桓歡韻字大致如下：搬般；潘盤磐；瞞謾縵漫饅鏝；端耑；湍團摶溥；鸞鑾欒灤；鑽；攛攢；酸痠；官冠觀；寬；歡桓貛；剜豌蜿丸紈完等。

　　考之《正韻》，寒韻中收有以上《中原音韻》桓歡韻中的所有韻字；刪韻則收有《中原音韻》所有寒山韻的合口韻字。因此，在歸字上，正如黎新第（1995：85）所說的「乃至雖然主要是反映明代讀書音或官話音，但也較多地綜合了南方系官話方音特點的《洪武正韻》（1375）和金尼閣《西儒耳目資》（1626），也全都是寒與桓不同韻。直到現代江淮官話中，也都還有不少方言在這方面繼續保持區別」，可以說《正韻》是「寒、桓分韻」的。這也進一步證實，《正韻》應該有體現江淮方言的某些特點的。考之《集成》，在韻字的歸部上是與《正韻》相同的，完全傳承了《正韻》在語音上的這一江淮方言的特點。

　　而對於吳音，寧先生所舉的幾個例子，我們在《集成》確實可以看到其對《正韻》的傳承，如寧先生提到的「古禪日床澄從母字，今吳語多混同」，《集成》在這一點上對《正韻》多有傳承：

　　東韻：戎茸（古日母字，以下標注同）鱅（禪）同切，歸入日
　　　　　母，同《正韻》；中古鐘合三床母字「贖」併入禪母中，
　　　　　亦同《正韻》；
　　真韻：純（禪）脣（床）同屬禪母「殊倫切」，與《正韻》同；
　　　　　犉仍為日母，與《正韻》不同；中古真開三床母字「神
　　　　　實」等，也併入禪母中，與《正韻》同；
　　庚韻：中古蒸開三床母字「繩乘食蝕」等併入禪母中，《正韻》
　　　　　除「繩」仍另立一類外，「乘食蝕」均歸入禪母中。

　　《集成》依《正韻》將床母字歸入禪母字的例子還很多。另外，

據《現代漢語方言概論》（2002：71）中引用趙元任先生《現代吳語的研究》中所提出的：「現在暫定的『工作假設』就是暫以幫滂並，端透定，見溪群三級分法為吳語的特徵」，並繼而指出「趙氏揭示和闡明的『塞音三分』這一現代吳語的特徵，『對內』（用之於吳方言內部）具有高度的一致性，『對外』（用之於其他方言）具有很高的排他性，反映了現代吳音系統的一個最重要的基本特點，因而二十世紀初葉以來，語言學家一直把這一音韻特徵作為確立和劃分吳語區的一個最主要的標準。」明清時代的吳語，如耿振生（1992：202-205）所列出的吳方言區的韻書：《聲韻會通》（1540）、《韻學大成》（1578）、《音聲紀元》（1611）等，都體現這「塞音三分」的特點。而《正韻》《集成》在這「塞音三分」上顯然是比較突出的。加之，以上古床禪日母的混同情況較多，我們可以確定地說，二書是具有吳方言的某些特點的。

　　綜上，《集成》、《正韻》的音系，具有吳方言和江淮方言的某些特點是可以肯定的。同時也可以看出，《集成》也傳承了《正韻》音系的某些特點。

　　另外，《集成》的聲韻調與《正韻》是一樣，也即二者當屬同一音系，這是《集成》傳承《正韻》音系的最重要表現。同理，由於《正韻》與《增韻》一衣帶水的關係及以下音系特點上的共性：三十一個聲類、四聲相承、陽入相配、全濁聲母等，二者也當屬同一音系。《集成》與《韻會》的關係也是如此，《韻會》音系上的特點：三十一個聲類、四聲相承、陽入相配、全濁聲母等，也與《增韻》相同，更為重要的是《增韻》的二〇六韻，到《韻會》的一〇七韻，再到《集成》《正韻》的二十二個韻部，都存在著一衣帶水的傳承關係。我們來看看其演變過程：《增韻》上平聲二十八部，其中有十部標注與某韻通，但在體例上依然分立；四部標為獨用：

標為通用的如：二冬與鐘通；五支與脂之通；十虞與模通；十三佳與皆通；十五灰與咍通；十七真與諄臻通；二十文與欣通；二十二元與魂痕通；二十五寒與歡（即桓）通；二十七刪與山通；

標為獨用的如：一東獨用、四江獨用、九魚獨用、十二齊獨用；

《韻會》上平聲十五部，就是將《增韻》標注通用的韻部合併為一部，《增韻》標為獨用的仍獨用：

標為通用的，如：二冬與鐘通；四支與脂之通；七虞與模通；九佳與皆通；十灰與咍通；十一真與諄臻通；十二文與欣通；十三元與魂痕通；十四寒與桓通；十五刪與山通；

標為獨用的，如：一東獨用、三江獨用、六魚獨用、八齊獨用；其他幾個韻部：下平聲、上聲、去聲和入聲，都是如此。由此可見，《韻會》的韻部歸併是依《增韻》的。而《集成》的韻部歸併又是依《韻會》的，第四章已有詳細論述。綜上分析，我們將這四部韻書歸為同一系韻書，如果沒有特殊注明，本文提及的「《集成》一系韻書」即指《增韻》、《韻會》、《正韻》和《集成》四部韻書。

# 第六章
# 《集成》與《字學集要》

## 第一節　《字學集要》及其音系性質

### 一　《字學集要》簡介及其研究意義

　　《字學集要》全名《併音連聲字學集要》（以下簡稱《集要》），據《古漢語知識詳解辭典》（1996：415）介紹：「不著撰人。由宛陵人周嗣校正刊行。常見者為明天啟五年（1625）朱錦等所重輯，四卷。卷首有萬曆二年（1574）陶承學所作序。此書正文實為韻書，分平聲韻為二十二部，上去入三聲分隸平聲之下，如『東董凍篤』，四聲一貫，依次列字，並略為釋義。書前載《切字要法》，可考其分聲母為二十七類。與三十六母相較，刪去群疑透床禪知徹娘邪非微匣十二母而增入勤逸歟三母。以助紐字為標目……卷首另列一韻表，撮取各部之代表字，按四聲相承排列，如『東董凍篤、空孔控酷、翁塕甕屋、烘嗊烘熇』之類。由『東』韻至『支齊魚』諸韻，序次與正文部分相應，今可以韻圖視之。此書語音系統與《韻學集成》略同，於近代漢語語音研究有一定參考價值。」

　　關於的版本，榮菊（2011：7）認為：「目前流傳於世的版本，一是明萬曆二年周烙校正本；二是天啟五年朱錦重刊本。據《文字音韻訓詁知見書目》介紹，明萬曆二年周烙刻本，國家圖書館、上海圖書館、大連圖書館、浙江省圖書館和安徽省博物館均有藏本；朱錦重刊本則只有中國社科院圖書館、上海圖書館和中山大學圖書館有藏本。」盧一飛（2014：23）指出：「《字學集要》有兩個常見的版本，

一是續修四庫全書本，見於《續修四庫全書》《經部小學類》二五九冊；一是四庫存目本，見於《四庫全書存目叢書》《經部小學類》二〇九冊。兩處所收都是明萬曆二年周烙刻本。」

　　學術界對《集要》的研究較為簡略，目前能夠檢索得到的研究成果也不多。這主要是因為《集要》總體而言較為簡單，編輯也較為粗糙，可供研究的語料也不多。但作為一本韻書，它體現什麼樣的音系特點？具有什麼樣的音系性質？通過體統研究還是可以總結得出來的。而且由於該書與《集成》、《正韻》等韻書的關係十分特殊，對其進行必要的研究是有益的，也是值得的。盧一飛（2014：23）綜合分析各家的研究之後，對於如何研究《集要》提出了自己的看法：「《字學集要》與《韻學集成》、《洪武正韻》關係密切，可作深入比較，甄別其音系中的存古成分與創新成分，並將其創新成分作為認定語音性質的主要根據，避免因為音系的雜揉而影響到音系性質的判斷。」榮菊（2011：4）也指出：「《字學集要》雖然是依《韻學集成》定例，但並不是對《韻學集成》的簡單模仿和抄襲，它更能反映吳方言的實際語音。《字學集要》比《韻學集成》晚出一百年，這一百年間語音的發展變化，很值得我們去研究。」

## 二　《集要》音系性質

　　關於《集要》的音系特點，學術界比較有代表性的觀點主要有三方面。

　　第一種觀點是《集要》體現吳方言的實際語音。持這一觀點的主要有寧忌浮（2009）、耿振生（1992）、高龍奎（2016）和筆者（2009；2015）等。寧忌浮（2009：326）指出：「《字學集要》所反映的一些語音現象，如日禪船合併、邪從混同、匣喻相混、奉微不分、泥疑混同、莊組與精組混併，以及古寒談二韻的分化、真先二韻

齒音字開合相混，等等，在今天的吳方言裡都能找到例證。毛曾記錄了十六世紀的吳音，這是個重大貢獻。研究吳語的歷史，《併音連聲字學集要》是難得的很有價值的史料。」耿振生（1992：202）認為該書：重訂者會稽毛曾、陶承學，成書於嘉靖辛酉（1561）。今存世者有萬曆二年周恪校正本、天啟五年朱錦重刊本。它的音系比《韻學集成》大大接近於吳方言實際語音。書中聲母有二十七個：

| | | | |
|---|---|---|---|
| 經堅〔k〕 | 輕牽〔k'〕 | 擎虔〔g〕 | 迎妍〔ŋ〕／〔ȵ〕 |
| 丁顛〔t〕 | 汀天〔t'〕 | 亭田〔d〕 | 零連〔l〕 |
| 賓邊〔p〕 | 娉偏〔p'〕 | 平便〔b〕 | 明眠〔m〕 |
| 分番〔f〕 | | 墳煩〔v〕 | |
| 精箋〔ts〕 | 清千〔ts'〕 | 餳涎〔dz〕 | 新鮮〔s〕 |
| 征氈〔tʂ〕 | 稱川〔tʂ'〕 | 澄廛〔dʐ〕 | 聲膻〔ʂ〕 人然〔ʐ〕 |
| 因煙〔ø〕 | 興掀〔h〕 | 刑賢〔ɦ〕 | 勻緣〔j〕 |

聲母的特點有：a.「迎研」一母包括了古泥母和疑母，在書中細音字二類完全合流，洪音字仍存在對立，故擬為兩個音標。b.古匣、喻二母字在書中已完全合流，「刑賢」、「勻緣」兩母實屬同一音位，前者用於洪音，後者用於細者。c.一部分古知、照系字變入精系。d.古從母、邪母合流。e.古船、禪、日三母合流，分屬「澄廛」、「人然」。f.古奉、微二母合一。

韻母系統也和《韻學集成》一樣分二十二韻部、七十六韻。其體現吳方言特點的地方如：a.寒、山分韻，古一等開口舌齒音有歸入山韻的。b.陽韻中姜、江對立。c.庚韻中古二等韻獨立。d.古舌齒音合口字多轉入開口音。二十二部擬音於下：

東〔oŋ〕　　支〔ɟ〕〔i〕　齊〔ɿ〕　　　魚〔y〕　　模〔u〕

灰〔uɛ〕　　皆〔ɑi〕　　真〔ən〕　　寒〔an〕　山〔ɑn〕

先〔ɛn〕　　蕭〔ɛu〕　　高〔au〕　　歌〔o〕　　瓜〔ɒ〕

嗟〔ɔ〕　　　陽〔aŋ〕〔ɑŋ〕　庚〔əŋ〕〔ɚŋ〕　尤〔ɤɯ〕　侵〔əm〕

覃〔am〕〔ɑm〕　鹽〔ɛm〕

支、齊之分，沿《集成》之舊，未必完全符合實際語音。耿先生將此書歸為「吳方言區的等韻音系」。高龍奎（2016：98）也說「《字學集要》雖然依據《洪武正韻》為主線編排韻部，然而實際上無論聲母還是韻母都處處顯示出了吳語語音的特點。」

第二種觀點認為《集要》所反映的語音是讀書音系統。如李新魁（1983[1]：231）就認為《併音連聲字學集成》：「此書不著撰人。由宛陵人周恪校正刊佈，明天啟年間，朱錦加以重輯。此書卷首有萬曆二年（1574）陶承學所寫的序言，謂：『學曩在南臺，按行吳中，得韻學一編，愛其四聲貫穿，類總相屬，下有注釋，多本《說文》，不詳撰者名氏。覽而歎曰：豈即徐李撰述之遺耶？』陶氏所說的『四聲貫穿』，是指此書正文部分按四聲一貫排列，如『東董凍篤』由平至上至去至入。各字之下注明切語及意義。……此書分韻類為二十二部，與《韻學集成》相同。聲母方面，也是以助紐字作為標目，分為二十七聲類……因煙　人然　新鮮　餳涎　迎研　零連　清千　賓邊　經堅　勻緣　征氈　傅偏　亭田　澄鏖　平便　擎虔　輕牽　稱川　丁顛　興掀　精箋　明眠　聲膻　分蕃　墳煩　刑賢　汀天，這二十七個聲母，較之三十六字母，少了疑、微、非、邪、禪、床、知、徹、娘九母，這大概表示當時的疑母已經消失，變入零聲母（一部分字合入泥母），微母也是如此。而非母與敷母合一，邪與從、禪、床與澄合一，知與照、徹與穿合一，娘與泥合一。這個聲母系統，與《韻學集成》、《韻學大成》相去不遠，它們都保存了全濁音聲母，只是其中

某些聲母合併了。」同時，李先生（1986：256）還認為「《韻學集成》之後，明代的另一音學著作《併音連聲字學集要》也仿照它的格式，於韻書之前列一韻譜，以與韻書相配。此書的分韻也與《韻學集成》一樣，分為二十二類，聲母則定為二十七母，聲調同作四聲。它所反映的也是讀書音系統。」

　　第三種觀點認為是一種方言。《集要》書後附有《四庫全書提要》指出：「不著撰人名氏，明萬曆二年會稽陶承學得此書於吳中，屬其同邑毛曾刪除繁冗以成是編。承學自為之序，其書併上下平為二十二部，以上去入三聲分隸平聲之下，並略為箋釋字義。前列切字要法，刪去群疑透床禪知徹娘邪非微匣十二母，又增入勤、逸、欸三母，蓋以『勤』當『群』、以『逸』當『疑』、以『欸』當『透』，而省併其九母，又無說以申明之，殊為師心自用。」趙蔭棠（1957：148）認為：「現查『以勤當群』與『以欸當透』的話是對的，至言『以逸當疑』，恐怕有誤。『逸』系『喻』母字，其助紐『刑賢』系『匣』母字，而『寅延』又系『喻』母字，此蓋『匣喻互通』之象，與『疑』母無關。『泥』母之助紐字，既曰迎妍銀言（疑），復曰寧年（泥），是『疑』母與『泥』母相併也。除此之外，以『禪』與『日』歸併，以『微』併『奉』，俱非當時雅音。從他的二十七聲看起來，不過比《聲韻會通》少一疑母，其餘全相同。因此，我很疑心這書是抄襲前書（筆者按，此指《聲韻會通》）的。」趙先生（1957：145）在介紹王應電《聲韻會通》時也提到：「惟以『日』與『禪』歸併，以『微』與『奉』歸併，與《併音連聲字學集要》所載之現象相同。恐怕是當時當地的方言。」

　　以上三種觀點，主要對《集要》的體例和聲類的歸併做了分析，耿先生還分析了韻類。從三種觀點的分析來看，大體的共同點是《集要》的韻類和調類與《集成》是一樣的，區別不大；而且也都認為《集要》的聲類是二十七個，並分別進行了簡要分析。而他們的分析

基本以《集要》總目之後的〈切字要法〉為依據，然而，筆者在將其
與《集成》進行比較研究後，覺得〈切字要法〉與正文的韻類羅列是
有出入的，因此，很有必要進行深入的比較研究。

## 第二節　《集成》與《集要》的體例及音系比較

從《集要》體例與《集成》的比較來看，由於《集要》成書的時
間遠遠遲於《集成》，且在體例上有驚人的相似之處，耿振生（1992：
202）認為該書是「是改訂章黼《併音連聲韻學集成》而成的」是不
無道理的。下面，我們就從聲韻調三方面來比較二者的體例。

## 一　《集要》的助紐字

《集要》的「切字要法」的助紐字以《集成》為依據。《集要》
在總目之後列有「切字要法」，其助紐、反切和三十六字母的對應關
係為：

| | | |
|---|---|---|
| 因煙—於境切—影 | 人然—石質切—日 | 新鮮—思尋切—心 |
| 餳涎—牆容切—從 | 迎妍—年題切—泥 | 零連—郎才切—來 |
| 清千—七精切—清 | 賓邊—博旁切—幫 | 經堅—經電切—見 |
| 匀緣—俞戍切—喻 | 征氈—之笑切—照 | 娉偏—普郎切—滂 |
| 亭田—徒徑切—定 | 澄塵—持陵切—澄 | 平便—部茗切—並 |
| 擎虔—衢斤切—勤 | 輕牽—牽奚切—溪 | 稱川—昌緣切—穿 |
| 丁顛—多官切—端 | 興軒—馨皎切—曉 | 精箋—子盈切—精 |
| 明眠—眉兵切—明 | 聲膻—式荏切—審 | 分番—芳蕪切—敷 |
| 墳煩—父勇切—奉 | 刑賢—以一切—逸 | 汀天—通萬切—歡 |

　　上表的助紐下面，都有一些與《集成》助紐名稱相同的別稱，
如：因煙，即殷焉；人然，即神禪；新鮮，即新仙；餳涎，即秦前；
迎妍，即銀言、寧年；零連，即鄰連；清千，即親千；匀緣，即營
員；征氈，即真氈；娉偏，即繽偏；亭田，即廷田；澄鏖，即陳纏；
平便，即頻駢；擎虔，即勤虔；稱川，即嗔昌、抶延；興掀，即馨
掀、兄喧；精箋，即津煎；明眠，即民綿；聲膻，即身膻；墳煩，即
文樠；刑賢，即寅延。然而查《集要》正文，並無任何有關助紐的解
釋，那麼，這些助紐字來源於何處？是否像趙蔭棠（1957：148）所
說的是抄襲《聲韻會通》呢？我們進行了考查，得出的結論是：這些
助紐字大部分來源於《集成》。因為它們與系聯出來的《集成》的聲
類基本相同，只有「迎妍，即銀言、寧年」（泥母）、「刑賢，即寅延」
（逸母）、和「墳煩，即文樠」（奉母）三母與《集成》不同，這與
《集要》的聲類歸併有關，詳見下文分析。至於趙蔭棠先生所說的抄
襲《聲韻會通》的說法，本人覺得可能性不大，因為《集要》的聲類
名稱，基本與《集成》相同，而《聲韻會通》的二十八聲類，則是用
「乾坤清寧日月昌明天子聖哲丞弼乂英兵法是恤禮教丕興同文等字」
等二十八字來體現的，如果是抄襲，《集要》的聲類就不會不採用
《聲韻會通》的聲類名稱，而與《集成》的聲類名稱那麼相似了。

## 二　《集要》的分韻

　　《集要》與《集成》的分韻相同。《集要》與《集成》都分二十
二韻部，且排列次序相同。不同的是，《集成》的韻部名稱大都以
《廣韻》韻目的四聲為名（第九卷「遮者蔗」除外），如東董送屋、
山產諫轄、庚梗敬陌等；《集要》的韻部名稱略有改動，主要以實際
韻部的小韻首字的四聲相承為名，如東董凍篤、山汕訕殺、瓜寡卦、
庚梗更格等。但這些不同，只是韻字代表的不同，沒有影響到韻類的

變化，因此，二者的二十二韻部是完全一樣的。同時，《集要》每韻的目錄排列，也基本像《集成》那樣，按一定的聲類次第來排列（如每韻都把「見」組按次第排在前面），不同的是《集要》將每韻的韻名排在第一組，其餘再依《集成》的韻目排列次第來排列，而把「見」組應排在第一位的聲類（一般是見母）與韻目名稱所排的聲類位置對調了一下。如：「支」韻，《集成》的聲類是把「奇技芰」排在第一組，把「支紙寘」排在第十五組，而《集要》則把二者的位置對換了一下。由於《集要》每韻的聲部分目數都比《集成》少（詳見下表十五），其韻目排列就無法與《集成》完全等同，這主要體現了《集要》的聲類歸併問題，也說明了它不是一種抄襲行為。而《聲韻會通》則分為四十五個韻類，顯然與《集成》、《集要》的分韻是大相逕庭的，從這一點上看，《集要》的體例應與《集成》更接近，而與《聲韻會通》更遠些。

## 三　《集要》與《集要》聲類區別較大

《集成》和《集要》的小韻首字均以韻部的先後順序依聲類不同來排列，且都以表格形式在目錄中列出，每個韻部的小韻首字均按聲類不同四聲相承豎列於目錄中，同時在四聲相承上方都標明其次序。這一次序的標明，為二者的聲類分類數的比較提供了詳實的數據。經比較，可以發現《集成》每個韻部的聲類分類數，《集要》除寒韻一樣、爻韻多出一類外，大都有刪減。二書的聲部分目數情況如下表：

## 表十五

| 韻部 | 東 | 支 | 齊 | 魚 | 模 | 灰 | 皆 | 真 | 寒 | 山 | 先 | 蕭 | 爻 | 歌 | 麻 | 遮 | 陽 | 庚 | 尤 | 侵 | 覃 | 鹽 |
|---|---|---|---|---|---|---|---|---|---|---|---|---|---|---|---|---|---|---|---|---|---|---|
| 集成 | 37 | 26 | 14 | 19 | 26 | 26 | 40 | 73 | 25 | 40 | 45 | 26 | 31 | 27 | 26 | 18 | 62 | 63 | 49 | 28 | 34 | 24 |
| 集要 | 32 | 19 | 12 | 17 | 21 | 26 | 35 | 54 | 25 | 27 | 31 | 24 | 32 | 21 | 23 | 17 | 50 | 57 | 40 | 22 | 28 | 22 |

依《集成》的聲類，二書聲部分目數的增減、歸併情況具體如下：

東韻：《集成》「融勇用育」四聲相承，屬以類（喻疑二母）；「雄」歸匣母；而《集要》雄勇用育四聲相承，且切語均與《集成》相同（本節如無另文說明，二書的切語均相同，為節省篇幅，下略），合併為一類。

支韻：《集成》「肥朏扉」三聲相承，屬奉母，「微尾未」三聲相承，屬微母；《集要》「肥尾未」三聲相承，合併為一類。

魚韻：《集成》「殊豎樹」三聲相承，屬禪母，「如汝孺」三聲相承，屬日母；《集要》「殊汝孺」三聲相承，併為一類。

模韻：《集成》「扶父附」三聲相承，屬奉母，「無武務」三聲相承，屬微母；《集要》「扶武附」三聲相承，併為一類。《集成》「麄蔖措」三聲相承，屬清母，「初楚楚」三聲相承，屬丑類（徹穿）；《集要》「麄楚措」三聲相承，合併為一類。

灰韻：《集成》「回瘣潰」三聲相承，屬匣母，「為韙胃」三聲相承，屬以類（喻疑二母）；《集要》「為瘣胃」三聲相承，併為一類；《集成》「狨榮芮」三聲相承，屬日母，誰瑞二聲相承，屬禪母；《集要》「誰榮芮」三聲相承，併為一類。

真韻：《集成》「辛信悉」三聲相承，屬心母開口，「荀筍峻恤」四聲相承，屬心母合口；《集要》「辛筍峻悉」四聲相承，併為一呼；

《集成》「旬殉」二聲相承，屬邪母，「秦盡藎疾」四聲相承，屬從母；《集要》「旬盡藎疾」四聲相承，併為一類；《集成》「辰腎慎實」四聲相承，屬禪母，「人忍刃日」四聲相承，屬日母；《集要》「辰腎刃日」四聲相承，併為一類。《集成》「津欗晉壄」四聲相承，屬子類（精母）開口呼，「尊撙捘卒」四聲相承，屬子類合口呼，「俊晬」去入二聲相承，屬子類撮口呼；《集要》則將「俊晬」併入「尊」韻，也即後二者合併為一類。

　　山韻：《集成》「閑休眼切睲」二聲相承，屬曉母，「閑何眼切限莧狹澗切轄胡瞎切」四聲相承，屬匣母；《集要》「豼許閑切莧許澗切睲」三聲相承，當屬曉母；《集成》「餐粲擦」三聲相承，屬清母，「獌劃鏟察」四聲相承，屬丑類（徹穿二母）；《集要》「餐剗粲察」四聲相承，併為一類，《集成》以上兩聲類的七個韻字中，在《集要》的「餐剗粲察」一類中，除所缺「獌」字以外，其他各字都有且均被歸入相應的聲調中。《集成》「煩飯伐」三聲相承，屬奉母，「橫晚萬轙」四聲相承，屬微母；《集要》「煩晚飯伐」四聲相承，併為一類。

　　先韻：《集成》「延演衍拽」四聲相承，屬以類（喻疑），「賢峴現繯」四聲相承，屬匣母；《集要》「賢演現繯」四聲相承，併為一類；《集成》「然橪熱」三聲相承，屬日母，「鋋善繕舌」四聲相承，屬禪母；《集要》「然善繕舌」四聲相承，併為一類。《集成》「纏纏轍」屬直類（澄床二母）開口，「椽篆傳」屬直類合口，《集要》「纏篆纏轍」四聲相承，併為一類；《集成》「員遠院越雨月切」四聲屬以類（喻疑）開口，「元阮願月」四聲屬以類合口；《集要》則一分為兩個聲類。

　　歌韻：《集成》「珂可軻」屬溪母洪音，「科顆課」屬溪母細音；《集要》「珂可課」三聲相承，併為一呼。

　　陽韻：《集成》「娘㵅釀𡄳」四聲相承，屬奴類（泥娘），「仰仰虐」三聲相承，屬以類；《集要》「娘仰仰虐」四聲相承，併為一類；《集成》「牆匠嚼」屬從母，「祥象」屬邪母；《集要》「牆象匠嚼」四

聲相承，併為一類；《集成》「欨旰慳」屬曉母洪音，「舡愮慧<sup>赫巷切</sup>㲉」屬曉母細音，《集要》「欨旰慧<sup>呼降切</sup>慳」四聲相承，併為一呼。《集要》多出「幢<sup>直商切</sup>撞<sup>直降切</sup>濁<sup>直角切</sup>」三聲，反切上字均為「直」，與「長丈仗<sup>直亮切</sup>著<sup>直略切</sup>」四聲當為同類，然「濁」字下注釋為「直角切，音與湼同」，這又與「床<sup>助莊切</sup>狀<sup>助浪切</sup>湼<sup>鉏角切</sup>」三聲當為同類；而《集成》「長丈仗著」和「床狀湼」均與《集要》同切，屬直類（澄床二母）洪音、細音之別。

庚韻：《集成》「彭蹭」屬清母，「測」屬丑類（徹穿二母），《集要》併為一類成「彭蹭測」三聲相承；《集成》「坑客」屬溪母洪音，「肯克」屬溪母細音；《集要》「坑肯客」三聲相承，併為一類。《集成》「娙脛額」三聲相承，屬以類細音，「硬」屬以類洪音；《集要》「娙脛硬額」四聲相承，併為一類。

尤韻：《集成》「仇受授」三聲相承，屬禪母；「柔蹂輮」三聲相承，屬日母；《集要》「柔蹂授」三聲相承，併為一類。

侵韻：《集成》「尋羽」平入二聲相承，屬徐類（邪母），「鱘蕈集」平上入三聲相承，屬昨類（從母）；《集要》「尋蕈集」平上入三聲相承，併為一類。《集成》「怎」字屬子類（精母）洪音；「簪譖戢」平去入三聲相承，屬陟類（知、照母）；《集要》「簪怎譖戢」四聲相承，併為一類。但後者的合併，應該是特例，《集成》「怎」獨字成類，並釋為「《中原雅音》子磣切，商清音；《集韻》子唅切。語辭也。《五音篇》中，先人立作此字，無切腳可稽。昌黎子定作『枕』字。今此寢韻中精母之下，並立切腳子唅切。其『唅』字，曉母安之，呼怎切，兩字遞相為韻切之，豈不妙哉！後進細詳，方知為正者也。」《集要》「怎」字也是獨字成類，並釋為「子沈切，語辭也。」

覃韻：《集成》「覃禫潭沓」四聲相承，「談淡憺」平上去三聲相承，分屬定母洪細音，其中，「踏」字歸入「逕」韻中。《集要》則「覃禫潭沓」和「談淡憺踏」各四聲相承，分屬兩類，其入聲「踏」

韻中的所有韻字「踏」、「蹋」、「蹹」和「闒」等字，在《集成》中均屬「沓」韻。而以上各字《正韻》亦同《集成》屬「沓」韻。這說明到了《集要》，「沓」與「踏」的讀音已經發生了分化。

　　由以上十四個韻部的增減及歸併情況來看，《集要》的聲類顯然有了較大幅度的歸併，其對《集成》各聲類的歸併主要體現在微奉合一、禪日合一、邪從合一、匣喻合一、泥娘疑合一、清徹穿合一這六組上。因此，我們可以肯定《集要》的聲類實際上只有二十五個。從《集要》書中的「切字要法」中，可以看出微奉合一、禪日合一、邪從合一的定局，如果只是這樣，那麼《集要》的聲類為二十七個則確實沒錯。然而，從我們將其與《集成》聲類的比較來看，匣喻疑合一、清徹穿合一也是肯定的。

　　從以上分析來看，《集要》的音系與《集成》的音系有著密切的傳承關係，《集要》繼承了《集成》的基本體例：韻目及其排列次序和韻字的次第等；韻部也分二十二類，排列次序也依《集成》；聲調上也是平上去入四聲相承。只是它歸併了《集成》的個別聲類，使得聲類數由三十個銳減了五個，但仍有全濁聲母字。因而，耿振生先生說它是改訂《集成》體例而成並不為過。只是其聲母只有二十五類，當與《集成》有所區別，可能更體現出某各種方言的特徵。而這種方言就是吳方言（詳見下文分析）。

# 第七章
# 《集成》與《中原雅音》

## 第一節　《集成》在保存《中原雅音》上的貢獻

　　《中原雅音》（以下簡稱《雅音》）已經亡佚，對其內容的記載，至今為止最為齊全的當為《集成》，這在學術上是較為公認的。而《集成》時音價值的體現，就在於書中大量援引代表當時時音的《中原雅音》的反切與直音。邵榮芬先生在《中原雅音研究》（1981：28）中提及「從《集成》引述的材料看，《雅音》所收的字既有注音，也有釋義。注音的方式有反切，有直音，有反切兼直音等幾種。」邵先生在該書前言中指出：「《中原雅音》這部書早已失傳，而且作者無考。它的出現年代可能是在一三九八至一四六○年之間。它是《中原音韻》以後，另一個記錄北方方言語音的最早的韻書。它為我們提供了很多不見於《中原音韻》的當時北方語音的重要材料，豐富了近代語音史的數據，擴大了我們的視野。它確實是關於近代漢語語音的一部重要著作，對研究近代漢語語音的發展具有很高的價值。」寧忌浮（2003：51）指出：「《正韻》將舊韻的二○六韻併為七十六韻也有所本。主要依據是《增韻》毛氏父子的案語以及《古今韻會舉要》關於韻部分併的案語，當然還有現實語音，即中原雅音。」寧忌浮（2003：120，161）援引呂坤《交泰韻》批評《正韻》之語：「高廟如諸臣而命之云，韻學起於江左，殊失正音，須以中原雅音為定。而諸臣自謂從雅音矣。及查《正韻》，未必盡脫江左故習，如序、敘、象、像、尚、丈、杏、幸、棒、項、受、舅等字，俱作上聲。此類頗多，與雅音異。」並在提及《洪武正韻》的失敗時，說：「明太祖要求編寫一部

代表中原雅音語音系統的新韻書卻不拋棄舊韻書，而是要詞臣用中原雅音去校正舊韻書。不拋棄舊書，在舊韻書上改併重編，即使再重修，也做不到『一以中原雅音為定』，永遠也編不出像《中原音韻》那樣的韻書來。」由此可見，《正韻》是沒有完成「一以中原雅音為定」的目標，因此，寧先生認為它是失敗的。與此相比，《集成》在這方面是成功的，它在體現時音方面從其釋字體例即可窺見一斑，如韻目「松」，《正韻》並沒提到時音，而《集成》則釋為：

> 舊韻詳容切，商次濁音……《洪武正韻》息中切，見上音淞，《中原雅音》亦音淞。

不僅提到「舊韻」，而且引用《正韻》的反切，同時引用雅音的讀法。《集成》這樣的例子很多，兩千五百七十一個小韻首字的注音中有二百一十多個提到「舊韻」、近一百個引用「正韻」、約九百八十個提到「中原雅音」。諸多讀音同時體現在一個韻字的注釋中為我們進行歷時比較或共時比較研究提供了詳實的語音資料。邵先生從《集成》所提供的史料基礎上，輔之以《字彙》、《正字通》及《康熙字典》等材料，還原出《中原雅音》的面貌。這可以說是《集成》的一大貢獻，正如邵榮芬（1981：15-16）所指出的：「由此可見，今日所見《雅音》中最早、最直接、最完備的材料，還是見於《集成》的引述。」他還說，「《集成》所引述的《雅音》材料，共一千四百零五條。除去與語音無關的一百一十二條，還剩一千二百九十三條。……在一千二百多條與語音有關的材料中，《集成》絕大多數引自《雅音》的原文。」[1]

---

1　冀伏先生在〈《中原雅音》考辨──兼與蔣希文同志商榷〉一文中指出：〈《中原雅音》輯佚〉從《韻學集成》裡抄出一千四百二十二條關於《中原雅音》的資料，其中有一千兩百八十八條是釋音的。

　　當然，《集成》在反映《中原雅音》的原貌方面也有不足之處，如李無未先生在〈《辨音纂要》所傳《中原雅音》〉（2003）一文中，提及「《辨》提到《中原雅音》主要是在一些韻目下雙行小字注中，數據雖然不多，卻十分重要」，並羅列有關的韻目如下：

　　六灰，平聲。此韻《中原雅音》併屬齊微。

　　八質，入聲。此韻《中原雅音》併屬齊微。

　　九寒，平聲。此五母（見溪影曉匣）《中原雅音》併屬後產韻內。

　　九旱，上聲。此三母（見溪曉）《中原雅音》併屬後產韻內。

　　九翰，去聲。此五母（見溪影曉匣）《中原雅音》併屬後諫韻內。

　　九曷，入聲。《中原雅音》此韻皆屬歌戈。

　　十轄，入聲。《中原雅音》此韻併屬家麻。

　　十一屑，入聲。此韻《中原雅音》皆屬車遮。

　　十三爻，平聲。此三聲（平上去）《中原雅音》併屬蕭篠嘯內。

　　十七藥，入聲。此韻《中原雅音》皆屬蕭豪。

　　十八陌，入聲。此韻《中原雅音》多屬齊微。

　　二十緝，入聲。此韻《中原雅音》皆屬齊微。

　　二十一合，入聲。此韻《中原雅音》多屬家麻。

　　二十二葉，入聲。此韻《中原雅音》多屬車遮。


此外，在八質韻內還有《中原雅音》字樣出現，比如，用三十字母順序注字音，表明它屬於『齊微』韻，最後在日母所屬字後另起一行支：『下韻，《中原雅音》皆屬魚模。』然後，以三十字母順序重新列字，這等於把《辨音纂要》『質』韻按《中原雅音》一分為二，很像顧炎武後來用『離析唐韻』之法研究上古音而以《中原雅音》離析《辨音纂要》。」

　　李先生的考證十分重要，考之《集成》，質、旱、翰等十一韻均

有提到《中原雅音》的讀音或反切，而灰、寒、陌三韻沒有記錄《中原雅音》的實際讀音或反切，足見《集成》對《中原雅音》語音的反映並不全面，這則是《集成》反映時音的不足之處。

## 第二節　《集成》與《雅音》不是同一音系

上文提及「《集成》所引述的《雅音》材料，共一千四百零五條。」而這一千四百零五條中，《集成》的小韻首字引述的就有九百七十八條，這是研究《集成》與《雅音》音系關係的最重要材料。從這些資料整理、分析出來的結果顯示，《集成》與《雅音》不是同一音系。我們將這些材料依《集成》的小韻首字、所在韻部及聲調、反切及雅音的反切或音讀羅列如下：

| | | | | | | | |
|---|---|---|---|---|---|---|---|
| 馮 | 東平 | 符中 | 付蒙切 | 孰 | 東入 | 神六 | 世由切 |
| 伏 | 東入 | 房六 | 付無切 | 叔 | 東入 | 式竹 | 式魯切 |
| 肉 | 東入 | 而六 | 更音獸 | 速 | 東入 | 蘇穀 | 思魯切 |
| 熇 | 東入 | 呼木 | 音虎 | 雄 | 東平 | 胡弓 | 戲容切 |
| 蟲 | 東平 | 持中 | 江中切 | 洪 | 東平 | 胡公 | 戲同切 |
| 朒 | 東入 | 女六 | 尼救切 | 澒 | 東上 | 胡孔 | 休貢切去聲 |
| 蓬 | 東平 | 蒲紅 | 普蒙切 | 畜 | 東入 | 許六 | 音旭 |
| 蔟 | 東入 | 千木 | 七古切 | 玉 | 東入 | 魚六 | 以育欲玉 |
| 窮 | 東平 | 渠宮 | 器紅切 | | | | 同音芋 |
| 叢 | 東平 | 徂紅 | 青蔥切 | | | | |
| 麹 | 東入 | 丘六 | 丘羽切 | 僕 | 東入 | 步木 | 音逋 |
| 動 | 東上 | 徒總 | 去聲音 | 卜 | 東入 | 博木 | 音補 |
| 重 | 東上 | 直隴 | 去聲音眾 | 崇 | 東平 | 鉏中 | 音蟲弓 |
| 歱 | 東上 | 時勇 | 日孔切 | 柷 | 東入 | 昌六 | 音杵 |
| | | | | 洞 | 東去 | 徒弄 | 音凍 |

| 牘 | 東入 | 徒穀 | 音都 | | 擁 | 東上 | 委勇 | 音勇 |
|---|---|---|---|---|---|---|---|---|
| 鳳 | 東去 | 馮貢 | 音諷 | | 育 | 東入 | 余六 | 音芋 |
| 奉 | 東上 | 父勇 | 音諷 | | 鬱 | 東入 | 乙六 | 音芋 |
| 福 | 東入 | 方六 | 音府 | | 寵 | 東上 | 丑勇 | 音腫 |
| 弓 | 東平 | 居中 | 音公 | | 仲 | 東去 | 直眾 | 音眾 |
| 供 | 東去 | 居用 | 音貢 | | 祝 | 東入 | 之六 | 音主又音肘 |
| 共 | 東去 | 巨用 | 音貢 | | 從 | 東去 | 才用 | 音粽 |
| 穀 | 東入 | 古祿 | 音古 | | 族 | 東入 | 昨木 | 音租 |
| 哄 | 東去 | 胡貢 | 音烘休貢切 | | 拱 | 東上 | 居辣 | 音協 |
| 斛 | 東入 | 胡穀 | 音胡更音 | | 邕 | 東平 | 於容 | 於公切 |
| | | | 火模切 | | 逐 | 東入 | 直六 | 之狐切 |
| 局 | 東入 | 渠六 | 音居 | | 蹙 | 東入 | 子六 | 子羽切 |
| 菊 | 東入 | 居六 | 音矩 | | 戎 | 東平 | 而中 | 傭音蟲江中切 |
| 穹 | 東平 | 丘中 | 音空 | | 醝 | 歌平 | 才何 | 妻禾切 |
| 恐 | 東上 | 丘隴 | 音孔 | | 爸 | 歌上 | 蒲可 | 去聲音播 |
| 恐 | 東去 | 欺用 | 音控 | | 柁 | 歌上 | 待可 | 去聲音剁 |
| 酷 | 東入 | 枯沃 | 音苦 | | 和 | 歌去 | 胡隊 | 去聲音貨 |
| 篤 | 東入 | 都毒 | 音珞 | | 禍 | 歌上 | 胡果 | 去聲音貨 |
| 龍 | 東平 | 盧容 | 音隆 | | 坐 | 歌上 | 徂果 | 去聲音佐 |
| 祿 | 東入 | 盧穀 | 音路 | | 婆 | 歌平 | 蒲禾 | 四摩切 |
| 木 | 東入 | 莫蔔 | 音墓 | | 臥 | 歌去 | 五貨 | 烏過切音涴 |
| 顒 | 東平 | 魚容 | 音濃 | | 何 | 歌平 | 寒苛 | 希哥切似訶 |
| 傉 | 東入 | 奴篤 | 音奴 | | 和 | 歌平 | 戶戈 | 希鍋切 |
| 撲 | 東入 | 普蔔 | 音普 | | 荷 | 歌去 | 胡个 | 休个切 |
| 松 | 東平 | 詳容 | 音淞 | | 餓 | 歌去 | 五个 | 夷个切 |
| 秃 | 東入 | 他穀 | 音土 | | 訛 | 歌平 | 五禾 | 夷何切 |
| 屋 | 東入 | 烏穀 | 音塢 | | 婆 | 歌去 | 傍 | 音播 |

| | | | |
|---|---|---|---|
| 馱 歌去 唐佐 | 音剢 | 層 庚平 才登 | 七棱切 |
| 駝 歌平 唐何 | 音他 | 情 庚平 慈盈 | 七盈切 |
| 座 歌去 徂隊 | 音佐 | 昔 庚入 息積 | 薺韻音洗 |
| 白 庚入 簿陌 | 邦埋切 | 擎 庚平 渠京 | 丘盈切 |
| 北 庚入 必勒 | 邦每上聲 | 杏 庚上 何梗 | 去聲休徑切 |
| 盧 庚上 蒲猛 | 邦夢去聲 | | 音興 |
| 甓 庚入 皮亦 | 邦迷切 | 厄 庚入 乙革 | 去聲音隘 |
| 崩 庚平 悲朋 | 邦松切 | 並 庚上 部迴 | 去聲音柄 |
| 絣 庚平 補耕 | 邦松切 | 卝 庚上 胡猛 | 去聲音烘 |
| 呈 庚平 直征 | 尺乘切 | 悻 庚上 下頂 | 去聲音興 |
| 橙 庚平 除庚 | 尺能切 | 德 庚入 多則 | 上聲多每切 |
| 坼 庚入 恥格 | 丑海切 | 祴 庚入 古得 | 上聲古每切 |
| 橕 庚平 抽庚 | 丑增切 | 克 庚入 苦得 | 上聲丘每切 |
| 祊 庚上 補梗 | 董韻音琫 | 忒 庚入 胎德 | 上聲他每切 |
| 迥 庚上 戶頂 | 董韻音洶 | 積 庚入 資昔 | 上聲音濟切 |
| 礦 庚上 古猛 | 董韻音慃 | 則 庚入 子德 | 上聲子每切 |
| 特 庚入 敵得 | 多杯切 | 釋 庚入 施只 | 失禮切 |
| 劇 庚入 竭系 | 音記 | 繩 庚平 神陵 | 世乘切 |
| 憬 庚上 居永 | 九勇切 | 仍 庚平 如陵 | 世移切 |
| 庚 庚平 古行 | 九蒸切似經 | 石 庚入 裳只 | 世移切 |
| 闃 庚入 苦臭 | 苦舉切 | 寔 庚入 承職 | 世移切 |
| 勒 庚入 歷德 | 另昧切 | 生 庚平 師庚 | 式登切 |
| 烹 庚平 普庚 | 普公切 | 餳 庚平 徐盈 | 思盈切似星 |
| 僻 庚入 匹亦 | 普禮切 | 迸 庚去 北孟 | 送韻邦夢切 |
| 拍 庚入 普伯 | 普買切 | 色 庚入 所力 | 所馬切 |
| 朋 庚平 蒲弘 | 普蒙切 | 索 庚入 山責 | 所買切 |
| 彭 庚平 蒲庚 | 普蒙切 | 騰 庚平 徒登 | 他棱切 |

| | | | | | | | |
|---|---|---|---|---|---|---|---|
| 庭 | 庚平 | 唐丁 | 他令切 | 格 | 庚入 | 各額 | 音解 |
| 弘 | 庚平 | 胡肱 | 戲同切 | 梗 | 庚上 | 古杏 | 音景 |
| 形 | 庚平 | 奚經 | 戲盈切 | 更 | 庚去 | 居孟 | 音敬 |
| 獲 | 庚入 | 胡麥 | 休乖切 | 痙 | 庚上 | 巨郢 | 音敬 |
| 劃 | 庚入 | 霍虢 | 休乖切 | 競 | 庚去 | 具映 | 音敬 |
| 亨 | 庚平 | 虛庚 | 休棱切 | 臭 | 庚入 | 古闃 | 音舉 |
| 劾 | 庚入 | 胡得 | 休梅切 | 客 | 庚入 | 乞格 | 音揩 |
| 赫 | 庚入 | 呼格 | 休梅切 | 肯 | 庚上 | 苦等 | 音墾 |
| 額 | 庚入 | 鄂格 | 依戒切 | 夏 | 庚去 | 呼正 | 音哭休用切 |
| 伯 | 庚入 | 博陌 | 音擺 | 曆 | 庚入 | 郎狄 | 音利 |
| 蔔 | 庚入 | 步黑 | 音逋 | 陌 | 庚入 | 莫白 | 音賣 |
| 吃 | 庚入 | 苦系 | 音恥 | 墨 | 庚入 | 密北 | 音妹 |
| 鄧 | 庚去 | 唐亙 | 音鐙 | 覓 | 庚入 | 莫狄 | 音袂 |
| 狄 | 庚入 | 杜歷 | 音低 | 盲 | 庚平 | 眉庚 | 音蒙 |
| 的 | 庚入 | 丁歷 | 音底 | 猛 | 庚上 | 母梗 | 音蠓 |
| 定 | 庚去 | 徒逕 | 音矴 | 孟 | 庚去 | 莫更 | 音夢 |
| 鋌 | 庚上 | 徒鼎 | 音矴 | 平 | 庚平 | 蒲明 | 音墲 |
| 肱 | 庚平 | 姑弘 | 音公 | 隙 | 庚入 | 乞逆 | 音啟 |
| 觥 | 庚平 | 姑橫 | 音公 | 坑 | 庚平 | 丘庚 | 音輕 |
| 虢 | 庚入 | 古伯 | 音拐 | 傾 | 庚平 | 窺營 | 音輕 |
| 國 | 庚入 | 古或 | 音鬼 | 榮 | 庚平 | 於平 | 音容 |
| 轟 | 庚平 | 呼宏 | 音烘 | 塞 | 庚入 | 悉則 | 音腮 |
| 橫 | 庚去 | 戶孟 | 音烘休貢切 | 盛 | 庚去 | 時正 | 音聖 |
| 橫 | 庚平 | 胡盲 | 音紅戲同切 | 剔 | 庚入 | 他歷 | 音體 |
| 或 | 庚入 | 檴北 | 音回 | 泓 | 庚平 | 烏宏 | 音翁 |
| 寂 | 庚入 | 前曆 | 音齎 | 席 | 庚入 | 詳亦 | 音西 |
| 戟 | 庚入 | 居逆 | 音幾 | 檄 | 庚入 | 刑狄 | 音喜 |

| | | | | | | | |
|---|---|---|---|---|---|---|---|
| 虩 | 庚入 | 迄逆 | 音喜 | 責 | 庚入 | 陟格 | 之買切 |
| 闃 | 庚入 | 馨激 | 音喜 | 贈 | 庚去 | 昨鄧 | 子鄧切 |
| 脛 | 庚去 | 刑定 | 音興休徑切 | 淨 | 庚去 | 疾正 | 子徑切 |
| 行 | 庚平 | 何庚 | 音刑似興 | 靜 | 庚上 | 疾郢 | 子徑切 |
| | | | 戲盈切 | 甑 | 庚去 | 子孕 | 子徑切 |
| 兄 | 庚平 | 呼榮 | 音凶 | 鈸 | 寒入 | 蒲撥 | 布摩切 |
| 殈 | 庚入 | 呼臭 | 音許 | 半 | 寒去 | 博漫 | 諫韻音扮 |
| 匿 | 庚入 | 昵力 | 音意 | 伴 | 寒上 | 蒲滿 | 去聲音半 |
| 役 | 庚入 | 營只 | 音意 | 畔 | 寒去 | 薄半 | 去聲音半 |
| 繹 | 庚入 | 夷益 | 音意 | 旱 | 寒上 | 侯罕 | 去聲音漢 |
| 域 | 庚入 | 越逼 | 音意 | 緩 | 寒上 | 胡管 | 去聲音喚 |
| 凝 | 庚平 | 魚陵 | 音盈 | 末 | 寒入 | 莫葛 | 去聲音磨 |
| 營 | 庚平 | 余傾 | 音盈 | 趰 | 寒入 | 相活 | 蘇果切 |
| 縈 | 庚平 | 於營 | 音盈 | 桓 | 寒平 | 胡官 | 戲盤切 |
| 郢 | 庚上 | 以井 | 音影 | 活 | 寒入 | 戶括 | 休科切 |
| 媵 | 庚去 | 以證 | 音映 | 按 | 寒去 | 於幹 | 伊炭切 |
| 迎 | 庚去 | 魚慶 | 音映又盈切 | 岸 | 寒去 | 魚幹 | 音按 |
| 行 | 庚去 | 胡孟 | 音媵 | 鉢 | 寒入 | 比末 | 音跛 |
| 硬 | 庚去 | 喻孟 | 音媵 | 段 | 寒去 | 杜玩 | 音鍛 |
| 瑩 | 庚去 | 縈定 | 音用 | 奪 | 寒入 | 徒活 | 音多 |
| 永 | 庚上 | 於憬 | 音員 | 掇 | 寒入 | 都括 | 音朵 |
| 側 | 庚入 | 劄色 | 音責 | 遏 | 寒入 | 阿葛 | 音妸 |
| 宅 | 庚入 | 直格 | 音齋 | 葛 | 寒入 | 居曷 | 音哿 |
| 鋥 | 庚去 | 除更 | 音掌 | 括 | 寒入 | 古活 | 音果 |
| 赤 | 庚入 | 昌石 | 音稚 | 翰 | 寒去 | 侯幹 | 音漢 |
| 刺 | 庚入 | 七逆 | 之禮切 | 曷 | 寒入 | 何葛 | 音呵 |
| 只 | 庚入 | 之石 | 之禮切 | 換 | 寒去 | 胡玩 | 音喚 |

| | | | | | | | | |
|---|---|---|---|---|---|---|---|
| 闊 | 寒入 | 苦括 | 音顆 | 匱 | 灰去 | 具位 | 音喟同儈 |
| 捋 | 寒入 | 蘆活 | 音邏 | 裴 | 灰平 | 蒲枚 | 音醅 |
| 盤 | 寒平 | 蒲官 | 音潘 | 瑞 | 灰去 | 殊偽 | 音稅 |
| 潑 | 寒入 | 普活 | 音叵 | 威 | 灰平 | 於非 | 音煨 |
| 團 | 寒平 | 徒官 | 音湍 | 韙 | 灰上 | 於鬼 | 音猥 |
| 倪 | 寒入 | 他括 | 音妥 | 胃 | 灰去 | 於貴 | 音畏 |
| 玩 | 寒去 | 五換 | 音腕 | 魏 | 灰去 | 魚胃 | 音畏 |
| 繉 | 寒入 | 子括 | 音左 | 墜 | 灰去 | 直類 | 音綴 |
| 捾 | 寒入 | 烏活 | 於果切 | 萃 | 灰去 | 秦醉 | 音醉 |
| 渴 | 寒入 | 丘葛 | 音可 | 罪 | 灰上 | 徂賄 | 音醉 |
| 椎 | 灰平 | 直追 | 尺回切似吹 | 危 | 灰平 | 魚為 | 余回切 |
| 揣 | 灰上 | 楚委 | 解韻丑拐切 | 維 | 灰平 | 以追 | 余回切 |
| 葵 | 灰平 | 渠為 | 渠回切 | 釵 | 皆平 | 初皆 | 尺齋切 |
| 隊 | 灰去 | 杜對 | 去聲音對 | 來 | 皆平 | 郎才 | 力崖切 |
| 鐓 | 灰上 | 杜罪 | 去聲音對 | 倈 | 皆平 | 賴諧 | 力崖切 |
| 跪 | 灰上 | 巨委 | 去聲音儈 | 埋 | 皆平 | 謨皆 | 眉槐切 |
| 璲 | 灰上 | 隨婢 | 去聲音碎 | 愛 | 皆去 | 於蓋 | 尼蓋切 |
| 誰 | 灰平 | 視佳 | 世追切 | 欸 | 皆上 | 衣亥 | 泥海切 |
| 衰 | 灰平 | 所追 | 式乖切 | 排 | 皆平 | 步皆 | 普埋切 |
| 帥 | 灰去 | 所類 | 式賣切 | 亥 | 皆上 | 胡改 | 去聲休蓋切 |
| 倍 | 灰上 | 部浼 | 收去聲貝 | 駭 | 皆上 | 語駭 | 去聲音隘 |
| 遂 | 灰去 | 徐醉 | 通音碎 | 待 | 皆上 | 蕩亥 | 去聲音帶 |
| 瘣 | 灰上 | 戶賄 | 亦音賄 | 在 | 皆上 | 盡亥 | 去聲音再 |
| 佩 | 灰去 | 步妹 | 音貝 | 廌 | 皆上 | 鉏買 | 去聲音債 |
| 摧 | 灰平 | 徂回 | 音催 | 臺 | 皆平 | 堂來 | 他亥切似眙 |
| 慧 | 灰去 | 胡桂 | 音晦 | 敗 | 皆去 | 薄賣 | 通音拜 |
| 潰 | 灰去 | 胡對 | 音晦 | 孩 | 皆平 | 何開 | 休哀切似哈 |

| | | | | | | | | |
|---|---|---|---|---|---|---|---|
| 駭 | 皆上 | 下楷 | 休擺切 | 啞 | 麻上 | 倚下 | 像聲詞 |
| 諧 | 皆平 | 雄皆 | 休崔切 | 畫 | 麻去 | 胡卦 | 音化 |
| 害 | 皆去 | 下蓋 | 休蓋切 | 寣 | 麻去 | 五啉 | 音攦 |
| 喊 | 皆去 | 許介 | 休蓋切 | 暇 | 麻去 | 胡駕 | 音鎛休價切 |
| 械 | 皆去 | 下戒 | 休戒切 | 訝 | 麻去 | 五架 | 音亞 |
| 壞 | 皆去 | 華賣 | 休買切 | 瓦 | 麻上 | 五寡 | 音搲於寡切 |
| 懷 | 皆平 | 乎乖 | 休排切 | 嗏 | 麻平 | 七加 | 音增 |
| 哀 | 皆平 | 於開 | 夷該切 | 咱 | 麻平 | 子沙 | 音增 |
| 涯 | 皆平 | 宜皆 | 夷皆切 | 乍 | 麻去 | 鉏駕 | 音乍 |
| 睚 | 皆去 | 牛懈 | 音隘 | 㕦 | 麻平 | 五瓜 | 余瓜切 |
| 柴 | 皆平 | 床皆 | 音釵 | 楂 | 麻平 | 莊加 | 只沙切 |
| 代 | 皆去 | 度耐 | 音帶 | 拏 | 麻平 | 奴加 | 作拿切 |
| 戴 | 皆去 | 丁代 | 音帶 | 鉏 | 模平 | 床魚 | 尺盧切 |
| 貸 | 皆去 | 他代 | 音泰 | 初 | 模平 | 楚徂 | 丑都切 |
| 載 | 皆去 | 昨代 | 音再 | 扶 | 模平 | 逢夫 | 付無切似夫音 |
| 瘵 | 皆去 | 楚懈 | 音債 | 戶 | 模上 | 侯古 | 呼故切 |
| 砦 | 皆去 | 助賣 | 音債 | 胡 | 模平 | 洪孤 | 火模切似呼音 |
| 齋 | 皆平 | 莊皆 | 只來切 | 蒲 | 模平 | 薄胡 | 普模切似鋪音 |
| 打 | 麻上 | 都瓦 | 都馬切 | 徂 | 模平 | 叢租 | 七盧切似麁音 |
| 伽 | 麻平 | 求加 | 立遮切 | 杜 | 模上 | 徒五 | 去聲音妒 |
| 杷 | 麻平 | 蒲巴 | 匹麻切似葩 | 簿 | 模上 | 裴古 | 去聲音布 |
| 下 | 麻上 | 亥雅 | 去聲休價切 | 父 | 模上 | 扶古 | 去聲音付 |
| 罷 | 麻去 | 皮駕 | 去聲音霸 | 粗 | 模上 | 坐五 | 去聲音祖 |
| 跁 | 麻上 | 傍下 | 去聲音霸 | 徒 | 模平 | 同都 | 土模切 |
| 踝 | 麻上 | 戶瓦 | 去聲余罵切 | 吾 | 模平 | 訛胡 | 夷模切 |
| 遐 | 麻平 | 何加 | 休加切音呀 | 步 | 模去 | 薄故 | 音布 |
| 華 | 麻平 | 胡瓜 | 休麻切 | 誤 | 模去 | 五故 | 音惡烏故切 |

| | | | | | | | | |
|---|---|---|---|---|---|---|---|
| 附 | 模去 | 符遇 | 音付 | 浥 | 侵入 | 齎入 | 音濟上聲 |
| 護 | 模去 | 胡故 | 音戽呼故切 | 蕈 | 侵上 | 慈荏 | 音浸去聲 |
| 所 | 模上 | 疎五 | 音數 | 凜 | 侵上 | 渠飲 | 音禁去聲 |
| 五 | 模上 | 阮古 | 音塢 | 噤 | 侵去 | 巨禁 | 音禁去聲 |
| 助 | 模去 | 床祚 | 之布切似詛 | 泣 | 侵入 | 乞及 | 音啟 |
| 祚 | 模去 | 靖故 | 昨素切 | 鱏 | 侵平 | 才心 | 音侵 |
| 弟 | 齊上 | 杜禮 | 去聲音帝 | 琴 | 侵平 | 渠今 | 音欽 |
| 薺 | 齊上 | 在禮 | 去聲音霽 | 澀 | 侵入 | 色入 | 音史 |
| 徯 | 齊上 | 戶禮 | 去聲音戲 | 習 | 侵入 | 席入 | 音西 |
| 題 | 齊平 | 杜兮 | 剔奚切似梯音 | 霫 | 侵入 | 息入 | 音洗 |
| 兮 | 齊平 | 賢雞 | 戲夷切 | 吸 | 侵入 | 許及 | 音喜 |
| 第 | 齊去 | 大計 | 音帝 | 揖 | 侵入 | 一入 | 音意 |
| 嚌 | 齊去 | 才詣 | 音霽 | 熠 | 侵入 | 弋入 | 音意 |
| 系 | 齊去 | 胡計 | 音戲 | 吟 | 侵平 | 魚今 | 音淫 |
| 湒 | 侵入 | 尺入 | 尺禮切 | 戢 | 侵入 | 側入 | 之禮切 |
| 岑 | 侵平 | 鋤簪 | 尺林切 | 執 | 侵入 | 質入 | 之禮切 |
| 届 | 侵入 | 初戢 | 丑禮切 | 鴆 | 侵去 | 直禁 | 之甚切 |
| 瀋 | 侵入 | 尼立 | 尼禮切 | 朕 | 侵上 | 呈稔 | 之甚切 |
| 緝 | 侵入 | 七入 | 七禮切 | 蟄 | 侵入 | 直立 | 只移切 |
| 十 | 侵入 | 實執 | 世移切 | 怎 | 侵上 | 子吽 | 子礎切 |
| 諶 | 侵平 | 時壬 | 世針切 | 察 | 山入 | 初戞 | 丑馬切 |
| 甚 | 侵去 | 時鴆 | 式陰切 | 剗 | 山入 | 初刮 | 丑馬切 |
| 葚 | 侵上 | 食枕 | 式蔭切去聲 | 潺 | 山平 | 鉏山 | 丑頑切 |
| 尋 | 侵平 | 徐心 | 四淫切似心音 | 達 | 山入 | 堂滑 | 丁加切 |
| 及 | 侵入 | 忌立 | 音雞 | 妲 | 山入 | 當技 | 丁加切 |
| 集 | 侵入 | 秦入 | 音齎 | 發 | 山入 | 方伐 | 方馬切 |
| 急 | 侵入 | 居立 | 音幾 | 轄 | 山入 | 胡瞎 | 伏牙切 |

| 字 | 韻 | 反切上字 | 注 |
|---|---|---|---|
| 煩 | 山平 | 符艱 | 付還切 |
| 辦 | 山去 | 備莧 | 郭盼切音扮 |
| 患 | 山去 | 胡慣 | 呼慣切 |
| 辣 | 山入 | 郎達 | 力架切 |
| 捺 | 山入 | 乃入 | 奴亞切 |
| 豽 | 山入 | 女滑 | 女下切 |
| 汃 | 山入 | 普八 | 普馬切 |
| 擦 | 山入 | 七煞 | 七賈切 |
| 閑 | 山平 | 休艱 | 休艱切 |
| 孱 | 山平 | 跪頑 | 丘頑切 |
| 楬 | 山入 | 丘瞎 | 丘雅切 |
| 限 | 山上 | 下簡 | 去聲休諫切 |
| 但 | 山上 | 徒亶 | 去聲音旦 |
| 撰 | 山上 | 雛綰 | 去聲之慣 |
| 棧 | 山上 | 鉏限 | 去聲之訕 |
| 輚 | 山去 | 助諫 | 去聲之訕 |
| 殺 | 山入 | 山戛 | 沙下切 |
| 薩 | 山入 | 桑轄 | 思賈切 |
| 撻 | 山入 | 他達 | 他馬切 |
| 韈 | 山入 | 無發 | 無罵切 |
| 閑 | 山平 | 何艱 | 休艱切 |
| 莧 | 山去 | 狹澗 | 休諫切 |
| 睆 | 山上 | 戶版 | 休綰切 |
| 瞎 | 山入 | 許瞎 | 休雅切 |
| 還 | 山平 | 胡關 | 許彎切 |
| 拔 | 山入 | 蒲八 | 音巴 |
| 八 | 山入 | 布拔 | 音把 |
| 憚 | 山去 | 杜晏 | 音旦 |
| 飯 | 山去 | 扶諫 | 音販 |
| 刮 | 山入 | 古滑 | 音寡 |
| 襉 | 山去 | 求患 | 音慣 |
| 滑 | 山入 | 戶八 | 音花 |
| 傄 | 山入 | 呼八 | 音化 |
| 戛 | 山入 | 訖黠 | 音賈 |
| 爐 | 山平 | 力頑 | 音爛 |
| 袜 | 山入 | 莫瞎 | 音罵 |
| 壇 | 山平 | 唐蘭 | 音灘 |
| 瓚 | 山上 | 在簡 | 音贊 |
| 劄 | 山入 | 則八 | 音鮓 |
| 窡 | 山入 | 張滑 | 音鮓 |
| 頑 | 山平 | 五還 | 余還切 |
| 穵 | 山入 | 烏八 | 於寡切 |
| 鍘 | 山入 | 查轄 | 只沙切 |
| 拶 | 山入 | 子末 | 子賈切 |
| 噆 | 山入 | 才達 | 子沙切 |
| 齾 | 山入 | 牙八 | 中原韻音牙 |
| 俺 | 覃上 | 女敢 | 女敢切 |
| 臿 | 覃入 | 測洽 | 丑馬切 |
| 蠶 | 覃平 | 徂含 | 蔥藍切 |
| 慚 | 覃平 | 財甘 | 蔥藍切 |
| 查 | 覃入 | 徒合 | 丁加切收麻韻 |
| 法 | 覃入 | 方甲 | 方馬切 |
| 乏 | 覃入 | 扶法 | 府麻切 |
| 礣 | 覃入 | 五合 | 更音尼戈切 |

| 甘 覃平 古三 | 九擔切 | 頷 覃上 戶感 | 休鑒切去聲 |
| 拉 覃入 落合 | 力架切 | 咸 覃平 胡岩 | 休岩切 |
| 南 覃平 那含 | 奴藍切 | 欱 覃入 呼合 | 休我切 |
| 湳 覃上 乃感 | 奴覽切 | 洽 覃入 胡夾 | 休牙切 |
| 納 覃入 奴答 | 奴亞切 | 呷 覃入 呼甲 | 休稚切 |
| 諵 覃平 烏含 | 女甘切 | 岩 覃平 魚咸 | 夷緘切 |
| 㛦 覃上 烏感 | 女敢切 | 婪 覃平 盧含 | 又音藍 |
| 蹃 覃平 白銜 | 鋪咸切 | 巉 覃平 鋤咸 | 音攙 |
| 慘 覃上 七感 | 七濫切去聲 | 答 覃入 得合 | 音打 |
| 囃 覃入 七合 | 七下切 | 耽 覃平 都含 | 音擔 |
| 歉 覃去 口陷 | 丘鑒切 | 潭 覃去 徒紺 | 音馱 |
| 恰 覃入 苦洽 | 丘雅切 | 泛 覃去 孚梵 | 音販 |
| 堪 覃平 苦含 | 渠藍切 | 梵 覃去 扶泛 | 音販 |
| 歃 覃入 色洽 | 沙下切 | 範 覃上 房琰 | 音販去聲 |
| 儳 覃入 私盍 | 思賈切歸趿 | 合 覃入 古遝 | 音智 |
| 趿 覃入 悉合 | 思買切 | 陷 覃去 乎韽 | 音譀休鑒切 |
| 坍 覃平 他酣 | 他藍切 | 合 覃入 胡合 | 音呵 |
| 貪 覃平 他含 | 他藍切 | 夾 覃入 古洽 | 音賈 |
| 榻 覃入 託甲 | 他馬切 | 榼 覃入 苦盍 | 音可 |
| 錔 覃入 託合 | 他馬切 | 壈 覃上 盧感 | 音覽 |
| 覃 覃平 徒含 | 他南切 | 三 覃去 息暫 | 音俕 |
| 談 覃平 徒甘 | 他南切音覃 | 禫 覃上 徒感 | 音毯他覽切 |
| 姶 覃入 遏合 | 烏可切音呵 | 鴨 覃入 乙甲 | 音亞 |
| 含 覃平 胡南 | 戲藍切 | 惔 覃去 徒濫 | 音簷 |
| 峆 覃平 呼含 | 休甘切 | 淡 覃上 徒覽 | 音簷去聲 |
| 傔 覃上 下斬 | 休鑒切 | 雜 覃入 昨合 | 音咱子沙切 |
| 憾 覃去 胡紺 | 休鑒切 | 箚 覃入 竹洽 | 音鮓 |

| | | | |
|---|---|---|---|
| 儳 | 覃去 | 丈陷 | 音蘸 |
| 湛 | 覃上 | 丈減 | 音蘸去聲 |
| 霅 | 覃入 | 直甲 | 音查只沙切 |
| 昝 | 覃上 | 子感 | 子敢切 |
| 暫 | 覃去 | 昨濫 | 子監切 |
| 槧 | 覃上 | 在敢 | 子監切去聲 |
| 歜 | 覃上 | 徂感 | 子沙切 |
| 帀 | 覃入 | 作答 | 子沙切 |
| 雥 | 覃入 | 才盍 | 子沙切 |
| 鷩 | 先入 | 必列 | 邦也切 |
| 涓 | 先平 | 圭淵 | 併音眷 |
| 別 | 先入 | 避列 | 布耶切 |
| 徹 | 先入 | 敕列 | 丑也切 |
| 歠 | 先入 | 昌悅 | 丑也切 |
| 電 | 先去 | 蕩練 | 多練切 |
| 闑 | 先入 | 丁結 | 多也切 |
| 阮 | 先上 | 五遠 | 歸怨切 |
| 傑 | 先入 | 巨列 | 九耶切 |
| 掘 | 先入 | 其月 | 九耶切 |
| 結 | 先入 | 吉屑 | 九也切 |
| 厥 | 先入 | 居月 | 久也切 |
| 劣 | 先入 | 力輟 | 力射切 |
| 列 | 先入 | 良薛 | 力夜切 |
| 滅 | 先入 | 彌列 | 眉夜切 |
| 孽 | 先入 | 魚列 | 尼夜切 |
| 涅 | 先入 | 乃結 | 尼夜切 |
| 緶 | 先平 | 蒲眠 | 普綿切 |
| 撇 | 先入 | 匹蔑 | 普也切 |
| 挈 | 先入 | 詰結 | 丘也切 |
| 闕 | 先入 | 丘月 | 丘也切 |
| 權 | 先平 | 逵員 | 丘員切 |
| 圈 | 先上 | 巨卷 | 去聲眷 |
| 辯 | 先上 | 婢免 | 去聲音遍 |
| 件 | 先上 | 巨展 | 去聲音見 |
| 踐 | 先上 | 慈演 | 去聲音箭 |
| 善 | 先上 | 上演 | 去聲音扇 |
| 峴 | 先上 | 胡典 | 去聲音獻 |
| 泫 | 先上 | 胡犬 | 去聲音絢 |
| 篆 | 先上 | 柱兗 | 去聲音囀 |
| 熱 | 先入 | 而列 | 日夜切 |
| 舌 | 先入 | 食列 | 式耶切 |
| 設 | 先入 | 式列 | 式也切 |
| 漩 | 先去 | 隨戀 | 思戀切 |
| 旋 | 先平 | 旬緣 | 四宣切 |
| 鐵 | 先入 | 他結 | 他也切 |
| 賢 | 先平 | 胡田 | 休虔切 |
| 纈 | 先入 | 胡結 | 休耶切 |
| 歇 | 先入 | 許竭 | 休也切 |
| 穴 | 先入 | 胡決 | 休也切 |
| 血 | 先入 | 呼決 | 休也切 |
| 抴 | 先入 | 延結 | 衣夜切 |
| 便 | 先去 | 毗面 | 音遍 |
| 纏 | 先平 | 呈延 | 音梴 |
| 椽 | 先平 | 重員 | 音川 |

| | | | | | | | |
|---|---|---|---|---|---|---|---|
| 㹀 | 先入 | 杜結 | 音爹 | 𪗉 | 先上 | 直善 | 音戰 |
| 健 | 先去 | 渠建 | 音見 | 浙 | 先入 | 之列 | 音者 |
| 賤 | 先去 | 在線 | 音箭 | 拙 | 先入 | 朱劣 | 音者 |
| 絕 | 先入 | 情雪 | 音嗟 | 傳 | 先去 | 柱戀 | 音囀 |
| 蕝 | 先入 | 子悅 | 音姐 | 節 | 先入 | 子結 | 音阻 |
| 倦 | 先去 | 逵眷 | 音眷 | 月 | 先入 | 魚厥 | 余夜切 |
| 前 | 先平 | 才先 | 音千 | 越 | 先入 | 五伐 | 余夜切 |
| 乾 | 先平 | 渠焉 | 音牽 | 噦 | 先入 | 一決 | 於也切 |
| 切 | 先入 | 千結 | 音且 | 轍 | 先入 | 直列 | 之耶切 |
| 全 | 先平 | 才緣 | 音詮 | 雋 | 先上 | 徂兗 | 子戀切 |
| 繕 | 先去 | 時戰 | 音扇 | 截 | 先入 | 昨結 | 子耶切 |
| 說 | 先入 | 輸爇 | 音舍式也切 | 韶 | 蕭平 | 時招 | 丑饒切 |
| 田 | 先平 | 亭年 | 音天 | 潮 | 蕭平 | 馳遙 | 丑饒切似超 |
| 殄 | 先上 | 徒典 | 音腆 | 瓢 | 蕭平 | 毗招 | 匹遙切似漂 |
| 涎 | 先平 | 徐延 | 音先思延切 | 殍 | 蕭上 | 婢表 | 匹杳切音醥 |
| 玄 | 先平 | 胡涓 | 音賢休虔切 | 調 | 蕭去 | 徒弔 | 去聲音弔 |
| 羨 | 先去 | 似面 | 音線 | 窕 | 蕭上 | 徒了 | 去聲音弔 |
| 現 | 先去 | 形甸 | 音獻 | 嬌 | 蕭上 | 巨夭 | 去聲音叫 |
| 屑 | 先入 | 先結 | 音寫 | 紹 | 蕭上 | 市紹 | 去聲音少 |
| 雪 | 先入 | 蘇絕 | 音寫 | 漅 | 蕭上 | 以紹 | 去聲音要 |
| 鏇 | 先上 | 徐兗 | 音選思戀切 | 趙 | 蕭上 | 直紹 | 去聲音照 |
| 眩 | 先去 | 熒絹 | 音絢 | 迢 | 蕭平 | 田聊 | 他遙切 |
| 演 | 先上 | 以淺 | 音偃 | 驃 | 蕭去 | 毗召 | 音俵 |
| 彥 | 先去 | 魚戰 | 音燕 | 轎 | 蕭去 | 渠廟 | 音叫 |
| 院 | 先去 | 於眷 | 音怨 | 噍 | 蕭去 | 在肖 | 音醮 |
| 願 | 先去 | 虞怨 | 音怨 | 鳥 | 蕭上 | 都了 | 音裊 |
| 纏 | 先去 | 直碾 | 音戰 | 喬 | 蕭平 | 祁堯 | 音趫丘遙切 |

| | | | | | | | | |
|---|---|---|---|---|---|---|---|---|
| 邵 | 蕭去 | 實照 | 音少 | | 嚴 | 鹽平 | 魚杴 | 亦音鹽 |
| 潚 | 蕭上 | 胡了 | 音杳 | | 貶 | 鹽上 | 悲檢 | 音匾 |
| 耀 | 蕭去 | 弋笑 | 音要 | | 磹 | 鹽去 | 徒念 | 音店 |
| 召 | 蕭去 | 直笑 | 音照 | | 牒 | 鹽入 | 徒協 | 音爹 |
| 蟾 | 鹽平 | 時占 | 尺廉切音簷 | | 跕 | 鹽入 | 丁協 | 音爹 |
| 諂 | 鹽平 | 丑涉 | 丑也切 | | 鐱 | 鹽去 | 渠驗 | 音劍 |
| 甜 | 鹽平 | 徒廉 | 更音添 | | 漸 | 鹽上 | 秦冉 | 音僭去聲 |
| 輒 | 鹽入 | 質涉 | 更音者 | | 接 | 鹽入 | 即涉 | 音姐 |
| 笈 | 鹽入 | 極曄 | 九耶切 | | 拈 | 鹽平 | 奴兼 | 音黏 |
| 頰 | 鹽入 | 古協 | 九也切 | | 潛 | 鹽平 | 慈鹽 | 音簽 |
| 獵 | 鹽入 | 力涉 | 力夜切 | | 妾 | 鹽入 | 七接 | 音且 |
| 撚 | 鹽入 | 奴協 | 尼夜切 | | 贍 | 鹽去 | 時豔 | 音苦去聲 |
| 聶 | 鹽入 | 尼輒 | 尼夜切 | | 嫌 | 鹽平 | 胡兼 | 音忺 |
| 箝 | 鹽平 | 其廉 | 丘廉切 | | 燮 | 鹽入 | 悉協 | 音寫 |
| 篋 | 鹽入 | 乞葉 | 丘也切 | | 沾 | 鹽平 | 直廉 | 音簷 |
| 簟 | 鹽上 | 徒點 | 去聲店 | | 琰 | 鹽上 | 以冉 | 音掩衣檢切 |
| 儉 | 鹽上 | 巨險 | 去聲劍 | | 豔 | 鹽去 | 以贍 | 音厭 |
| 歉 | 鹽上 | 苦簟 | 去聲通欠 | | 擪 | 鹽入 | 於葉 | 於也切 |
| 涉 | 鹽入 | 實攝 | 式耶切 | | 朕 | 鹽入 | 直獵 | 之耶切 |
| 攝 | 鹽入 | 失涉 | 式也切 | | 捷 | 鹽入 | 疾業 | 子邪切 |
| 膶 | 鹽平 | 徐廉 | 四廉切 | | 長 | 陽平 | 仲良 | 癡攘切似昌 |
| 帖 | 鹽入 | 他協 | 他也切 | | 常 | 陽平 | 辰羊 | 癡攘切音長 |
| 協 | 鹽入 | 胡頰 | 休耶切 | | 娖 | 陽入 | 測角 | 丑果切 |
| 脅 | 鹽入 | 虛業 | 休也切 | | 綽 | 陽入 | 尺約 | 丑杏切 |
| 業 | 鹽入 | 魚怯 | 衣夜切 | | 唐 | 陽平 | 徒郎 | 當音湯 |
| | | | 同更音 | | 鐸 | 陽入 | 達各 | 多高切 |
| 葉 | 鹽入 | 弋涉 | 衣夜切 | | 縛 | 陽入 | 符約 | 夫毛切 |

| 房 | 陽平 | 符方 | 付亡切 |
| 粕 | 陽入 | 匹各 | 胃韻音叵 |
| 卻 | 陽入 | 乞約 | 更音巧 |
| 江 | 陽平 | 古雙 | 江玒併薑 |
| 桄 | 陽去 | 古曠 | 九曠切 |
| 講 | 陽上 | 古項 | 九兩音繦 |
| 絳 | 陽去 | 古巷 | 九向切 |
| 強 | 陽去 | 其亮 | 九向切 |
| 腳 | 陽入 | 訖約 | 覺韻音絞 |
| 虐 | 陽入 | 魚約 | 女吊切 |
| 咢 | 陽入 | 逆各 | 女告切 |
| 惡 | 陽入 | 烏各 | 女告切 |
| 攮 | 陽上 | 匿講 | 女廣切 |
| 旁 | 陽平 | 蒲光 | 普江切 |
| 鵲 | 陽入 | 七雀 | 七小切 |
| 牆 | 陽平 | 慈良 | 齊羊切 |
| 強 | 陽上 | 巨兩 | 丘兩切 |
| 棒 | 陽上 | 步項 | 去聲音謗 |
| 蕩 | 陽上 | 徒黨 | 去聲音當 |
| 洛 | 陽入 | 歷各 | 去聲音潦 |
| | | | 又音邏 |
| 象 | 陽上 | 似兩 | 去聲音相 |
| 上 | 陽上 | 是掌 | 去聲音餉 |
| 丈 | 陽上 | 呈兩 | 去聲音帳 |
| 若 | 陽入 | 如灼 | 日曜切又 |
| | | | 月夜切 |
| 各 | 陽入 | 葛鶴 | 上聲音縞 |

| 壑 | 陽入 | 黑各 | 上聲音好 |
| 杓 | 陽入 | 時灼 | 時昭切 |
| 朔 | 陽入 | 色角 | 式卯切 |
| 鑠 | 陽入 | 式約 | 式沼切似少 |
| 祥 | 陽平 | 徐羊 | 四羊切似襄 |
| 釀 | 陽去 | 烏桄 | 烏曠切 |
| 涅 | 陽入 | 鉏角 | 五果切 |
| 獲 | 陽入 | 胡郭 | 希毛切 |
| 鶴 | 陽入 | 曷各 | 希高切似蒿 |
| 杭 | 陽平 | 胡岡 | 戲岡切 |
| 黃 | 陽平 | 胡光 | 戲江切 |
| 沆 | 陽上 | 下朗 | 戲朗切 |
| 吭 | 陽去 | 下浪 | 戲浪切 |
| 降 | 陽平 | 胡江 | 戲陽切 |
| 慷 | 陽上 | 盧講 | 休朗切 |
| 況 | 陽去 | 虛放 | 許曠切 |
| 學 | 陽入 | 轄覺 | 依遙切似嚻 |
| 卬 | 陽平 | 五剛 | 夷江切 |
| 仰 | 陽上 | 魚兩 | 夷兩切 |
| 傍 | 陽去 | 蒲浪 | 音謗 |
| 雹 | 陽入 | 弼角 | 音包 |
| 博 | 陽入 | 伯各 | 音包 |
| 藏 | 陽平 | 徂郎 | 音倉 |
| 床 | 陽平 | 助莊 | 音倉 |
| 錯 | 陽入 | 七各 | 音草 |
| 截 | 陽去 | 色絳 | 音粺 |
| 宕 | 陽去 | 徒浪 | 音當 |

| 誆 | 陽去 | 古況 | 音桄九曠切 |
| 晃 | 陽上 | 戶廣 | 音慌又 |
| | | | 去聲沆 |
| 霍 | 陽入 | 忽郭 | 音火 |
| 匠 | 陽去 | 疾亮 | 音醬 |
| 噱 | 陽入 | 極虐 | 音交 |
| 覺 | 陽入 | 古嶽 | 音絞 |
| 恪 | 陽入 | 克各 | 音考 |
| 廓 | 陽入 | 苦郭 | 音顆 |
| 狂 | 陽平 | 渠王 | 音匡 |
| 煌 | 陽去 | 乎曠 | 音況 |
| 誑 | 陽去 | 渠放 | 音曠 |
| 略 | 陽入 | 力灼 | 音料又灑切 |
| 莫 | 陽入 | 末各 | 音磨又音冒 |
| 諾 | 陽入 | 奴各 | 音閙 |
| 強 | 陽平 | 渠良 | 音羌 |
| 索 | 陽入 | 昔各 | 音掃 |
| 託 | 陽入 | 他各 | 音討 |
| 王 | 陽平 | 於方 | 音汪 |
| 尚 | 陽去 | 時亮 | 音餉式亮切 |
| 巷 | 陽去 | 胡降 | 音向去聲 |
| 項 | 陽上 | 戶講 | 音向去聲 |
| 殼 | 陽入 | 黑角 | 音曉 |
| 削 | 陽入 | 息約 | 音筲 |
| 養 | 陽上 | 以兩 | 音鞅 |
| 漾 | 陽去 | 余亮 | 音快 |
| 握 | 陽入 | 乙角 | 音杳 |

| 約 | 陽入 | 乙卻 | 音杳 |
| 藥 | 陽入 | 弋灼 | 音勒於吊切 |
| 藏 | 陽去 | 才浪 | 音葬 |
| 奘 | 陽上 | 在朗 | 音葬 |
| 昨 | 陽入 | 疾各 | 音遭 |
| 作 | 陽入 | 即各 | 音早 |
| 灼 | 陽入 | 職略 | 音沼亦灼切 |
| 狀 | 陽去 | 助浪 | 音壯 |
| 往 | 陽上 | 羽枉 | 余廣切 |
| 枉 | 陽上 | 嫗住 | 余廣切 |
| 臒 | 陽入 | 烏郭 | 余果切 |
| 旺 | 陽去 | 於放 | 余曠切 |
| 籰 | 陽入 | 羽廓 | 余昭切 |
| 搦 | 陽入 | 女角 | 於吊切 |
| 嶽 | 陽入 | 逆各 | 於吊切音勒 |
| 捉 | 陽入 | 側角 | 之卯切 |
| 爵 | 陽入 | 即約 | 子小切 |
| 謙 | 爻平 | 楚交 | 丑高切 |
| 炒 | 爻上 | 楚絞 | 丑惱切 |
| 鐃 | 爻平 | 尼交 | 奴高切同猱 |
| 奧 | 爻去 | 於到 | 女告切 |
| 襖 | 爻上 | 烏皓 | 女好切 |
| 庖 | 爻平 | 蒲交 | 普毛切 |
| 曹 | 爻平 | 財勞 | 妻勞切 |
| 抱 | 爻上 | 蒲皓 | 去聲音報 |
| 導 | 爻去 | 徒到 | 去聲音到 |
| 道 | 爻上 | 杜皓 | 去聲音到 |

| | | | | | | | |
|---|---|---|---|---|---|---|---|
| 晧 | 爻上 | 胡老 | 去聲音耗 | 囚 | 尤平 | 徐由 | 四由切 |
| 漕 | 爻去 | 在到 | 去聲音竈 | 母 | 尤上 | 莫厚 | 通作姥 |
| 造 | 爻上 | 在早 | 去聲音竈 | 頭 | 尤平 | 徒侯 | 吐婁切音偷 |
| 傑 | 爻上 | 鉏絞 | 去聲音罩 | 候 | 尤去 | 胡茂 | 休後切 |
| 套 | 爻去 | 他到 | 他到切 | 厚 | 尤上 | 胡口 | 休後切去聲 |
| 陶 | 爻平 | 徒刀 | 他毛切 | 偶 | 尤上 | 語口 | 音嘔 |
| 豪 | 爻平 | 胡刀 | 希高切似蒿 | 仇 | 尤平 | 時流 | 音儔 |
| 敖 | 爻平 | 牛刀 | 夷高切 | 豆 | 尤去 | 大透 | 音鬭 |
| 傲 | 爻去 | 魚到 | 夷告切 | 鋀 | 尤上 | 徒口 | 音鬭去聲 |
| 爻 | 爻平 | 何交 | 夷交切 | 缶 | 尤上 | 俯九 | 音甫 |
| 暴 | 爻去 | 蒲報 | 音報 | 覆 | 尤去 | 敷救 | 音赴 |
| 铇 | 爻去 | 皮教 | 音豹 | 阜 | 尤上 | 房缶 | 音赴去聲 |
| 鮑 | 爻上 | 部巧 | 音豹 | 侯 | 尤平 | 胡鉤 | 音韝 |
| 號 | 爻去 | 胡到 | 音耗 | 舊 | 尤去 | 巨又 | 音救 |
| 茅 | 爻平 | 謨交 | 音毛 | 臼 | 尤上 | 巨九 | 音救去聲 |
| 貌 | 爻上 | 眉教 | 音貌 | 寇 | 尤去 | 許候 | 音寇 |
| 效 | 爻去 | 胡孝 | 音孝 | 謀 | 尤平 | 莫侯 | 音模 |
| 樂 | 爻去 | 魚教 | 音勒 | 滤 | 尤平 | 皮休 | 音秠 |
| 棹 | 爻去 | 直教 | 音罩 | 瓿 | 尤上 | 薄口 | 音剖 |
| 巢 | 爻平 | 鋤交 | 音刊 | 授 | 尤去 | 承呪 | 音獸 |
| 牛 | 尤平 | 魚求 | 併音尤 | 受 | 尤上 | 是酉 | 音獸去聲 |
| 愁 | 尤平 | 鋤尤 | 尺候切 | 驟 | 尤去 | 鉏救 | 音縐去聲 |
| 浮 | 尤平 | 房鳩 | 付無切 | 穋 | 尤上 | 鉏九 | 音縐去聲 |
| 謳 | 尤平 | 烏侯 | 女勾切 | 宙 | 尤去 | 直又 | 音晝 |
| 裒 | 尤平 | 蒲侯 | 普婁切 | 紂 | 尤上 | 丈九 | 音晝去聲 |
| 酋 | 尤平 | 慈秋 | 砌由切似秋 | 勦 | 尤去 | 才奏 | 音奏 |
| 求 | 尤平 | 渠尤 | 丘侯切 | 就 | 尤去 | 疾僦 | 子救切音僦 |

| | | | | | | | | |
|---|---|---|---|---|---|---|---|---|
| 除 | 魚平 | 長魚 | 尺如切 | | 射 | 遮去 | 神夜 | 去聲音舍 |
| | | | 似樞音 | | 灺 | 遮上 | 似也 | 去聲音卸 |
| 渠 | 魚平 | 求於 | 丘於切 | | 謝 | 遮去 | 詞夜 | 音卸 |
| | | | 似壚音 | | 弼 | 真入 | 薄密 | 邦迷切 |
| 敘 | 魚上 | 象呂 | 去聲音絮 | | 陳 | 真平 | 池鄰 | 丑仁切 |
| 柱 | 魚上 | 丈呂 | 去聲音注 | | 崒 | 真入 | 昨律 | 當音租 |
| 聚 | 魚去 | 族遇 | 去聲 | | 焚 | 真平 | 符分 | 付文切 |
| | | | 子娶切 | | 近 | 真上 | 巨謹 | 九印切 |
| 殊 | 魚平 | 尚朱 | 世余切 | | 郡 | 真去 | 具運 | 九醞切 |
| 似舒音 | | | | | 恩 | 真平 | 烏痕 | 女根切 |
| 徐 | 魚平 | 祥於 | 思余切 | | 頻 | 真平 | 毗賓 | 披民切 |
| 具 | 魚去 | 忌遇 | 音據 | | 盆 | 真平 | 蒲奔 | 普渾切 |
| 豎 | 魚上 | 上主 | 音聲 | | 匹 | 真入 | 僻吉 | 普禮切 |
| 樹 | 魚去 | 殊遇 | 音恕 | | 焌 | 真入 | 促律 | 七古切 |
| 庶 | 魚去 | 徐預 | 音絮 | | 七 | 真入 | 戚悉 | 七禮切 |
| 語 | 魚上 | 偶許 | 音雨 | | 存 | 真平 | 徂尊 | 齊孫切 |
| 禦 | 魚去 | 魚據 | 音芋 | | 勤 | 真平 | 渠斤 | 丘寅切 |
| 豫 | 魚去 | 羊茹 | 音御 | | 屈 | 真入 | 曲勿 | 丘雨切 |
| 箸 | 魚去 | 治據 | 音注 | | 群 | 真平 | 渠雲 | 丘勻切 |
| 于 | 魚平 | 云俱 | 余于魚音同 | | 囷 | 真上 | 杜本 | 去聲頓 |
| 魚 | 魚平 | 牛居 | 魚虞于俞 | | 窘 | 真上 | 巨隕 | 去聲九醞 |
| | | | 余同音 | | 艐 | 真上 | 部本 | 去聲音奔 |
| 查 | 遮平 | 才邪 | 七邪切 | | 腎 | 真上 | 時軫 | 去聲音胂 |
| 瘸 | 遮平 | 巨靴 | 丘靴切 | | 盡 | 真上 | 慈忍 | 去聲音近 |
| 藉 | 遮去 | 慈夜 | 去聲音借 | | 朄 | 真上 | 羽敏 | 去聲音醞 |
| 担 | 遮上 | 慈也 | 去聲音借 | | 日 | 真入 | 人質 | 日吏切 |
| 社 | 遮上 | 常者 | 去聲音舍 | | 失 | 真入 | 式質 | 失禮切 |

| 純 | 真平 | 殊倫 | 世均切 | 鶻 | 真入 | 胡骨 | 音呼 |
|---|---|---|---|---|---|---|---|
| 實 | 真入 | 神質 | 世移切 | 忽 | 真入 | 呼骨 | 音虎 |
| 怵 | 真入 | 雪律 | 思雨切 | 慁 | 真去 | 胡困 | 音惛 |
| 窣 | 真入 | 蘇骨 | 蘇古切 | 疾 | 真入 | 昨悉 | 音齊 |
| 屯 | 真平 | 徒孫 | 吐渾切 | 吉 | 真入 | 激質 | 音幾 |
| 魂 | 真平 | 胡昆 | 戲昆切 | 堲 | 真入 | 子悉 | 音濟 |
| 痕 | 真平 | 胡恩 | 休根切 | 覲 | 真去 | 其吝 | 音靳 |
| 恨 | 真去 | 下艮 | 休艮切 | 倔 | 真入 | 渠勿 | 音居 |
| 狨 | 真入 | 休筆 | 休舉切 | 橘 | 真入 | 厥筆 | 音矩 |
| 很 | 真上 | 下懇 | 休懇切 | 窟 | 真入 | 苦骨 | 音苦 |
| 坌 | 真去 | 步悶 | 音奔 | 栗 | 真入 | 力質 | 音利 |
| 牝 | 真上 | 婢忍 | 音鬢 | 肆 | 真入 | 蘆沒 | 音慮 |
| 孛 | 真入 | 蒲沒 | 音逋 | 密 | 真入 | 覓筆 | 音袂 |
| 不 | 真入 | 逋骨 | 音補 | 沒 | 真入 | 莫孛 | 音暮 |
| 慎 | 真去 | 時刃 | 音抻 | 訥 | 真入 | 奴骨 | 音怒 |
| 叱 | 真入 | 尺粟 | 音恥 | 乞 | 真入 | 欺訖 | 音啟 |
| 出 | 真入 | 尺律 | 音杵 | 瑟 | 真入 | 色櫛 | 音史 |
| 咄 | 真入 | 當沒 | 音措 | 順 | 真去 | 食運 | 音舜 |
| 突 | 真入 | 陀訥 | 音都 | 宎 | 真入 | 他骨 | 音土 |
| 鈍 | 真去 | 徒困 | 音頓 | 兀 | 真入 | 五忽 | 音烏 |
| 分 | 真去 | 房問 | 音糞 | 膃 | 真入 | 烏骨 | 音塢 |
| 憤 | 真上 | 房吻 | 音糞 | 勿 | 真入 | 文拂 | 音務 |
| 佛 | 真入 | 符勿 | 音夫 | 悉 | 真入 | 息七 | 音洗 |
| 拂 | 真入 | 敷勿 | 音府 | 肸 | 真入 | 黑乙 | 音喜 |
| 骨 | 真入 | 古忽 | 音古 | 燼 | 真去 | 徐刃 | 音信 |
| 麧 | 真入 | 下沒 | 音核 | 昵 | 真入 | 尼質 | 音羿 |
| | | | 休梅切 | 一 | 真入 | 益悉 | 音意 |

逸　真入　弋質　音意　　　　技　支上　巨綺　去聲音記
銀　真平　魚巾　音寅　　　　是　支上　上紙　去聲音試
引　真上　以忍　音隱　　　　婢　支上　部比　收去聲
胤　真去　羊進　音印　　　　雉　支上　丈幾　又音智
聿　真入　以律　音於　　　　詞　支平　詳茲　四茲切
運　真去　禹慍　音醖　　　　悲　支平　逋眉　音杯
陣　真去　直刃　音震　　　　避　支去　毗意　音貝
紖　真上　直忍　音震　　　　秘　支去　兵媚　音貝
媋　真平　式匀　音朱　　　　廁　支去　初寺　音次
窋　真入　竹律　音主　　　　肥　支平　符非　音非付
崒　真入　即律　音祖　　　　　　　　　　　微切
卒　真入　臧沒　音祖　　　　芰　支去　奇寄　音記
捽　真入　昨沒　音祖　　　　䕠　支平　忙皮　音梅
鬱　真入　紆勿　於舉切　　　靡　支上　母彼　音浼
質　真入　職日　之禮切　　　紕　支平　篇夷　音批
櫛　真入　仄瑟　之買切　　　皮　支平　蒲䕠　音披
秩　真入　直質　只移切　　　誓　支去　時制　音勢
鐏　真去　徂悶　祖悶切　　　寺　支去　祥吏　音四
馳　支平　陳知　尺迷切　　　似　支上　詳子　音四
差　支平　叉茲　丑支切　　　以　支上　養里　音倚
扉　支去　父沸　當音沸　　　異　支去　以智　音意
茨　支平　才資　齊茲切　　　治　支去　直意　音智
奇　支平　渠宜　器夷切　　　自　支去　疾二　音恣
棐　支上　父尾　去聲音沸

　　　以上九百七十八條與《雅音》音讀有關的材料中，《集成》主要
採取五種方式引述它：一種是直接標出《雅音》反切。一種是直音，

如：如聿,《雅音》音於；以,《雅音》音倚,等等。第三種是既直音,又標反切。第四種是在引述《雅音》反切的基礎上標「似某音」。第五種,直接標明聲調(主要是濁上歸去和入派三聲)並加上直音。當然,還有其他方式,如改變音讀、改韻及小韻首字內的韻字音讀的說明等,如「玉,《雅音》以育欲玉同音芋」、「迥,《雅音》董韻,音洶」、戎韻中注明「慵,《雅音》音蟲,江中切」等等。其中,《集成》全濁上聲一百一十個字,直接標明《雅音》去聲的有七十九個,加上二十來個《雅音》的反切下字是去聲的,這樣就有一百來字在《雅音》中屬去聲的,其他韻字,由於無法看到《雅音》原書,無法確定其聲調,如:

　　　強:《雅音》丘兩切;殄:《雅音》音朕;晃:《雅音》音慌;
　　　駭:《雅音》休擺切。

　　但就這一百一十個全濁上聲小韻首字,就有百分之九十一以上的韻字歸入去聲,可以說,《雅音》的全濁上聲已基本歸入去聲了。
　　入聲韻字三百六十一個,直接標明平、上或去聲等三聲的,則不多,但據《集成》的說明,《雅音》是沒有濁聲母的,如:

　　　模韻去聲「祚」:靖故切……《中原雅音》昨素切,昨轉音遭,
　　　遭是清音,昨是濁音,本作遭素切,與去聲祖字臧祚切相似,
　　　則作當音祖故。《中原雅音》無濁音字,他放此。(頁139)

　　　山韻平聲「閑」:《中原雅音》休艱切,羽次清音,義與何艱切
　　　同……今依《中原雅音》添出之,但凡濁音,《中原雅音》皆
　　　作次清音,及「何下侯胡為」反切皆以改作休戲而反之。他放
　　　此,又見下何艱切。(頁274)

　　當然，對於以上材料的分析，我們主要依據邵榮芬（1981：82-86）所總結的《雅音》語音系統特點的結論。邵先生總結出《雅音》語音系統的特點中關於聲母的有六條，韻母有十三條，聲調有三條，共二十二條，大多與《集成》不同；其中與《集成》語音系統區別較大的有如下幾點（韻母特點只列出其中一條，其他省略）：

1. 全濁聲母全部失去濁音成分。
2. 疑母消失，與影、云、以三母合併，變成零聲母。
3. 影母、疑母的一部分字在-m，-n（山攝未見例子），-i，-u 等韻尾的一等開口韻前增生聲母 n。
4. 入聲韻全部變入陰聲韻。
5. 全濁上聲變同去聲。
6. 入聲消失，變入舒聲。清入變上聲，全濁入變平聲，次濁入變去聲。

　　除此，最重要的不同在於，據邵先生研究的結果，《雅音》的聲母二十個，韻部二十個，聲調只有平上去三聲。同時，邵先生（1981：90）認為「《雅音》是反映當時北方語音的一部韻書。」「北方語音」的定位與多數學者的觀點是一致的，如龍晦（1984）、劉淑學（1996）等。

　　由此可見，《集成》的語音系統與《雅音》的語音系統相差甚遠，當屬兩個不同的音系。另據李無未（2003）所發現，《中原雅音》的韻目「如《中原音韻》那樣分韻十九，韻部名稱完全一樣，這更進一步證實了它與《中原音韻》之間的密切關係。」李先生（2004：390）還提到：「如果我們把《中原雅音》的體例構成放到《中原音韻》一系韻書的體例構成系統中去考察，就會看到它的存在不是偶然的。」冀伏（1980：93）就指出：「《中原音韻》有四大特徵：入派三聲、平分陰陽、濁音清化、韻分十九。《雅音》與之相同或一致。」因此，他認為「《雅音》是《中原音韻》一系的韻書。」同時，他還在該文中認

為：「《雅音》早於《洪武正韻》說不能成立」。寧忌浮（2003：160-161）認為「《正韻》所輯錄的中原雅音不豐厚，中原雅音作為一個語音系統，在《正韻》中遠未形成。」應該是對他自己在一九八〇年的這一篇論文觀點的補充和佐證。由此可見，《集成》一系韻書代表的肯定不是中原雅音音系，《集成》中引用那麼多的《中原雅音》的語音材料或異讀進行比較也可成為這一觀點的輔證。從下文的共同比較中，我們可以看出，《雅音》的語音系統與眾多北方語音系統的韻書存在許多相同之處，其音系當為北方的語音系統。而《集成》採用《雅音》語音的情況是很少的，如上文「閑」字，是「依《中原雅音》添出之」，還有少數韻字的反切是採用《雅音》的，如：

套：《中原雅音》他到切。

俺：《中原雅音》女敢切，次商次濁音。


而以上二字《正韻》、《韻會》均無收，這也是《集成》兼收併蓄的一個表現，應該說，它採用《雅音》音切，只是收字需要，而非受到《雅音》音系的影響。如《集成》魚韻以下韻字的解釋：

魚韻魚：牛居切，角次濁次音……《中原雅音》魚、虞、于、
　　　　余、俞等字併同音。
魚韻于：元從虞韻，云俱切，音與魚同。本魚、于同出，因魚語
　　　　御各有俗聲，故分出之。《中原雅音》魚、于、余等字
　　　　同音。
魚韻余：元羊諸切，羽次濁音，《正韻》併音于。（按：章氏將其
　　　　併入「魚」韻中）
語韻雨：元從虞韻，王矩切，音與語同。《正韻》併音與。《中原
　　　　雅音》以、雨、語、與等字皆同音。

　　御韻豫：羊茹切。《中原雅音》音御，御、遇、豫皆音芋。

　　雖從體例來看，《集成》以上三字所注的同音現象，都與《正韻》和《雅音》同，但《集成》又有「本魚於同出，因魚語御各有俗聲，故分出之」的案語，顯然與二者是與二者不同的；且其同音現象，都有標注依《正韻》併之的案語，說明其同音現象主要依據《正韻》，而其列《雅音》同音現象，應當是一種附注或對比，而不是依《雅音》的音系。而書中，我們沒有看到關於《中原音韻》的引述。如果像楊耐思（1978）和冀伏（1980）、李無未（2003：302）所認為的《雅音》是《中原音韻》一系的韻書那樣，《集成》依《雅音》音讀的例子也是很少的，這也可進一步證實，《四庫全書提要》提到的《集成》「其音兼載《中原音韻》之北聲」的情況是較少的。因此，我們認為，《集成》音系沒有體現「南北雜糅」的特點，與《正韻》所深受《中原音韻》影響是不同的，這應該是二書在音系上的最大區別。

# 第八章
# 總論

## 第一節　《集成》音系的共時比較

　　綜合第四章、第五章和第六章的分析，我們認為《增韻》、《韻會》、《正韻》和《集成》當同屬一個音系。而《集要》又是傳承《集成》的一部韻書，這就形成了在音系特點上一脈相承的五部韻書。《正韻》、《集成》和《集要》成書時間處於明代，這一時代的韻書又特別多，而韻書總是在傳承中發展的，因此要研究其音系，很有必要對其所處年代的韻書進行一個共時的比較。拙作（2004[1]：130-132）曾對《集成》一系韻書的性質進行過探討，認為從共時平面的角度來看，《集成》一系韻書當屬南方音系。

　　如何從共時平面進行研究呢？趙蔭棠、羅常培和張世祿三位前輩就曾從空間角度來分析音系性質的。趙先生把《集成》和《集要》放在「明清等韻之南音系統」；而把《等韻圖經》、《韻略易通》、《切韻要法》和《五方元音》等放在「明清等韻之北音系統」（1957：目錄）的大背景中來討論。張先生則用形象的流程圖來表示，他引羅先生「《舊劇中的幾個音韻問題》三百九十五頁所載北音韻書演化系統表」，認為《中原音韻》為北音韻書，之後演化為南、北兩個分支系統，北音以《韻略易通》、《五方元音》和《切韻要法》等書為代表；南音以《洪武正韻》、《中州音韻輯要》和《曲韻驪珠》等書為代表（1998：258-259），並認為「《洪武正韻》雖然說是『一以中原雅音為定』，可是內容上並非純粹屬於北音系統，一方面遷就了舊韻書，一方面又參雜了當時南方的方音；所以這部書可以說是北音韻書南化

的開始」（1998：224）。王力（1998：389-413）的「明清音系」所舉韻書之例（如：《韻略易通》、《字母切韻要法》、《五方元音》、《等韻圖經》等），正好與上述「北音韻書演化系統表」基本相符。另據耿振生《明清等韻學通論》（1992）官話區等韻音系「在聲母方面，這一系的大多數音系的聲母音位在十九個至二十一個之間（以有字之音計算），少於十九母的和多於二十一母的均少見。」考其所列官話方言區韻書的聲母確實有此特點，如：

《等韻圖經》二十二（此數據為聲母數，下同）、《音韻逢源》二十一、《官話萃珍》二十一、《元韻譜》二十一、《五方元音》二十、《拙庵韻悟》二十、《黃鐘通韻》二十二、《交泰韻》二十、《韻略匯通》二十、《萬韻新書》十九、《切法指掌》十五、《書文音義便考私編》二十一、《西儒耳目資》二十一、《五聲反切正韻》十九、《說音》十九、《等韻學》二十二、《古今中外音韻通例》十九、《泰律篇》二十、《三教經書文字根本》二十一、《諧聲韻學》二十一、《韻略易通》二十、《本韻一得》二十一、《等韻精要》二十一、《音韻六書指南》二十、《翻切簡可篇》十九、《等韻易簡》二十二、《同音字辨》十九、《空谷傳聲》十九、《正音切韻指南》二十、徐氏《切韻指南》二十；其間只有《韻籟》代表天津方言，二十四個聲母，超過二十一母。耿振生（1992：174-201）所指的「官話方言區」含有：北京地區、河北及天津、東北的《黃鐘通韻》、河南的《交泰韻》、山東、江淮方言、雲南的《泰律篇》、在教經書文字根本和《諧聲韻學》和「普通音」一類等韻音系等九種，這種通過歸納法得出的結論，筆者覺得是科學的、可信的。而官話方言區是分南、北兩套系統的，以上當為北方官話方言區一些韻書的聲類特點，而與之相對的南方官話方言區的音系特點就有所不同了。

李葆嘉（1998：107-108）分析十七世紀明末官話區內三種音系的主要區別有五點：

1. 南方有濁聲母，中原與北方已清化。

2. 閉口韻基本已全部消失。

3. 南方、中原入聲韻與陽聲韻相配韻部已不整齊，或趨於韻部銳減，陰陽同入現象產生，塞尾已混化為ʔ。

4. 北方入聲韻消失，塞尾或處於ʔ與^之間，或已脫落。

5. 南方聲調平上去入。中原聲調平、入各分陰陽成六調。北方平分陰陽，入聲韻消失後一種是保留調位，一種是喪失調位。

　　黎新第（1995：85）提到明代南系官話的五個語音特點是：一、仍有獨立入聲；二、至少在《私編》以前，平聲中可能尚有全濁聲母，聲調陰、陽也未必已完全轉化為獨立調位；三、原莊組聲母較多併入精組；四、寒、桓分韻；五、-ng、-n 韻尾的進一步相混。他指出明代官話方音中南、北兩系的又一項差異是「仍舊只是南方系才保持了前代南方系官話方音中寒、桓分韻的特點」。他引用楊耐思（1998）的話說：「明朝初年『一以中原雅音為定』的《洪武正韻》，它的聲母三十一類，明顯地保存一套完整的濁聲母。這種情況一般認為是反映某種方言語音現象……由於它標榜的是『中原雅音』，這種方言也就不可能超出官話區的範圍。」同時，《集成》在許多地方參酌了《玉篇》的內容，甚至在《凡例》中都把它提升到很重要的位置，而《玉篇》也是體現南音系統的一部韻書，正如邵榮芬（1982：8）認為：「梁顧野王《玉篇》現只存殘卷，共二千餘字，其反切系統據周祖謨考證比較完整地保存在日本和尚空海所撰的《篆隸萬象名義》裏頭。這從音類大體上說，大概是可信的。陸德明和顧野王都是南方學者，又都是吳（現在蘇州）人……這說明《名義》的反切確實是南方系統，說它基本上本之於顧氏《玉篇》大概是符合事實的。」總之，從共性的角度分析，《集成》、《正韻》的音系似與以上所述的南方官話存在著較多的共同點，諸如獨立入聲韻、全濁聲母等。這樣一來，王力先生所提到的「明清音系」就代表了北方官話方言區（即

北音韻書）的系統；而《正韻》、《韻會》和《集成》的音系與以上各
韻書的差距甚遠，不屬同一音系是顯然的，即它們應該不屬於北方官
話方言區的韻書。而又在較多地方與南方官話方言區的音系特點有相
似之處。顯然，把《集成》音系劃歸南方音系是較為合理的。

　　因此，從共時平面上來看，由上文的分析，我們知道《正韻》並
非代表南方音系中的單一音系，更多的專家認為與官話方言有聯繫
（詳見第五章）。《集成》音系就成了南方音系（而不是南方官話）的
系統。而南方音系中存在全濁聲母、入聲配陽聲、聲調有平上去入四
聲等特點及明清音系中全濁聲母消失、濁上歸去、入聲基本消失（如
《韻略易通》也有十類入聲韻與陽聲韻相配）等特點就代表了各自的
主要特點了。這些特點，應該說是帶有區別性的特徵，是我們區分兩
類音系的主要依據。而二者所呈現出來的一些共同特點，如：聲母的
非敷不分、疑喻不分（明清音系則連喻母也消失），韻母的韻類漸趨
合併和減少等，則體現二者在語音變化發展中呈現出來的共同趨勢和
規律。二者的不同，則是這一共時平面中因空間不同所形成的獨特特
徵。通過共時平面與時空原則的交錯，形成時空二重平面，大概也可
算是「二重證據法」（魯國堯先生語，2003$^2$：177）吧？從共時平面
來說，二者都體現明代語音的共同特點；從空間平面來說，則是明代
語音的兩個支流。因此，時空因素是從宏觀方面來定位二者音系的性
質，這樣一定位，兩種音系之間既區別又有共同之處的特徵就躍然紙
上了。因此，筆者認為《集成》音系代表的是當時漢民族的共同語的
觀點就可以排除，從而從宏觀上承認其音系在某種程度上體現「南音
韻書」特點。

　　那麼，如何定位這南音韻書的特點呢？是江淮方言？是吳語？是
南方官話的讀書音？還是其他的音系呢？可見，只把《集成》一系韻
書定位在南音韻書的體系還是不夠的，《集成》各種音系成分的兼
有，使得其音系顯示出更為複雜的層面，只有把「兼收併蓄」的各種
音系的主次分清了，才能更好地解決關於其音系性質的問題。

# 第二節　關於《集成》音系「兼收併蓄」問題的剖析

　　對於《集成》音系，筆者贊成寧忌浮先生對《正韻》音系定位的觀點，即「不是單純的、聲諧韻協的、完整的語音系統」，當然寧先生這一觀點只是對《正韻》性質所下的結論，筆者認為《集成》音系與《正韻》音系在性質上一致的，因此借用了此觀點。筆者的理由有兩點：一、可以通過排除法排除其他音系的可能；二、從韻書中體現出「兼收併蓄」的特點，可以證實其「時音和舊韻併存，雅音與方言相雜，」的特點。另外，《集成》一系韻書的語音具有「兼收併蓄」的特點。《正韻》的編纂，正如寧先生（2003：148-161）所總結的「一以中原雅音為定」卻無法實現「中原雅音」化，同時又具有吳語和中原雅音的成分；《四庫全書提要》對《集成》的評價則是「其字多收《篇海龍龕手鏡》之怪體，其音兼載《中原音韻》之北聲。」李新魁（2004：229）也認為：「《集成》的審音定切，有參考明代另一部韻書《中原雅音》之處，但它的語音系統更接近於《洪武正韻》。《中原雅音》繼承了《中原音韻》的做法，取消全濁聲母，也沒有入聲，但《集成》卻跟《洪武正韻》一樣，仍然保存全濁音聲母和入聲，這是因為當時的書面語標準音，還保留這些語音的特點。」而對於《字學集要》，耿振生（1992：202-203）則說它的音系「比《集成》大大接近於吳方言實際語音……支、齊之分，沿《集成》之舊，未必完全符合實際語音」，而把《集成》歸屬為以吳方言為主的混合型音系（頁16、240）。事實是否如此呢？

　　從上文分析可以看出，《集成》一系韻書的音系性質比較複雜，主要就體現在它們音系所體現出來的這種「兼收併蓄」的特點，具體表現在：吳音成分、《雅音》化、江淮方言成分及汴洛音等等。一個音系為何如此複雜和難以定論？真是其音系本身就體現出來的複雜

性？還是後人在分析過程中的一種混淆？這些都是值得我們思考的重要問題。只有我們弄清楚「兼收併蓄」的源流，才能真正解開這一系列的謎團。

# 一　《集成》「其音兼載《中原音韻》之北聲」之說值得商榷

《四庫全書提要》在評價《集成》音系時指出：「其音兼載《中原音韻》之北聲」。這一評價關係到《集成》音系的一個重要歸屬問題，不能不引起重視。隨著研究的展開，筆者認為沒有反映《集成》實際的語音情況，是值得商榷的。有三個方面可以看出《集成》的音系實際上是不受《中原音韻》影響的：

第一，許多《正韻》受《中原音韻》影響的地方，《集成》與《正韻》是有所不同的。寧先生的《洪武正韻研究》裡，多處提到七十六韻本與八十韻本的區別，其中有幾點是值得注意的：

1. 返工後的八十韻本全濁上聲字形基本上歸併到去聲韻，呂坤所舉的十一個字全併入去聲。（頁120）

2. 「皮」、「疲」二字，傳統韻書從《切韻》到七十六韻本，都屬同一小韻，《正韻》以後的韻書亦莫不如此，現代方言尚未查到不同音的例證。八十韻本為什麼把它們分開？依據什麼？依據《中原音韻》！《中原音韻》「皮」與「裴」同音，「疲」與「脾」同音。「皮疲分韻」充分暴露了《正韻》與《中原音韻》不無關係，雖然《正韻凡例》及宋濂、吳沉序文隻字未提《中原音韻》，但從《正韻》審音定韻的一些做法可以看出它確實參照了《中原音韻》。」（頁129-130）

3. 八十韻本打破了-p、-t、-k 這種古老的平衡，把七十六韻本

的十個入聲韻改併成十一個。質韻的合口字（即來自《增
韻》術、勿、沒三韻及質韻合口）、陌韻部分合口字（即來
自《增韻》錫、職二韻合口）被離析出來，合併為術
韻。……八十韻本入聲韻有十一個，陽聲韻仍是十個，陽入
已無法配合……單就八十韻本所開的這個窗口看，《正韻》
的入聲韻似乎與陰聲韻有對應關係。質韻與支微齊三韻對
應、術韻與魚韻對應、陌韻與皆韻對應。（頁131-133）

4. ……多數韻書跟八十韻本相似，庚韻合口及唇音一二等字大
多數或相當多數讀入東韻或有東韻又讀。這大概是《正韻》
時代北方方言的普遍現象（就現代方言推測，當時非北方方
言區，有不少地方也都如此）。就庚東的分併看，返工後的
《正韻》確實向時音中原雅音又靠近了一步。（頁137）

5. 七十六韻本「貶、凡、法」仍讀-m、-p。八十韻本將它們併
入-n、-t，與《中原雅音》一致，向中原雅音又靠近了一
步。最引人注意的是，把「稟」字併入梗韻與「丙」字同
音，「稟」、「品」不同韻。今北京與之相同……從「稟」與
「品」韻母的分混，也可以看出，以北京為中心的北部方言
區與《正韻》所吸納的中原雅音一致，而江淮方言與《正
韻》所吸納的中原雅音距離遠些。（頁143）

　　寧先生的以上五點論述清楚地告訴我們：修訂後的八十韻本《正
韻》比七十六韻本更靠近中原雅音或《中原音韻》，而以上五點，七
十六韻本與中原雅音或《中原音韻》是不同的。依七十六韻本修訂的
《集成》自然也是如此。

　　第二，寧忌浮（2003：43-48）所分析的八十韻本對許多小韻的
離析或修訂，也使八十韻本比七十六韻本更接近《中原音韻》的音
系。如：「八十韻本又將《增韻》『鉏中切』小韻的『崇漴』二字併入

『持中切』，與《中原音韻》相同了」；「《正韻》將『淑』字併入『式竹切』與『叔』字同音，『孰』等四字與燭韻『蜀』字小韻合併，切語仍用『神六切』。八十韻本又將『淑』字改回『神六切』小韻」；「八十韻本將『時征切』改為『馳征切』。《中原音韻》『乘勝成』音 tʂ'iəŋ，繩音 ʂiəŋ。《正韻》與之相同。」考之《集成》，「崇漴」等字仍為「鉏中切」切；『淑』字兩讀，既出現在『式竹切』，又出現在『神六切』；『乘勝成』等字的反切仍依『時征切』；足見以上內容《集成》沒有依八十韻本改動，因而自然與《中原音韻》不同了。

第三，《集成》不僅沒依八十韻本改動一些韻字的歸屬，甚至連七十六韻本的許多與《中原音韻》相同的地方，《集成》也沒依《正韻》。如寧忌浮（2003：32-42）列舉了十一類《正韻》對《增韻》小韻進行合併時，導致了「古全濁聲母字和清聲母字的混併以及古疑喻影諸母字的混併」問題。這十一類分別是：

影喻混併；疑喻混同；群見、群溪混同；並幫、並滂混同；奉非混同；定端、定透混同；從精、從清混同；澄知混同；禪審、床審混同；邪心混同；匣曉混同等。

考之《集成》、《韻會》，除疑喻混同和知組與照組的少數混同外，其他都不依《正韻》，而體現出明確的清濁分立、影喻分立、群見分立、群溪分立、並幫分立、並滂分立、奉非分立、定端分立、定透分立等等。如：

《正韻》將《增韻》「勇（喻）擁（影）」合併於「勇」韻中，尹辣切；而《集成》、《韻會》均依《增韻》，影喻分明；

《正韻》將《增韻》「禁（見）噤（群）」合併於「禁」韻，居癊切；《集成》、《韻會》均依《增韻》，見群分明；

《正韻》將《增韻》「罷（並）擺（幫）」合併於「罷」韻，補買

切；《集成》、《韻會》均依《增韻》，並幫分明。

　　當然，可舉的例子還很多，這些例子給我們的印象是：在傳承《中原音韻》音系這一點上，《集成》、《韻會》與《正韻》是不同的，寧先生認為《正韻》的音系具有「南北雜糅」的特點，顯然是有道理的。而說《集成》音系「其音兼載《中原音韻》之北聲」是不妥的。這麼一來，我們就排除了《集成》音系中夾有「《中原音韻》之北聲」的可能了。

## 二　《集成》音系的吳音成分及江淮方言成分

　　我們已在前面章節中提及《集成》音系在一定程度上傳承了《正韻》音系的某些特點，如對吳方言成分、江淮方言成分的傳承。這裡不再贅述。那麼，《集成》音系是否就是吳方言音系或江淮方言音系呢？我們的回答是否定的。我們可以先排除《集成》音系即為吳方言的可能：

　　耿振生（1992：156）指出：「吳方言中聲母系統的共同特點是保存全濁音，這在各書是一致的。其餘特點則互有歧異。匣喻合一、奉微合一是吳方言聲母的重要特徵，《聲韻會通》等大多數吳音系韻書都具有這一特徵。日母字歸入禪母，邪母字分別為濁塞擦音和擦音，船禪二母各分別歸於濁塞擦音和擦音，也是吳方言的重要現象。」顯然，《集成》與上述特徵是大相逕庭的，匣喻分立、奉微分立、日母字只是少數併入禪母中，邪母也獨立成一類；二者在聲類上就存在著諸多的差異，因此，說《集成》音系即為吳方言是不能成立的，這是不言而喻的事實。

　　另外，我們也可以排除《集成》音系即為江淮方言的說法。耿振生（1992：149）指出，「古閉口韻的咸攝字與收〔n〕的山攝字合流；深攝字在北方與臻攝合流，在南方（江淮方言及西南方言）與

臻、梗、曾數攝合流。北方官話中臻深攝字收〔n〕，梗曾攝字收〔ŋ〕；南方則四攝合一，沒有〔en〕:〔eŋ〕及〔in〕:〔iŋ〕的對立。」《集成》閉口韻侵韻獨立成一部，並沒與臻、梗和曾三攝混同；另外，真韻與庚韻分別代表前鼻音韻和後鼻音韻，這樣一來，〔en〕:〔eŋ〕及〔in〕:〔iŋ〕的對立顯然是存在的。因此，《集成》音系不可能是由單一江淮方言構成的。但應該說《集成》音系與江淮方言的特點會更接近些，就黎新第所總結的明代南方官話的五個特點中，有三個特點是與《集成》音系相符的。而其中「莊組字聲母多併入精組，少併入章知組」和「-n、-ŋ 韻尾相混」兩點則完全不同，這也進一步說明，《集成》音系不可能是由單一音系構成的。是有兩種觀點值得思考：李葆嘉（2003：263）認為「關於明代官話的性質，準確的說法是以南京語音為標準音，以江淮方言為基礎方言，可以簡稱為『明代官話南京方言說』」。李先生（2003：313-314）進而論述「明清南京官話可以大致區分為早期、中期、晚期和現代四個歷史階段」，並認為「早期南京官話（從十四世紀晚期到十六世紀晚期）以《洪武正韻》（1375）、《瓊林雅韻》（1398）、《中州音韻》（1503）、本悟《韻略易通》（1586）等韻書為代表。李新魁與耿振生分別認為江寧人李登所撰《書文音義便考私編》（1587）音系代表明代的口語音或江淮官話音，此書音系可視為從早期官話向中期的轉變形態。黎新第依據《書文音義便考私編》並引證相關材料，推斷明代官話音具有五個特點……（此五點詳見本節上文）」。《現代漢語方言概要》（2002：36）也指出「江淮官話既有官話方言的特點，還有吳方言的特點，實質上是吳方言到官話方言的過渡區。從整體說，本區是官話方言中唯一一個既有入聲又有塞音韻尾、還有幾套入聲韻母的方言，這跟西南官話中部分地區雖有入聲而沒有塞音韻尾的方言是明顯不同的。」用以上兩種觀點來概括《正韻》的音系顯然是較有道理的，因為它與我們對其音系的考證基本相符。《集成》在這一點上也是傳承《正韻》的。

# 三 《集成》音系具有時音價值

拙作（2004²：62-63）在提到《集成》的音韻價值時指出，其音韻價值的一個重要方面就在於它所體現出來的時音價值，即書中大量援引代表當時時音的《中原雅音》的反切與直音。邵榮芬先生在《中原雅音研究》（1981：9）中提及「從《集成》引述的材料看，《雅音》所收的字既有注音，也有釋義。注音的方式有反切，有直音，有反切兼直音等幾種。」他在該書前言中指出：「《中原雅音》這部書早已失傳，而且作者無考。它的出現年代可能是在一三九八至一四六〇年之間。它是《中原音韻》以後，另一個記錄北方方言語音的最早的韻書。它為我們提供了很多不見於《中原音韻》的當時北方語音的重要材料，豐富了近代語音史的數據，擴大了我們的視野。它確實是關於近代漢語語音的一部重要著作，對研究近代漢語語音的發展具有很高的價值。」寧忌浮（2003：28）指出：「《正韻》將舊韻的二百零六韻併為七十六韻也有所本。主要依據是《增韻》毛氏父子的案語以及《古今韻會舉要》關於韻部分併的案語，當然還有現實語音，即中原雅音。」寧忌浮（2003：120-160）援引呂坤《交泰韻》批評《正韻》之語：「高廟如諸臣而命之云，韻學起於江左，殊失正音，須以中原雅音為定。而諸臣自謂從雅音矣。及查《正韻》，未必盡脫江左故習，如序、敘、象、像、尚、丈、杏、幸、棒、項、受、舅等字，俱作上聲。此類頗多，與雅音異。」並在提及《洪武正韻》的失敗時，說：「明太祖要求編寫一部代表中原雅音語音系統的新韻書卻不拋棄舊韻書，而是要詞臣用中原雅音去校正舊韻書。不拋棄舊書，在舊韻書上改併重編，即使再重修，也做不到『一以中原雅音為定』，記過也編不出像《中原音韻》那樣的韻書來。」由此可見，《正韻》是沒有完成「一以中原雅音為定」的目標，因此，寧忌浮先生認為它是失敗的。與此相比，《集成》在這方面是成功的，它在體現時音方

面從其釋字體例即可窺見一斑，如韻目「松」、「雄」，《正韻》並沒提
到時音，而《集成》則釋為：

> 松：舊韻詳容切，商次濁音……洪武正韻息中切，見上音淞，中
> 　　原雅音亦音淞。
> 雄：《正韻》胡容切，舊韻胡弓切，羽濁音……《集韻》或作
> 　　鳩，又以中切。《中原雅音》戲容切。

不僅提到「舊韻」，而且引用《正韻》的反切，同時引用雅音的
讀法。《集成》這樣的例子很多，兩千五百七十一個小韻首字的注音
中有二百一十多個提到「舊韻」、近一百個引用「正韻」、約九百八十
個提到「中原雅音」。從體例來看，先確定小韻首字的七音清濁，再
引證《正韻》的反切，同時，還提及其他音讀或標注《雅音》的讀
音，這是《集成》在釋字體例上比《正韻》高明之處，也是它既依
《正韻》定例，又是對《正韻》有所突破的一個重要體現。這一體例
中，我們不難看出，對小韻首字七音清濁的界定，就是時音的體現，
在正文中似乎《集成》只有引用其他韻書的反切，而自身的反切，其
實並非如此。《集成》每一韻部前所列的小韻首字目錄一覽表，實際
上已經把這些小韻首字的音韻性質（如七音清濁、助紐字、反切和四
聲等性質）都一一標注出來，而在正文中將該小韻首字的反切與其他
韻書的反切進行對比，就可以讓我們更清楚章氏對該小韻首字注音的
傾向和定位，更清楚其對某些音讀的揚棄。如上所提二字，在小韻首
字目錄表中已經標識：

> 松：商次濁音，錫前（助紐），詳容切。
> 雄：羽濁音，刑賢（助紐），胡弓切。

　　可見，章氏在此二字的音讀上都取「舊韻」音讀，而不取《正韻》音讀，也不取《集韻》或《雅音》等韻書的音讀。應該說，這就是《集成》所體現出來的時音價值。我們暫不去考究「舊韻」指什麼？它與《韻會》、《正韻》、《中原雅音》等的音系有何區別？《集成》與《正韻》、《中原雅音》的音系區別在哪裡？章氏對當時的音讀標注正確與否等等問題，僅它所提供的語音材料就有頗多的比較價值，也是值得我們深入研究的，應該說《集成》已經為我們深入研究語音的發展變化及不同韻書之間的語音差別提供了許多頗有價值的材料。只不過是《集成》所體現的時音價值，在某種程度上被「七音三十六母反切定局」、「仍見母音切」和「元從某韻」或「元某某切」的標注所造成的混亂所掩蓋，本文第二章第二、第三節已經進行論述，這裡不再贅言。

## 第三節　《集成》的音系總結及其音韻價值

　　從以上兩節的分析，筆者認為王力《漢語語音史》中的「明清音系」主要是代表北方官話的語音特點，與《集成》一系韻書的音系有較大的區別，後者體現出「南音韻書」的特點，主要流露出以江淮方言為主，雜有吳方言某些特點的時音和舊韻併存，且不是單純的、聲諧韻協的、完整的語音系統。這個語音系統，可以看出既是對《正韻》、《韻會》的傳承，又有所改易的。它合併了《韻會》的韻部，摒棄了《正韻》「南北雜糅」的特點，從而更體現了南方化的特點。《集成》更體現南方化，而比《正韻》更少了北方音的因素，體現在兩個方面：一、《集成》列舉《雅音》音系，只是與之進行對比，或者說，它只是羅列併存，以供比較。二、《集成》比《正韻》更少受《中原音韻》的影響，甚至《正韻》中依《中原音韻》改併歸屬的一些韻字，《集成》也沒有依《正韻》，例子詳見第五章。由此可見，標

榜「依《正韻》定例」的章氏，在《集成》編纂過程中對《正韻》還是有所揚棄的。

　　從《集成》與諸韻書的比較來看，章氏個人編纂的《集成》在音韻史上的地位固然沒有《增韻》、《韻會》和《正韻》等官修韻書的顯赫地位，也沒有以上韻書所具有的深遠影響，但它確實是一部體例比較獨特、旁徵博引、檢覽方便、收字較多的韻書，不能不引起我們的重視。拙作（$2004^2$：54-65）曾從五個方面探索其音韻價值：一、具有顯著的韻圖功能，「七音三十六母反切」歸類一目了然；二、對《正韻》仿而不拘，體例獨特；三、史料豐富、例字詳盡；四、體現時音的特點；五、《直音篇》作為《集成》的姊妹篇，具有歸類例字、直音便覽的重要作用。下面略引部分論述以作佐證。

　　拙作認為：《集成》分部雖然一準《正韻》，但隸字、分配五音則主要從《韻會》和《玉篇》。這就體現了釋字體例的不同，同時，它們在引用史料方面也存在著不同。為進一步說明《集成》所引史料與《正韻》的區別，拙作將《廣韻》、《韻會》、《正韻》和《集成》所引史料列表比較如下（韻目或例字隨機抽取，限於表格的篇幅，表中所引史料內容均不標書名號）（表十六）：

## 表十六

| 所引史料內容＼韻書　　韻目韻字 | 《廣韻》 | 《古今韻會舉要》 | 《洪武正韻》 | 《韻學集成》 |
|---|---|---|---|---|
| 東 | 吳都賦、左傳、晉東關孌五神仙傳、宋賈執英賢傳、齊諧記、莊子、漢平原東方朔曹瞞傳 | 說文、漢志、廣韻 | 說文、漢志、鄭樵通志、詩、爾雅、邢昺疏 | 說文、漢志、淮南子 |
| 董 | 無 | 書 | 左傳、晉史 | 無 |

| 所引史料內容 / 韻書 / 韻目韻字 | 《廣韻》 | 《古今韻會舉要》 | 《洪武正韻》 | 《韻學集成》 |
|---|---|---|---|---|
| 送 | 無 | 說文、籀文、增韻 | 陸賈傳、詩 | 廣韻、陸賈傳、籀文 |
| 屋 | 淮南子、風俗通、魏書官氏傳 | 說文、風俗通、淮南子、漢書 | 周禮、詩、漢書、南史 | 淮南子、周禮、廣韻、五音篇、中原雅音 |
| 中 | 風俗通、漢書藝文志 | 說文、廣韻、增韻、籀文、禮記、漢書 | 列子、漢志 | 說文、廣韻、列子、玉篇、籀文 |
| 模 | 無 | 說文、集韻 | 說文 | 廣韻、集韻 |
| 姥 | 無 | 無 | 無 | 廣韻 |
| 暮 | 無 | 說文 | 無 | 無 |
| 麻 | 風俗通 | 說文、爾雅、風俗通、 | 爾雅、說文、詩、風俗通 | 玉篇、爾雅、廣韻、風俗通、 |
| 馬 | 說文、尚書、風俗通 | 周官、周禮、說文、籀文 | 周官、爾雅、晉史、漢書 | 周官、說文、玉篇、籀文、周禮 |
| 禡 | 無 | 說文、周禮、詩、周官 | 詩、禮記 | 說文、詩、禮記 |
| 寒 | 無 | 說文 | 說文、國語、左傳、後漢記 | 說文 |
| 旱 | 無 | 說文、詩 | 詩 | 詩、中原雅音 |
| 翰 | 說文、左傳 | 說文、易、左傳、詩 | 詩、易 | 說文、禮記、詩、書、韻會、中原雅音 |
| 曷 | 無 | 說文、增韻、孟子 | 無 | 中原雅音 |
| 支 | 無 | 廣韻、毛詩、集韻 | 詩、楊雄傳、漢書、子虛賦、爾雅 | 廣韻、玉篇、韻會、毛詩、方言、孟子、漢書 |
| 紙 | 後魏書官氏志 | 釋名、後魏書官氏志 | 前漢皇后紀、韻會 | 前漢皇后紀 |

| 所引史料內容<br>韻目韻字 ＼ 韻書 | 《廣韻》 | 《古今韻會<br>舉要》 | 《洪武正韻》 | 《韻學集成》 |
|---|---|---|---|---|
| 實 | 無 | 周禮、荀子、中庸 | 無 | 無 |
| 侵 | 說文 | 說文、左傳、穀梁傳、韓詩外傳 | 左傳、公羊傳、韓詩 | 玉篇、公羊傳、韓詩外傳、廣韻 |
| 寢 | 說文 | 說文、釋名、史記 | 禮記 | 無 |
| 沁 | 無 | 說文、漢書、山海經、韓文 | 說文 | 通志 |
| 緝 | 無 | 禮記 | 詩 | 龍龕手鏡、中原雅音 |

上表為抽樣列舉，二十三個例字中，《韻會》所引史料共六十一個次，其中最多的是《說文》，共有十六個次；《正韻》所引史料共四十七個次，最多的是《詩經》，共有九個；《集成》則較分散，所引史料五十六個中，《廣韻》八個，《說文》六個，《玉篇》和《中原雅音》各五個。由此可見，《集成》在援引史料方面不僅與《正韻》存在著較大的區別，與其他三部韻書所引的史料也存在較大的差異。因此，我們說《集成》在釋字體例和引用史料方面的一個突出特點是仿而不拘。另外，《集成》東韻的去聲韻字配為凍，入聲韻字配為篤；送配為淞的去聲，屋配為翁的入聲。這種情況在不少的韻部上都有體現，如山韻、灰韻、皆韻等等，這一體例倒也被《字學集要》繼承了。這一四聲相承例字不同的情況，是對自《廣韻》以來二○六韻四聲配對的一大反叛，與諸多韻書是大不相同的，值得我們進一步研究和思考。

　　拙作還提及：《集成》史料價值的第三個方面體現在其收字容量上，例字詳盡，「凡例」中提到，書中共錄有例字「四萬三千餘字」。這四萬多字，除在《集成》是按韻依次釋字外，又按各例字所在偏

旁，分四百七十五部分列於《直音篇》中。故徐博序中提到的「便學者檢覽其用」，應該也有《直音篇》的功勞。《直音篇》共分七卷，將四百七十五部分列在七卷中，每卷開篇都將部首名稱及其例字總數列表介紹。每一部的釋字體例一般是先部首名稱及其例字總數列於前，而後列字；列字又按韻類的先後順序排列，並注明每一例字所在的韻部及聲調；而後釋字，釋字則主要是「直音」，一般採用反切法或直音法，也有個別標明異體（如古今寫法或不同史料的不同寫法）或簡單釋義（詳細釋義則在《集成》裏體現）等。如：

　　一部「爾」：音耳，《爾雅》又汝也。（屬支韻上聲）
　　一部「平」：蒲明切，正也，均也，和也，坦也，易也。（屬庚韻
　　　　　　　　平聲）
　　示部「不」：同上（筆者注：指上文「示」字），古文。（屬支韻
　　　　　　　　去聲）
　　二部「凡」：同上，今文。（屬覃韻平聲）

　　可見，《直音篇》有兩個作用：一是偏旁歸類，供讀者查覽其音；二是按偏旁匯總，便於讀者查覽例字的有無。可以說，這也是章黼的獨創，「積三十年始克成編」，足見其用心良苦。當然，四萬三千多字的浩浩長卷，在韻書學史上，也可說是繼《集韻》之後的又一收字高峰。

　　通過上文的比較研究，我們可以對以上的結論稍作補充：

　　第一，《集成》在體例上仿照的韻書主要有《玉篇》、《增韻》、《韻會》和《正韻》四部韻書，可以說是對以上韻書體例上的一種揚棄。後三部韻書在編排上都是平上去入四聲分開，甚至平聲還分上下兩部分，可以說在體例上是承襲《禮部韻略》一系韻書體例的一種傳統。《集成》在體例上進行了大膽的改革，以韻部為單位，將每部的

平上去入四聲韻字合併在一起，並通過每個韻部小韻首字的總目錄，以聲類順序為經線，以韻部的平上去入四聲相承和每韻細分出來的韻類為緯線，以韻圖的形式體現出來，並給每個小韻標上七音、清濁、助紐和反切，這是一件極有意義卻不容易的工作，這一體例應該說，比它所依據的任何一部韻書的體例更具優越性。《集成》目錄的這一體例似乎讓我們看到了宋元早期諸如《韻鏡》等韻圖體例的回歸，只是它已經沒有等第的概念了。

第二，在體現時音上，《集成》則旁徵博引，引了大量具有歷時性，也有共時性的材料進行比較，這也是《集成》在編纂過程較能體現章氏意圖——「字有多音者以他音切一一次第注之」（《凡例》），我們舉例如下：

1. 模韻去聲「祚」：靖故切。福也，位也。《廣韻》：祿，福也；《說文》作胙，俗作祚。《中原雅音》昨素切，昨轉音遭，遭是清音，昨是濁音，本作遭素切，與去聲祖字臧祚切相似，則作當音祖故。《中原雅音》無濁音字，他放此。（頁139）

2. 灰韻平聲「危」：元從支韻，舊韻魚為切，角次濁次音。《正韻》吾回切，《說文》……《韻會》古作……《洪武正韻》危巍嵬三韻字通併音吾回切，《中原雅音》以嵬韋為危維巍六音等字併作一音余回切。（頁158）

3. 山韻平聲「閑」：《中原雅音》休艱切，羽次清音，義與何艱切同。《說文》止也，故云邊閑。今依《中原雅音》添出之，但凡濁音，《中原雅音》皆作次清音及「何下侯胡為」反切皆以改作休戲而反之。他放此，又見下何艱切。（頁274）

4. 覃韻平聲「談」：《正韻》徒藍切，《集韻》併音覃韻，《韻

會》徒甘切，與覃同。……《中原雅音》音覃，亦他南切。
（頁589）

5. 鹽韻入聲「涉」：《廣韻》時攝切，《正韻》音攝，《韻會》實
攝切，音與墦同。本從墦出之，因《中原雅音》各反之，今
從舊韻。《說文》……《中原雅音》式耶切。（頁604）

以上五例，可以感受到《集成》在審音定切時態度是審慎的，它
既羅列了歷時音讀，也羅列了同時代韻書的音讀，然後再確定該韻字
的音讀。在許多韻字的音讀上，章氏就是這樣來審音定切的。

第三，《直音篇》的編排體例，為我們進一步進行諧聲系統研究
提供一份詳盡的資料。《直音篇》雖仿《玉篇》編排體例，以部首為
序，但每部當中又以韻部為序，這就容易形成大量的諧聲字在一起的
情況，為我們下一步深入研究諧聲字提供了很好的材料。

基於以上的特點，我們說《集成》只是仿照《玉篇》、《韻會》和
《正韻》等韻書的體例並依《正韻》韻部分類，但在許多方面不囿於
《正韻》等韻書的局限，七音、助紐及清濁的介入，使得其韻字歸類
更有據可依、有例可循。因此說其「根本先謬」是不恰當的，我們應
該承認其應有的音學作用，它也為我們全面研究明代音系韻書體例及
其音系提供了一個重要平臺。

## 第四節　《集成》的失誤與不足

《集成》在編纂過程中，由於只是章氏個人完成，又歷時較長，
正如徐博序言所言「章君所集韻書餘三十年而成」，加之校對、抄錄
中的疏漏，《集成》全書存在著較多的失誤與不足。

先來看看失誤。《集成》在編纂中出現的失誤是較多的，主要有
以下四種類型：

第一，韻字搞錯了，這主要體現在目錄中。如爻巧效第二十二類平聲字寫成「交」，誤；應當改成「爻」；東韻第二十五類平聲的小韻首字當為「醲」而非「濃」；灰韻第二十四類平聲的小韻首字應為「捼」而非「挼」。

第二，反切搞錯了，也主要體現在目錄中。這一類的情況出現得特別多，這說明章氏或印刷時的校正是比較疏忽的，如：

模韻十五類上聲「魯」字，目錄標為「郎才切」，誤；正文標為「郎古切」，正確；

灰韻二十七類平聲「裴」字，目錄標為「蒲牧切」，誤；正文標為「蒲枚切」，正確；

尤韻第十二類去聲「奏」，目錄標為「側侯切」，誤；正文標為「則侯切」，正確；

侵韻第五類平聲「歆」，目錄標為「盧今切」，誤；正文標為「虛今切」，正確。

還有，諸如尤韻中口、邸、嗽等字的反切下字在目錄中也都出現錯誤。等等，不再贅述。

第三，七音清濁標錯了，也主要體現在目錄中。如：

真韻三十五類，目錄助紐標為「勻緣」，七音清濁標為「角次濁次音」，誤；當改為「羽次濁音」；

尤韻第十五類，目錄助紐標為「秦前」，七音清濁標為「角濁音」，誤；當改為「商濁音」才能一致。

第四，小韻次第搞錯了，正文和目錄均有。如：

庚梗敬陌第三十二類開始，「呈徎鄭直」沒有寫出次第，而與「成盛實」和「繩石」併為一類，誤；正文則以上三類各獨立成一類，亦誤；考《集成》其他韻類，助紐標為「陳廛」（澄母）和「神禪」（禪母）均各自成一類，只是偶有少數韻字混置而已。而「成盛實」和「繩石」的助紐均標為「神禪」當歸為一類，其後的韻類次第

亦當順延，這樣一來，本韻部的次第應分六十四類，而非目錄和正文所定的六十三類。

　　《集成》類似以上四類錯誤的例子還有很多，不再贅言。從以上失誤可見章氏在編纂過程是何等疏漏！當然，韻書在編纂過程中，失誤是難免的，不然就不會有那麼多的「校正」之學了。而章氏的這些疏漏要麼通過前後文或其體例習慣，基本可以校正過來，因此，基本不會對其音系問題造成不必要的影響。

　　其次，再來看看其不足之處。《集成》的編纂也如不少韻書一樣，存在著較多的不足之處，也可算是其遺憾之處了。其中，有兩個不足是值得我們注意的：

　　通觀全書，其最大的不足，當為「仍見母音切」的編纂原則：從前文第二章聲類的分析中，我們可以看出「仍見母音切」的編纂原則導致了在聲類辨析中許多混亂。《集成》編纂是「依《洪武正韻》定例」的，其主流主要是體現時音的，如：正如《集成》〈凡例〉中所提及「……《洪武正韻》析併作七十六韻，如元支韻內『羈敧奇』，微韻內『機祈』等字音同聲順，《正韻》以清濁分之，本宜通用，不敢改也。但依《正韻》定例，五音有半徵半商凡七音、清濁、三十六母、平仄一百四十四聲，內有角次濁音與羽次濁音兩音聲相似，依《洪武正韻》併之，如『宜移』是也。又徵次濁音與次商次濁音，兩音併之，如泥尼是也，今以應併者併之，仍見母音切」。然而，章氏在編寫過程並不能很好體現這一宗旨，如庚韻目錄中「疑」開二去聲「硬」韻併入「喻」開三（盈郢媵繹）中排在影組中，然正文頁四七二、頁四八三均排有「硬」字，並於頁四七二釋為「《中原雅音》音媵，更音映，《韻會》喻孟切，羽次濁音，亦與媵音同，《正韻》魚孟切，亦然；《廣韻》五更切，角次濁音……如《韻會》《雅音》當從媵，如舊韻俗音該從額字，去聲。」而其目錄則採用「喻孟切」，說明章氏是採用《韻會》音，而並沒有依《正韻》，這是章氏觀點前後

矛盾的地方。又如先韻的第七類含有「延演衍拽」和「言讞彥孽」兩類，七音清濁卻仍分別標為「羽次濁音」和「角次濁音」，雖已併為一類，卻仍保留原來的七音清濁和助紐，就容易造成理解上的混亂。此外，知組與照組的合併，非與敷的合併、泥與娘的合併，都存在著這種「仍見母音切」所導致的理解上的混亂，這可以說是章氏在編纂過程中標準把握不嚴或體例不嚴密所導致的。

　　第二個不足，體現在對「俗音」的解釋不夠清楚。全書提及「俗音」的共有三處：魚於、銀寅和上文的「硬」字而且都是「喻疑」二母的分併問題。《集成》按「俗音」可把「銀寅」和「魚於」分開，「硬」字依舊韻俗音當從去聲。而實際上《集成》已將「魚於」、「銀寅」併為一類，也已將「硬」字歸入去聲中。這樣一來，其表述就有不明確之處：這俗音從何而來？額字本為入聲，為何說成去聲？考之《禮部韻略》《增韻》，二書均將「硬」字收入去聲諍韻中，「魚孟切」；入聲額字均無收。《韻會》也同《增韻》歸在諍韻中，只是切語改為「喻孟切」，並注明「舊韻魚孟切」。葉寶奎（2002：96-98）在分析《洪武正韻譯訓》（1455）的俗音時指出「俗音聲母系統與正音大體相同。所異者唯疑母略有不同。《譯訓》疑母之反切上字尚有『魚牛牙虞宜越』等六字，《譯訓》以此六字作反切上字之小韻，皆注疑母，但其下所注俗音卻多半為喻母。」二書所謂的「俗音」似有相同之處。但《集成》在「銀寅」上的解釋，又說「《正韻》併為一類」因有俗聲才將二韻分出，二書的「俗音」似又有所不同。而《集成》是最重考據的，凡字有多音，或要訂正字音，都要先羅列各種韻書的音讀情況，卻單單這「俗音」沒有交待其來源呢？

　　總之，《集成》在編纂過程中，章氏標榜「依《正韻》定例」，但實際是同時參酌了諸多韻書的，而其體例則主要依《韻會》和《正韻》，且對二書進行了諸多改易，尤其是對《正韻》的許多不足之處進行了更正與改易，糾正了《正韻》在編纂中的諸多錯誤，如切語重

出、小韻重出、語音的「南北雜糅」等，使之在體例上比《正韻》更趨完善，在釋字體例上也比《正韻》更為詳盡。雖然它也存在著諸多不足與失誤，但是作為與《正韻》音系一脈相承並修正了《正韻》不少失誤的一部韻書，對我們深入研究《正韻》一系韻書的特點，全面瞭解明代初中期韻書的音系性質等問題，都具有十分重要的參考價值和作用，是值得我們進行深入研究的，這也是本文撰寫的目標所在。當然，限於本人的知識水準，也難免存在著一些不足與錯誤，敬請專家、學者不吝賜教。

# 參考文獻

## 一　古籍文獻

〔梁〕顧野王　《玉篇》（殘卷）　據中國科學院圖書館日本昭和八年〔1933〕京都東方文化學院編　東方文化叢書本影印　續修四庫全書冊　冊228

〔梁〕顧野王　《玉篇》　臺北市　臺灣商務印書館　影印文淵閣《四庫全書》　冊224

〔宋〕丁度　《集韻》　上海市　上海古籍出版社　1985年

〔宋〕丁度　《附釋文互注禮部韻略》　影印文淵閣《四庫全書》　冊237

〔宋〕陳彭年　《宋本廣韻》　北京市　中國書店　1982年

〔宋〕吳棫　《宋本韻補》　北京市　中華書局　1987年

〔宋〕毛晃、毛居正　《增修互注禮部韻略》　影印文淵閣《四庫全書》　冊237

〔遼〕釋行均　《龍龕手鏡》　臺北市　臺灣商務印書館發行

〔金〕邢准　《新修累音引證群籍玉篇》　上海市　上海古籍出版社　據北京圖書館藏金刻本影印　《續修四庫全書》　冊229

〔元〕黃公紹、熊忠　《古今韻會舉要》　北京市　中華書局　2000年

〔元〕周德清撰　陸志韋、楊耐思校　《中原音韻》　北京市　中華書局　1978年

〔明〕宋濂　《洪武正韻四卷》　濟南市　齊魯書社　浙江圖書館藏明崇禎四年（1631）刻本　《四庫全書存目》　冊207

〔明〕章黼撰　吳道長重訂　《重訂直音篇》　據北京圖書館藏明萬
　　　曆三十四年（1606）明德書院刻本影印　《續修四庫全書》
　　　冊231

〔明〕章黼撰　《重刊併音連聲韻學集成十三卷》　濟南市　齊魯書
　　　社　據首都圖書館明萬曆六年（1578）維揚資政左室刻本影
　　　印　《四庫全書存目》　冊208

〔明〕章黼撰　《重刊併音連聲韻學集成十三卷》　據明萬曆丙午
　　　（1606）仲秋校刻　練川明德書院　即萬曆三十四年（1606）
　　　補刻本

〔明〕宋濂撰　屠隆訂正　《篇海類編》　據北京圖書館明刻本影印

〔明〕無名氏　《併音連聲字學集要》　據南京圖書館藏明萬曆二年
　　　（1574）刻本影印

〔清〕梁僧寶　《四聲韻譜》　北京市　北京古籍出版社　1957年

〔清〕江永　《古韻標準》　北京市　中華書局　1982年

〔清〕戈載　《詞林正韻》　上海市　上海古籍出版社　1981年

〔清〕程其珏　《嘉定縣志》　尊經閣藏版　光緒庚辰（1880）重修

〔香港〕余迺永　《新校互注宋本廣韻》　上海市　上海辭書出版社
　　　2002年

《等韻五種》　臺北市　臺灣藝文印書館　1989年

## 二　其他文獻

北大中文系　《漢語方音字彙》　北京市　文字改革出版社　1989年

蔡曉娟　《《洪武正韻》多音字研究》　福州市　福建師範大學碩士
　　　學位論文　2010年

曹述敬　《音韻學辭典》　長沙市　湖南出版社　1991年

陳　澧　《切韻考》　北京市　中國書店　1984年

陳復華　《漢語音韻學基礎》　北京市　中國人民大學出版社　1983年

陳廣忠　《《韻鏡》通釋》　上海市　上海辭書出版社　2003年

陳珊珊　〈《中原雅音》研究小史〉　「中國音韻學研究會第十五屆學術年會論文」　南昌市　2008年

陳振寰　《音韻學》　長沙市　湖南人民出版社　1986年

崔樞華　〈《重編廣韻》考〉　《古漢語研究》1997年第2期

鄧福祿　〈《龍龕手鏡》疑難字考釋〉　《語言研究》2004年第3期

董冰華　〈二十五年來《中原雅音》研究之檢討〉　《古籍整理研究學刊》2003年第1期

董冰華　《《中原雅音》新考》　長春市　吉林大學碩士學位論文　2004年

董冰華　《《中原雅音》與《中州音韻》考論》　長春市　吉林大學博士學位論文　2011年

董冰華、王玉英　〈《中原雅音》「平分陰陽」的問題〉　《佳木斯大學社會科學學報》2008年第6期

董同龢　《漢語音韻學》　北京市　中華書局　2001年

董小征　《《五音集韻》與《切韻指南》音系之比較研究》　福州市　福建師範大學碩士學位論文　2004年

豐逢奉　〈略論《集韻》的字訓法〉　《辭書研究》1989年第6期

馮　蒸　《漢語音韻學論文集》　北京市　首都師大出版社　1997年

高龍奎　《《韻學集成》音系初探》　濟南市　山東師範大學碩士學位論文　2001年

高龍奎　〈《韻學集成》中的喻母和疑母〉　《濟寧師範專科學校學報》2004[1]年第2期

高龍奎　〈論《韻學集成》的音系基礎〉　《德州學院學報》2004[2]第3期

高龍奎　《《洪武正韻》及相關韻書研究》　蘇州市　蘇州大學博士學位論文　2007年

高龍奎、路建彩　〈《字學集要》韻母相關問題研究〉　《邢臺職業
　　　技術學院學報》2016年第4期（總第33期）

耿振生　《明清等韻學通論》　北京市　語文出版社　1992年

耿振生　〈論近代書面音系研究方法〉　《古漢語研究》1993年第4期

耿振生　〈古音研究中的審音方法〉　《語言研究》2002年第2期

耿振生　《二十世紀漢語音韻學方法論》　北京市　北京大學出版社
　　　2004年

侯精一　《現代漢語方言概要》　上海市　上海教育出版社　2002年

胡安順　《音韻學通論》　北京市　中華書局　2003年

花登正宏　〈《禮部韻略七音三十六母通考》韻母考〉　《音韻學研
　　　究》1986年第2期

黃　焯　《古今聲類通轉考》　上海市　上海古籍出版社　1983年

黃侃著　黃延祖重輯　《黃侃國學文集》　北京市中華書局　2006年

紀念王力先生九十誕辰文集編委會　《紀念王力先生九十誕辰文集》
　　　濟南市　山東教育出版社　1991年

紀念王力先生百年誕辰學術論文集編輯委員會　《紀念王力百年誕辰
　　　學術論文集》　北京市　商務印書館　2002年

冀　伏　〈《中原雅音》考辨——兼與蔣希文同志商榷〉　《吉林大
　　　學學報》1980年第2期

蔣禮鴻　〈《中原雅音》輯佚校讀〉　《杭州大學學報》1988年

蔣希文　〈《中原雅音》記略〉　《中國語文》1978年第4期

金理新　《上古漢語音系》　合肥市　黃山書社　2002年

黎新第　〈明清時期的南方系官話方言及其語音特點〉　《重慶師院
　　　學報》1995年第4期

李　超　〈《新訂中州全韻》所引《中原雅音》——兼論《新訂中州
　　　全韻》的音系性質〉　《語言科學》2011年10月1期

李　妮　《《韻學集成》與古今韻會舉要關係考》　福州市　福建師
　　　範大學碩士學位論文　2013年

李　榮　〈《切韻》與方言〉　《方言》1983年第3期

李葆嘉　《當代中國音韻學》　廣州市　廣東教育出版社　1998年

李葆嘉　《中國語言文化史》　南京市　江蘇教育出版社　2003年

李方桂　〈中國的語言和方言〉　《民族譯叢》　1980年第1期

李方桂　《上古音研究》　北京市　商務印書館　2001年

李行傑　〈知莊章流變考論〉　《青島師專學報》1994年第6期

李紹群　〈《古今韻會舉要》音系性質述評〉　《黔東南民族師專學報》　2000年第5期

李添富　〈《古今韻會舉要》匣合二組之分立〉　《語言研究》1991年

李無未　〈《辨音纂要》所傳《中原雅音》〉　《中國語言學報》2003年第11期

李無未　〈《中原雅音》的體例問題〉　中國音韻學研究會等　《音韻論叢》　濟南市　齊魯書社　$2004^1$年

李無未　〈《中原雅音》研究的起始時間問題〉　《中國語文》$2004^2$年第3期

李無未　《漢語音韻學通論》　北京市　高等教育出版社　2006年

李新魁　〈論近代漢語共同語的標準音〉　《語文研究》1980年第1期

李新魁　《古音概說》　廣州市　廣東人民出版社　$1982^1$年

李新魁　《《韻鏡》校證》　北京市　中華書局　$1982^2$年

李新魁　《漢語等韻學》　北京市　中華書局　$1983^1$年

李新魁　《《中原音韻》音系研究》　鄭州市　中州書畫社　$1983^2$年

李新魁　〈近代漢語介音的發展〉　《音韻學研究第一期》　北京市　中華書局　1984年

李新魁　《漢語音韻學》　北京市　北京出版社　1986年

李新魁　〈近代漢語全濁音聲母的演變〉　《中國語言學報》$1991^1$年第4期

李新魁　《中古音》　北京市　商務印書館　$1991^2$年

林燾、耿振生　《音韻學概要》　北京市　商務印書館　2004年

林序達　《反切概說》　成都市　四川人民出版社　1982年

林一鳴　《《字學指南》音系研究》　福州市　福建師範大學碩士學位論文　2010年

林玉芝　《《韻學集成》與《集韻》《五音集韻》關係考證》　福州市　福建師範大學碩士學位論文　2008年

劉　靜　〈《中原雅音》辨析〉　《陝西師大學報》（哲學社會科學版）1991年第1期

劉　靜　〈論《洪武正韻》的語音基礎〉　《陝西師大學報》1984年第4期

劉淑學　〈井陘方音是《中原雅音》音系的基礎〉　《語言研究》1996年增刊

劉思思　〈漢語發展特點的體現〉　《科教文匯》2007年

劉文錦　〈《洪武正韻》聲類考〉　中央研究院歷史語言研究所　《歷史語言研究所集刊》第2期　南京市　江蘇古籍出版社　1931年3月

劉志成　《漢語音韻學導論》　成都市　巴蜀書社　2004年

龍　晦　〈《韻學集成》與中原雅音〉　《中國語文》1979年第2期

龍　晦　〈釋《中原雅音》〉　中國音韻學研究會　《音韻學研究第一輯》　北京市　中華書局　1984年

（臺灣）龍宇純　《中上古漢語音韻論文集》　北京市　五四書店　2002年

盧一飛　〈明代韻書《併音連聲字學集要》研究〉　《開封教育學院學報》2014年第10期

魯國堯　〈明代官話及其基礎方言問題〉　《南京大學學報》1985年第4期

魯國堯　〈從宋代學術史考察《廣韻》《集韻》時距之近問題〉　《語言研究》1996年

魯國堯　〈談「主要從文獻研究漢語語音史」〉　《古漢語研究》
　　　　1999年第1期

魯國堯　〈論「歷史文獻考證法」與「歷史比較法」的結合〉　《古
　　　　漢語研究》2003[1]年第1期

魯國堯　《魯國堯語言學論文集》　南京市　江蘇教育出版社　2003[2]年
羅常培　《普通語音學綱要》　北京市　商務印書館　2002年
馬文熙、張歸璧等　《古漢語知識詳解辭典》　北京市　中華書局
　　　　1996年

馬重奇　《漢語音韻學論稿》　成都市　巴蜀書社　1998[1]年
馬重奇　〈明末上海松江韻母系統研究——晚明施紹莘南曲用韻研
　　　　究〉　《福建師範大學學報》(哲學社會科學版)1998[2]年第
　　　　3期

馬重奇　《閩臺方言的源流與嬗變》　福州市　福建人民出版社
　　　　2002年

寧忌浮　《校訂《五音集韻》前言》　北京市　中華書局　1992年
寧忌浮　《《古今韻會舉要》及相關韻書》　北京市　中華書局
　　　　1997年

寧忌浮　〈《洪武正韻》支微齊灰分併考〉　《古漢語研究》1998年
　　　　第3期

寧忌浮　《《洪武正韻》研究》　上海市　上海辭書出版社　2003年
寧忌浮　《漢語韻書史(明代卷)》　上海市　上海人民出版社
　　　　2009年

潘文國　《韻圖考》　上海市　華東師範大學出版社　1997年
濮之珍　《中國語言學史》　上海市　上海古籍出版社　2002年
戚雨春等　《語言學百科詞典》　上海市　上海辭書出版社　1998年
秦曰龍　〈日藏珍本《五音通韻》所見《中原雅音》〉　《佳木斯大
　　　　學社會科學學報》2008年第26卷第6期

裘錫圭　《文字學概要》　北京市　商務印書館　2005年

曲曉云、張民權　〈《四聲通解》所引《中原雅音》考〉　《民族翻譯》　2015年第3期

榮　菊　《《字學集要》音系研究》　福州市　福建師範大學碩士學位論文　2009年

邵榮芬　《《中原雅音》研究》　濟南市　山東人民出版社　1981年

邵榮芬　《切韻研究》　北京市　中國社會科學出版社　1982年

邵榮芬　〈《集韻》韻系特點記要〉　《語言研究》1994年

邵榮芬　《邵榮芬音韻學論集》　北京市　首都師大出版社　1997年

沈兼士　《廣韻聲系》　北京市　中華書局　1985年

慎鏞權　《《古今韻會舉要》研究》　南京市　南京大學博士學位論文（未刊稿）　2003年

史存直　《漢語音韻學綱要》　合肥市　安徽教育出版社　1985年

史存直　《漢語音韻學論文集》　上海市　華東師範大學出版社　1997年

四川大學漢語史研究所　《漢語史研究集刊第二輯》　成都市　巴蜀書社　2001年

唐作藩　〈《中原音韻》的開合口〉　高福生等　《中原音韻新論》　北京市　北京大學出版社　1991年

唐作潘　〈《校訂五音集韻》序〉　《古漢語研究》1992年第1期

萬獻初　〈明清文獻直引《中原雅音》材料新考〉　《中國典籍與文化》　2012年第4期

汪壽明　《中國歷代音韻學文選》　上海市　華東師範大學出版社　2003年

王　力　《漢語語音史》　北京市　中國社會科學出版社　1998年

王　力　《漢語史稿》　北京市　中華書局　2002年

王　力　《王力語言學論文集》　北京市　商務印書館　2003年

王進安　〈《韻學集成》一系韻書的音系性質〉　《福建論壇》2004[1]年

王進安　〈《韻學集成》音韻價值研究〉　《澳門語言學刊》2004[2]年
　　　　第27期

王進安　〈《韻學集成》與《直音篇》比較〉　《福建師範大學學報》
　　　　（哲學社會科學版）2005年第4期

王進安　《《韻學集成》研究》　上海市　上海三聯書店　2009年

王進安、林一鳴等　《《韻學集成》與宋金元明有關韻書的關係研
　　　　究》　北京市　中國社會科學出版社　2015年

王碩荃　〈《韻會》音系基礎初探〉　《語言研究》1991年（增刊）

王碩荃　《《古今韻會舉要》辨證》　石家莊市　河北教育出版社
　　　　2002年

王英慧　〈《集韻》的字書性質〉　《科技情報開發與經濟》2007年
　　　　第11期

溫端政　〈語彙研究與語典編纂〉　《語文研究》2007年第4期

吳澤炎等　《辭源》　北京市　商務印書館　1990年

徐通鏘　《歷史語言學》　上海市　商務印書館　2001年

許金平　《《韻學集成》陽聲韻又音研究》　福州市　福建師範大學
　　　　碩士學位論文　2013年

許力以等　《漢語大字典》　成都市　四川辭書出版社　武漢市　湖
　　　　北辭書出版社　1990年

許煜青　《《併音連聲字學集要》音系研究》　高雄市　國立中山大
　　　　學碩士論文　2007年

〔美〕薛鳳生撰　魯國堯等譯　《《中原音韻》音位系統》　北京市
　　　　北京語言學院出版社　1990年

楊耐思　〈《韻學集成》所傳《中原雅音》〉　《中國語文》1978年第
　　　　4期

楊耐思　《《中原音韻》音系》　北京市　中國社會科學出版社
　　　　1985年

楊耐思　〈元代漢語的濁聲母〉　《中國語言學報》1988年第3期

葉寶奎　〈《洪武正韻》與明初官話音系〉　《廈門大學學報》1994
　　　　年第1期

葉寶奎　《明清官話音系》　廈門市　廈門大學出版社　2002年

于建華　《《集韻》及其詞彙研究》　南京市　南京師範大學博士學
　　　　位論文　2005年

余梅紅　《《韻學集成》雙音詞研究》　福州市　福建師範大學碩士
　　　　學位論文　2013年

虞萬里　〈有關《永樂大典》幾個問題的辯證〉　《史林》2005年

語苑擷英編輯組　《語苑擷英——慶祝唐作藩教授七十壽辰學術論文
　　　　集》　北京市　北京語言文化大學出版社　1998年

喻衛平　〈明代的上聲連續變調現象〉　《中國語文》1997年第5期

袁家驊　《漢語方言概要》　北京市　文字改革出版社　1960年

翟時雨　《漢語方言與方言調查》　重慶市　西南師範大學出版社
　　　　1986年

詹伯慧　《現代漢語方言》　武漢市　湖北人民出版社　1981年

詹伯慧　《漢語方言及方言調查》　武漢市　湖北教育出版社　1991年

張明權　《清代前期古音學研究》　北京市　北京廣播學院出版社
　　　　2002年

張世祿講授　李行傑整理　〈等韻學講話提綱（一）〉　《青島師專
　　　　學報》1990年第2期

張世祿　《中國音韻學史》　上海市　商務印書館　1998年

張玉來　〈元明以來韻書中的入聲問題〉　《中國語文》1991年第5期

張玉來　〈論近代漢語官話韻書音系的複雜性〉　《山東師範大學學
　　　　報》1997年第2期

趙　誠　《中國古代韻書》　北京市　中華書局　1979年

趙　繼　〈《集韻》究竟收多少字〉　《辭書研究》1986年第6期

趙蔭棠　《等韻源流》　上海市　商務印書館　1957年

趙元任　《現代吳語的研究》　北京市　科學出版社　1956年

趙元任　《趙元任語言學論文集》　上海市　商務印書館　2002年

趙振鐸　〈論宋明代的語言研究〉　《湖北大學學報》1991年第6期

趙振鐸　《集韻研究》　北京市　語文出版社　2006年

鄭賢章　〈《龍龕手鏡》未識俗字考辨〉　《語言研究》2002年第2期

周維培　〈《中原音韻》三題〉　《語言研究》1987年第2期

周維培　《論《中原音韻》》　北京市　中國戲劇出版社　1990年

周祖謨　《周祖謨學術論著自選集》　北京市　首都師大出版社
　　　　1993年

朱積素　〈《龍龕手鑒》指繆〉　《四川師範大學學報》1998年第2期

竺家寧　〈臺灣四十年的音韻學研究〉　《中國語文》1993年第1期

# 附錄
# 《韻學集成》小韻首字表

| 所屬韻類 | 聲調 | 小韻首字 | 七音 | 清濁 | 聲類 | 反切 | |
|---|---|---|---|---|---|---|---|
| 東董送屋 | 1平 | 公 | 角 | 清 | 經堅 | 古 | 紅 |
| 東董送屋 | 1上 | � | 角 | 清 | 經堅 | 古 | 孔 |
| 東董送屋 | 1去 | 貢 | 角 | 清 | 經堅 | 古 | 送 |
| 東董送屋 | 1入 | 穀 | 角 | 清 | 經堅 | 古 | 祿 |
| 東董送屋 | 2平 | 空 | 角 | 次清 | 輕牽 | 枯 | 紅 |
| 東董送屋 | 2上 | 孔 | 角 | 次清 | 輕牽 | 康 | 董 |
| 東董送屋 | 2去 | 控 | 角 | 次清 | 輕牽 | 苦 | 貢 |
| 東董送屋 | 2入 | 酷 | 角 | 次清 | 輕牽 | 枯 | 沃 |
| 東董送屋 | 3平 | 翁 | 羽 | 清 | 因煙 | 烏 | 紅 |
| 東董送屋 | 3上 | 塕 | 羽 | 清 | 因煙 | 烏 | 孔 |
| 東董送屋 | 3去 | 甕 | 羽 | 清 | 因煙 | 烏 | 貢 |
| 東董送屋 | 3入 | 屋 | 羽 | 清 | 因煙 | 烏 | 谷 |
| 東董送屋 | 4平 | 烘 | 羽 | 次清 | 興軒 | 呼 | 紅 |
| 東董送屋 | 4上 | 嗊 | 羽 | 次清 | 興軒 | 虎 | 孔 |
| 東董送屋 | 4去 | 烘 | 羽 | 次清 | 興軒 | 呼 | 貢 |
| 東董送屋 | 4入 | 熇 | 羽 | 次清 | 興軒 | 呼 | 木 |
| 東董送屋 | 5平 | 洪 | 羽 | 濁 | 刑賢 | 胡 | 公 |
| 東董送屋 | 5上 | 澒 | 羽 | 濁 | 刑賢 | 胡 | 孔 |
| 東董送屋 | 5去 | 哄 | 羽 | 濁 | 刑賢 | 胡 | 貢 |
| 東董送屋 | 5入 | 斛 | 羽 | 濁 | 刑賢 | 胡 | 谷 |
| 東董送屋 | 6平 | 宗 | 商 | 清 | 精箋 | 祖 | 冬 |

| 所屬韻類 | 聲調 | 小韻首字 | 七音 | 清濁 | 聲類 | 反切 | |
|---|---|---|---|---|---|---|---|
| 東董送屋 | 6上 | 總 | 商 | 清 | 精箋 | 作 | 孔 |
| 東董送屋 | 6去 | 糉 | 商 | 清 | 精箋 | 作 | 弄 |
| 東董送屋 | 6入 | 鼟 | 商 | 清 | 精箋 | 子 | 六 |
| 東董送屋 | 7平 | 悤 | 商 | 次清 | 清千 | 倉 | 紅 |
| 東董送屋 | 7上 | 憁 | 商 | 次清 | 清千 | 且 | 勇 |
| 東董送屋 | 7去 | 謥 | 商 | 次清 | 清千 | 千 | 弄 |
| 東董送屋 | 7入 | 蔟 | 商 | 次清 | 清千 | 千 | 木 |
| 東董送屋 | 8平 | 淞 | 商 | 次清次 | 新仙 | 息 | 中 |
| 東董送屋 | 8上 | 悚 | 商 | 次清次 | 新仙 | 息 | 勇 |
| 東董送屋 | 8去 | 送 | 商 | 次清次 | 新仙 | 蘇 | 弄 |
| 東董送屋 | 8入 | 速 | 商 | 次清次 | 新仙 | 蘇 | 谷 |
| 東董送屋 | 9平 | 從 | 商 | 濁 | 秦前 | 牆 | 容 |
| 東董送屋 | 9平 | 叢 | 商 | 濁 | 秦前 | 徂 | 紅 |
| 東董送屋 | 9去 | 從 | 商 | 濁 | 秦前 | 才 | 用 |
| 東董送屋 | 9去 | 敠 | 商 | 濁 | 秦前 | 徂 | 送 |
| 東董送屋 | 9入 | 族 | 商 | 濁 | 秦前 | 昨 | 木 |
| 東董送屋 | 10平 | 松 | 商 | 次濁 | 餳前 | 詳 | 容 |
| 東董送屋 | 10去 | 頌 | 商 | 次濁 | 餳前 | 似 | 用 |
| 東董送屋 | 10入 | 續 | 商 | 次濁 | 餳前 | 似 | 足 |
| 東董送屋 | 11平 | 弓 | 角 | 清 | 經堅 | 居 | 中 |
| 東董送屋 | 11上 | 拱 | 角 | 清 | 經堅 | 居 | 竦 |
| 東董送屋 | 11去 | 供 | 角 | 清 | 經堅 | 居 | 用 |
| 東董送屋 | 11入 | 菊 | 角 | 清 | 經堅 | 居 | 六 |
| 東董送屋 | 12平 | 穹 | 角 | 次清 | 輕牽 | 丘 | 中 |
| 東董送屋 | 12上 | 恐 | 角 | 次清 | 輕牽 | 丘 | 隴 |
| 東董送屋 | 12去 | 恐 | 角 | 次清 | 輕牽 | 欺 | 用 |

| 所屬韻類 | 聲調 | 小韻首字 | 七音 | 清濁 | 聲類 | 反切 | |
|---|---|---|---|---|---|---|---|
| 東董送屋 | 12入 | 麴 | 角 | 次清 | 輕牽 | 丘 | 六 |
| 東董送屋 | 13平 | 窮 | 角 | 濁 | 勤虔 | 渠 | 宮 |
| 東董送屋 | 13上 | 洪 | 角 | 濁 | 勤虔 | 巨 | 勇 |
| 東董送屋 | 13去 | 共 | 角 | 濁 | 勤虔 | 巨 | 用 |
| 東董送屋 | 13入 | 局 | 角 | 濁 | 勤虔 | 渠 | 六 |
| 東董送屋 | 14平 | 邕 | 羽 | 清 | 因煙 | 於 | 容 |
| 東董送屋 | 14上 | 擁 | 羽 | 清 | 因煙 | 委 | 勇 |
| 東董送屋 | 14去 | 雍 | 羽 | 清 | 因煙 | 於 | 用 |
| 東董送屋 | 14入 | 郁 | 羽 | 清 | 因煙 | 乙 | 六 |
| 東董送屋 | 15平 | 胸 | 羽 | 次清 | 興軒 | 許 | 容 |
| 東董送屋 | 15上 | 兇 | 羽 | 次清 | 興軒 | 許 | 拱 |
| 東董送屋 | 15去 | 呴 | 羽 | 次清 | 興軒 | 許 | 仲 |
| 東董送屋 | 15入 | 畜 | 羽 | 次清 | 興軒 | 許 | 六 |
| 東董送屋 | 16平 | 雄 | 羽 | 濁 | 刑賢 | 胡 | 弓 |
| 東董送屋 | 17平 | 融 | 羽 | 次濁 | 寅延 | 以 | 中 |
| 東董送屋 | 17平 | 顒 | 羽 | 次濁 | 寅延 | 魚 | 容 |
| 東董送屋 | 17上 | 勇 | 羽 | 次濁 | 寅延 | 尹 | 竦 |
| 東董送屋 | 17去 | 用 | 羽 | 次濁 | 寅延 | 余 | 頌 |
| 東董送屋 | 17去 | 㟅 | 羽 | 次濁 | 寅延 | 牛 | 仲 |
| 東董送屋 | 17入 | 育 | 羽 | 次濁 | 寅延 | 余 | 六 |
| 東董送屋 | 17入 | 玉 | 羽 | 次濁 | 寅延 | 魚 | 六 |
| 東董送屋 | 18平 | 中 | 次商 | 清 | 征氈 | 陟 | 隆 |
| 東董送屋 | 18上 | 腫 | 次商 | 清 | 征氈 | 知 | 隴 |
| 東董送屋 | 18去 | 眾 | 次商 | 清 | 征氈 | 之 | 仲 |
| 東董送屋 | 18入 | 祝 | 次商 | 清 | 征氈 | 之 | 六 |
| 東董送屋 | 19平 | 充 | 次商 | 次清 | 稱燀 | 昌 | 中 |

| 所屬韻類 | 聲調 | 小韻首字 | 七音 | 清濁 | 聲類 | 反切 | |
|---|---|---|---|---|---|---|---|
| 東董送屋 | 19上 | 寵 | 次商 | 次清 | 稱燀 | 丑 | 勇 |
| 東董送屋 | 19去 | 憃 | 次商 | 次清 | 稱燀 | 丑 | 用 |
| 東董送屋 | 19入 | 柷 | 次商 | 次清 | 稱燀 | 昌 | 六 |
| 東董送屋 | 20平 | 春 | 次商 | 次清次 | 聲羶 | 書 | 容 |
| 東董送屋 | 20入 | 叔 | 次商 | 次清次 | 聲羶 | 式 | 竹 |
| 東董送屋 | 21平 | 蟲 | 次商 | 濁 | 陳塵 | 持 | 中 |
| 東董送屋 | 21上 | 重 | 次商 | 濁 | 陳塵 | 直 | 隴 |
| 東董送屋 | 21去 | 仲 | 次商 | 濁 | 陳塵 | 直 | 眾 |
| 東董送屋 | 21入 | 逐 | 次商 | 濁 | 陳塵 | 直 | 六 |
| 東董送屋 | 22平 | 崇 | 次商 | 濁 | 榛潺 | 鉏 | 中 |
| 東董送屋 | 23上 | 鱅 | 次商 | 次濁 | 神禪 | 時 | 勇 |
| 東董送屋 | 23入 | 孰 | 次商 | 次濁 | 神禪 | 神 | 六 |
| 東董送屋 | 24平 | 戎 | 半商徵 | | 人然 | 而 | 中 |
| 東董送屋 | 24上 | 宂 | 半商徵 | | 人然 | 而 | 隴 |
| 東董送屋 | 24去 | 鞧 | 半商徵 | | 人然 | 而 | 用 |
| 東董送屋 | 24入 | 肉 | 半商徵 | | 人然 | 而 | 六 |
| 東董送屋 | 25平 | 濃 | 次商 | 次濁 | 紉聯 | 尼 | 容 |
| 東董送屋 | 25入 | 胸 | 次商 | 次濁 | 紉聯 | 女 | 六 |
| 東董送屋 | 26平 | 龍 | 半徵商 | | 零連 | 盧 | 容 |
| 東董送屋 | 26上 | 籠 | 半徵商 | | 零連 | 力 | 董 |
| 東董送屋 | 26去 | 弄 | 半徵商 | | 零連 | 盧 | 貢 |
| 東董送屋 | 26入 | 祿 | 半徵商 | | 零連 | 盧 | 谷 |
| 東董送屋 | 27平 | 隆 | 半徵商 | | 鄰連 | 良 | 中 |
| 東董送屋 | 28平 | 東 | 徵 | 清 | 丁顛 | 德 | 紅 |
| 東董送屋 | 28上 | 董 | 徵 | 清 | 丁顛 | 多 | 動 |
| 東董送屋 | 28去 | 凍 | 徵 | 清 | 丁顛 | 多 | 貢 |

| 所屬韻類 | 聲調 | 小韻首字 | 七音 | 清濁 | 聲類 | 反切 | |
|---|---|---|---|---|---|---|---|
| 東董送屋 | 28入 | 篤 | 徵 | 清 | 丁顛 | 都 | 毒 |
| 東董送屋 | 29平 | 通 | 徵 | 次清 | 汀天 | 他 | 紅 |
| 東董送屋 | 29上 | 統 | 徵 | 次清 | 汀天 | 他 | 總 |
| 東董送屋 | 29去 | 痛 | 徵 | 次清 | 汀天 | 他 | 貢 |
| 東董送屋 | 29入 | 禿 | 徵 | 次清 | 汀天 | 他 | 谷 |
| 東董送屋 | 30平 | 同 | 徵 | 濁 | 亭田 | 徒 | 紅 |
| 東董送屋 | 30上 | 動 | 徵 | 濁 | 亭田 | 徒 | 總 |
| 東董送屋 | 30去 | 洞 | 徵 | 濁 | 亭田 | 徒 | 弄 |
| 東董送屋 | 30入 | 牘 | 徵 | 濁 | 亭田 | 徒 | 谷 |
| 東董送屋 | 31平 | 農 | 徵 | 次濁 | 寧年 | 奴 | 冬 |
| 東董送屋 | 31上 | 癑 | 徵 | 次濁 | 寧年 | 乃 | 董 |
| 東董送屋 | 31去 | 齈 | 徵 | 次濁 | 寧年 | 奴 | 凍 |
| 東董送屋 | 31入 | 傉 | 徵 | 次濁 | 寧年 | 奴 | 篤 |
| 東董送屋 | 32上 | 琫 | 宮 | 清 | 賓邊 | 边 | 孔 |
| 東董送屋 | 32入 | 卜 | 宮 | 清 | 賓邊 | 博 | 木 |
| 東董送屋 | 33平 | 䴀 | 宮 | 次清 | 娉偏 | 撲 | 蒙 |
| 東董送屋 | 33入 | 撲 | 宮 | 次清 | 娉偏 | 普 | 卜 |
| 東董送屋 | 34平 | 蓬 | 宮 | 濁 | 平便 | 蒲 | 紅 |
| 東董送屋 | 34上 | 埲 | 宮 | 濁 | 平便 | 蒲 | 蠓 |
| 東董送屋 | 34去 | 槰 | 宮 | 濁 | 平便 | 菩 | 貢 |
| 東董送屋 | 34入 | 僕 | 宮 | 濁 | 平便 | 步 | 木 |
| 東董送屋 | 35平 | 蒙 | 宮 | 次濁 | 民綿 | 莫 | 紅 |
| 東董送屋 | 35上 | 蠓 | 宮 | 次濁 | 民綿 | 毋 | 摠 |
| 東董送屋 | 35去 | 夢 | 宮 | 次濁 | 民綿 | 莫 | 弄 |
| 東董送屋 | 35入 | 木 | 宮 | 次濁 | 民綿 | 莫 | 卜 |
| 東董送屋 | 36平 | 風 | 次宮 | 清 | 芬蕃 | 方 | 中 |

| 所屬韻類 | 聲調 | 小韻首字 | 七音 | 清濁 | 聲類 | 反切 | |
|---|---|---|---|---|---|---|---|
| 東董送屋 | 36上 | 捧 | 次宮 | 清 | 芬蕃 | 方 | 孔 |
| 東董送屋 | 36去 | 諷 | 次宮 | 清 | 芬蕃 | 方 | 鳳 |
| 東董送屋 | 36入 | 福 | 次宮 | 清 | 芬蕃 | 方 | 六 |
| 東董送屋 | 37平 | 馮 | 次宮 | 濁 | 墳煩 | 符 | 中 |
| 東董送屋 | 37上 | 奉 | 次宮 | 濁 | 墳煩 | 父 | 勇 |
| 東董送屋 | 37去 | 鳳 | 次宮 | 濁 | 墳煩 | 馮 | 貢 |
| 東董送屋 | 37入 | 伏 | 次宮 | 濁 | 墳煩 | 房 | 六 |
| 支紙寘 | 1平 | 奇 | 角 | 濁 | 擎虔 | 渠 | 宜 |
| 支紙寘 | 1上 | 技 | 角 | 濁 | 擎虔 | 巨 | 綺 |
| 支紙寘 | 1去 | 芰 | 角 | 濁 | 擎虔 | 奇 | 寄 |
| 支紙寘 | 2平 | 伊 | 羽 | 清 | 因煙 | 於 | 宜 |
| 支紙寘 | 2上 | 倚 | 羽 | 清 | 因煙 | 隱 | 綺 |
| 支紙寘 | 2去 | 意 | 羽 | 清 | 因煙 | 於 | 戲 |
| 支紙寘 | 3平 | 羲 | 羽 | 次清 | 興軒 | 虛 | 宜 |
| 支紙寘 | 3上 | 喜 | 羽 | 次清 | 興軒 | 許 | 里 |
| 支紙寘 | 3去 | 戲 | 羽 | 次清 | 興軒 | 許 | 意 |
| 支紙寘 | 4平 | 夷 | 羽 | 次濁 | 寅延 | 延 | 知 |
| 支紙寘 | 4上 | 以 | 羽 | 次濁 | 寅延 | 養 | 里 |
| 支紙寘 | 4去 | 異 | 羽 | 次濁 | 寅延 | 以 | 智 |
| 支紙寘 | 5平 | 咨 | 商 | 清 | 精箋 | 津 | 私 |
| 支紙寘 | 5上 | 子 | 商 | 清 | 精箋 | 祖 | 似 |
| 支紙寘 | 5去 | 恣 | 商 | 清 | 精箋 | 資 | 四 |
| 支紙寘 | 6平 | 雌 | 商 | 次清 | 親千 | 此 | 茲 |
| 支紙寘 | 6上 | 此 | 商 | 次清 | 親千 | 雌 | 氏 |
| 支紙寘 | 6去 | 次 | 商 | 次清 | 親千 | 七 | 四 |
| 支紙寘 | 7平 | 私 | 商 | 次清次 | 新仙 | 相 | 咨 |

| 所屬韻類 | 聲調 | 小韻首字 | 七音 | 清濁 | 聲類 | 反切 | |
|---|---|---|---|---|---|---|---|
| 支紙寘 | 7上 | 死 | 商 | 次清次 | 新仙 | 想 | 姊 |
| 支紙寘 | 7去 | 四 | 商 | 次清次 | 新仙 | 息 | 漬 |
| 支紙寘 | 8平 | 茨 | 商 | 濁 | 秦前 | 才 | 資 |
| 支紙寘 | 8去 | 自 | 商 | 濁 | 秦前 | 疾 | 二 |
| 支紙寘 | 9平 | 詞 | 商 | 次濁 | 餳茲 | 詳 | 茲 |
| 支紙寘 | 9上 | 似 | 商 | 次濁 | 餳茲 | 詳 | 子 |
| 支紙寘 | 9去 | 寺 | 商 | 次濁 | 餳茲 | 祥 | 吏 |
| 支紙寘 | 10平 | 知 | 次商 | 清 | 真氊 | 陟 | 離 |
| 支紙寘 | 10上 | 徵 | 次商 | 清 | 真氊 | 陟 | 里 |
| 支紙寘 | 10去 | 智 | 次商 | 清 | 真氊 | 知 | 意 |
| 支紙寘 | 11平 | 摛 | 次商 | 次清 | 稱煇 | 抽 | 知 |
| 支紙寘 | 11上 | 侈 | 次商 | 次清 | 稱煇 | 尺 | 里 |
| 支紙寘 | 11去 | 眙 | 次商 | 次清 | 稱煇 | 丑 | 吏 |
| 支紙寘 | 12去 | 世 | 次商 | 次清次 | 聲氊 | 始 | 制 |
| 支紙寘 | 13平 | 馳 | 次商 | 濁 | 陳廛 | 陳 | 知 |
| 支紙寘 | 13上 | 雉 | 次商 | 濁 | 陳廛 | 丈 | 几 |
| 支紙寘 | 13去 | 治 | 次商 | 濁 | 陳廛 | 直 | 意 |
| 支紙寘 | 14去 | 誓 | 次商 | 次濁次 | 神禪 | 時 | 制 |
| 支紙寘 | 15平 | 支 | 次商 | 清 | 征氊 | 旨 | 而 |
| 支紙寘 | 15上 | 紙 | 次商 | 清 | 征氊 | 諸 | 氏 |
| 支紙寘 | 15去 | 寘 | 次商 | 清 | 征氊 | 支 | 義 |
| 支紙寘 | 16平 | 差 | 次商 | 次清 | 嗔延 | 叉 | 茲 |
| 支紙寘 | 16上 | 欻 | 次商 | 次清 | 嗔延 | 初 | 紀 |
| 支紙寘 | 16去 | 廁 | 次商 | 次清 | 嗔延 | 初 | 寺 |
| 支紙寘 | 17平 | 詩 | 次商 | 次清次 | 身氊 | 申 | 之 |
| 支紙寘 | 17上 | 弛 | 次商 | 次清次 | 身氊 | 詩 | 止 |

| 所屬韻類 | 聲調 | 小韻首字 | 七音 | 清濁 | 聲類 | 反切 | |
|---|---|---|---|---|---|---|---|
| 支紙寘 | 17去 | 試 | 次商 | 次清次 | 身羶 | 式 | 至 |
| 支紙寘 | 18平 | 時 | 次商 | 次濁次 | 辰常 | 辰 | 之 |
| 支紙寘 | 18上 | 是 | 次商 | 次濁次 | 辰常 | 上 | 紙 |
| 支紙寘 | 18去 | 侍 | 次商 | 次濁次 | 辰常 | 時 | 吏 |
| 支紙寘 | 19平 | 儿 | 半商徵 | | 人然 | 如 | 支 |
| 支紙寘 | 19上 | 耳 | 半商徵 | | 人然 | 忍 | 止 |
| 支紙寘 | 19去 | 二 | 半商徵 | | 人然 | 而 | 至 |
| 支紙寘 | 20平 | 悲 | 宮 | 清 | 賓邊 | 逋 | 眉 |
| 支紙寘 | 20上 | 彼 | 宮 | 清 | 賓邊 | 補 | 委 |
| 支紙寘 | 20去 | 祕 | 宮 | 清 | 賓邊 | 兵 | 媚 |
| 支紙寘 | 21平 | 紕 | 宮 | 次清 | 娉偏 | 篇 | 夷 |
| 支紙寘 | 21上 | 庀 | 宮 | 次清 | 娉偏 | 普 | 弭 |
| 支紙寘 | 21去 | 譬 | 宮 | 次清 | 娉偏 | 匹 | 智 |
| 支紙寘 | 22平 | 皮 | 宮 | 濁 | 平便 | 蒲 | 麋 |
| 支紙寘 | 22上 | 婢 | 宮 | 濁 | 平便 | 部 | 比 |
| 支紙寘 | 22去 | 避 | 宮 | 濁 | 平便 | 毗 | 意 |
| 支紙寘 | 23平 | 麋 | 宮 | 次濁 | 民綿 | 忙 | 皮 |
| 支紙寘 | 23上 | 靡 | 宮 | 次濁 | 民綿 | 母 | 彼 |
| 支紙寘 | 23去 | 寐 | 宮 | 次濁 | 民綿 | 麋 | 詖 |
| 支紙寘 | 24平 | 霏 | 次宮 | 次清 | 芬番 | 芳 | 微 |
| 支紙寘 | 24上 | 斐 | 次宮 | 次清 | 芬番 | 敷 | 尾 |
| 支紙寘 | 24去 | 費 | 次宮 | 次清 | 芬番 | 芳 | 未 |
| 支紙寘 | 25平 | 肥 | 次宮 | 濁 | 墳煩 | 符 | 非 |
| 支紙寘 | 25上 | 腓 | 次宮 | 濁 | 墳煩 | 父 | 尾 |
| 支紙寘 | 25去 | 扉 | 次宮 | 濁 | 墳煩 | 父 | 沸 |
| 支紙寘 | 26平 | 微 | 次宮 | 次濁 | 無文 | 無 | 非 |

| 所屬韻類 | 聲調 | 小韻首字 | 七音 | 清濁 | 聲類 | 反切 | |
|---|---|---|---|---|---|---|---|
| 支紙寘 | 26上 | 尾 | 次宮 | 次濁 | 無文 | 無 | 匪 |
| 支紙寘 | 26去 | 未 | 次宮 | 次濁 | 無文 | 無 | 沸 |
| 齊薺霽 | 1平 | 雞 | 角 | 清 | 經堅 | 堅 | 溪 |
| 齊薺霽 | 1上 | 己 | 角 | 清 | 經堅 | 居 | 里 |
| 齊薺霽 | 1去 | 寄 | 角 | 清 | 經堅 | 吉 | 器 |
| 齊薺霽 | 2平 | 谿 | 角 | 次清 | 輕牽 | 牽 | 溪 |
| 齊薺霽 | 2上 | 起 | 角 | 次清 | 輕牽 | 墟 | 里 |
| 齊薺霽 | 2去 | 器 | 角 | 次清 | 輕牽 | 去 | 異 |
| 齊薺霽 | 3平 | 兮 | 羽 | 濁 | 刑弦 | 賢 | 雞 |
| 齊薺霽 | 3上 | 傒 | 羽 | 濁 | 刑弦 | 戶 | 禮 |
| 齊薺霽 | 3去 | 系 | 羽 | 濁 | 刑弦 | 胡 | 計 |
| 齊薺霽 | 4平 | 齎 | 商 | 清 | 精箋 | 箋 | 西 |
| 齊薺霽 | 4上 | 濟 | 商 | 清 | 精箋 | 子 | 禮 |
| 齊薺霽 | 4去 | 霽 | 商 | 清 | 精箋 | 子 | 計 |
| 齊薺霽 | 5平 | 妻 | 商 | 次清 | 清千 | 千 | 西 |
| 齊薺霽 | 5上 | 泚 | 商 | 次清 | 清千 | 此 | 禮 |
| 齊薺霽 | 5去 | 砌 | 商 | 次清 | 清千 | 七 | 計 |
| 齊薺霽 | 6平 | 西 | 商 | 次清次 | 新仙 | 先 | 齊 |
| 齊薺霽 | 6上 | 徙 | 商 | 次清次 | 新仙 | 想 | 里 |
| 齊薺霽 | 6去 | 細 | 商 | 次清次 | 新仙 | 思 | 計 |
| 齊薺霽 | 7平 | 齊 | 商 | 濁 | 秦前 | 前 | 西 |
| 齊薺霽 | 7上 | 薺 | 商 | 濁 | 秦前 | 在 | 禮 |
| 齊薺霽 | 7去 | 嚌 | 商 | 濁 | 秦前 | 才 | 詣 |
| 齊薺霽 | 8平 | 離 | 半徵商 | | 鄰連 | 鄰 | 溪 |
| 齊薺霽 | 8上 | 里 | 半徵商 | | 鄰連 | 良 | 以 |
| 齊薺霽 | 8去 | 利 | 半徵商 | | 鄰連 | 力 | 至 |

| 所屬韻類 | 聲調 | 小韻首字 | 七音 | 清濁 | 聲類 | 反切 | |
|---|---|---|---|---|---|---|---|
| 齊薺霽 | 9平 | 低 | 徵 | 清 | 丁顛 | 都 | 黎 |
| 齊薺霽 | 9上 | 底 | 徵 | 清 | 丁顛 | 典 | 禮 |
| 齊薺霽 | 9去 | 帝 | 徵 | 清 | 丁顛 | 丁 | 計 |
| 齊薺霽 | 10平 | 梯 | 徵 | 次清 | 汀天 | 天 | 黎 |
| 齊薺霽 | 10上 | 體 | 徵 | 次清 | 汀天 | 他 | 禮 |
| 齊薺霽 | 10去 | 替 | 徵 | 次清 | 汀天 | 他 | 計 |
| 齊薺霽 | 11平 | 題 | 徵 | 濁 | 亭田 | 杜 | 兮 |
| 齊薺霽 | 11上 | 弟 | 徵 | 濁 | 亭田 | 杜 | 禮 |
| 齊薺霽 | 11去 | 第 | 徵 | 濁 | 亭田 | 大 | 計 |
| 齊薺霽 | 12平 | 泥 | 徵 | 次濁 | 寧年 | 年 | 提 |
| 齊薺霽 | 12上 | 伱 | 徵 | 次濁 | 寧年 | 乃 | 禮 |
| 齊薺霽 | 12去 | 泥 | 徵 | 次濁 | 寧年 | 乃 | 計 |
| 齊薺霽 | 13平 | 篦 | 宮 | 清 | 賓邊 | 邊 | 迷 |
| 齊薺霽 | 13上 | 妣 | 宮 | 清 | 賓邊 | 補 | 米 |
| 齊薺霽 | 13去 | 閉 | 宮 | 清 | 賓邊 | 必 | 計 |
| 齊薺霽 | 14平 | 迷 | 宮 | 次濁 | 民綿 | 綿 | 兮 |
| 齊薺霽 | 14上 | 米 | 宮 | 次濁 | 民綿 | 莫 | 禮 |
| 齊薺霽 | 14去 | 袂 | 宮 | 次濁 | 民綿 | 彌 | 計 |
| 魚語御 | 1平 | 居 | 角 | 清 | 經堅 | 斤 | 於 |
| 魚語御 | 1上 | 舉 | 角 | 清 | 經堅 | 居 | 許 |
| 魚語御 | 1去 | 據 | 角 | 清 | 經堅 | 居 | 御 |
| 魚語御 | 2平 | 墟 | 角 | 次清 | 輕牽 | 丘 | 於 |
| 魚語御 | 2上 | 去 | 角 | 次清 | 輕牽 | 丘 | 舉 |
| 魚語御 | 2去 | 去 | 角 | 次清 | 輕牽 | 丘 | 據 |
| 魚語御 | 3平 | 渠 | 角 | 濁 | 勤虔 | 求 | 於 |
| 魚語御 | 3上 | 巨 | 角 | 濁 | 勤虔 | 臼 | 許 |

| 所屬韻類 | 聲調 | 小韻首字 | 七音 | 清濁 | 聲類 | 反切 | |
|---|---|---|---|---|---|---|---|
| 魚語御 | 3去 | 具 | 角 | 濁 | 勤虔 | 忌 | 遇 |
| 魚語御 | 4平 | 魚 | 角 | 次濁次 | 迎妍 | 牛 | 居 |
| 魚語御 | 4上 | 語 | 角 | 次濁次 | 迎妍 | 偶 | 許 |
| 魚語御 | 4去 | 御 | 角 | 次濁次 | 迎妍 | 魚 | 據 |
| 魚語御 | 4平 | 余 | 羽 | 次濁 | 迎妍 | 羊 | 諸 |
| 魚語御 | 4上 | 與 | 角 | 次濁 | 迎妍 | 弋 | 渚 |
| 魚語御 | 4去 | 豫 | 角 | 次濁 | 迎妍 | 羊 | 茹 |
| 魚語御 | 5平 | 於 | 羽 | 清 | 因煙 | 衣 | 虛 |
| 魚語御 | 5上 | 傴 | 羽 | 清 | 因煙 | 於 | 語 |
| 魚語御 | 5去 | 飫 | 羽 | 清 | 因煙 | 於 | 據 |
| 魚語御 | 6平 | 虛 | 羽 | 次清 | 興軒 | 休 | 居 |
| 魚語御 | 6上 | 許 | 羽 | 次清 | 興軒 | 虛 | 呂 |
| 魚語御 | 6去 | 噓 | 羽 | 次清 | 興軒 | 許 | 御 |
| 魚語御 | 7平 | 苴 | 商 | 清 | 津煎 | 子 | 余 |
| 魚語御 | 7上 | 苴 | 商 | 清 | 津煎 | 子 | 與 |
| 魚語御 | 7去 | 怚 | 商 | 清 | 津煎 | 將 | 預 |
| 魚語御 | 8平 | 趨 | 商 | 次清 | 親千 | 逡 | 須 |
| 魚語御 | 8上 | 取 | 商 | 次清 | 親千 | 此 | 主 |
| 魚語御 | 8去 | 覷 | 商 | 次清 | 親千 | 七 | 慮 |
| 魚語御 | 9平 | 胥 | 商 | 次清次 | 新仙 | 新 | 於 |
| 魚語御 | 9上 | 諝 | 商 | 次清次 | 新仙 | 私 | 呂 |
| 魚語御 | 9去 | 絮 | 商 | 次清次 | 新仙 | 息 | 據 |
| 魚語御 | 10平 | 苴 | 商 | 濁 | 秦前 | 才 | 余 |
| 魚語御 | 10上 | 咀 | 商 | 濁 | 秦前 | 在 | 呂 |
| 魚語御 | 10去 | 聚 | 商 | 濁 | 秦前 | 族 | 遇 |
| 魚語御 | 11平 | 徐 | 商 | 次濁 | 餳延 | 祥 | 於 |

| 所屬韻類 | 聲調 | 小韻首字 | 七音 | 清濁 | 聲類 | 反切 | |
|---|---|---|---|---|---|---|---|
| 魚語御 | 11上 | 敘 | 商 | 次濁 | 餳延 | 象 | 呂 |
| 魚語御 | 11去 | 屐 | 商 | 次濁 | 餳延 | 徐 | 預 |
| 魚語御 | 12平 | 諸 | 次商 | 清 | 真氈 | 專 | 於 |
| 魚語御 | 12上 | 主 | 次商 | 清 | 真氈 | 腫 | 庾 |
| 魚語御 | 12去 | 著 | 次商 | 清 | 真氈 | 陟 | 慮 |
| 魚語御 | 13平 | 樞 | 次商 | 次清 | 嗔延 | 抽 | 居 |
| 魚語御 | 13上 | 杵 | 次商 | 次清 | 嗔延 | 敞 | 呂 |
| 魚語御 | 13去 | 處 | 次商 | 次清 | 嗔延 | 昌 | 據 |
| 魚語御 | 14平 | 書 | 次商 | 次清次 | 身氈 | 商 | 居 |
| 魚語御 | 14上 | 暑 | 次商 | 次清次 | 身氈 | 賞 | 呂 |
| 魚語御 | 14去 | 恕 | 次商 | 次清次 | 身氈 | 商 | 豫 |
| 魚語御 | 15平 | 除 | 次商 | 濁 | 陳塵 | 長 | 魚 |
| 魚語御 | 15上 | 柱 | 次商 | 濁 | 陳塵 | 丈 | 呂 |
| 魚語御 | 15去 | 筋 | 次商 | 濁 | 陳塵 | 治 | 據 |
| 魚語御 | 16平 | 殊 | 次商 | 次濁次 | 辰常 | 尚 | 朱 |
| 魚語御 | 16上 | 豎 | 次商 | 次濁次 | 辰常 | 上 | 主 |
| 魚語御 | 16去 | 樹 | 次商 | 次濁次 | 辰常 | 殊 | 遇 |
| 魚語御 | 17平 | 如 | 半商徵 | | 人然 | 人 | 余 |
| 魚語御 | 17上 | 汝 | 半商徵 | | 人然 | 忍 | 與 |
| 魚語御 | 17去 | 茹 | 半商徵 | | 人然 | 而 | 遇 |
| 魚語御 | 18平 | 袽 | 次商 | 次濁 | 紉聯 | 女 | 居 |
| 魚語御 | 18上 | 女 | 次商 | 次濁 | 紉聯 | 尼 | 呂 |
| 魚語御 | 18去 | 女 | 次商 | 次濁 | 紉聯 | 尼 | 據 |
| 魚語御 | 19平 | 閭 | 半徵商 | | 鄰連 | 淩 | 如 |
| 魚語御 | 19上 | 呂 | 半徵商 | | 鄰連 | 兩 | 舉 |
| 魚語御 | 19去 | 慮 | 半徵商 | | 鄰連 | 良 | 據 |

| 所屬韻類 | 聲調 | 小韻首字 | 七音 | 清濁 | 聲類 | 反切 | |
|---|---|---|---|---|---|---|---|
| 模姥暮 | 1平 | 孤 | 角 | 清 | 經堅 | 攻 | 乎 |
| 模姥暮 | 1上 | 古 | 角 | 清 | 經堅 | 公 | 土 |
| 模姥暮 | 1去 | 故 | 角 | 清 | 經堅 | 古 | 慕 |
| 模姥暮 | 2平 | 枯 | 角 | 次清 | 輕牽 | 空 | 胡 |
| 模姥暮 | 2上 | 苦 | 角 | 次清 | 輕牽 | 孔 | 五 |
| 模姥暮 | 2去 | 庫 | 角 | 次清 | 輕牽 | 苦 | 故 |
| 模姥暮 | 3平 | 吾 | 角 | 次濁 | 銀言 | 訛 | 胡 |
| 模姥暮 | 3上 | 五 | 角 | 次濁 | 銀言 | 阮 | 古 |
| 模姥暮 | 3去 | 誤 | 角 | 次濁 | 銀言 | 五 | 故 |
| 模姥暮 | 4平 | 烏 | 羽 | 清 | 因煙 | 汪 | 胡 |
| 模姥暮 | 4上 | 塢 | 羽 | 清 | 因煙 | 安 | 古 |
| 模姥暮 | 4去 | 汙 | 羽 | 清 | 因煙 | 烏 | 故 |
| 模姥暮 | 5平 | 呼 | 羽 | 次清 | 興軒 | 荒 | 胡 |
| 模姥暮 | 5上 | 虎 | 羽 | 次清 | 興軒 | 火 | 五 |
| 模姥暮 | 5去 | 謼 | 羽 | 次清 | 興軒 | 荒 | 故 |
| 模姥暮 | 6平 | 胡 | 羽 | 濁 | 刑賢 | 洪 | 孤 |
| 模姥暮 | 6上 | 戶 | 羽 | 濁 | 刑賢 | 侯 | 古 |
| 模姥暮 | 6去 | 護 | 羽 | 濁 | 刑賢 | 胡 | 故 |
| 模姥暮 | 7平 | 租 | 商 | 清 | 精箋 | 宗 | 蘇 |
| 模姥暮 | 7上 | 祖 | 商 | 清 | 精箋 | 揔 | 五 |
| 模姥暮 | 7去 | 作 | 商 | 清 | 精箋 | 臧 | 祚 |
| 模姥暮 | 8平 | 麤 | 商 | 次清 | 清千 | 倉 | 胡 |
| 模姥暮 | 8上 | 蘆 | 商 | 次清 | 清千 | 采 | 五 |
| 模姥暮 | 8去 | 措 | 商 | 次清 | 清千 | 倉 | 故 |
| 模姥暮 | 9平 | 蘇 | 商 | 次清次 | 新仙 | 孫 | 徂 |
| 模姥暮 | 9去 | 素 | 商 | 次清次 | 新仙 | 蘇 | 故 |

| 所屬韻類 | 聲調 | 小韻首字 | 七音 | 清濁 | 聲類 | 反切 | |
|---|---|---|---|---|---|---|---|
| 模姥暮 | 10平 | 徂 | 商 | 濁 | 秦前 | 叢 | 租 |
| 模姥暮 | 10上 | 粗 | 商 | 濁 | 秦前 | 坐 | 五 |
| 模姥暮 | 10去 | 祚 | 商 | 濁 | 秦前 | 靖 | 故 |
| 模姥暮 | 11上 | 阻 | 次商 | 清 | 真邅 | 壯 | 所 |
| 模姥暮 | 11去 | 詛 | 次商 | 清 | 真邅 | 莊 | 助 |
| 模姥暮 | 12平 | 初 | 次商 | 次清 | 嗔延 | 楚 | 徂 |
| 模姥暮 | 12上 | 楚 | 次商 | 次清 | 嗔延 | 創 | 祖 |
| 模姥暮 | 12去 | 楚 | 次商 | 次清 | 嗔延 | 創 | 故 |
| 模姥暮 | 13平 | 蔬 | 次商 | 次清次 | 身羶 | 山 | 徂 |
| 模姥暮 | 13上 | 所 | 次商 | 次清次 | 身羶 | 疎 | 五 |
| 模姥暮 | 13去 | 疏 | 次商 | 次清次 | 身羶 | 所 | 故 |
| 模姥暮 | 14平 | 鉏 | 次商 | 濁 | 榛潺 | 牀 | 魚 |
| 模姥暮 | 14上 | 齟 | 次商 | 濁 | 榛潺 | 牀 | 呂 |
| 模姥暮 | 14去 | 助 | 次商 | 濁 | 榛潺 | 牀 | 祚 |
| 模姥暮 | 15平 | 盧 | 半徵商 | | 零連 | 龍 | 都 |
| 模姥暮 | 15上 | 魯 | 半徵商 | | 零連 | 郎 | 古 |
| 模姥暮 | 15去 | 路 | 半徵商 | | 零連 | 魯 | 故 |
| 模姥暮 | 16平 | 都 | 徵 | 清 | 丁顛 | 東 | 徒 |
| 模姥暮 | 16上 | 覩 | 徵 | 清 | 丁顛 | 董 | 五 |
| 模姥暮 | 16去 | 妒 | 徵 | 清 | 丁顛 | 都 | 故 |
| 模姥暮 | 17平 | 琛 | 徵 | 次清 | 汀天 | 通 | 都 |
| 模姥暮 | 17上 | 土 | 徵 | 次清 | 汀天 | 他 | 魯 |
| 模姥暮 | 17去 | 兔 | 徵 | 次清 | 汀天 | 土 | 故 |
| 模姥暮 | 18平 | 徒 | 徵 | 濁 | 亭田 | 同 | 都 |
| 模姥暮 | 18上 | 杜 | 徵 | 濁 | 亭田 | 徒 | 五 |
| 模姥暮 | 18去 | 度 | 徵 | 濁 | 亭田 | 徒 | 故 |

| 所屬韻類 | 聲調 | 小韻首字 | 七音 | 清濁 | 聲類 | 反切 | |
|---|---|---|---|---|---|---|---|
| 模姥暮 | 19平 | 奴 | 徵 | 次濁 | 寧年 | 農 | 都 |
| 模姥暮 | 19上 | 弩 | 徵 | 次濁 | 寧年 | 奴 | 古 |
| 模姥暮 | 19去 | 怒 | 徵 | 次濁 | 寧年 | 奴 | 故 |
| 模姥暮 | 20平 | 逋 | 宮 | 清 | 賓邊 | 奔 | 模 |
| 模姥暮 | 20上 | 補 | 宮 | 清 | 賓邊 | 博 | 古 |
| 模姥暮 | 20去 | 布 | 宮 | 清 | 賓邊 | 博 | 故 |
| 模姥暮 | 21平 | 鋪 | 宮 | 次清 | 娉偏 | 滂 | 模 |
| 模姥暮 | 21上 | 普 | 宮 | 次清 | 娉偏 | 滂 | 五 |
| 模姥暮 | 21去 | 鋪 | 宮 | 次清 | 娉偏 | 普 | 故 |
| 模姥暮 | 22平 | 蒲 | 宮 | 濁 | 平便 | 薄 | 胡 |
| 模姥暮 | 22上 | 簿 | 宮 | 濁 | 平便 | 裴 | 五 |
| 模姥暮 | 22去 | 步 | 宮 | 濁 | 平便 | 薄 | 故 |
| 模姥暮 | 23平 | 模 | 宮 | 次濁 | 民綿 | 莫 | 胡 |
| 模姥暮 | 23上 | 姥 | 宮 | 次濁 | 民綿 | 莫 | 補 |
| 模姥暮 | 23去 | 暮 | 宮 | 次濁 | 民綿 | 莫 | 故 |
| 模姥暮 | 24平 | 敷 | 次宮 | 次清 | 芬蕃 | 芳 | 無 |
| 模姥暮 | 24上 | 撫 | 次宮 | 次清 | 芬蕃 | 斐 | 古 |
| 模姥暮 | 24去 | 赴 | 次宮 | 次清 | 芬蕃 | 芳 | 故 |
| 模姥暮 | 25平 | 扶 | 次宮 | 濁 | 墳煩 | 逢 | 夫 |
| 模姥暮 | 25上 | 父 | 次宮 | 濁 | 墳煩 | 扶 | 古 |
| 模姥暮 | 25去 | 附 | 次宮 | 濁 | 墳煩 | 符 | 遇 |
| 模姥暮 | 26平 | 無 | 次宮 | 次濁 | 文橫 | 微 | 夫 |
| 模姥暮 | 26上 | 武 | 次宮 | 次濁 | 文橫 | 罔 | 古 |
| 模姥暮 | 26去 | 務 | 次宮 | 次濁 | 文橫 | 亡 | 暮 |
| 灰賄隊 | 1平 | 傀 | 角 | 清 | 經堅 | 姑 | 回 |
| 灰賄隊 | 1平 | 規 | 角 | 清 | 經堅 | 居 | 為 |

| 所屬韻類 | 聲調 | 小韻首字 | 七音 | 清濁 | 聲類 | 反切 | |
|---|---|---|---|---|---|---|---|
| 灰賄隊 | 1上 | 詭 | 角 | 清 | 經堅 | 古 | 委 |
| 灰賄隊 | 1去 | 憒 | 角 | 清 | 經堅 | 古 | 外 |
| 灰賄隊 | 1去 | 貴 | 角 | 清 | 經堅 | 居 | 胃 |
| 灰賄隊 | 2平 | 恢 | 角 | 次清 | 輕牽 | 枯 | 回 |
| 灰賄隊 | 2平 | 窺 | 角 | 次清 | 輕牽 | 缺 | 規 |
| 灰賄隊 | 2上 | 磈 | 角 | 次清 | 輕牽 | 苦 | 猥 |
| 灰賄隊 | 2上 | 跬 | 角 | 次清 | 輕牽 | 犬 | 蘂 |
| 灰賄隊 | 2去 | 塊 | 角 | 次清 | 輕牽 | 窺 | 睡 |
| 灰賄隊 | 2去 | 喟 | 角 | 次清 | 輕牽 | 丘 | 媿 |
| 灰賄隊 | 3平 | 葵 | 角 | 濁 | 勤虔 | 渠 | 為 |
| 灰賄隊 | 3上 | 跪 | 角 | 濁 | 勤虔 | 巨 | 委 |
| 灰賄隊 | 3去 | 匱 | 角 | 濁 | 勤虔 | 具 | 位 |
| 灰賄隊 | 4平 | 危 | 角 | 次濁 | 迎研 | 魚 | 為 |
| 灰賄隊 | 4平 | 為 | 角 | 次濁 | 迎研 | 于 | 偽 |
| 灰賄隊 | 4上 | 隗 | 角 | 次濁 | 迎研 | 五 | 罪 |
| 灰賄隊 | 4上 | 蘤 | 角 | 次濁 | 迎研 | 于 | 鬼 |
| 灰賄隊 | 4去 | 魏 | 角 | 次濁 | 迎研 | 魚 | 胃 |
| 灰賄隊 | 4去 | 胃 | 角 | 次濁 | 迎研 | 于 | 貴 |
| 灰賄隊 | 5平 | 煨 | 羽 | 清 | 因煙 | 烏 | 魁 |
| 灰賄隊 | 5平 | 威 | 羽 | 清 | 因煙 | 於 | 非 |
| 灰賄隊 | 5上 | 猥 | 羽 | 清 | 因煙 | 烏 | 賄 |
| 灰賄隊 | 5上 | 委 | 羽 | 清 | 因煙 | 鄔 | 毀 |
| 灰賄隊 | 5去 | 穢 | 羽 | 清 | 因煙 | 烏 | 胃 |
| 灰賄隊 | 5去 | 尉 | 羽 | 清 | 因煙 | 紆 | 胃 |
| 灰賄隊 | 6平 | 灰 | 羽 | 次清 | 興軒 | 呼 | 回 |
| 灰賄隊 | 6平 | 麾 | 羽 | 次清 | 興軒 | 呼 | 為 |

| 所屬韻類 | 聲調 | 小韻首字 | 七音 | 清濁 | 聲類 | 反切 | |
|---|---|---|---|---|---|---|---|
| 灰賄隊 | 6上 | 賄 | 羽 | 次清 | 興軒 | 呼 | 罪 |
| 灰賄隊 | 6上 | 毀 | 羽 | 次清 | 興軒 | 虎 | 委 |
| 灰賄隊 | 6去 | 誨 | 羽 | 次清 | 興軒 | 呼 | 對 |
| 灰賄隊 | 6去 | 諱 | 羽 | 次清 | 興軒 | 許 | 貴 |
| 灰賄隊 | 7平 | 回 | 羽 | 濁 | 刑賢 | 胡 | 傀 |
| 灰賄隊 | 7平 | 攜 | 羽 | 濁 | 刑賢 | 戶 | 圭 |
| 灰賄隊 | 7上 | 瘣 | 羽 | 濁 | 刑賢 | 戶 | 賄 |
| 灰賄隊 | 7去 | 潰 | 羽 | 濁 | 刑賢 | 胡 | 對 |
| 灰賄隊 | 7去 | 慧 | 羽 | 濁 | 刑賢 | 胡 | 桂 |
| 灰賄隊 | 8平 | 維 | 羽 | 次濁 | 寅延 | 以 | 追 |
| 灰賄隊 | 8上 | 唯 | 羽 | 次濁 | 寅延 | 以 | 水 |
| 灰賄隊 | 9平 | 崔 | 商 | 清 | 津煎 | 尊 | 綏 |
| 灰賄隊 | 9上 | 觜 | 商 | 清 | 津煎 | 即 | 委 |
| 灰賄隊 | 9去 | 醉 | 商 | 清 | 津煎 | 將 | 遂 |
| 灰賄隊 | 10平 | 催 | 商 | 次清 | 親千 | 倉 | 回 |
| 灰賄隊 | 10上 | 璀 | 商 | 次清 | 親千 | 取 | 猥 |
| 灰賄隊 | 10去 | 翠 | 商 | 次清 | 親千 | 七 | 醉 |
| 灰賄隊 | 11平 | 雖 | 商 | 次清次 | 新仙 | 蘇 | 回 |
| 灰賄隊 | 11上 | 髓 | 商 | 次清次 | 新仙 | 息 | 委 |
| 灰賄隊 | 11去 | 歲 | 商 | 次清次 | 新仙 | 須 | 銳 |
| 灰賄隊 | 12平 | 摧 | 商 | 濁 | 秦前 | 徂 | 回 |
| 灰賄隊 | 12上 | 罪 | 商 | 濁 | 秦前 | 徂 | 賄 |
| 灰賄隊 | 12去 | 萃 | 商 | 濁 | 秦前 | 秦 | 醉 |
| 灰賄隊 | 13平 | 隨 | 商 | 次濁 | 餳涎 | 旬 | 威 |
| 灰賄隊 | 13上 | 㵟 | 商 | 次濁 | 餳涎 | 隨 | 婢 |
| 灰賄隊 | 13去 | 遂 | 商 | 次濁 | 餳涎 | 徐 | 醉 |

| 所屬韻類 | 聲調 | 小韻首字 | 七音 | 清濁 | 聲類 | 反切 | |
|---|---|---|---|---|---|---|---|
| 灰賄隊 | 14平 | 佳 | 次商 | 清 | 真氊 | 朱 | 惟 |
| 灰賄隊 | 14上 | 捶 | 次商 | 清 | 真氊 | 主 | 藥 |
| 灰賄隊 | 14去 | 惴 | 次商 | 清 | 真氊 | 之 | 瑞 |
| 灰賄隊 | 15平 | 吹 | 次商 | 次清 | 嗔延 | 昌 | 垂 |
| 灰賄隊 | 15上 | 揣 | 次商 | 次清 | 嗔延 | 楚 | 委 |
| 灰賄隊 | 15去 | 毳 | 次商 | 次清 | 嗔延 | 蚩 | 瑞 |
| 灰賄隊 | 16平 | 衰 | 次商 | 次清次 | 身羶 | 所 | 追 |
| 灰賄隊 | 16上 | 水 | 次商 | 次清次 | 身羶 | 式 | 軌 |
| 灰賄隊 | 16去 | 帥 | 次商 | 次清次 | 身羶 | 所 | 類 |
| 灰賄隊 | 16去 | 稅 | 次商 | 次清次 | 身羶 | 輸 | 芮 |
| 灰賄隊 | 17平 | 椎 | 次商 | 濁 | 陳廛 | 直 | 追 |
| 灰賄隊 | 17去 | 墜 | 次商 | 濁 | 陳廛 | 直 | 類 |
| 灰賄隊 | 18平 | 誰 | 次商 | 次濁 | 辰常 | 視 | 佳 |
| 灰賄隊 | 18去 | 瑞 | 次商 | 次濁 | 辰常 | 殊 | 偽 |
| 灰賄隊 | 19平 | 㽔 | 半商徵 | | 人然 | 如 | 佳 |
| 灰賄隊 | 19上 | 榮 | 半商徵 | | 人然 | 如 | 累 |
| 灰賄隊 | 19去 | 芮 | 半商徵 | | 人然 | 如 | 稅 |
| 灰賄隊 | 20平 | 雷 | 半徵商 | | 鄰連 | 蘆 | 回 |
| 灰賄隊 | 20上 | 壘 | 半徵商 | | 鄰連 | 魯 | 猥 |
| 灰賄隊 | 20去 | 類 | 半徵商 | | 鄰連 | 力 | 遂 |
| 灰賄隊 | 21平 | 堆 | 徵 | 清 | 丁顛 | 都 | 回 |
| 灰賄隊 | 21上 | 𠐆 | 徵 | 清 | 丁顛 | 都 | 罪 |
| 灰賄隊 | 21去 | 對 | 徵 | 清 | 丁顛 | 都 | 內 |
| 灰賄隊 | 22平 | 推 | 徵 | 次清 | 汀天 | 通 | 回 |
| 灰賄隊 | 22上 | 腿 | 徵 | 次清 | 汀天 | 吐 | 猥 |
| 灰賄隊 | 22去 | 退 | 徵 | 次清 | 汀天 | 吐 | 內 |

| 所屬韻類 | 聲調 | 小韻首字 | 七音 | 清濁 | 聲類 | 反切 | |
|---|---|---|---|---|---|---|---|
| 灰賄隊 | 23平 | 隤 | 徵 | 濁 | 亭田 | 徒 | 回 |
| 灰賄隊 | 23上 | 鐓 | 徵 | 濁 | 亭田 | 杜 | 罪 |
| 灰賄隊 | 23去 | 隊 | 徵 | 濁 | 亭田 | 杜 | 對 |
| 灰賄隊 | 24平 | 捼 | 徵 | 次濁 | 寧年 | 奴 | 回 |
| 灰賄隊 | 24上 | 餒 | 徵 | 次濁 | 寧年 | 奴 | 罪 |
| 灰賄隊 | 24去 | 內 | 徵 | 次濁 | 寧年 | 奴 | 對 |
| 灰賄隊 | 25平 | 杯 | 宮 | 清 | 賓邊 | 牧 | 回 |
| 灰賄隊 | 25上 | 悁 | 宮 | 清 | 賓邊 | 布 | 委 |
| 灰賄隊 | 25去 | 背 | 宮 | 清 | 賓邊 | 邦 | 妹 |
| 灰賄隊 | 26平 | 坯 | 宮 | 次清 | 娉偏 | 鋪 | 杯 |
| 灰賄隊 | 26上 | 俖 | 宮 | 次清 | 娉偏 | 普 | 罪 |
| 灰賄隊 | 26去 | 配 | 宮 | 次清 | 娉偏 | 滂 | 佩 |
| 灰賄隊 | 27平 | 裴 | 宮 | 濁 | 平便 | 蒲 | 魯 |
| 灰賄隊 | 27上 | 倍 | 宮 | 濁 | 平便 | 部 | 浼 |
| 灰賄隊 | 27去 | 佩 | 宮 | 濁 | 平便 | 步 | 妹 |
| 灰賄隊 | 28平 | 枚 | 宮 | 次濁 | 民綿 | 模 | 杯 |
| 灰賄隊 | 28平 | 浼 | 宮 | 次濁 | 民綿 | 莫 | 賄 |
| 灰賄隊 | 28上 | 妹 | 宮 | 次濁 | 民綿 | 莫 | 佩 |
| 灰賄隊 | 28上 | 眉 | 宮 | 次濁 | 民綿 | 旻 | 悲 |
| 灰賄隊 | 28去 | 美 | 宮 | 次濁 | 民綿 | 毋 | 鄙 |
| 灰賄隊 | 28去 | 媚 | 宮 | 次濁 | 民綿 | 明 | 祕 |
| 皆解泰 | 1平 | 該 | 角 | 清 | 經堅 | 柯 | 開 |
| 皆解泰 | 1上 | 改 | 角 | 清 | 經堅 | 居 | 亥 |
| 皆解泰 | 1去 | 蓋 | 角 | 清 | 經堅 | 居 | 大 |
| 皆解泰 | 2平 | 開 | 角 | 次清 | 輕牽 | 丘 | 哀 |
| 皆解泰 | 2上 | 愷 | 角 | 次清 | 輕牽 | 可 | 亥 |

| 所屬韻類 | 聲調 | 小韻首字 | 七音 | 清濁 | 聲類 | 反切 | |
|---|---|---|---|---|---|---|---|
| 皆解泰 | 2去 | 慨 | 角 | 次清 | 輕牽 | 丘 | 蓋 |
| 皆解泰 | 3平 | 擡 | 角 | 濁 | 擎虔 | 渠 | 開 |
| 皆解泰 | 3去 | 隑 | 角 | 濁 | 擎虔 | 巨 | 代 |
| 皆解泰 | 4平 | 皚 | 角 | 次濁 | 銀言 | 魚 | 開 |
| 皆解泰 | 4去 | 艾 | 角 | 次濁 | 銀言 | 牛 | 蓋 |
| 皆解泰 | 5平 | 哀 | 羽 | 清 | 因煙 | 於 | 開 |
| 皆解泰 | 5上 | 欸 | 羽 | 清 | 因煙 | 衣 | 亥 |
| 皆解泰 | 5去 | 愛 | 羽 | 清 | 因煙 | 於 | 蓋 |
| 皆解泰 | 6平 | 嘊 | 羽 | 次清 | 興軒 | 呼 | 來 |
| 皆解泰 | 6上 | 海 | 羽 | 次清 | 興軒 | 呼 | 改 |
| 皆解泰 | 6去 | 餀 | 羽 | 次清 | 興軒 | 呼 | 艾 |
| 皆解泰 | 7平 | 孩 | 羽 | 濁 | 刑賢 | 何 | 開 |
| 皆解泰 | 7上 | 亥 | 羽 | 濁 | 刑賢 | 胡 | 改 |
| 皆解泰 | 7去 | 害 | 羽 | 濁 | 刑賢 | 下 | 蓋 |
| 皆解泰 | 8平 | 哉 | 商 | 清 | 精箋 | 將 | 來 |
| 皆解泰 | 8上 | 宰 | 商 | 清 | 精箋 | 子 | 亥 |
| 皆解泰 | 8去 | 再 | 商 | 清 | 精箋 | 作 | 代 |
| 皆解泰 | 9平 | 猜 | 商 | 次清 | 清千 | 倉 | 來 |
| 皆解泰 | 9上 | 采 | 商 | 次清 | 清千 | 此 | 宰 |
| 皆解泰 | 9去 | 菜 | 商 | 次清 | 清千 | 倉 | 代 |
| 皆解泰 | 10平 | 顋 | 商 | 次清次 | 新仙 | 桑 | 才 |
| 皆解泰 | 10去 | 賽 | 商 | 次清次 | 新仙 | 先 | 代 |
| 皆解泰 | 11平 | 才 | 商 | 濁 | 秦前 | 牆 | 來 |
| 皆解泰 | 11上 | 在 | 商 | 濁 | 秦前 | 盡 | 亥 |
| 皆解泰 | 11去 | 載 | 商 | 濁 | 秦前 | 昨 | 代 |
| 皆解泰 | 12平 | 懛 | 次商 | 次清 | 稱燀 | 昌 | 來 |

| 所屬韻類 | 聲調 | 小韻首字 | 七音 | 清濁 | 聲類 | 反切 | |
|---|---|---|---|---|---|---|---|
| 皆解泰 | 12去 | 蠆 | 次商 | 次清 | 稱煇 | 昌 | 亥 |
| 皆解泰 | 13平 | 皆 | 角 | 清 | 經堅 | 居 | 諧 |
| 皆解泰 | 13上 | 解 | 角 | 清 | 經堅 | 佳 | 買 |
| 皆解泰 | 13去 | 戒 | 角 | 清 | 經堅 | 居 | 拜 |
| 皆解泰 | 14平 | 揩 | 角 | 次清 | 輕牽 | 丘 | 皆 |
| 皆解泰 | 14上 | 楷 | 角 | 次清 | 輕牽 | 口 | 駭 |
| 皆解泰 | 14去 | 鞱 | 角 | 次清 | 輕牽 | 口 | 戒 |
| 皆解泰 | 15上 | 箉 | 角 | 濁 | 擎虔 | 求 | 蟹 |
| 皆解泰 | 15去 | 齘 | 角 | 濁 | 擎虔 | 渠 | 介 |
| 皆解泰 | 16平 | 涯 | 角 | 次濁 | 迎研 | 宜 | 皆 |
| 皆解泰 | 16上 | 騃 | 角 | 次濁 | 迎研 | 語 | 駭 |
| 皆解泰 | 16去 | 睚 | 角 | 次濁 | 迎研 | 牛 | 懈 |
| 皆解泰 | 17平 | 娃 | 羽 | 清 | 因煙 | 么 | 皆 |
| 皆解泰 | 17上 | 矮 | 羽 | 清 | 因煙 | 鴉 | 蟹 |
| 皆解泰 | 17去 | 隘 | 羽 | 清 | 因煙 | 烏 | 懈 |
| 皆解泰 | 18平 | 醫 | 羽 | 次清 | 興軒 | 火 | 皆 |
| 皆解泰 | 18去 | 喊 | 羽 | 次清 | 興軒 | 許 | 介 |
| 皆解泰 | 19平 | 諧 | 羽 | 濁 | 刑賢 | 雄 | 皆 |
| 皆解泰 | 19上 | 駭 | 羽 | 濁 | 刑賢 | 下 | 楷 |
| 皆解泰 | 19去 | 械 | 羽 | 濁 | 刑賢 | 下 | 戒 |
| 皆解泰 | 20平 | 齋 | 次商 | 清 | 征氊 | 莊 | 皆 |
| 皆解泰 | 20上 | 扯 | 次商 | 清 | 征氊 | 側 | 買 |
| 皆解泰 | 20去 | 債 | 次商 | 清 | 征氊 | 側 | 賣 |
| 皆解泰 | 21平 | 釵 | 次商 | 次清 | 稱煇 | 初 | 皆 |
| 皆解泰 | 21去 | 瘥 | 次商 | 次清 | 稱煇 | 楚 | 懈 |
| 皆解泰 | 22平 | 筵 | 次商 | 次清次 | 聲氊 | 山 | 皆 |

| 所屬韻類 | 聲調 | 小韻首字 | 七音 | 清濁 | 聲類 | 反切 | |
|---|---|---|---|---|---|---|---|
| 皆解泰 | 22上 | 灑 | 次商 | 次清次 | 聲羶 | 所 | 懈 |
| 皆解泰 | 22去 | 曬 | 次商 | 次清次 | 聲羶 | 所 | 賣 |
| 皆解泰 | 23平 | 柴 | 次商 | 濁 | 榛潺 | 牀 | 皆 |
| 皆解泰 | 23上 | 鷹 | 次商 | 濁 | 榛潺 | 鉏 | 買 |
| 皆解泰 | 23去 | 砦 | 次商 | 濁 | 榛潺 | 助 | 賣 |
| 皆解泰 | 24平 | 來 | 半徵商 | | 鄰連 | 郎 | 才 |
| 皆解泰 | 24上 | 鈉 | 半徵商 | | 鄰連 | 來 | 改 |
| 皆解泰 | 24去 | 徠 | 半徵商 | | 鄰連 | 落 | 代 |
| 皆解泰 | 24平 | 唻 | 半徵商 | | 鄰連 | 賴 | 諧 |
| 皆解泰 | 24上 | 孏 | 半徵商 | | 鄰連 | 洛 | 駭 |
| 皆解泰 | 24去 | 賴 | 半徵商 | | 鄰連 | 落 | 蓋 |
| 皆解泰 | 25平 | 蠶 | 徵 | 清 | 丁顛 | 丁 | 來 |
| 皆解泰 | 25上 | 等 | 徵 | 清 | 丁顛 | 多 | 改 |
| 皆解泰 | 25上 | 歹 | 徵 | 清 | 丁顛 | 多 | 乃 |
| 皆解泰 | 25去 | 戴 | 徵 | 清 | 丁顛 | 丁 | 代 |
| 皆解泰 | 25去 | 帶 | 徵 | 清 | 丁顛 | 當 | 蓋 |
| 皆解泰 | 26平 | 胎 | 徵 | 次清 | 汀天 | 湯 | 來 |
| 皆解泰 | 26上 | 嘥 | 徵 | 次清 | 汀天 | 他 | 亥 |
| 皆解泰 | 26去 | 貸 | 徵 | 次清 | 汀天 | 他 | 代 |
| 皆解泰 | 26去 | 泰 | 徵 | 次清 | 汀天 | 他 | 蓋 |
| 皆解泰 | 27平 | 臺 | 徵 | 濁 | 亭田 | 堂 | 來 |
| 皆解泰 | 27上 | 待 | 徵 | 濁 | 亭田 | 蕩 | 亥 |
| 皆解泰 | 27上 | 簇 | 徵 | 濁 | 亭田 | 徒 | 駭 |
| 皆解泰 | 27去 | 代 | 徵 | 濁 | 亭田 | 度 | 耐 |
| 皆解泰 | 27去 | 大 | 徵 | 濁 | 亭田 | 度 | 奈 |
| 皆解泰 | 28平 | 痲 | 徵 | 次濁 | 寧年 | 囊 | 來 |

| 所屬韻類 | 聲調 | 小韻首字 | 七音 | 清濁 | 聲類 | 反切 | |
|---|---|---|---|---|---|---|---|
| 皆解泰 | 28上 | 乃 | 徵 | 次濁 | 寧年 | 囊 | 亥 |
| 皆解泰 | 28去 | 奈 | 徵 | 次濁 | 寧年 | 乃 | 帶 |
| 皆解泰 | 29平 | 乖 | 角 | 清 | 經堅 | 公 | 懷 |
| 皆解泰 | 29上 | 枴 | 角 | 清 | 經堅 | 古 | 買 |
| 皆解泰 | 29去 | 怪 | 角 | 清 | 經堅 | 古 | 壞 |
| 皆解泰 | 30平 | 咼 | 角 | 次清 | 輕牽 | 苦 | 乖 |
| 皆解泰 | 30去 | 快 | 角 | 次清 | 輕牽 | 苦 | 夬 |
| 皆解泰 | 31平 | 詼 | 角 | 次濁 | 銀言 | 五 | 咼 |
| 皆解泰 | 31去 | 聵 | 角 | 次濁 | 銀言 | 魚 | 怪 |
| 皆解泰 | 32平 | 歲 | 羽 | 清 | 因煙 | 烏 | 乖 |
| 皆解泰 | 32去 | 鱠 | 羽 | 清 | 因煙 | 烏 | 怪 |
| 皆解泰 | 33平 | 蠵 | 羽 | 次清 | 興軒 | 火 | 媧 |
| 皆解泰 | 33上 | 扮 | 羽 | 次清 | 興軒 | 花 | 夥 |
| 皆解泰 | 33去 | 話 | 羽 | 次清 | 興軒 | 火 | 怪 |
| 皆解泰 | 34平 | 懷 | 羽 | 濁 | 刑賢 | 乎 | 乖 |
| 皆解泰 | 34上 | 夥 | 羽 | 濁 | 刑賢 | 胡 | 買 |
| 皆解泰 | 34去 | 壞 | 羽 | 濁 | 刑賢 | 華 | 賣 |
| 皆解泰 | 35平 | 臁 | 次商 | 濁 | 榛潺 | 鉏 | 懷 |
| 皆解泰 | 35上 | 掰 | 次商 | 濁 | 榛潺 | 丈 | 夥 |
| 皆解泰 | 35去 | 儠 | 次商 | 濁 | 榛潺 | 除 | 賣 |
| 皆解泰 | 36平 | 朦 | 半徵商 | | 零連 | 力 | 懷 |
| 皆解泰 | 37上 | 擺 | 宮 | 清 | 賓邊 | 補 | 買 |
| 皆解泰 | 37去 | 拜 | 宮 | 清 | 賓邊 | 布 | 怪 |
| 皆解泰 | 38上 | 捭 | 宮 | 次清 | 娉便 | 普 | 擺 |
| 皆解泰 | 38去 | 派 | 宮 | 次清 | 娉便 | 普 | 夬 |
| 皆解泰 | 39平 | 排 | 宮 | 濁 | 平便 | 步 | 皆 |

| 所屬韻類 | 聲調 | 小韻首字 | 七音 | 清濁 | 聲類 | 反切 | |
|---|---|---|---|---|---|---|---|
| 皆解泰 | 39上 | 罷 | 宮 | 濁 | 平便 | 部 | 買 |
| 皆解泰 | 39去 | 敗 | 宮 | 濁 | 平便 | 薄 | 賣 |
| 皆解泰 | 40平 | 埋 | 宮 | 次濁 | 民綿 | 謨 | 皆 |
| 皆解泰 | 40上 | 買 | 宮 | 次濁 | 民綿 | 莫 | 蟹 |
| 皆解泰 | 40去 | 賣 | 宮 | 次濁 | 民綿 | 莫 | 懈 |
| 真軫震質 | 1平 | 巾 | 角 | 清 | 經堅 | 居 | 銀 |
| 真軫震質 | 1上 | 緊 | 角 | 清 | 經堅 | 居 | 忍 |
| 真軫震質 | 1去 | 靳 | 角 | 清 | 經堅 | 居 | 炘 |
| 真軫震質 | 1入 | 吉 | 角 | 清 | 經堅 | 激 | 質 |
| 真軫震質 | 2平 | 欨 | 角 | 清 | 輕牽 | 去 | 斤 |
| 真軫震質 | 2上 | 蝹 | 角 | 清 | 輕牽 | 棄 | 忍 |
| 真軫震質 | 2去 | 螼 | 角 | 清 | 輕牽 | 去 | 刃 |
| 真軫震質 | 2入 | 乞 | 角 | 清 | 輕牽 | 欺 | 訖 |
| 真軫震質 | 3平 | 勤 | 角 | 濁 | 勤虔 | 渠 | 斤 |
| 真軫震質 | 3上 | 近 | 角 | 濁 | 勤虔 | 巨 | 謹 |
| 真軫震質 | 3去 | 覲 | 角 | 濁 | 勤虔 | 其 | 吝 |
| 真軫震質 | 3入 | 姞 | 角 | 濁 | 勤虔 | 極 | 乙 |
| 真軫震質 | 4平 | 因 | 羽 | 清 | 因煙 | 伊 | 真 |
| 真軫震質 | 4上 | 隱 | 羽 | 清 | 因煙 | 於 | 謹 |
| 真軫震質 | 4去 | 印 | 羽 | 清 | 因煙 | 伊 | 刃 |
| 真軫震質 | 4入 | 一 | 羽 | 清 | 因煙 | 益 | 悉 |
| 真軫震質 | 5平 | 欣 | 羽 | 次清 | 興軒 | 許 | 斤 |
| 真軫震質 | 5上 | 蠵 | 羽 | 次清 | 興軒 | 許 | 謹 |
| 真軫震質 | 5去 | 爨 | 羽 | 次清 | 興軒 | 許 | 刃 |
| 真軫震質 | 5入 | 肸 | 羽 | 次清 | 興軒 | 黑 | 乙 |
| 真軫震質 | 6平 | 寅 | 羽 | 次濁 | 寅延 | 夷 | 真 |

| 所屬韻類 | 聲調 | 小韻首字 | 七音 | 清濁 | 聲類 | 反切 | |
|---|---|---|---|---|---|---|---|
| 真軫震質 | 6上 | 引 | 羽 | 次濁 | 寅延 | 以 | 忍 |
| 真軫震質 | 6去 | 胤 | 羽 | 次濁 | 寅延 | 羊 | 進 |
| 真軫震質 | 6入 | 逸 | 羽 | 次濁 | 寅延 | 弋 | 質 |
| 真軫震質 | 6平 | 銀 | 角 | 次濁 | 銀言 | 魚 | 巾 |
| 真軫震質 | 6上 | 听 | 角 | 次濁 | 銀言 | 語 | 謹 |
| 真軫震質 | 6去 | 憖 | 角 | 次濁 | 銀言 | 魚 | 僅 |
| 真軫震質 | 6入 | 仡 | 角 | 次濁 | 銀言 | 魚 | 乞 |
| 真軫震質 | 7平 | 津 | 商 | 清 | 津煎 | 資 | 辛 |
| 真軫震質 | 7上 | 檇 | 商 | 清 | 津煎 | 即 | 忍 |
| 真軫震質 | 7去 | 晉 | 商 | 清 | 津煎 | 即 | 刃 |
| 真軫震質 | 7入 | 聖 | 商 | 清 | 津煎 | 子 | 悉 |
| 真軫震質 | 8平 | 親 | 商 | 次清 | 親千 | 七 | 人 |
| 真軫震質 | 8上 | 笉 | 商 | 次清 | 親千 | 七 | 忍 |
| 真軫震質 | 8去 | 親 | 商 | 次清 | 親千 | 七 | 刃 |
| 真軫震質 | 8入 | 七 | 商 | 次清 | 親千 | 戚 | 悉 |
| 真軫震質 | 9平 | 辛 | 商 | 次清次 | 新仙 | 斯 | 鄰 |
| 真軫震質 | 9去 | 信 | 商 | 次清次 | 新仙 | 思 | 進 |
| 真軫震質 | 9入 | 悉 | 商 | 次清次 | 新仙 | 息 | 七 |
| 真軫震質 | 10平 | 秦 | 商 | 濁 | 秦前 | 慈 | 鄰 |
| 真軫震質 | 10上 | 盡 | 商 | 濁 | 秦前 | 慈 | 忍 |
| 真軫震質 | 10去 | 藎 | 商 | 濁 | 秦前 | 齊 | 進 |
| 真軫震質 | 10入 | 疾 | 商 | 濁 | 秦前 | 昨 | 悉 |
| 真軫震質 | 11去 | 爐 | 商 | 次濁 | 餳延 | 徐 | 刃 |
| 真軫震質 | 12平 | 鄰 | 半徵商 | | 鄰連 | 離 | 珍 |
| 真軫震質 | 12上 | 嶙 | 半徵商 | | 鄰連 | 良 | 忍 |
| 真軫震質 | 12去 | 吝 | 半徵商 | | 鄰連 | 良 | 刃 |

| 所屬韻類 | 聲調 | 小韻首字 | 七音 | 清濁 | 聲類 | 反切 | |
|---|---|---|---|---|---|---|---|
| 真軫震質 | 12入 | 栗 | 半徵商 |  | 鄰連 | 力 | 質 |
| 真軫震質 | 13平 | 臻 | 次商 | 清 | 真氈 | 側 | 詵 |
| 真軫震質 | 13上 | 鯗 | 次商 | 清 | 真氈 | 仄 | 謹 |
| 真軫震質 | 13入 | 櫛 | 次商 | 清 | 真氈 | 仄 | 瑟 |
| 真軫震質 | 14上 | 齔 | 次商 | 次清 | 嗔延 | 初 | 謹 |
| 真軫震質 | 14去 | 櫬 | 次商 | 次清 | 嗔延 | 初 | 覲 |
| 真軫震質 | 14入 | 刻 | 次商 | 次清 | 嗔延 | 初 | 栗 |
| 真軫震質 | 15平 | 莘 | 次商 | 次清次 | 聲羶 | 疏 | 臻 |
| 真軫震質 | 15上 | 庬 | 次商 | 次清次 | 聲羶 | 所 | 近 |
| 真軫震質 | 15去 | 閿 | 次商 | 次清次 | 聲羶 | 所 | 進 |
| 真軫震質 | 15入 | 瑟 | 次商 | 次清次 | 聲羶 | 色 | 櫛 |
| 真軫震質 | 16平 | 榛 | 次商 | 濁 | 榛潺 | 鉏 | 臻 |
| 真軫震質 | 16入 | 齟 | 次商 | 濁 | 榛潺 | 崱 | 瑟 |
| 真軫震質 | 17平 | 根 | 角 | 清 | 經堅 | 古 | 臻 |
| 真軫震質 | 17上 | 頗 | 角 | 清 | 經堅 | 古 | 很 |
| 真軫震質 | 17去 | 艮 | 角 | 清 | 經堅 | 古 | 恨 |
| 真軫震質 | 18平 | 䫜 | 角 | 次清 | 輕牽 | 口 | 恩 |
| 真軫震質 | 18上 | 懇 | 角 | 次清 | 輕牽 | 口 | 很 |
| 真軫震質 | 18去 | 硍 | 角 | 次清 | 輕牽 | 苦 | 恨 |
| 真軫震質 | 19上 | 頷 | 角 | 濁 | 勤虔 | 其 | 懇 |
| 真軫震質 | 20平 | 垠 | 角 | 次濁 | 銀言 | 五 | 根 |
| 真軫震質 | 20上 | 眼 | 角 | 次濁 | 銀言 | 魚 | 懇 |
| 真軫震質 | 20去 | 鎧 | 角 | 次濁 | 銀言 | 五 | 恨 |
| 真軫震質 | 21平 | 恩 | 羽 | 清 | 因煙 | 烏 | 痕 |
| 真軫震質 | 21上 | 穩 | 羽 | 清 | 因煙 | 安 | 很 |
| 真軫震質 | 21去 | 饐 | 羽 | 清 | 因煙 | 烏 | 恨 |

| 所屬韻類 | 聲調 | 小韻首字 | 七音 | 清濁 | 聲類 | 反切 | |
|---|---|---|---|---|---|---|---|
| 真軫震質 | 22平 | 痕 | 羽 | 濁 | 刑賢 | 胡 | 恩 |
| 真軫震質 | 22上 | 很 | 羽 | 濁 | 刑賢 | 下 | 懇 |
| 真軫震質 | 22去 | 恨 | 羽 | 濁 | 刑賢 | 下 | 艮 |
| 真軫震質 | 22入 | 麧 | 羽 | 濁 | 刑賢 | 下 | 沒 |
| 真軫震質 | 23平 | 真 | 次商 | 清 | 真氈 | 之 | 人 |
| 真軫震質 | 23上 | 軫 | 次商 | 清 | 真氈 | 止 | 忍 |
| 真軫震質 | 23去 | 震 | 次商 | 清 | 真氈 | 之 | 刃 |
| 真軫震質 | 23入 | 質 | 次商 | 清 | 真氈 | 職 | 日 |
| 真軫震質 | 24平 | 瞋 | 次商 | 次清 | 嗔延 | 稱 | 人 |
| 真軫震質 | 24上 | 疢 | 次商 | 次清 | 嗔延 | 丑 | 忍 |
| 真軫震質 | 24去 | 趁 | 次商 | 次清 | 嗔延 | 丑 | 刃 |
| 真軫震質 | 24入 | 叱 | 次商 | 次清 | 嗔延 | 尺 | 粟 |
| 真軫震質 | 25平 | 申 | 次商 | 次清次 | 身羶 | 升 | 人 |
| 真軫震質 | 25上 | 哂 | 次商 | 次清次 | 身羶 | 失 | 忍 |
| 真軫震質 | 25去 | 胂 | 次商 | 次清次 | 身羶 | 試 | 刃 |
| 真軫震質 | 25入 | 失 | 次商 | 次清次 | 身羶 | 式 | 質 |
| 真軫震質 | 26平 | 陳 | 次商 | 濁 | 陳廛 | 池 | 鄰 |
| 真軫震質 | 26上 | 紖 | 次商 | 濁 | 陳廛 | 直 | 忍 |
| 真軫震質 | 26去 | 陣 | 次商 | 濁 | 陳廛 | 直 | 刃 |
| 真軫震質 | 26入 | 秩 | 次商 | 濁 | 陳廛 | 直 | 質 |
| 真軫震質 | 27平 | 辰 | 次商 | 次濁次 | 神禪 | 丞 | 真 |
| 真軫震質 | 27上 | 腎 | 次商 | 次濁次 | 神禪 | 時 | 軫 |
| 真軫震質 | 27去 | 慎 | 次商 | 次濁次 | 神禪 | 時 | 刃 |
| 真軫震質 | 27入 | 實 | 次商 | 次濁次 | 神禪 | 神 | 質 |
| 真軫震質 | 28平 | 人 | 半商徵 | | 人然 | 而 | 鄰 |
| 真軫震質 | 28上 | 忍 | 半商徵 | | 人然 | 而 | 軫 |

| 所屬韻類 | 聲調 | 小韻首字 | 七音 | 清濁 | 聲類 | 反切 | |
|---|---|---|---|---|---|---|---|
| 真軫震質 | 28去 | 刃 | 半商徵 | | 人然 | 而 | 振 |
| 真軫震質 | 28入 | 日 | 半商徵 | | 人然 | 人 | 質 |
| 真軫震質 | 29平 | 紉 | 次商 | 次濁 | 紉聯 | 尼 | 鄰 |
| 真軫震質 | 29入 | 暱 | 次商 | 次濁 | 紉聯 | 尼 | 質 |
| 真軫震質 | 30平 | 鈞 | 角 | 清 | 經堅 | 規 | 倫 |
| 真軫震質 | 30上 | 攈 | 角 | 清 | 經堅 | 舉 | 蘊 |
| 真軫震質 | 30去 | 捃 | 角 | 清 | 經堅 | 居 | 運 |
| 真軫震質 | 30入 | 橘 | 角 | 清 | 經堅 | 厥 | 筆 |
| 真軫震質 | 31平 | 囷 | 角 | 次清 | 輕牽 | 區 | 倫 |
| 真軫震質 | 31上 | 稇 | 角 | 次清 | 輕牽 | 苦 | 隕 |
| 真軫震質 | 31入 | 屈 | 角 | 次清 | 輕牽 | 曲 | 勿 |
| 真軫震質 | 32平 | 群 | 角 | 濁 | 勤虔 | 渠 | 云 |
| 真軫震質 | 32上 | 窘 | 角 | 濁 | 勤虔 | 巨 | 隕 |
| 真軫震質 | 32去 | 郡 | 角 | 濁 | 勤虔 | 具 | 運 |
| 真軫震質 | 32入 | 倔 | 角 | 濁 | 勤虔 | 渠 | 勿 |
| 真軫震質 | 33平 | 氲 | 羽 | 清 | 因煙 | 於 | 云 |
| 真軫震質 | 33上 | 蘊 | 羽 | 清 | 因煙 | 委 | 粉 |
| 真軫震質 | 33去 | 醞 | 羽 | 清 | 因煙 | 於 | 敏 |
| 真軫震質 | 33入 | 鬱 | 羽 | 清 | 因煙 | 紆 | 勿 |
| 真軫震質 | 34平 | 熏 | 羽 | 次清 | 興軒 | 許 | 云 |
| 真軫震質 | 34去 | 訓 | 羽 | 次清 | 興軒 | 籲 | 運 |
| 真軫震質 | 34入 | 欥 | 羽 | 次清 | 興軒 | 休 | 筆 |
| 真軫震質 | 35平 | 雲 | 羽 | 次濁 | 勻緣 | 于 | 分 |
| 真軫震質 | 35上 | 隕 | 羽 | 次濁 | 勻緣 | 羽 | 敏 |
| 真軫震質 | 35去 | 運 | 羽 | 次濁 | 勻緣 | 禹 | 慍 |
| 真軫震質 | 35入 | 聿 | 羽 | 次濁 | 勻緣 | 以 | 律 |

| 所屬韻類 | 聲調 | 小韻首字 | 七音 | 清濁 | 聲類 | 反切 | |
|---|---|---|---|---|---|---|---|
| 真軫震質 | 36去 | 俊 | 商 | 清 | 津煎 | 祖 | 峻 |
| 真軫震質 | 36入 | 晬 | 商 | 清 | 津煎 | 即 | 律 |
| 真軫震質 | 37平 | 逡 | 商 | 次清 | 親千 | 七 | 倫 |
| 真軫震質 | 37入 | 焌 | 商 | 次清 | 親千 | 促 | 律 |
| 真軫震質 | 38平 | 荀 | 商 | 次清次 | 新仙 | 須 | 倫 |
| 真軫震質 | 38上 | 筍 | 商 | 次清次 | 新仙 | 松 | 允 |
| 真軫震質 | 38去 | 峻 | 商 | 次清次 | 新仙 | 須 | 閏 |
| 真軫震質 | 38入 | 恤 | 商 | 次清次 | 新仙 | 雪 | 律 |
| 真軫震質 | 39入 | 崒 | 商 | 濁 | 秦前 | 昨 | 律 |
| 真軫震質 | 40平 | 旬 | 商 | 次濁 | 餳延 | 詳 | 倫 |
| 真軫震質 | 40去 | 殉 | 商 | 次濁 | 餳延 | 松 | 閏 |
| 真軫震質 | 41平 | 倫 | 半徵商 | | 鄰連 | 龍 | 春 |
| 真軫震質 | 41上 | 輪 | 半徵商 | | 鄰連 | 力 | 準 |
| 真軫震質 | 41入 | 律 | 半徵商 | | 鄰連 | 劣 | 戌 |
| 真軫震質 | 42平 | 尊 | 商 | 清 | 津煎 | 祖 | 昆 |
| 真軫震質 | 42上 | 撙 | 商 | 清 | 津煎 | 祖 | 本 |
| 真軫震質 | 42去 | 焌 | 商 | 清 | 津煎 | 祖 | 寸 |
| 真軫震質 | 42入 | 卒 | 商 | 清 | 津煎 | 臧 | 沒 |
| 真軫震質 | 43平 | 村 | 商 | 次清 | 親千 | 倉 | 尊 |
| 真軫震質 | 43上 | 忖 | 商 | 次清 | 親千 | 取 | 本 |
| 真軫震質 | 43去 | 寸 | 商 | 次清 | 親千 | 村 | 困 |
| 真軫震質 | 43入 | 猝 | 商 | 次清 | 親千 | 倉 | 沒 |
| 真軫震質 | 44平 | 孫 | 商 | 次清次 | 新仙 | 蘇 | 昆 |
| 真軫震質 | 44上 | 損 | 商 | 次清次 | 新仙 | 蘇 | 本 |
| 真軫震質 | 44去 | 巽 | 商 | 次清次 | 新仙 | 蘇 | 困 |
| 真軫震質 | 44入 | 窣 | 商 | 次清次 | 新仙 | 蘇 | 骨 |

| 所屬韻類 | 聲調 | 小韻首字 | 七音 | 清濁 | 聲類 | 反切 | |
|---|---|---|---|---|---|---|---|
| 真軫震質 | 45平 | 存 | 商 | 濁 | 秦前 | 徂 | 尊 |
| 真軫震質 | 45上 | 鱒 | 商 | 濁 | 秦前 | 徂 | 本 |
| 真軫震質 | 45去 | 鐏 | 商 | 濁 | 秦前 | 徂 | 悶 |
| 真軫震質 | 45入 | 捽 | 商 | 濁 | 秦前 | 昨 | 沒 |
| 真軫震質 | 46平 | 昆 | 角 | 清 | 經堅 | 吉 | 渾 |
| 真軫震質 | 46上 | 袞 | 角 | 清 | 經堅 | 古 | 本 |
| 真軫震質 | 46去 | 睴 | 角 | 清 | 經堅 | 古 | 困 |
| 真軫震質 | 46入 | 骨 | 角 | 清 | 經堅 | 古 | 忽 |
| 真軫震質 | 47平 | 坤 | 角 | 次清 | 輕牽 | 枯 | 昆 |
| 真軫震質 | 47上 | 悃 | 角 | 次清 | 輕牽 | 苦 | 本 |
| 真軫震質 | 47去 | 困 | 角 | 次清 | 輕牽 | 苦 | 悶 |
| 真軫震質 | 47入 | 窟 | 角 | 次清 | 輕牽 | 苦 | 骨 |
| 真軫震質 | 48入 | 兀 | 角 | 次濁 | 銀言 | 五 | 忽 |
| 真軫震質 | 49平 | 溫 | 羽 | 清 | 因煙 | 烏 | 昆 |
| 真軫震質 | 49上 | 穩 | 羽 | 清 | 因煙 | 烏 | 本 |
| 真軫震質 | 49去 | 搵 | 羽 | 清 | 因煙 | 烏 | 困 |
| 真軫震質 | 49入 | 膃 | 羽 | 清 | 因煙 | 烏 | 骨 |
| 真軫震質 | 50平 | 昏 | 羽 | 次清 | 興軒 | 呼 | 昆 |
| 真軫震質 | 50上 | 總 | 羽 | 次清 | 興軒 | 虛 | 本 |
| 真軫震質 | 50去 | 惛 | 羽 | 次清 | 興軒 | 呼 | 困 |
| 真軫震質 | 50入 | 忽 | 羽 | 次清 | 興軒 | 呼 | 骨 |
| 真軫震質 | 50入 | 欥 | 羽 | 次清 | 興軒 | 許 | 勿 |
| 真軫震質 | 51平 | 魂 | 羽 | 濁 | 刑賢 | 胡 | 昆 |
| 真軫震質 | 51上 | 混 | 羽 | 濁 | 刑賢 | 胡 | 本 |
| 真軫震質 | 51去 | 慁 | 羽 | 濁 | 刑賢 | 胡 | 困 |
| 真軫震質 | 51入 | 鶻 | 羽 | 濁 | 刑賢 | 胡 | 骨 |

| 所屬韻類 | 聲調 | 小韻首字 | 七音 | 清濁 | 聲類 | 反切 | |
|---|---|---|---|---|---|---|---|
| 真軫震質 | 52平 | 諄 | 次商 | 清 | 真氈 | 朱 | 倫 |
| 真軫震質 | 52上 | 準 | 次商 | 清 | 真氈 | 之 | 允 |
| 真軫震質 | 52去 | 稕 | 次商 | 清 | 真氈 | 朱 | 閏 |
| 真軫震質 | 52入 | 窋 | 次商 | 清 | 真氈 | 竹 | 律 |
| 真軫震質 | 53平 | 春 | 次商 | 次清 | 嗔延 | 樞 | 倫 |
| 真軫震質 | 53上 | 蠢 | 次商 | 次清 | 嗔延 | 尺 | 允 |
| 真軫震質 | 53入 | 出 | 次商 | 次清 | 嗔延 | 尺 | 律 |
| 真軫震質 | 54平 | 婚 | 次商 | 次清次 | 身氈 | 式 | 勻 |
| 真軫震質 | 54上 | 賰 | 次商 | 次清次 | 身氈 | 式 | 允 |
| 真軫震質 | 54去 | 舜 | 次商 | 次清次 | 身氈 | 輸 | 閏 |
| 真軫震質 | 54入 | 率 | 次商 | 次清次 | 身氈 | 朔 | 律 |
| 真軫震質 | 55入 | 術 | 次商 | 濁 | 陳廛 | 直 | 律 |
| 真軫震質 | 56平 | 純 | 次商 | 次濁次 | 神禪 | 殊 | 倫 |
| 真軫震質 | 56上 | 盾 | 次商 | 次濁次 | 神禪 | 豎 | 允 |
| 真軫震質 | 56去 | 順 | 次商 | 次濁次 | 神禪 | 食 | 運 |
| 真軫震質 | 57平 | 犉 | 半商徵 | | 人然 | 如 | 勻 |
| 真軫震質 | 57上 | 蝡 | 半商徵 | | 人然 | 乳 | 允 |
| 真軫震質 | 57去 | 閏 | 半商徵 | | 人然 | 儒 | 順 |
| 真軫震質 | 58平 | 論 | 半徵商 | | 鄰連 | 蘆 | 昆 |
| 真軫震質 | 58上 | 惀 | 半徵商 | | 鄰連 | 蘆 | 本 |
| 真軫震質 | 58去 | 論 | 半徵商 | | 鄰連 | 蘆 | 困 |
| 真軫震質 | 58入 | 硉 | 半徵商 | | 鄰連 | 蘆 | 沒 |
| 真軫震質 | 59平 | 敦 | 徵 | 清 | 丁顛 | 都 | 昆 |
| 真軫震質 | 59上 | 頓 | 徵 | 清 | 丁顛 | 丁 | 本 |
| 真軫震質 | 59去 | 頓 | 徵 | 清 | 丁顛 | 都 | 困 |
| 真軫震質 | 59入 | 咄 | 徵 | 清 | 丁顛 | 當 | 沒 |

| 所屬韻類 | 聲調 | 小韻首字 | 七音 | 清濁 | 聲類 | 反切 | |
|---|---|---|---|---|---|---|---|
| 真軫震質 | 60平 | 暾 | 徵 | 次清 | 汀天 | 他 | 昆 |
| 真軫震質 | 60上 | 畽 | 徵 | 次清 | 汀天 | 他 | 袞 |
| 真軫震質 | 60去 | 褪 | 徵 | 次清 | 汀天 | 他 | 困 |
| 真軫震質 | 60入 | 宊 | 徵 | 次清 | 汀天 | 他 | 骨 |
| 真軫震質 | 61平 | 屯 | 徵 | 濁 | 亭田 | 徒 | 孫 |
| 真軫震質 | 61上 | 囤 | 徵 | 濁 | 亭田 | 杜 | 本 |
| 真軫震質 | 61去 | 鈍 | 徵 | 濁 | 亭田 | 徒 | 困 |
| 真軫震質 | 61入 | 突 | 徵 | 濁 | 亭田 | 陀 | 訥 |
| 真軫震質 | 62平 | 黁 | 徵 | 次濁 | 寧年 | 奴 | 昆 |
| 真軫震質 | 62上 | 炳 | 徵 | 次濁 | 寧年 | 乃 | 本 |
| 真軫震質 | 62去 | 嫩 | 徵 | 次濁 | 寧年 | 奴 | 困 |
| 真軫震質 | 62入 | 訥 | 徵 | 次濁 | 寧年 | 奴 | 骨 |
| 真軫震質 | 63平 | 奔 | 宮 | 清 | 賓邊 | 逋 | 昆 |
| 真軫震質 | 63上 | 本 | 宮 | 清 | 賓邊 | 布 | 袞 |
| 真軫震質 | 63去 | 奔 | 宮 | 清 | 賓邊 | 逋 | 悶 |
| 真軫震質 | 63入 | 不 | 宮 | 清 | 賓邊 | 逋 | 骨 |
| 真軫震質 | 64平 | 歕 | 宮 | 次清 | 繽偏 | 鋪 | 魂 |
| 真軫震質 | 64上 | 栩 | 宮 | 次清 | 繽偏 | 普 | 本 |
| 真軫震質 | 64去 | 噴 | 宮 | 次清 | 繽偏 | 普 | 悶 |
| 真軫震質 | 64入 | 朏 | 宮 | 次清 | 繽偏 | 普 | 沒 |
| 真軫震質 | 65平 | 盆 | 宮 | 濁 | 頻便 | 蒲 | 奔 |
| 真軫震質 | 65上 | 榱 | 宮 | 濁 | 頻便 | 部 | 本 |
| 真軫震質 | 65去 | 坌 | 宮 | 濁 | 頻便 | 步 | 悶 |
| 真軫震質 | 65入 | 孛 | 宮 | 濁 | 頻便 | 蒲 | 沒 |
| 真軫震質 | 66平 | 門 | 宮 | 次濁 | 民綿 | 謨 | 奔 |
| 真軫震質 | 66上 | 懣 | 宮 | 次濁 | 民綿 | 母 | 本 |

| 所屬韻類 | 聲調 | 小韻首字 | 七音 | 清濁 | 聲類 | 反切 | |
|---|---|---|---|---|---|---|---|
| 真軫震質 | 66去 | 悶 | 宮 | 次濁 | 民綿 | 莫 | 困 |
| 真軫震質 | 66入 | 沒 | 宮 | 次濁 | 民綿 | 莫 | 孛 |
| 真軫震質 | 67平 | 賓 | 宮 | 清 | 賓邊 | 畢 | 民 |
| 真軫震質 | 67上 | 稟 | 宮 | 清 | 賓邊 | 必 | 敏 |
| 真軫震質 | 67去 | 儐 | 宮 | 清 | 賓邊 | 必 | 刃 |
| 真軫震質 | 67入 | 必 | 宮 | 清 | 賓邊 | 壁 | 吉 |
| 真軫震質 | 68平 | 繽 | 宮 | 次清 | 繽偏 | 紕 | 民 |
| 真軫震質 | 68上 | 品 | 宮 | 次清 | 繽偏 | 丕 | 敏 |
| 真軫震質 | 68去 | 顈 | 宮 | 次清 | 繽偏 | 匹 | 刃 |
| 真軫震質 | 68入 | 匹 | 宮 | 次清 | 繽偏 | 僻 | 吉 |
| 真軫震質 | 69平 | 頻 | 宮 | 濁 | 頻便 | 毗 | 賓 |
| 真軫震質 | 69上 | 牝 | 宮 | 濁 | 頻便 | 婢 | 忍 |
| 真軫震質 | 69入 | 弼 | 宮 | 濁 | 頻便 | 薄 | 密 |
| 真軫震質 | 70平 | 民 | 宮 | 次濁 | 民綿 | 彌 | 鄰 |
| 真軫震質 | 70上 | 潣 | 宮 | 次濁 | 民綿 | 美 | 隕 |
| 真軫震質 | 70入 | 密 | 宮 | 次濁 | 民綿 | 覓 | 筆 |
| 真軫震質 | 71平 | 芬 | 次宮 | 清 | 芬番 | 敷 | 文 |
| 真軫震質 | 71上 | 粉 | 次宮 | 清 | 芬番 | 府 | 吻 |
| 真軫震質 | 71去 | 糞 | 次宮 | 清 | 芬番 | 方 | 問 |
| 真軫震質 | 71入 | 拂 | 次宮 | 清 | 芬番 | 敷 | 勿 |
| 真軫震質 | 72平 | 焚 | 次宮 | 濁 | 墳煩 | 符 | 分 |
| 真軫震質 | 72上 | 憤 | 次宮 | 濁 | 墳煩 | 房 | 吻 |
| 真軫震質 | 72去 | 分 | 次宮 | 濁 | 墳煩 | 房 | 問 |
| 真軫震質 | 72入 | 佛 | 次宮 | 濁 | 墳煩 | 符 | 勿 |
| 真軫震質 | 73平 | 文 | 次宮 | 次濁 | 文橫 | 無 | 分 |
| 真軫震質 | 73上 | 吻 | 次宮 | 次濁 | 文橫 | 武 | 粉 |

| 所屬韻類 | 聲調 | 小韻首字 | 七音 | 清濁 | 聲類 | 反切 | |
|---|---|---|---|---|---|---|---|
| 真軫震質 | 73去 | 問 | 次宮 | 次濁 | 文構 | 文 | 運 |
| 真軫震質 | 73入 | 勿 | 次宮 | 次濁 | 文構 | 文 | 拂 |
| 寒旱翰曷 | 1平 | 干 | 角 | 清 | 經堅 | 居 | 寒 |
| 寒旱翰曷 | 1上 | 稈 | 角 | 清 | 經堅 | 古 | 旱 |
| 寒旱翰曷 | 1去 | 幹 | 角 | 清 | 經堅 | 古 | 汗 |
| 寒旱翰曷 | 1入 | 葛 | 角 | 清 | 經堅 | 居 | 曷 |
| 寒旱翰曷 | 2平 | 刊 | 角 | 次清 | 輕牽 | 丘 | 寒 |
| 寒旱翰曷 | 2上 | 侃 | 角 | 次清 | 輕牽 | 空 | 旱 |
| 寒旱翰曷 | 2去 | 看 | 角 | 次清 | 輕牽 | 祛 | 幹 |
| 寒旱翰曷 | 2入 | 渴 | 角 | 次清 | 輕牽 | 丘 | 葛 |
| 寒旱翰曷 | 3平 | 豻 | 角 | 次濁 | 迎研 | 俄 | 寒 |
| 寒旱翰曷 | 3去 | 岸 | 角 | 次濁 | 迎研 | 魚 | 幹 |
| 寒旱翰曷 | 3入 | 巕 | 角 | 次濁 | 迎研 | 牙 | 葛 |
| 寒旱翰曷 | 4平 | 安 | 羽 | 清 | 因煙 | 於 | 寒 |
| 寒旱翰曷 | 4去 | 按 | 羽 | 清 | 因煙 | 於 | 幹 |
| 寒旱翰曷 | 4入 | 遏 | 羽 | 清 | 因煙 | 阿 | 葛 |
| 寒旱翰曷 | 5平 | 暵 | 羽 | 次清 | 興軒 | 許 | 干 |
| 寒旱翰曷 | 5上 | 罕 | 羽 | 次清 | 興軒 | 許 | 罕 |
| 寒旱翰曷 | 5去 | 漢 | 羽 | 次清 | 興軒 | 虛 | 汗 |
| 寒旱翰曷 | 5入 | 暍 | 羽 | 次清 | 興軒 | 許 | 葛 |
| 寒旱翰曷 | 6平 | 寒 | 羽 | 濁 | 刑賢 | 何 | 干 |
| 寒旱翰曷 | 6上 | 旱 | 羽 | 濁 | 刑賢 | 侯 | 罕 |
| 寒旱翰曷 | 6去 | 翰 | 羽 | 濁 | 刑賢 | 侯 | 幹 |
| 寒旱翰曷 | 6入 | 曷 | 羽 | 濁 | 刑賢 | 何 | 葛 |
| 寒旱翰曷 | 7平 | 官 | 角 | 清 | 經堅 | 沽 | 歡 |
| 寒旱翰曷 | 7上 | 管 | 角 | 清 | 經堅 | 古 | 緩 |

| 所屬韻類 | 聲調 | 小韻首字 | 七音 | 清濁 | 聲類 | 反切 | |
|---|---|---|---|---|---|---|---|
| 寒旱翰曷 | 7去 | 貫 | 角 | 清 | 經堅 | 古 | 玩 |
| 寒旱翰曷 | 7入 | 括 | 角 | 清 | 經堅 | 古 | 活 |
| 寒旱翰曷 | 8平 | 寬 | 角 | 次清 | 輕牽 | 枯 | 官 |
| 寒旱翰曷 | 8上 | 款 | 角 | 次清 | 輕牽 | 苦 | 管 |
| 寒旱翰曷 | 8去 | 鏉 | 角 | 次清 | 輕牽 | 口 | 喚 |
| 寒旱翰曷 | 8入 | 闊 | 角 | 次清 | 輕牽 | 苦 | 括 |
| 寒旱翰曷 | 9平 | 岏 | 角 | 次濁 | 銀言 | 五 | 官 |
| 寒旱翰曷 | 9去 | 玩 | 角 | 次濁 | 銀言 | 五 | 換 |
| 寒旱翰曷 | 9入 | 枂 | 角 | 次濁 | 銀言 | 五 | 活 |
| 寒旱翰曷 | 10平 | 剜 | 羽 | 清 | 因煙 | 烏 | 歡 |
| 寒旱翰曷 | 10上 | 盌 | 羽 | 清 | 因煙 | 烏 | 管 |
| 寒旱翰曷 | 10去 | 惋 | 羽 | 清 | 因煙 | 烏 | 貫 |
| 寒旱翰曷 | 10入 | 捾 | 羽 | 清 | 因煙 | 烏 | 活 |
| 寒旱翰曷 | 11平 | 歡 | 羽 | 次清 | 興軒 | 呼 | 官 |
| 寒旱翰曷 | 11上 | 濩 | 羽 | 次清 | 興軒 | 火 | 管 |
| 寒旱翰曷 | 11去 | 喚 | 羽 | 次清 | 興軒 | 呼 | 玩 |
| 寒旱翰曷 | 11入 | 豁 | 羽 | 次清 | 興軒 | 呼 | 括 |
| 寒旱翰曷 | 12平 | 桓 | 羽 | 次濁 | 刑賢 | 胡 | 官 |
| 寒旱翰曷 | 12上 | 緩 | 羽 | 次濁 | 刑賢 | 胡 | 管 |
| 寒旱翰曷 | 12去 | 換 | 羽 | 次濁 | 刑賢 | 胡 | 玩 |
| 寒旱翰曷 | 12入 | 活 | 羽 | 次濁 | 刑賢 | 戶 | 括 |
| 寒旱翰曷 | 13平 | 鑽 | 商 | 清 | 津煎 | 祖 | 官 |
| 寒旱翰曷 | 13上 | 纂 | 商 | 清 | 津煎 | 作 | 管 |
| 寒旱翰曷 | 13去 | 鑽 | 商 | 清 | 津煎 | 祖 | 筭 |
| 寒旱翰曷 | 13入 | 繓 | 商 | 清 | 津煎 | 子 | 括 |
| 寒旱翰曷 | 14平 | 攛 | 商 | 次清 | 親千 | 七 | 桓 |

| 所屬韻類 | 聲調 | 小韻首字 | 七音 | 清濁 | 聲類 | 反切 | |
|---|---|---|---|---|---|---|---|
| 寒旱翰曷 | 14去 | 竄 | 商 | 次清 | 親千 | 取 | 亂 |
| 寒旱翰曷 | 14入 | 撮 | 商 | 次清 | 親千 | 倉 | 括 |
| 寒旱翰曷 | 15平 | 酸 | 商 | 次清次 | 新仙 | 蘇 | 官 |
| 寒旱翰曷 | 15上 | 算 | 商 | 次清次 | 新仙 | 損 | 管 |
| 寒旱翰曷 | 15去 | 筭 | 商 | 次清次 | 新仙 | 蘇 | 貫 |
| 寒旱翰曷 | 15入 | 越 | 商 | 次清次 | 新仙 | 相 | 活 |
| 寒旱翰曷 | 16平 | 欑 | 商 | 濁 | 秦前 | 徂 | 官 |
| 寒旱翰曷 | 16去 | 攢 | 商 | 濁 | 秦前 | 在 | 玩 |
| 寒旱翰曷 | 16入 | 欑 | 商 | 濁 | 秦前 | 徂 | 活 |
| 寒旱翰曷 | 17平 | 鸞 | 半徵商 | | 鄰連 | 蘆 | 官 |
| 寒旱翰曷 | 17上 | 卵 | 半徵商 | | 鄰連 | 魯 | 管 |
| 寒旱翰曷 | 17去 | 亂 | 半徵商 | | 鄰連 | 蘆 | 玩 |
| 寒旱翰曷 | 17入 | 捋 | 半徵商 | | 鄰連 | 蘆 | 活 |
| 寒旱翰曷 | 18平 | 端 | 徵 | 清 | 丁顚 | 多 | 官 |
| 寒旱翰曷 | 18上 | 短 | 徵 | 清 | 丁顚 | 都 | 管 |
| 寒旱翰曷 | 18去 | 鍛 | 徵 | 清 | 丁顚 | 都 | 玩 |
| 寒旱翰曷 | 18入 | 掇 | 徵 | 清 | 丁顚 | 都 | 括 |
| 寒旱翰曷 | 19平 | 湍 | 徵 | 次清 | 汀天 | 他 | 官 |
| 寒旱翰曷 | 19上 | 疃 | 徵 | 次清 | 汀天 | 土 | 緩 |
| 寒旱翰曷 | 19去 | 彖 | 徵 | 次清 | 汀天 | 吐 | 玩 |
| 寒旱翰曷 | 19入 | 侻 | 徵 | 次清 | 汀天 | 他 | 括 |
| 寒旱翰曷 | 20平 | 團 | 徵 | 濁 | 亭田 | 徒 | 官 |
| 寒旱翰曷 | 20上 | 斷 | 徵 | 濁 | 亭田 | 徒 | 管 |
| 寒旱翰曷 | 20去 | 段 | 徵 | 濁 | 亭田 | 杜 | 玩 |
| 寒旱翰曷 | 20入 | 奪 | 徵 | 濁 | 亭田 | 徒 | 活 |
| 寒旱翰曷 | 21平 | 湥 | 徵 | 次濁 | 寧年 | 奴 | 官 |

| 所屬韻類 | 聲調 | 小韻首字 | 七音 | 清濁 | 聲類 | 反切 | |
|---|---|---|---|---|---|---|---|
| 寒旱翰曷 | 21上 | 煖 | 徵 | 次濁 | 寧年 | 乃 | 管 |
| 寒旱翰曷 | 21去 | 愞 | 徵 | 次濁 | 寧年 | 奴 | 亂 |
| 寒旱翰曷 | 22平 | 般 | 宮 | 清 | 賓邊 | 逋 | 潘 |
| 寒旱翰曷 | 22上 | 粄 | 宮 | 清 | 賓邊 | 補 | 滿 |
| 寒旱翰曷 | 22去 | 半 | 宮 | 清 | 賓邊 | 博 | 漫 |
| 寒旱翰曷 | 22入 | 鉢 | 宮 | 清 | 賓邊 | 比 | 末 |
| 寒旱翰曷 | 23平 | 潘 | 宮 | 次清 | 繽偏 | 鋪 | 官 |
| 寒旱翰曷 | 23上 | 坢 | 宮 | 次清 | 繽偏 | 普 | 伴 |
| 寒旱翰曷 | 23去 | 判 | 宮 | 次清 | 繽偏 | 普 | 半 |
| 寒旱翰曷 | 23入 | 潑 | 宮 | 次清 | 繽偏 | 普 | 活 |
| 寒旱翰曷 | 24平 | 槃 | 宮 | 濁 | 頻便 | 蒲 | 官 |
| 寒旱翰曷 | 24上 | 伴 | 宮 | 濁 | 頻便 | 蒲 | 滿 |
| 寒旱翰曷 | 24去 | 畔 | 宮 | 濁 | 頻便 | 薄 | 半 |
| 寒旱翰曷 | 24入 | 鈸 | 宮 | 濁 | 頻便 | 蒲 | 撥 |
| 寒旱翰曷 | 25平 | 瞞 | 宮 | 次濁 | 民綿 | 謨 | 官 |
| 寒旱翰曷 | 25上 | 滿 | 宮 | 次濁 | 民綿 | 莫 | 旱 |
| 寒旱翰曷 | 25去 | 幔 | 宮 | 次濁 | 民綿 | 莫 | 半 |
| 寒旱翰曷 | 25入 | 末 | 宮 | 次濁 | 民綿 | 莫 | 葛 |
| 山產諫轄 | 1平 | 閒 | 角 | 清 | 經堅 | 居 | 閑 |
| 山產諫轄 | 1上 | 簡 | 角 | 清 | 經堅 | 古 | 限 |
| 山產諫轄 | 1去 | 諫 | 角 | 清 | 經堅 | 古 | 晏 |
| 山產諫轄 | 1入 | 戛 | 角 | 清 | 經堅 | 訖 | 黠 |
| 山產諫轄 | 2平 | 慳 | 角 | 次清 | 輕牽 | 丘 | 閑 |
| 山產諫轄 | 2上 | 齦 | 角 | 次清 | 輕牽 | 口 | 限 |
| 山產諫轄 | 2入 | 稧 | 角 | 次清 | 輕牽 | 丘 | 瞎 |
| 山產諫轄 | 3入 | 黠 | 角 | 濁 | 勤虔 | 渠 | 瞎 |

| 所屬韻類 | 聲調 | 小韻首字 | 七音 | 清濁 | 聲類 | 反切 | |
|---|---|---|---|---|---|---|---|
| 山產諫轄 | 4平 | 顏 | 角 | 次濁 | 迎研 | 牛 | 奸 |
| 山產諫轄 | 4上 | 眼 | 角 | 次濁 | 迎研 | 五 | 限 |
| 山產諫轄 | 4去 | 鴈 | 角 | 次濁 | 迎研 | 魚 | 澗 |
| 山產諫轄 | 4入 | 齾 | 角 | 次濁 | 迎研 | 牙 | 八 |
| 山產諫轄 | 5平 | 甄 | 羽 | 清 | 因煙 | 烏 | 顏 |
| 山產諫轄 | 5去 | 晏 | 羽 | 清 | 因煙 | 於 | 諫 |
| 山產諫轄 | 5入 | 軋 | 羽 | 清 | 因煙 | 乙 | 轄 |
| 山產諫轄 | 6平 | 閑 | 羽 | 次清 | 興軒 | 休 | 艱 |
| 山產諫轄 | 6入 | 瞎 | 羽 | 次清 | 興軒 | 許 | 瞎 |
| 山產諫轄 | 7平 | 閑 | 羽 | 濁 | 刑賢 | 何 | 艱 |
| 山產諫轄 | 7上 | 限 | 羽 | 濁 | 刑賢 | 下 | 簡 |
| 山產諫轄 | 7去 | 莧 | 羽 | 濁 | 刑賢 | 狹 | 澗 |
| 山產諫轄 | 7入 | 轄 | 羽 | 濁 | 刑賢 | 胡 | 瞎 |
| 山產諫轄 | 8上 | 僝 | 商 | 清 | 精箋 | 積 | 產 |
| 山產諫轄 | 8去 | 贊 | 商 | 清 | 精箋 | 則 | 諫 |
| 山產諫轄 | 8入 | 拶 | 商 | 清 | 精箋 | 子 | 末 |
| 山產諫轄 | 9平 | 餐 | 商 | 次清 | 清千 | 千 | 山 |
| 山產諫轄 | 9去 | 粲 | 商 | 次清 | 清千 | 倉 | 晏 |
| 山產諫轄 | 9入 | 擦 | 商 | 次清 | 清千 | 七 | 煞 |
| 山產諫轄 | 10平 | 跚 | 商 | 次清次 | 新仙 | 相 | 間 |
| 山產諫轄 | 10上 | 繖 | 商 | 次清次 | 新仙 | 蘇 | 簡 |
| 山產諫轄 | 10去 | 散 | 商 | 次清次 | 新仙 | 先 | 諫 |
| 山產諫轄 | 10入 | 薩 | 商 | 次清次 | 新仙 | 桑 | 轄 |
| 山產諫轄 | 11平 | 殘 | 商 | 濁 | 秦前 | 才 | 干 |
| 山產諫轄 | 11上 | 瓚 | 商 | 濁 | 秦前 | 在 | 簡 |
| 山產諫轄 | 11去 | 瓚 | 商 | 濁 | 秦前 | 才 | 贊 |

| 所屬韻類 | 聲調 | 小韻首字 | 七音 | 清濁 | 聲類 | 反切 | |
|---|---|---|---|---|---|---|---|
| 山產諫轄 | 11入 | 巑 | 商 | 濁 | 秦前 | 才 | 達 |
| 山產諫轄 | 12上 | 琖 | 次商 | 清 | 精箋 | 祖 | 限 |
| 山產諫轄 | 12入 | 劄 | 次商 | 清 | 精箋 | 則 | 八 |
| 山產諫轄 | 13平 | 獛 | 次商 | 次清 | 嗔延 | 充 | 山 |
| 山產諫轄 | 13上 | 剗 | 次商 | 次清 | 嗔延 | 楚 | 產 |
| 山產諫轄 | 13去 | 鏟 | 次商 | 次清 | 嗔延 | 楚 | 諫 |
| 山產諫轄 | 13入 | 察 | 次商 | 次清 | 嗔延 | 初 | 戛 |
| 山產諫轄 | 14平 | 山 | 次商 | 次清次 | 身羶 | 師 | 間 |
| 山產諫轄 | 14上 | 汕 | 次商 | 次清次 | 身羶 | 所 | 簡 |
| 山產諫轄 | 14去 | 訕 | 次商 | 次清次 | 身羶 | 所 | 晏 |
| 山產諫轄 | 14入 | 殺 | 次商 | 次清次 | 身羶 | 山 | 戛 |
| 山產諫轄 | 15平 | 潺 | 次商 | 濁 | 榛潺 | 鉏 | 山 |
| 山產諫轄 | 15上 | 棧 | 次商 | 濁 | 榛潺 | 鉏 | 限 |
| 山產諫轄 | 15去 | 輚 | 次商 | 濁 | 榛潺 | 助 | 諫 |
| 山產諫轄 | 15入 | 鍘 | 次商 | 濁 | 榛潺 | 查 | 轄 |
| 山產諫轄 | 16入 | 髯 | 半商徵 | | 人然 | 而 | 轄 |
| 山產諫轄 | 17平 | 斕 | 半徵商 | | 令連 | 離 | 閑 |
| 山產諫轄 | 17上 | 嬾 | 半徵商 | | 令連 | 魯 | 簡 |
| 山產諫轄 | 17去 | 爛 | 半徵商 | | 令連 | 郎 | 患 |
| 山產諫轄 | 17入 | 辣 | 半徵商 | | 令連 | 郎 | 達 |
| 山產諫轄 | 18平 | 單 | 徵 | 清 | 丁顛 | 都 | 艱 |
| 山產諫轄 | 18上 | 亶 | 徵 | 清 | 丁顛 | 多 | 簡 |
| 山產諫轄 | 18去 | 旦 | 徵 | 清 | 丁顛 | 多 | 諫 |
| 山產諫轄 | 18入 | 妲 | 徵 | 清 | 丁顛 | 當 | 技 |
| 山產諫轄 | 19平 | 灘 | 徵 | 次清 | 汀天 | 他 | 丹 |
| 山產諫轄 | 19上 | 坦 | 徵 | 次清 | 汀天 | 他 | 旦 |

| 所屬韻類 | 聲調 | 小韻首字 | 七音 | 清濁 | 聲類 | 反切 | |
|---|---|---|---|---|---|---|---|
| 山產諫鎋 | 19去 | 炭 | 徵 | 次清 | 汀天 | 他 | 晏 |
| 山產諫鎋 | 19入 | 撻 | 徵 | 次清 | 汀天 | 他 | 達 |
| 山產諫鎋 | 20平 | 壇 | 徵 | 濁 | 亭田 | 唐 | 蘭 |
| 山產諫鎋 | 20上 | 但 | 徵 | 濁 | 亭田 | 徒 | 亶 |
| 山產諫鎋 | 20去 | 憚 | 徵 | 濁 | 亭田 | 杜 | 晏 |
| 山產諫鎋 | 20入 | 達 | 徵 | 濁 | 亭田 | 堂 | 滑 |
| 山產諫鎋 | 21平 | 難 | 徵 | 次濁 | 寧年 | 那 | 壇 |
| 山產諫鎋 | 21上 | 赧 | 徵 | 次濁 | 寧年 | 乃 | 版 |
| 山產諫鎋 | 21去 | 難 | 徵 | 次濁 | 寧年 | 乃 | 旦 |
| 山產諫鎋 | 21入 | 捺 | 徵 | 次濁 | 寧年 | 乃 | 入 |
| 山產諫鎋 | 22平 | 關 | 角 | 清 | 經堅 | 姑 | 還 |
| 山產諫鎋 | 22去 | 慣 | 角 | 清 | 經堅 | 古 | 患 |
| 山產諫鎋 | 22入 | 刮 | 角 | 清 | 經堅 | 古 | 滑 |
| 山產諫鎋 | 23平 | 爐 | 角 | 濁 | 勤虔 | 跪 | 頑 |
| 山產諫鎋 | 23去 | 雚 | 角 | 濁 | 勤虔 | 求 | 患 |
| 山產諫鎋 | 24平 | 頑 | 角 | 次濁 | 銀言 | 五 | 還 |
| 山產諫鎋 | 24上 | 齗 | 角 | 次濁 | 銀言 | 五 | 板 |
| 山產諫鎋 | 24去 | 薍 | 角 | 次濁 | 銀言 | 五 | 患 |
| 山產諫鎋 | 24入 | 刖 | 角 | 次濁 | 銀言 | 五 | 刮 |
| 山產諫鎋 | 25平 | 彎 | 羽 | 清 | 因煙 | 烏 | 還 |
| 山產諫鎋 | 25上 | 綰 | 羽 | 清 | 因煙 | 烏 | 版 |
| 山產諫鎋 | 25去 | 綰 | 羽 | 清 | 因煙 | 烏 | 患 |
| 山產諫鎋 | 25入 | 穵 | 羽 | 清 | 因煙 | 烏 | 八 |
| 山產諫鎋 | 26平 | 儇 | 羽 | 次清 | 興軒 | 呼 | 関 |
| 山產諫鎋 | 26入 | 傄 | 羽 | 次清 | 興軒 | 呼 | 八 |
| 山產諫鎋 | 27平 | 還 | 羽 | 濁 | 刑賢 | 胡 | 関 |

| 所屬韻類 | 聲調 | 小韻首字 | 七音 | 清濁 | 聲類 | 反切 | |
|---|---|---|---|---|---|---|---|
| 山產諫轄 | 27上 | 睆 | 羽 | 濁 | 刑賢 | 戶 | 版 |
| 山產諫轄 | 27去 | 患 | 羽 | 濁 | 刑賢 | 胡 | 慣 |
| 山產諫轄 | 27入 | 滑 | 羽 | 濁 | 刑賢 | 戶 | 八 |
| 山產諫轄 | 28平 | 跧 | 次商 | 清 | 真氊 | 阻 | 頑 |
| 山產諫轄 | 28入 | 窡 | 次商 | 清 | 真氊 | 張 | 滑 |
| 山產諫轄 | 29上 | 簒 | 次商 | 次清 | 嗔延 | 初 | 患 |
| 山產諫轄 | 29入 | 剗 | 次商 | 次清 | 嗔延 | 初 | 刮 |
| 山產諫轄 | 30平 | 攦 | 次商 | 次清次 | 身羶 | 數 | 還 |
| 山產諫轄 | 30去 | 纂 | 次商 | 次清次 | 身羶 | 所 | 患 |
| 山產諫轄 | 30入 | 刷 | 次商 | 次清次 | 身羶 | 數 | 滑 |
| 山產諫轄 | 31上 | 撰 | 次商 | 濁 | 榛潺 | 雛 | 綰 |
| 山產諫轄 | 32平 | 奻 | 次商 | 次濁 | 紉聯 | 女 | 還 |
| 山產諫轄 | 32去 | 妠 | 次商 | 次濁 | 紉聯 | 女 | 患 |
| 山產諫轄 | 32入 | 豽 | 次商 | 次濁 | 紉聯 | 女 | 滑 |
| 山產諫轄 | 33平 | 攦 | 半徵商 | | 鄰連 | 力 | 頑 |
| 山產諫轄 | 34平 | 班 | 宮 | 清 | 賓邊 | 逋 | 還 |
| 山產諫轄 | 34上 | 版 | 宮 | 清 | 賓邊 | 補 | 綰 |
| 山產諫轄 | 34去 | 扮 | 宮 | 清 | 賓邊 | 逋 | 患 |
| 山產諫轄 | 34入 | 八 | 宮 | 清 | 賓邊 | 布 | 拔 |
| 山產諫轄 | 35平 | 攀 | 宮 | 次清 | 娉便 | 披 | 班 |
| 山產諫轄 | 35上 | 販 | 宮 | 次清 | 娉便 | 普 | 版 |
| 山產諫轄 | 35去 | 襻 | 宮 | 次清 | 娉便 | 普 | 患 |
| 山產諫轄 | 35入 | 汃 | 宮 | 次清 | 娉便 | 普 | 八 |
| 山產諫轄 | 36平 | 瓣 | 宮 | 濁 | 頻便 | 蒲 | 閑 |
| 山產諫轄 | 36上 | 阪 | 宮 | 濁 | 頻便 | 部 | 版 |
| 山產諫轄 | 36去 | 辦 | 宮 | 濁 | 頻便 | 備 | 莧 |

| 所屬韻類 | 聲調 | 小韻首字 | 七音 | 清濁 | 聲類 | 反切 | |
|---|---|---|---|---|---|---|---|
| 山產諫轄 | 36入 | 拔 | 宮 | 濁 | 頻便 | 蒲 | 八 |
| 山產諫轄 | 37平 | 蠻 | 宮 | 次濁 | 民綿 | 謨 | 還 |
| 山產諫轄 | 37上 | 矕 | 宮 | 次濁 | 民綿 | 毋 | 版 |
| 山產諫轄 | 37去 | 慢 | 宮 | 次濁 | 民綿 | 莫 | 晏 |
| 山產諫轄 | 37入 | 帓 | 宮 | 次濁 | 民綿 | 莫 | 瞎 |
| 山產諫轄 | 38平 | 翻 | 次宮 | 清 | 芬蕃 | 孚 | 艱 |
| 山產諫轄 | 38上 | 返 | 次宮 | 清 | 芬蕃 | 甫 | 版 |
| 山產諫轄 | 38去 | 販 | 次宮 | 清 | 芬蕃 | 方 | 諫 |
| 山產諫轄 | 38入 | 髮 | 次宮 | 清 | 芬蕃 | 方 | 伐 |
| 山產諫轄 | 39平 | 煩 | 次宮 | 濁 | 墳煩 | 符 | 艱 |
| 山產諫轄 | 39去 | 飯 | 次宮 | 濁 | 墳煩 | 扶 | 諫 |
| 山產諫轄 | 39入 | 伐 | 次宮 | 濁 | 墳煩 | 房 | 滑 |
| 山產諫轄 | 40平 | 樠 | 次宮 | 次濁 | 文樠 | 武 | 元 |
| 山產諫轄 | 40上 | 晚 | 次宮 | 次濁 | 文樠 | 武 | 綰 |
| 山產諫轄 | 40去 | 萬 | 次宮 | 次濁 | 文樠 | 無 | 販 |
| 山產諫轄 | 40入 | 韈 | 次宮 | 次濁 | 文樠 | 無 | 發 |
| 先銑霰屑 | 1平 | 堅 | 角 | 清 | 經堅 | 經 | 天 |
| 先銑霰屑 | 1上 | 繭 | 角 | 清 | 經堅 | 吉 | 典 |
| 先銑霰屑 | 1去 | 見 | 角 | 清 | 經堅 | 經 | 電 |
| 先銑霰屑 | 1入 | 結 | 角 | 清 | 經堅 | 吉 | 屑 |
| 先銑霰屑 | 2平 | 牽 | 角 | 次清 | 輕牽 | 苦 | 堅 |
| 先銑霰屑 | 2上 | 遣 | 角 | 次清 | 輕牽 | 驅 | 演 |
| 先銑霰屑 | 2去 | 譴 | 角 | 次清 | 輕牽 | 詰 | 戰 |
| 先銑霰屑 | 2入 | 挈 | 角 | 次清 | 輕牽 | 詰 | 結 |
| 先銑霰屑 | 3平 | 乾 | 角 | 濁 | 擎虔 | 渠 | 焉 |
| 先銑霰屑 | 3上 | 件 | 角 | 濁 | 擎虔 | 巨 | 展 |

| 所屬韻類 | 聲調 | 小韻首字 | 七音 | 清濁 | 聲類 | 反切 | |
|---|---|---|---|---|---|---|---|
| 先銑霰屑 | 3去 | 健 | 角 | 濁 | 擎虔 | 渠 | 建 |
| 先銑霰屑 | 3入 | 傑 | 角 | 濁 | 擎虔 | 巨 | 列 |
| 先銑霰屑 | 4平 | 煙 | 羽 | 清 | 因煙 | 因 | 肩 |
| 先銑霰屑 | 4上 | 偃 | 羽 | 清 | 因煙 | 於 | 幰 |
| 先銑霰屑 | 4去 | 宴 | 羽 | 清 | 因煙 | 伊 | 甸 |
| 先銑霰屑 | 4入 | 謁 | 羽 | 清 | 因煙 | 於 | 歇 |
| 先銑霰屑 | 5平 | 軒 | 羽 | 次清 | 興軒 | 虛 | 延 |
| 先銑霰屑 | 5上 | 顯 | 羽 | 次清 | 興軒 | 呼 | 典 |
| 先銑霰屑 | 5去 | 獻 | 羽 | 次清 | 興軒 | 曉 | 見 |
| 先銑霰屑 | 5入 | 歇 | 羽 | 次清 | 興軒 | 許 | 竭 |
| 先銑霰屑 | 6平 | 賢 | 羽 | 濁 | 刑賢 | 胡 | 田 |
| 先銑霰屑 | 6上 | 峴 | 羽 | 濁 | 刑賢 | 胡 | 典 |
| 先銑霰屑 | 6去 | 現 | 羽 | 濁 | 刑賢 | 形 | 甸 |
| 先銑霰屑 | 6入 | 纈 | 羽 | 濁 | 刑賢 | 胡 | 結 |
| 先銑霰屑 | 7平 | 延 | 羽 | 次濁 | 寅延 | 夷 | 然 |
| 先銑霰屑 | 7上 | 演 | 羽 | 次濁 | 寅延 | 以 | 淺 |
| 先銑霰屑 | 7去 | 衍 | 羽 | 次濁 | 寅延 | 延 | 面 |
| 先銑霰屑 | 7入 | 拽 | 羽 | 次濁 | 寅延 | 延 | 結 |
| 先銑霰屑 | 7平 | 言 | 角 | 次濁 | 銀言 | 魚 | 軒 |
| 先銑霰屑 | 7上 | 讞 | 角 | 次濁 | 銀言 | 以 | 淺 |
| 先銑霰屑 | 7去 | 彥 | 角 | 次濁 | 銀言 | 魚 | 戰 |
| 先銑霰屑 | 7入 | 孽 | 角 | 次濁 | 銀言 | 魚 | 列 |
| 先銑霰屑 | 8平 | 箋 | 商 | 清 | 精箋 | 將 | 先 |
| 先銑霰屑 | 8上 | 剪 | 商 | 清 | 精箋 | 子 | 踐 |
| 先銑霰屑 | 8去 | 薦 | 商 | 清 | 精箋 | 作 | 甸 |
| 先銑霰屑 | 8入 | 節 | 商 | 清 | 精箋 | 子 | 結 |

| 所屬韻類 | 聲調 | 小韻首字 | 七音 | 清濁 | 聲類 | 反切 | |
|---|---|---|---|---|---|---|---|
| 先銑霰屑 | 9平 | 千 | 商 | 次清 | 清千 | 倉 | 先 |
| 先銑霰屑 | 9上 | 淺 | 商 | 次清 | 清千 | 七 | 演 |
| 先銑霰屑 | 9去 | 蒨 | 商 | 次清 | 清千 | 倉 | 甸 |
| 先銑霰屑 | 9入 | 切 | 商 | 次清 | 清千 | 千 | 結 |
| 先銑霰屑 | 10平 | 先 | 商 | 次清次 | 新先 | 蘇 | 前 |
| 先銑霰屑 | 10上 | 銑 | 商 | 次清次 | 新先 | 蘇 | 典 |
| 先銑霰屑 | 10去 | 霰 | 商 | 次清次 | 新先 | 先 | 見 |
| 先銑霰屑 | 10入 | 屑 | 商 | 次清次 | 新先 | 先 | 結 |
| 先銑霰屑 | 11平 | 前 | 商 | 濁 | 秦前 | 才 | 先 |
| 先銑霰屑 | 11上 | 踐 | 商 | 濁 | 秦前 | 慈 | 演 |
| 先銑霰屑 | 11去 | 賤 | 商 | 濁 | 秦前 | 在 | 線 |
| 先銑霰屑 | 11入 | 截 | 商 | 濁 | 秦前 | 昨 | 結 |
| 先銑霰屑 | 12平 | 涎 | 商 | 次濁 | 餳延 | 徐 | 延 |
| 先銑霰屑 | 12上 | 鏾 | 商 | 次濁 | 餳延 | 徐 | 剪 |
| 先銑霰屑 | 12去 | 羨 | 商 | 次濁 | 餳延 | 似 | 面 |
| 先銑霰屑 | 13平 | 饘 | 次商 | 清 | 征邅 | 諸 | 延 |
| 先銑霰屑 | 13上 | 展 | 次商 | 清 | 征邅 | 之 | 輦 |
| 先銑霰屑 | 13去 | 戰 | 次商 | 清 | 征邅 | 之 | 膳 |
| 先銑霰屑 | 13入 | 浙 | 次商 | 清 | 征邅 | 之 | 列 |
| 先銑霰屑 | 14平 | 梴 | 次商 | 次清 | 稱燀 | 抽 | 延 |
| 先銑霰屑 | 14上 | 闡 | 次商 | 次清 | 稱燀 | 齒 | 善 |
| 先銑霰屑 | 14去 | 繟 | 次商 | 次清 | 稱燀 | 尺 | 戰 |
| 先銑霰屑 | 14入 | 徹 | 次商 | 次清 | 稱燀 | 敕 | 列 |
| 先銑霰屑 | 15平 | 羶 | 次商 | 次清次 | 聲羶 | 尸 | 連 |
| 先銑霰屑 | 15上 | 燃 | 次商 | 次清次 | 聲羶 | 式 | 善 |
| 先銑霰屑 | 15去 | 扇 | 次商 | 次清次 | 聲羶 | 式 | 戰 |

| 所屬韻類 | 聲調 | 小韻首字 | 七音 | 清濁 | 聲類 | 反切 | |
|---|---|---|---|---|---|---|---|
| 先銑霰屑 | 15入 | 設 | 次商 | 次清次 | 聲羶 | 式 | 列 |
| 先銑霰屑 | 16平 | 纏 | 次商 | 濁 | 陳廛 | 呈 | 延 |
| 先銑霰屑 | 16上 | 驙 | 次商 | 濁 | 陳廛 | 直 | 善 |
| 先銑霰屑 | 16去 | 纏 | 次商 | 濁 | 陳廛 | 直 | 碾 |
| 先銑霰屑 | 16入 | 轍 | 次商 | 濁 | 陳廛 | 直 | 列 |
| 先銑霰屑 | 17平 | 鋋 | 次商 | 次濁次 | 神禪 | 時 | 連 |
| 先銑霰屑 | 17上 | 善 | 次商 | 次濁次 | 神禪 | 上 | 演 |
| 先銑霰屑 | 17去 | 繕 | 次商 | 次濁次 | 神禪 | 時 | 戰 |
| 先銑霰屑 | 17入 | 舌 | 次商 | 次濁次 | 神禪 | 食 | 列 |
| 先銑霰屑 | 18平 | 然 | 半商徵 | | 人然 | 如 | 延 |
| 先銑霰屑 | 18上 | 橪 | 半商徵 | | 人然 | 忍 | 善 |
| 先銑霰屑 | 18入 | 熱 | 半商徵 | | 人然 | 而 | 列 |
| 先銑霰屑 | 19平 | 蓮 | 半徵商 | | 零連 | 令 | 年 |
| 先銑霰屑 | 19上 | 輦 | 半徵商 | | 零連 | 力 | 展 |
| 先銑霰屑 | 19去 | 練 | 半徵商 | | 零連 | 郎 | 甸 |
| 先銑霰屑 | 19入 | 列 | 半徵商 | | 零連 | 良 | 薛 |
| 先銑霰屑 | 20平 | 顛 | 徵 | 清 | 丁顛 | 多 | 年 |
| 先銑霰屑 | 20上 | 典 | 徵 | 清 | 丁顛 | 多 | 殄 |
| 先銑霰屑 | 20去 | 殿 | 徵 | 清 | 丁顛 | 丁 | 練 |
| 先銑霰屑 | 20入 | 闃 | 徵 | 清 | 丁顛 | 丁 | 結 |
| 先銑霰屑 | 21平 | 天 | 徵 | 次清 | 汀天 | 他 | 前 |
| 先銑霰屑 | 21上 | 腆 | 徵 | 次清 | 汀天 | 他 | 典 |
| 先銑霰屑 | 21去 | 瑱 | 徵 | 次清 | 汀天 | 他 | 甸 |
| 先銑霰屑 | 21入 | 鐵 | 徵 | 次清 | 汀天 | 他 | 結 |
| 先銑霰屑 | 22平 | 田 | 徵 | 濁 | 亭田 | 亭 | 年 |
| 先銑霰屑 | 22上 | 殄 | 徵 | 濁 | 亭田 | 徒 | 典 |

| 所屬韻類 | 聲調 | 小韻首字 | 七音 | 清濁 | 聲類 | 反切 | |
|---|---|---|---|---|---|---|---|
| 先銑霰屑 | 22去 | 電 | 徵 | 濁 | 亭田 | 蕩 | 練 |
| 先銑霰屑 | 22入 | 姪 | 徵 | 濁 | 亭田 | 杜 | 結 |
| 先銑霰屑 | 23平 | 年 | 徵 | 次濁 | 寧年 | 寧 | 田 |
| 先銑霰屑 | 23上 | 撚 | 徵 | 次濁 | 寧年 | 乃 | 殄 |
| 先銑霰屑 | 23去 | 晛 | 徵 | 次濁 | 寧年 | 乃 | 見 |
| 先銑霰屑 | 23入 | 涅 | 徵 | 次濁 | 寧年 | 乃 | 結 |
| 先銑霰屑 | 24平 | 涓 | 角 | 清 | 經堅 | 圭 | 淵 |
| 先銑霰屑 | 24上 | 畎 | 角 | 清 | 經堅 | 古 | 泫 |
| 先銑霰屑 | 24去 | 絹 | 角 | 清 | 經堅 | 吉 | 椽 |
| 先銑霰屑 | 24入 | 厥 | 角 | 清 | 經堅 | 居 | 月 |
| 先銑霰屑 | 25平 | 捲 | 角 | 次清 | 輕牽 | 驅 | 圓 |
| 先銑霰屑 | 25上 | 犬 | 角 | 次清 | 輕牽 | 苦 | 泫 |
| 先銑霰屑 | 25去 | 勸 | 角 | 次清 | 輕牽 | 區 | 願 |
| 先銑霰屑 | 25入 | 闕 | 角 | 次清 | 輕牽 | 丘 | 月 |
| 先銑霰屑 | 26平 | 權 | 角 | 濁 | 勤虔 | 逵 | 員 |
| 先銑霰屑 | 26上 | 圈 | 角 | 濁 | 勤虔 | 巨 | 卷 |
| 先銑霰屑 | 26去 | 倦 | 角 | 濁 | 勤虔 | 逵 | 眷 |
| 先銑霰屑 | 26入 | 掘 | 角 | 濁 | 勤虔 | 其 | 月 |
| 先銑霰屑 | 27平 | 淵 | 羽 | 清 | 因煙 | 縈 | 員 |
| 先銑霰屑 | 27上 | 宛 | 羽 | 清 | 因煙 | 於 | 阮 |
| 先銑霰屑 | 27去 | 怨 | 羽 | 清 | 因煙 | 於 | 願 |
| 先銑霰屑 | 27入 | 噦 | 羽 | 清 | 因煙 | 一 | 決 |
| 先銑霰屑 | 28平 | 暄 | 羽 | 次清 | 興軒 | 呼 | 淵 |
| 先銑霰屑 | 28上 | 烜 | 羽 | 次清 | 興軒 | 況 | 遠 |
| 先銑霰屑 | 28去 | 絢 | 羽 | 次清 | 興軒 | 翾 | 眩 |
| 先銑霰屑 | 28入 | 血 | 羽 | 次清 | 興軒 | 呼 | 決 |

| 所屬韻類 | 聲調 | 小韻首字 | 七音 | 清濁 | 聲類 | 反切 | |
|---|---|---|---|---|---|---|---|
| 先銑霰屑 | 29平 | 玄 | 羽 | 濁 | 刑賢 | 胡 | 涓 |
| 先銑霰屑 | 29上 | 泫 | 羽 | 濁 | 刑賢 | 胡 | 犬 |
| 先銑霰屑 | 29去 | 眩 | 羽 | 濁 | 刑賢 | 熒 | 絹 |
| 先銑霰屑 | 29入 | 穴 | 羽 | 濁 | 刑賢 | 胡 | 決 |
| 先銑霰屑 | 30平 | 員 | 角 | 次濁 | 銀言 | 于 | 權 |
| 先銑霰屑 | 30上 | 遠 | 角 | 次濁 | 銀言 | 雨 | 阮 |
| 先銑霰屑 | 30去 | 院 | 角 | 次濁 | 銀言 | 于 | 眷 |
| 先銑霰屑 | 30入 | 越 | 角 | 次濁 | 銀言 | 五 | 伐 |
| 先銑霰屑 | 30平 | 元 | 角 | 次濁 | 銀言 | 遇 | 袁 |
| 先銑霰屑 | 30上 | 阮 | 角 | 次濁 | 銀言 | 五 | 遠 |
| 先銑霰屑 | 30去 | 願 | 角 | 次濁 | 銀言 | 虞 | 怨 |
| 先銑霰屑 | 30入 | 月 | 角 | 次濁 | 銀言 | 魚 | 厥 |
| 先銑霰屑 | 31平 | 鐫 | 商 | 清 | 津煎 | 子 | 全 |
| 先銑霰屑 | 31上 | 臇 | 商 | 清 | 津煎 | 子 | 兗 |
| 先銑霰屑 | 31入 | 蕝 | 商 | 清 | 津煎 | 子 | 悅 |
| 先銑霰屑 | 32平 | 詮 | 商 | 次清 | 親千 | 且 | 緣 |
| 先銑霰屑 | 32上 | 烇 | 商 | 次清 | 親千 | 七 | 選 |
| 先銑霰屑 | 32去 | 縓 | 商 | 次清 | 親千 | 取 | 絹 |
| 先銑霰屑 | 32入 | 絟 | 商 | 次清 | 親千 | 七 | 絕 |
| 先銑霰屑 | 33平 | 宣 | 商 | 次清次 | 新先 | 匆 | 緣 |
| 先銑霰屑 | 33上 | 選 | 商 | 次清次 | 新先 | 須 | 兗 |
| 先銑霰屑 | 33去 | 巽 | 商 | 次清次 | 新先 | 須 | 絹 |
| 先銑霰屑 | 33入 | 雪 | 商 | 次清次 | 新先 | 蘇 | 絕 |
| 先銑霰屑 | 34平 | 全 | 商 | 濁 | 秦前 | 才 | 緣 |
| 先銑霰屑 | 34上 | 雋 | 商 | 濁 | 秦前 | 徂 | 兗 |
| 先銑霰屑 | 34入 | 絕 | 商 | 濁 | 秦前 | 情 | 雪 |

| 所屬韻類 | 聲調 | 小韻首字 | 七音 | 清濁 | 聲類 | 反切 | |
|---|---|---|---|---|---|---|---|
| 先銑霰屑 | 35平 | 旋 | 商 | 次濁 | 餳涎 | 旬 | 緣 |
| 先銑霰屑 | 35上 | 脧 | 商 | 次濁 | 餳涎 | 徐 | 兗 |
| 先銑霰屑 | 35去 | 漩 | 商 | 次濁 | 餳涎 | 隨 | 戀 |
| 先銑霰屑 | 35入 | 授 | 商 | 次濁 | 餳涎 | 寺 | 劣 |
| 先銑霰屑 | 36平 | 專 | 次商 | 清 | 真邅 | 朱 | 緣 |
| 先銑霰屑 | 36上 | 轉 | 次商 | 清 | 真邅 | 止 | 兗 |
| 先銑霰屑 | 36去 | 囀 | 次商 | 清 | 真邅 | 株 | 戀 |
| 先銑霰屑 | 36入 | 拙 | 次商 | 清 | 真邅 | 朱 | 劣 |
| 先銑霰屑 | 37平 | 穿 | 次商 | 次清次 | 嗔昌 | 昌 | 緣 |
| 先銑霰屑 | 37上 | 舛 | 次商 | 次清次 | 嗔昌 | 尺 | 兗 |
| 先銑霰屑 | 37去 | 釧 | 次商 | 次清次 | 嗔昌 | 樞 | 絹 |
| 先銑霰屑 | 37入 | 歠 | 次商 | 次清次 | 嗔昌 | 昌 | 悅 |
| 先銑霰屑 | 38平 | 栓 | 次商 | 次清次 | 身羶 | 山 | 緣 |
| 先銑霰屑 | 38去 | 篸 | 次商 | 次清次 | 身羶 | 所 | 眷 |
| 先銑霰屑 | 38入 | 說 | 次商 | 次清次 | 身羶 | 輸 | 蓺 |
| 先銑霰屑 | 39平 | 椽 | 次商 | 濁 | 陳廛 | 重 | 員 |
| 先銑霰屑 | 39上 | 篆 | 次商 | 濁 | 陳廛 | 柱 | 兗 |
| 先銑霰屑 | 39去 | 傳 | 次商 | 濁 | 陳廛 | 柱 | 戀 |
| 先銑霰屑 | 40平 | 暷 | 半商徵 | | 人然 | 而 | 宣 |
| 先銑霰屑 | 40上 | 輭 | 半商徵 | | 人然 | 乳 | 兗 |
| 先銑霰屑 | 40去 | 臡 | 半商徵 | | 人然 | 仁 | 眷 |
| 先銑霰屑 | 40入 | 爇 | 半商徵 | | 人然 | 儒 | 劣 |
| 先銑霰屑 | 41平 | 攣 | 半徵商 | | 鄰連 | 閭 | 員 |
| 先銑霰屑 | 41上 | 臠 | 半徵商 | | 鄰連 | 力 | 轉 |
| 先銑霰屑 | 41去 | 戀 | 半徵商 | | 鄰連 | 龍 | 眷 |
| 先銑霰屑 | 41入 | 劣 | 半徵商 | | 鄰連 | 力 | 輟 |

| 所屬韻類 | 聲調 | 小韻首字 | 七音 | 清濁 | 聲類 | 反切 | |
|---|---|---|---|---|---|---|---|
| 先銑霰屑 | 42平 | 邊 | 宮 | 清 | 賓邊 | 畢 | 眠 |
| 先銑霰屑 | 42上 | 匾 | 宮 | 清 | 賓邊 | 補 | 典 |
| 先銑霰屑 | 42去 | 徧 | 宮 | 清 | 賓邊 | 畢 | 見 |
| 先銑霰屑 | 42入 | 鷩 | 宮 | 清 | 賓邊 | 必 | 列 |
| 先銑霰屑 | 43平 | 篇 | 宮 | 次清 | 繽偏 | 紕 | 連 |
| 先銑霰屑 | 43上 | 鶣 | 宮 | 次清 | 繽偏 | 披 | 免 |
| 先銑霰屑 | 43去 | 片 | 宮 | 次清 | 繽偏 | 匹 | 見 |
| 先銑霰屑 | 43入 | 撇 | 宮 | 次清 | 繽偏 | 匹 | 蔑 |
| 先銑霰屑 | 44平 | 緶 | 宮 | 濁 | 平便 | 蒲 | 眠 |
| 先銑霰屑 | 44上 | 辮 | 宮 | 濁 | 平便 | 婢 | 免 |
| 先銑霰屑 | 44去 | 便 | 宮 | 濁 | 平便 | 毗 | 面 |
| 先銑霰屑 | 44入 | 別 | 宮 | 濁 | 平便 | 避 | 列 |
| 先銑霰屑 | 45平 | 眠 | 宮 | 次濁 | 民綿 | 莫 | 堅 |
| 先銑霰屑 | 45上 | 免 | 宮 | 次濁 | 民綿 | 美 | 辨 |
| 先銑霰屑 | 45去 | 麵 | 宮 | 次濁 | 民綿 | 莫 | 見 |
| 先銑霰屑 | 45入 | 滅 | 宮 | 次濁 | 民綿 | 彌 | 列 |
| 蕭篠嘯 | 1平 | 驍 | 角 | 清 | 經堅 | 堅 | 堯 |
| 蕭篠嘯 | 1上 | 皎 | 角 | 清 | 經堅 | 吉 | 了 |
| 蕭篠嘯 | 1去 | 叫 | 角 | 清 | 經堅 | 古 | 弔 |
| 蕭篠嘯 | 2平 | 趫 | 角 | 次清 | 輕牽 | 丘 | 妖 |
| 蕭篠嘯 | 2上 | 磽 | 角 | 次清 | 輕牽 | 苦 | 皎 |
| 蕭篠嘯 | 2去 | 竅 | 角 | 次清 | 輕牽 | 苦 | 弔 |
| 蕭篠嘯 | 3平 | 喬 | 角 | 濁 | 勤虔 | 祁 | 堯 |
| 蕭篠嘯 | 3上 | 驕 | 角 | 濁 | 勤虔 | 巨 | 夭 |
| 蕭篠嘯 | 3去 | 轎 | 角 | 濁 | 勤虔 | 渠 | 廟 |
| 蕭篠嘯 | 4平 | 么 | 羽 | 清 | 因煙 | 伊 | 堯 |

| 所屬韻類 | 聲調 | 小韻首字 | 七音 | 清濁 | 聲類 | 反切 | |
|---|---|---|---|---|---|---|---|
| 蕭篠嘯 | 4上 | 杳 | 羽 | 清 | 因煙 | 伊 | 鳥 |
| 蕭篠嘯 | 4去 | 要 | 羽 | 清 | 因煙 | 一 | 笑 |
| 蕭篠嘯 | 5平 | 嚻 | 羽 | 次清 | 興軒 | 呼 | 驕 |
| 蕭篠嘯 | 5上 | 曉 | 羽 | 次清 | 興軒 | 馨 | 杳 |
| 蕭篠嘯 | 5去 | 歊 | 羽 | 次清 | 興軒 | 許 | 照 |
| 蕭篠嘯 | 6上 | 滱 | 羽 | 濁 | 刑賢 | 胡 | 了 |
| 蕭篠嘯 | 7平 | 遙 | 羽 | 次濁 | 寅延 | 余 | 招 |
| 蕭篠嘯 | 7上 | 漾 | 羽 | 次濁 | 寅延 | 以 | 紹 |
| 蕭篠嘯 | 7去 | 耀 | 羽 | 次濁 | 寅延 | 弋 | 笑 |
| 蕭篠嘯 | 8平 | 焦 | 商 | 清 | 津煎 | 茲 | 消 |
| 蕭篠嘯 | 8上 | 剿 | 商 | 清 | 津煎 | 子 | 小 |
| 蕭篠嘯 | 8去 | 醮 | 商 | 清 | 津煎 | 子 | 肖 |
| 蕭篠嘯 | 9平 | 鍫 | 商 | 次清 | 親千 | 七 | 遙 |
| 蕭篠嘯 | 9上 | 悄 | 商 | 次清 | 親千 | 七 | 小 |
| 蕭篠嘯 | 9去 | 陗 | 商 | 次清 | 親千 | 七 | 肖 |
| 蕭篠嘯 | 10平 | 蕭 | 商 | 次清次 | 新仙 | 先 | 彫 |
| 蕭篠嘯 | 10上 | 篠 | 商 | 次清次 | 新仙 | 先 | 了 |
| 蕭篠嘯 | 10去 | 嘯 | 商 | 次清次 | 新仙 | 先 | 弔 |
| 蕭篠嘯 | 11平 | 樵 | 商 | 濁 | 秦前 | 慈 | 消 |
| 蕭篠嘯 | 11去 | 噍 | 商 | 濁 | 秦前 | 在 | 肖 |
| 蕭篠嘯 | 12平 | 昭 | 次商 | 清 | 征亶 | 之 | 遙 |
| 蕭篠嘯 | 12上 | 沼 | 次商 | 清 | 征亶 | 止 | 少 |
| 蕭篠嘯 | 12去 | 照 | 次商 | 清 | 征亶 | 之 | 笑 |
| 蕭篠嘯 | 13平 | 超 | 次商 | 次清 | 稱燀 | 蚩 | 招 |
| 蕭篠嘯 | 13上 | 麵 | 次商 | 次清 | 稱燀 | 齒 | 沼 |
| 蕭篠嘯 | 13去 | 覢 | 次商 | 次清 | 稱燀 | 昌 | 召 |

| 所屬韻類 | 聲調 | 小韻首字 | 七音 | 清濁 | 聲類 | 反切 | |
|---|---|---|---|---|---|---|---|
| 蕭篠嘯 | 14平 | 燒 | 次商 | 次清次 | 身羶 | 尸 | 招 |
| 蕭篠嘯 | 14上 | 少 | 次商 | 次清次 | 身羶 | 始 | 紹 |
| 蕭篠嘯 | 14去 | 少 | 次商 | 次清次 | 身羶 | 失 | 照 |
| 蕭篠嘯 | 15平 | 潮 | 次商 | 濁 | 陳廛 | 馳 | 遙 |
| 蕭篠嘯 | 15上 | 趙 | 次商 | 濁 | 陳廛 | 直 | 紹 |
| 蕭篠嘯 | 15去 | 召 | 次商 | 濁 | 陳廛 | 直 | 笑 |
| 蕭篠嘯 | 16平 | 韶 | 次商 | 次濁次 | 神禪 | 時 | 招 |
| 蕭篠嘯 | 16上 | 紹 | 次商 | 次濁次 | 神禪 | 市 | 紹 |
| 蕭篠嘯 | 16去 | 邵 | 次商 | 次濁次 | 神禪 | 實 | 照 |
| 蕭篠嘯 | 17平 | 饒 | 半商徵 | | 人然 | 如 | 招 |
| 蕭篠嘯 | 17上 | 擾 | 半商徵 | | 人然 | 爾 | 紹 |
| 蕭篠嘯 | 17去 | 繞 | 半商徵 | | 人然 | 人 | 要 |
| 蕭篠嘯 | 18平 | 聊 | 半徵商 | | 鄰連 | 連 | 條 |
| 蕭篠嘯 | 18上 | 了 | 半徵商 | | 鄰連 | 蘆 | 皎 |
| 蕭篠嘯 | 18去 | 料 | 半徵商 | | 鄰連 | 力 | 弔 |
| 蕭篠嘯 | 19平 | 貂 | 徵 | 清 | 丁顛 | 丁 | 聊 |
| 蕭篠嘯 | 19上 | 鳥 | 徵 | 清 | 丁顛 | 丁 | 了 |
| 蕭篠嘯 | 19去 | 弔 | 徵 | 清 | 丁顛 | 多 | 嘯 |
| 蕭篠嘯 | 20平 | 祧 | 徵 | 次清 | 汀天 | 他 | 凋 |
| 蕭篠嘯 | 20上 | 朓 | 徵 | 次清 | 汀天 | 土 | 了 |
| 蕭篠嘯 | 20去 | 糶 | 徵 | 次清 | 汀天 | 他 | 弔 |
| 蕭篠嘯 | 21平 | 迢 | 徵 | 濁 | 亭田 | 田 | 聊 |
| 蕭篠嘯 | 21上 | 窕 | 徵 | 濁 | 亭田 | 徒 | 了 |
| 蕭篠嘯 | 21去 | 調 | 徵 | 濁 | 亭田 | 徒 | 弔 |
| 蕭篠嘯 | 22上 | 褭 | 徵 | 次濁 | 寧年 | 乃 | 了 |
| 蕭篠嘯 | 22去 | 尿 | 徵 | 次濁 | 寧年 | 奴 | 弔 |

| 所屬韻類 | 聲調 | 小韻首字 | 七音 | 清濁 | 聲類 | 反切 | |
|---|---|---|---|---|---|---|---|
| 蕭篠嘯 | 23平 | 猋 | 宮 | 清 | 賓邊 | 畢 | 遙 |
| 蕭篠嘯 | 23上 | 表 | 宮 | 清 | 賓邊 | 彼 | 小 |
| 蕭篠嘯 | 23去 | 俵 | 宮 | 清 | 賓邊 | 悲 | 廟 |
| 蕭篠嘯 | 24平 | 漂 | 宮 | 次清 | 繽偏 | 紕 | 招 |
| 蕭篠嘯 | 24上 | 縹 | 宮 | 次清 | 繽偏 | 匹 | 沼 |
| 蕭篠嘯 | 24去 | 勡 | 宮 | 次清 | 繽偏 | 匹 | 妙 |
| 蕭篠嘯 | 25平 | 瓢 | 宮 | 濁 | 頻便 | 毗 | 招 |
| 蕭篠嘯 | 25上 | 殍 | 宮 | 濁 | 頻便 | 婢 | 表 |
| 蕭篠嘯 | 25去 | 驃 | 宮 | 濁 | 頻便 | 毗 | 召 |
| 蕭篠嘯 | 26平 | 苗 | 宮 | 次濁 | 民綿 | 眉 | 鑣 |
| 蕭篠嘯 | 26上 | 眇 | 宮 | 次濁 | 民綿 | 弭 | 沼 |
| 蕭篠嘯 | 26去 | 妙 | 宮 | 次濁 | 民綿 | 彌 | 笑 |
| 爻巧效 | 1平 | 高 | 角 | 清 | 經堅 | 姑 | 勞 |
| 爻巧效 | 1上 | 杲 | 角 | 清 | 經堅 | 古 | 老 |
| 爻巧效 | 1去 | 誥 | 角 | 清 | 經堅 | 居 | 號 |
| 爻巧效 | 2平 | 尻 | 角 | 次清 | 輕牽 | 苦 | 高 |
| 爻巧效 | 2上 | 考 | 角 | 次清 | 輕牽 | 苦 | 浩 |
| 爻巧效 | 2去 | 犒 | 角 | 次清 | 輕牽 | 口 | 到 |
| 爻巧效 | 3去 | 櫜 | 角 | 濁 | 擎虔 | 巨 | 到 |
| 爻巧效 | 4平 | 敖 | 角 | 次濁 | 迎妍 | 牛 | 刀 |
| 爻巧效 | 4上 | 隞 | 角 | 次濁 | 迎妍 | 五 | 老 |
| 爻巧效 | 4去 | 傲 | 角 | 次濁 | 迎妍 | 魚 | 到 |
| 爻巧效 | 5平 | 爊 | 羽 | 清 | 因煙 | 於 | 刀 |
| 爻巧效 | 5上 | 襖 | 羽 | 清 | 因煙 | 烏 | 皓 |
| 爻巧效 | 5去 | 奧 | 羽 | 清 | 因煙 | 於 | 到 |
| 爻巧效 | 6平 | 蒿 | 羽 | 次清 | 興軒 | 呼 | 高 |

| 所屬韻類 | 聲調 | 小韻首字 | 七音 | 清濁 | 聲類 | 反切 | |
|---|---|---|---|---|---|---|---|
| 爻巧效 | 6上 | 好 | 羽 | 次清 | 興軒 | 許 | 晧 |
| 爻巧效 | 6去 | 耗 | 羽 | 次清 | 興軒 | 虛 | 到 |
| 爻巧效 | 7平 | 豪 | 羽 | 濁 | 刑賢 | 胡 | 刀 |
| 爻巧效 | 7上 | 晧 | 羽 | 濁 | 刑賢 | 胡 | 老 |
| 爻巧效 | 7去 | 號 | 羽 | 濁 | 刑賢 | 胡 | 到 |
| 爻巧效 | 8平 | 遭 | 商 | 清 | 精箋 | 則 | 刀 |
| 爻巧效 | 8上 | 早 | 商 | 清 | 精箋 | 子 | 晧 |
| 爻巧效 | 8去 | 竃 | 商 | 清 | 精箋 | 則 | 到 |
| 爻巧效 | 9平 | 操 | 商 | 次清 | 清千 | 倉 | 刀 |
| 爻巧效 | 9上 | 草 | 商 | 次清 | 清千 | 采 | 早 |
| 爻巧效 | 9去 | 糙 | 商 | 次清 | 清千 | 七 | 到 |
| 爻巧效 | 10平 | 騷 | 商 | 次清次 | 新仙 | 蘇 | 曹 |
| 爻巧效 | 10上 | 掃 | 商 | 次清次 | 新仙 | 蘇 | 老 |
| 爻巧效 | 10去 | 喿 | 商 | 次清次 | 新仙 | 先 | 到 |
| 爻巧效 | 11平 | 曹 | 商 | 濁 | 秦前 | 財 | 勞 |
| 爻巧效 | 11上 | 造 | 商 | 濁 | 秦前 | 在 | 早 |
| 爻巧效 | 11去 | 漕 | 商 | 濁 | 秦前 | 在 | 到 |
| 爻巧效 | 12平 | 勞 | 半徵商 | | 令連 | 朗 | 刀 |
| 爻巧效 | 12上 | 老 | 半徵商 | | 令連 | 魯 | 晧 |
| 爻巧效 | 12去 | 僗 | 半徵商 | | 令連 | 郎 | 到 |
| 爻巧效 | 13平 | 刀 | 徵 | 清 | 丁顛 | 都 | 高 |
| 爻巧效 | 13上 | 倒 | 徵 | 清 | 丁顛 | 都 | 晧 |
| 爻巧效 | 13去 | 到 | 徵 | 清 | 丁顛 | 都 | 導 |
| 爻巧效 | 14平 | 饕 | 徵 | 次清 | 汀天 | 他 | 刀 |
| 爻巧效 | 14上 | 討 | 徵 | 次清 | 汀天 | 土 | 晧 |
| 爻巧效 | 14去 | 套 | 徵 | 次清 | 汀天 | 他 | 到 |

| 所屬韻類 | 聲調 | 小韻首字 | 七音 | 清濁 | 聲類 | 反切 | |
|---|---|---|---|---|---|---|---|
| 爻巧效 | 15平 | 陶 | 徵 | 濁 | 亭田 | 徒 | 刀 |
| 爻巧效 | 15上 | 道 | 徵 | 濁 | 亭田 | 杜 | 皓 |
| 爻巧效 | 15去 | 導 | 徵 | 濁 | 亭田 | 徒 | 到 |
| 爻巧效 | 16平 | 猱 | 徵 | 次濁 | 寧年 | 奴 | 刀 |
| 爻巧效 | 16上 | 腦 | 徵 | 次濁 | 寧年 | 乃 | 老 |
| 爻巧效 | 16去 | 臑 | 徵 | 次濁 | 寧年 | 奴 | 到 |
| 爻巧效 | 17平 | 交 | 角 | 清 | 經堅 | 居 | 肴 |
| 爻巧效 | 17上 | 絞 | 角 | 清 | 經堅 | 古 | 巧 |
| 爻巧效 | 17去 | 教 | 角 | 清 | 經堅 | 居 | 效 |
| 爻巧效 | 18平 | 敲 | 角 | 次清 | 輕牽 | 丘 | 交 |
| 爻巧效 | 18上 | 巧 | 角 | 次清 | 輕牽 | 苦 | 絞 |
| 爻巧效 | 18去 | 磽 | 角 | 次清 | 輕牽 | 口 | 教 |
| 爻巧效 | 19平 | 聱 | 角 | 次濁 | 銀言 | 五 | 交 |
| 爻巧效 | 19上 | 齩 | 角 | 次濁 | 銀言 | 五 | 巧 |
| 爻巧效 | 19去 | 樂 | 角 | 次濁 | 銀言 | 魚 | 教 |
| 爻巧效 | 20平 | 坳 | 羽 | 清 | 因煙 | 於 | 交 |
| 爻巧效 | 20上 | 拗 | 羽 | 清 | 因煙 | 於 | 巧 |
| 爻巧效 | 20去 | 靿 | 羽 | 清 | 因煙 | 於 | 教 |
| 爻巧效 | 21平 | 哮 | 羽 | 次清 | 興軒 | 虛 | 交 |
| 爻巧效 | 21去 | 孝 | 羽 | 次清 | 興軒 | 許 | 教 |
| 爻巧效 | 22平 | 爻 | 羽 | 濁 | 刑賢 | 何 | 交 |
| 爻巧效 | 22上 | 澩 | 羽 | 濁 | 刑賢 | 下 | 巧 |
| 爻巧效 | 22去 | 效 | 羽 | 濁 | 刑賢 | 胡 | 孝 |
| 爻巧效 | 23平 | 嘲 | 次商 | 清 | 征氈 | 陟 | 交 |
| 爻巧效 | 23上 | 爪 | 次商 | 清 | 征氈 | 側 | 絞 |
| 爻巧效 | 23去 | 罩 | 次商 | 清 | 征氈 | 陟 | 教 |

| 所屬韻類 | 聲調 | 小韻首字 | 七音 | 清濁 | 聲類 | 反切 | |
|---|---|---|---|---|---|---|---|
| 爻巧效 | 24平 | 謅 | 次商 | 次清 | 嗔延 | 楚 | 交 |
| 爻巧效 | 24上 | 炒 | 次商 | 次清 | 嗔延 | 楚 | 絞 |
| 爻巧效 | 24去 | 鈔 | 次商 | 次清 | 嗔延 | 楚 | 教 |
| 爻巧效 | 25平 | 梢 | 次商 | 次清次 | 身羶 | 所 | 交 |
| 爻巧效 | 25上 | 敠 | 次商 | 次清次 | 身羶 | 山 | 巧 |
| 爻巧效 | 25去 | 稍 | 次商 | 次清次 | 身羶 | 所 | 教 |
| 爻巧效 | 26平 | 巢 | 次商 | 濁 | 陳塵 | 鋤 | 交 |
| 爻巧效 | 26上 | 儳 | 次商 | 濁 | 陳塵 | 鉏 | 絞 |
| 爻巧效 | 26去 | 棹 | 次商 | 濁 | 陳塵 | 直 | 教 |
| 爻巧效 | 27平 | 鐃 | 次商 | 次濁 | 紉聯 | 尼 | 交 |
| 爻巧效 | 27上 | 橈 | 次商 | 次濁 | 紉聯 | 女 | 巧 |
| 爻巧效 | 27去 | 鬧 | 次商 | 次濁 | 紉聯 | 女 | 教 |
| 爻巧效 | 28平 | 包 | 宮 | 清 | 賓邊 | 班 | 交 |
| 爻巧效 | 28上 | 飽 | 宮 | 清 | 賓邊 | 博 | 巧 |
| 爻巧效 | 28去 | 豹 | 宮 | 清 | 賓邊 | 布 | 教 |
| 爻巧效 | 28平 | 褒 | 宮 | 清 | 賓邊 | 博 | 毛 |
| 爻巧效 | 28上 | 寶 | 宮 | 清 | 賓邊 | 博 | 浩 |
| 爻巧效 | 28去 | 報 | 宮 | 清 | 賓邊 | 博 | 耗 |
| 爻巧效 | 29平 | 泡 | 宮 | 次清 | 娉偏 | 披 | 交 |
| 爻巧效 | 29去 | 砲 | 宮 | 次清 | 娉偏 | 披 | 教 |
| 爻巧效 | 29平 | 橐 | 宮 | 次清 | 娉偏 | 普 | 袍 |
| 爻巧效 | 29上 | 敆 | 宮 | 次清 | 娉偏 | 滂 | 保 |
| 爻巧效 | 29去 | 橐 | 宮 | 次清 | 娉偏 | 匹 | 到 |
| 爻巧效 | 30平 | 庖 | 宮 | 濁 | 平便 | 蒲 | 交 |
| 爻巧效 | 30上 | 鮑 | 宮 | 濁 | 平便 | 部 | 巧 |
| 爻巧效 | 30去 | 鉋 | 宮 | 濁 | 平便 | 皮 | 教 |

| 所屬韻類 | 聲調 | 小韻首字 | 七音 | 清濁 | 聲類 | 反切 | |
|---|---|---|---|---|---|---|---|
| 爻巧效 | 30上 | 抱 | 宮 | 濁 | 平便 | 蒲 | 皓 |
| 爻巧效 | 30去 | 暴 | 宮 | 濁 | 平便 | 蒲 | 報 |
| 爻巧效 | 31平 | 茅 | 宮 | 次濁 | 民綿 | 謨 | 交 |
| 爻巧效 | 31平 | 卯 | 宮 | 次濁 | 民綿 | 莫 | 包 |
| 爻巧效 | 31上 | 貌 | 宮 | 次濁 | 民綿 | 眉 | 教 |
| 爻巧效 | 31上 | 毛 | 宮 | 次濁 | 民綿 | 莫 | 襃 |
| 爻巧效 | 31去 | 蓩 | 宮 | 次濁 | 民綿 | 莫 | 老 |
| 爻巧效 | 31去 | 帽 | 宮 | 次濁 | 民綿 | 莫 | 報 |
| 歌哿箇 | 1平 | 歌 | 角 | 清 | 經堅 | 居 | 何 |
| 歌哿箇 | 1上 | 哿 | 角 | 清 | 經堅 | 賈 | 我 |
| 歌哿箇 | 1去 | 箇 | 角 | 清 | 經堅 | 古 | 荷 |
| 歌哿箇 | 2平 | 珂 | 角 | 次清 | 輕牽 | 丘 | 何 |
| 歌哿箇 | 2上 | 可 | 角 | 次清 | 輕牽 | 口 | 我 |
| 歌哿箇 | 2去 | 軻 | 角 | 次清 | 輕牽 | 口 | 箇 |
| 歌哿箇 | 3平 | 翗 | 角 | 濁 | 擎虔 | 巨 | 柯 |
| 歌哿箇 | 4平 | 娥 | 角 | 次濁 | 迎研 | 牛 | 何 |
| 歌哿箇 | 4上 | 我 | 角 | 次濁 | 迎研 | 五 | 可 |
| 歌哿箇 | 4去 | 餓 | 角 | 次濁 | 迎研 | 五 | 箇 |
| 歌哿箇 | 5平 | 阿 | 羽 | 清 | 因煙 | 於 | 何 |
| 歌哿箇 | 5上 | 娿 | 羽 | 清 | 因煙 | 烏 | 可 |
| 歌哿箇 | 5去 | 侉 | 羽 | 清 | 因煙 | 安 | 賀 |
| 歌哿箇 | 6平 | 訶 | 羽 | 次清 | 興軒 | 虎 | 何 |
| 歌哿箇 | 6上 | 歌 | 羽 | 次清 | 興軒 | 虛 | 可 |
| 歌哿箇 | 6去 | 呵 | 羽 | 次清 | 興軒 | 呼 | 箇 |
| 歌哿箇 | 7平 | 何 | 羽 | 濁 | 刑賢 | 寒 | 苛 |
| 歌哿箇 | 7上 | 苛 | 羽 | 濁 | 刑賢 | 下 | 可 |

| 所屬韻類 | 聲調 | 小韻首字 | 七音 | 清濁 | 聲類 | 反切 | |
|---|---|---|---|---|---|---|---|
| 歌哿箇 | 7去 | 荷 | 羽 | 濁 | 刑賢 | 胡 | 箇 |
| 歌哿箇 | 8平 | 戈 | 角 | 清 | 經堅 | 古 | 禾 |
| 歌哿箇 | 8上 | 果 | 角 | 清 | 經堅 | 古 | 火 |
| 歌哿箇 | 8去 | 過 | 角 | 清 | 經堅 | 古 | 臥 |
| 歌哿箇 | 9平 | 科 | 角 | 次清 | 輕牽 | 苦 | 禾 |
| 歌哿箇 | 9上 | 顆 | 角 | 次清 | 輕牽 | 苦 | 果 |
| 歌哿箇 | 9去 | 課 | 角 | 次清 | 輕牽 | 苦 | 臥 |
| 歌哿箇 | 10平 | 訛 | 角 | 次濁 | 迎妍 | 五 | 禾 |
| 歌哿箇 | 10上 | 姽 | 角 | 次濁 | 迎妍 | 五 | 果 |
| 歌哿箇 | 10去 | 臥 | 角 | 次濁 | 迎妍 | 五 | 貨 |
| 歌哿箇 | 11平 | 窩 | 羽 | 清 | 因煙 | 烏 | 禾 |
| 歌哿箇 | 11上 | 婐 | 羽 | 清 | 因煙 | 烏 | 果 |
| 歌哿箇 | 11去 | 涴 | 羽 | 清 | 因煙 | 烏 | 臥 |
| 歌哿箇 | 12平 | 鞾 | 羽 | 次清 | 興軒 | 許 | 戈 |
| 歌哿箇 | 12上 | 火 | 羽 | 次清 | 興軒 | 虎 | 果 |
| 歌哿箇 | 12去 | 貨 | 羽 | 次清 | 興軒 | 呼 | 臥 |
| 歌哿箇 | 13平 | 和 | 羽 | 濁 | 刑賢 | 戶 | 戈 |
| 歌哿箇 | 13上 | 禍 | 羽 | 濁 | 刑賢 | 胡 | 果 |
| 歌哿箇 | 13去 | 和 | 羽 | 濁 | 刑賢 | 胡 | 臥 |
| 歌哿箇 | 14平 | 飿 | 商 | 清 | 精箋 | 子 | 戈 |
| 歌哿箇 | 14上 | 左 | 商 | 清 | 精箋 | 臧 | 可 |
| 歌哿箇 | 14去 | 佐 | 商 | 清 | 精箋 | 子 | 賀 |
| 歌哿箇 | 15平 | 蹉 | 商 | 次清 | 清千 | 倉 | 何 |
| 歌哿箇 | 15上 | 瑳 | 商 | 次清 | 清千 | 千 | 可 |
| 歌哿箇 | 15去 | 剉 | 商 | 次清 | 清千 | 千 | 臥 |
| 歌哿箇 | 16平 | 娑 | 商 | 次清次 | 新仙 | 桑 | 何 |

| 所屬韻類 | 聲調 | 小韻首字 | 七音 | 清濁 | 聲類 | 反切 | |
|---|---|---|---|---|---|---|---|
| 歌哿箇 | 16上 | 鎖 | 商 | 次清次 | 新仙 | 蘇 | 果 |
| 歌哿箇 | 16去 | 娑 | 商 | 次清次 | 新仙 | 蘇 | 箇 |
| 歌哿箇 | 17平 | 醝 | 商 | 濁 | 秦前 | 才 | 何 |
| 歌哿箇 | 17上 | 坐 | 商 | 濁 | 秦前 | 徂 | 果 |
| 歌哿箇 | 17去 | 座 | 商 | 濁 | 秦前 | 徂 | 臥 |
| 歌哿箇 | 18平 | 羅 | 半徵商 | | 令連 | 郎 | 何 |
| 歌哿箇 | 18上 | 裸 | 半徵商 | | 令連 | 郎 | 果 |
| 歌哿箇 | 18去 | 邏 | 半徵商 | | 令連 | 郎 | 佐 |
| 歌哿箇 | 19平 | 多 | 徵 | 清 | 丁顛 | 得 | 何 |
| 歌哿箇 | 19上 | 嚲 | 徵 | 清 | 丁顛 | 丁 | 可 |
| 歌哿箇 | 19去 | 癉 | 徵 | 清 | 丁顛 | 丁 | 佐 |
| 歌哿箇 | 19平 | 除 | 徵 | 清 | 丁顛 | 丁 | 戈 |
| 歌哿箇 | 19上 | 朵 | 徵 | 清 | 丁顛 | 都 | 火 |
| 歌哿箇 | 19去 | 剁 | 徵 | 清 | 丁顛 | 都 | 唾 |
| 歌哿箇 | 20平 | 他 | 徵 | 次清 | 汀天 | 湯 | 何 |
| 歌哿箇 | 20上 | 妥 | 徵 | 次清 | 汀天 | 吐 | 火 |
| 歌哿箇 | 20去 | 唾 | 徵 | 次清 | 汀天 | 吐 | 臥 |
| 歌哿箇 | 21平 | 駝 | 徵 | 濁 | 亭田 | 唐 | 何 |
| 歌哿箇 | 21上 | 柁 | 徵 | 濁 | 亭田 | 待 | 可 |
| 歌哿箇 | 21去 | 馱 | 徵 | 濁 | 亭田 | 唐 | 佐 |
| 歌哿箇 | 22平 | 那 | 徵 | 次濁 | 寧年 | 奴 | 何 |
| 歌哿箇 | 22上 | 娜 | 徵 | 次濁 | 寧年 | 奴 | 可 |
| 歌哿箇 | 22去 | 穤 | 徵 | 次濁 | 寧年 | 奴 | 臥 |
| 歌哿箇 | 23平 | 波 | 宮 | 清 | 賓邊 | 補 | 禾 |
| 歌哿箇 | 23上 | 跛 | 宮 | 清 | 賓邊 | 補 | 火 |
| 歌哿箇 | 23去 | 播 | 宮 | 清 | 賓邊 | 補 | 過 |

| 所屬韻類 | 聲調 | 小韻首字 | 七音 | 清濁 | 聲類 | 反切 | |
|---|---|---|---|---|---|---|---|
| 歌哿箇 | 24平 | 頗 | 宮 | 次清 | 娉偏 | 普 | 禾 |
| 歌哿箇 | 24上 | 叵 | 宮 | 次清 | 娉偏 | 普 | 火 |
| 歌哿箇 | 24去 | 破 | 宮 | 次清 | 娉偏 | 普 | 過 |
| 歌哿箇 | 25平 | 婆 | 宮 | 濁 | 平便 | 蒲 | 禾 |
| 歌哿箇 | 25上 | 爸 | 宮 | 濁 | 平便 | 蒲 | 可 |
| 歌哿箇 | 25去 | 蔢 | 宮 | 濁 | 平便 | 傍 | 箇 |
| 歌哿箇 | 26平 | 摩 | 宮 | 次濁 | 民綿 | 眉 | 波 |
| 歌哿箇 | 26上 | 麼 | 宮 | 次濁 | 民綿 | 忙 | 果 |
| 歌哿箇 | 26去 | 磨 | 宮 | 次濁 | 民綿 | 莫 | 臥 |
| 歌哿箇 | 27去 | 縛 | 次宮 | 濁 | 墳煩 | 符 | 臥 |
| 麻馬禡 | 1平 | 瓜 | 角 | 清 | 經堅 | 古 | 華 |
| 麻馬禡 | 1上 | 寡 | 角 | 清 | 經堅 | 古 | 瓦 |
| 麻馬禡 | 1去 | 卦 | 角 | 清 | 經堅 | 古 | 畫 |
| 麻馬禡 | 2平 | 誇 | 角 | 次清 | 輕牽 | 枯 | 瓜 |
| 麻馬禡 | 2上 | 跨 | 角 | 次清 | 輕牽 | 苦 | 瓦 |
| 麻馬禡 | 2去 | 跨 | 角 | 次清 | 輕牽 | 苦 | 化 |
| 麻馬禡 | 3平 | 㕦 | 角 | 次濁 | 迎妍 | 五 | 瓜 |
| 麻馬禡 | 3上 | 瓦 | 角 | 次濁 | 迎妍 | 五 | 寡 |
| 麻馬禡 | 3去 | 瓦 | 角 | 次濁 | 迎妍 | 五 | 吳 |
| 麻馬禡 | 4平 | 窊 | 羽 | 清 | 因煙 | 烏 | 瓜 |
| 麻馬禡 | 4上 | 搲 | 羽 | 清 | 因煙 | 烏 | 寡 |
| 麻馬禡 | 4去 | 擭 | 羽 | 清 | 因煙 | 烏 | 吳 |
| 麻馬禡 | 5平 | 花 | 羽 | 次清 | 興軒 | 呼 | 瓜 |
| 麻馬禡 | 5去 | 化 | 羽 | 次清 | 興軒 | 呼 | 霸 |
| 麻馬禡 | 6平 | 華 | 羽 | 濁 | 刑賢 | 胡 | 瓜 |
| 麻馬禡 | 6上 | 踝 | 羽 | 濁 | 刑賢 | 戶 | 瓦 |

| 所屬韻類 | 聲調 | 小韻首字 | 七音 | 清濁 | 聲類 | 反切 | |
|---|---|---|---|---|---|---|---|
| 麻馬禡 | 6去 | 畫 | 羽 | 濁 | 刑賢 | 胡 | 卦 |
| 麻馬禡 | 7平 | 嘉 | 角 | 清 | 經堅 | 居 | 牙 |
| 麻馬禡 | 7上 | 賈 | 角 | 清 | 經堅 | 舉 | 下 |
| 麻馬禡 | 7去 | 駕 | 角 | 清 | 經堅 | 居 | 亞 |
| 麻馬禡 | 8平 | 呿 | 角 | 次清 | 輕牽 | 丘 | 加 |
| 麻馬禡 | 8上 | 跒 | 角 | 次清 | 輕牽 | 苦 | 下 |
| 麻馬禡 | 8去 | 髂 | 角 | 次清 | 輕牽 | 枯 | 架 |
| 麻馬禡 | 9平 | 伽 | 角 | 濁 | 勤虔 | 求 | 加 |
| 麻馬禡 | 10平 | 牙 | 角 | 次濁 | 銀言 | 牛 | 加 |
| 麻馬禡 | 10上 | 雅 | 角 | 次濁 | 銀言 | 語 | 下 |
| 麻馬禡 | 10去 | 訝 | 角 | 次濁 | 銀言 | 五 | 架 |
| 麻馬禡 | 11平 | 鴉 | 羽 | 清 | 因煙 | 於 | 加 |
| 麻馬禡 | 11上 | 啞 | 羽 | 清 | 因煙 | 倚 | 下 |
| 麻馬禡 | 11去 | 亞 | 羽 | 清 | 因煙 | 衣 | 架 |
| 麻馬禡 | 12平 | 呀 | 羽 | 次清 | 興軒 | 虛 | 加 |
| 麻馬禡 | 12上 | 閜 | 羽 | 次清 | 興軒 | 許 | 下 |
| 麻馬禡 | 12去 | 罅 | 羽 | 次清 | 興軒 | 呼 | 嫁 |
| 麻馬禡 | 13平 | 遐 | 羽 | 濁 | 刑賢 | 何 | 加 |
| 麻馬禡 | 13上 | 下 | 羽 | 濁 | 刑賢 | 亥 | 雅 |
| 麻馬禡 | 13去 | 暇 | 羽 | 濁 | 刑賢 | 胡 | 駕 |
| 麻馬禡 | 14平 | 咱 | 商 | 清 | 精箋 | 子 | 沙 |
| 麻馬禡 | 14上 | 姐 | 商 | 清 | 精箋 | 子 | 瓦 |
| 麻馬禡 | 15平 | 嗟 | 商 | 次清 | 親千 | 七 | 加 |
| 麻馬禡 | 16平 | 樝 | 次商 | 清 | 征邅 | 莊 | 加 |
| 麻馬禡 | 16上 | 鮓 | 次商 | 清 | 征邅 | 側 | 下 |
| 麻馬禡 | 16去 | 詐 | 次商 | 清 | 征邅 | 則 | 駕 |

| 所屬韻類 | 聲調 | 小韻首字 | 七音 | 清濁 | 聲類 | 反切 | |
|---|---|---|---|---|---|---|---|
| 麻馬禡 | 17平 | 叉 | 次商 | 次清 | 嗔延 | 初 | 加 |
| 麻馬禡 | 17上 | 姹 | 次商 | 次清 | 嗔延 | 齒 | 下 |
| 麻馬禡 | 17去 | 詫 | 次商 | 次清 | 嗔延 | 丑 | 亞 |
| 麻馬禡 | 18平 | 沙 | 次商 | 次清次 | 身羶 | 師 | 加 |
| 麻馬禡 | 18上 | 灑 | 次商 | 次清次 | 身羶 | 沙 | 下 |
| 麻馬禡 | 18去 | 嘎 | 次商 | 次清次 | 身羶 | 所 | 駕 |
| 麻馬禡 | 19平 | 搽 | 次商 | 濁 | 榛潺 | 鉏 | 加 |
| 麻馬禡 | 19上 | 槎 | 次商 | 濁 | 榛潺 | 茶 | 下 |
| 麻馬禡 | 19去 | 乍 | 次商 | 濁 | 榛潺 | 鉏 | 駕 |
| 麻馬禡 | 20平 | 鱳 | 半徵商 | | 零連 | 力 | 華 |
| 麻馬禡 | 20上 | 磊 | 半徵商 | | 零連 | 力 | 瓦 |
| 麻馬禡 | 21上 | 打 | 徵 | 清 | 丁顛 | 都 | 瓦 |
| 麻馬禡 | 22平 | 拏 | 徵 | 次濁 | 寧年 | 奴 | 加 |
| 麻馬禡 | 22上 | 絮 | 徵 | 次濁 | 寧年 | 奴 | 下 |
| 麻馬禡 | 22去 | 胗 | 徵 | 次濁 | 寧年 | 乃 | 亞 |
| 麻馬禡 | 23平 | 巴 | 宮 | 清 | 賓邊 | 邦 | 加 |
| 麻馬禡 | 23上 | 把 | 宮 | 清 | 賓邊 | 補 | 下 |
| 麻馬禡 | 23去 | 霸 | 宮 | 清 | 賓邊 | 必 | 駕 |
| 麻馬禡 | 24平 | 葩 | 宮 | 次清 | 繽偏 | 披 | 巴 |
| 麻馬禡 | 24上 | 叱 | 宮 | 次清 | 繽偏 | 披 | 馬 |
| 麻馬禡 | 24去 | 怕 | 宮 | 次清 | 繽偏 | 普 | 駕 |
| 麻馬禡 | 25平 | 杷 | 宮 | 濁 | 頻便 | 蒲 | 巴 |
| 麻馬禡 | 25上 | 跁 | 宮 | 濁 | 頻便 | 傍 | 下 |
| 麻馬禡 | 25去 | 罷 | 宮 | 濁 | 頻便 | 皮 | 駕 |
| 麻馬禡 | 26平 | 麻 | 宮 | 次濁 | 民綿 | 謨 | 加 |
| 麻馬禡 | 26上 | 馬 | 宮 | 次濁 | 民綿 | 莫 | 下 |

| 所屬韻類 | 聲調 | 小韻首字 | 七音 | 清濁 | 聲類 | 反切 | |
|---|---|---|---|---|---|---|---|
| 麻馬禡 | 26去 | 禡 | 宮 | 次濁 | 民綿 | 莫 | 駕 |
| 遮者蔗 | 1平 | 嗟 | 商 | 清 | 精箋 | 咨 | 邪 |
| 遮者蔗 | 1上 | 姐 | 商 | 清 | 精箋 | 子 | 野 |
| 遮者蔗 | 1去 | 借 | 商 | 清 | 精箋 | 子 | 夜 |
| 遮者蔗 | 2上 | 且 | 商 | 次清 | 清千 | 七 | 野 |
| 遮者蔗 | 2去 | 笡 | 商 | 次清 | 清千 | 千 | 謝 |
| 遮者蔗 | 3平 | 些 | 商 | 次清次 | 新仙 | 思 | 遮 |
| 遮者蔗 | 3上 | 寫 | 商 | 次清次 | 新仙 | 先 | 野 |
| 遮者蔗 | 3去 | 卸 | 商 | 次清次 | 新仙 | 司 | 夜 |
| 遮者蔗 | 4平 | 查 | 商 | 濁 | 秦前 | 才 | 邪 |
| 遮者蔗 | 4上 | 担 | 商 | 濁 | 秦前 | 慈 | 也 |
| 遮者蔗 | 4去 | 藉 | 商 | 濁 | 秦前 | 慈 | 夜 |
| 遮者蔗 | 5平 | 邪 | 商 | 次濁 | 餳涎 | 徐 | 嗟 |
| 遮者蔗 | 5上 | 灺 | 商 | 次濁 | 餳涎 | 似 | 也 |
| 遮者蔗 | 5去 | 謝 | 商 | 次濁 | 餳涎 | 詞 | 夜 |
| 遮者蔗 | 6平 | 遮 | 次商 | 清 | 征氈 | 之 | 奢 |
| 遮者蔗 | 6上 | 者 | 次商 | 清 | 征氈 | 止 | 野 |
| 遮者蔗 | 6去 | 蔗 | 次商 | 清 | 征氈 | 之 | 夜 |
| 遮者蔗 | 7平 | 車 | 次商 | 次清 | 稱燀 | 昌 | 遮 |
| 遮者蔗 | 7上 | 撦 | 次商 | 次清 | 稱燀 | 昌 | 者 |
| 遮者蔗 | 7去 | 趂 | 次商 | 次清 | 稱燀 | 充 | 夜 |
| 遮者蔗 | 8平 | 奢 | 次商 | 次清次 | 聲氈 | 詩 | 遮 |
| 遮者蔗 | 8上 | 捨 | 次商 | 次清次 | 聲氈 | 始 | 野 |
| 遮者蔗 | 8去 | 舍 | 次商 | 次清次 | 聲氈 | 式 | 夜 |
| 遮者蔗 | 9平 | 蛇 | 次商 | 次濁次 | 神禪 | 石 | 遮 |
| 遮者蔗 | 9上 | 社 | 次商 | 次濁次 | 神禪 | 常 | 者 |

| 所屬韻類 | 聲調 | 小韻首字 | 七音 | 清濁 | 聲類 | 反切 | |
|---|---|---|---|---|---|---|---|
| 遮者蔗 | 9去 | 射 | 次商 | 次濁次 | 神禪 | 神 | 夜 |
| 遮者蔗 | 10上 | 惹 | 半商徵 | | 人然 | 爾 | 者 |
| 遮者蔗 | 10去 | 偌 | 半商徵 | | 人然 | 人 | 夜 |
| 遮者蔗 | 11平 | 耶 | 羽 | 次濁 | 寅延 | 余 | 遮 |
| 遮者蔗 | 11上 | 野 | 羽 | 次濁 | 寅延 | 以 | 者 |
| 遮者蔗 | 11去 | 夜 | 羽 | 次濁 | 寅延 | 寅 | 射 |
| 遮者蔗 | 12平 | 儸 | 半徵商 | | 零連 | 利 | 遮 |
| 遮者蔗 | 13平 | 爹 | 徵 | 清 | 丁顛 | 丁 | 邪 |
| 遮者蔗 | 14平 | 駞 | 角 | 次清 | 輕牽 | 去 | 靴 |
| 遮者蔗 | 15平 | 瘸 | 角 | 濁 | 勤虔 | 巨 | 靴 |
| 遮者蔗 | 16平 | 胆 | 羽 | 清 | 因煙 | 於 | 靴 |
| 遮者蔗 | 17平 | 靴 | 羽 | 次清 | 興軒 | 毀 | 遮 |
| 遮者蔗 | 18平 | 冔 | 宮 | 次濁 | 民綿 | 彌 | 耶 |
| 遮者蔗 | 18上 | 乜 | 宮 | 次濁 | 民綿 | 彌 | 也 |
| 遮者蔗 | 18去 | 瞂 | 宮 | 次濁 | 民綿 | 名 | 夜 |
| 陽養漾藥 | 1平 | 姜 | 角 | 清 | 經堅 | 居 | 兩 |
| 陽養漾藥 | 1上 | 繦 | 角 | 清 | 經堅 | 居 | 仰 |
| 陽養漾藥 | 1入 | 腳 | 角 | 清 | 經堅 | 訖 | 約 |
| 陽養漾藥 | 2平 | 羌 | 角 | 次清 | 輕牽 | 驅 | 羊 |
| 陽養漾藥 | 2上 | 磋 | 角 | 次清 | 輕牽 | 丘 | 仰 |
| 陽養漾藥 | 2去 | 嗆 | 角 | 次清 | 輕牽 | 丘 | 亮 |
| 陽養漾藥 | 2入 | 卻 | 角 | 次清 | 輕牽 | 乞 | 約 |
| 陽養漾藥 | 3平 | 彊 | 角 | 濁 | 擎虔 | 渠 | 良 |
| 陽養漾藥 | 3上 | 彊 | 角 | 濁 | 擎虔 | 巨 | 兩 |
| 陽養漾藥 | 3去 | 弶 | 角 | 濁 | 擎虔 | 其 | 亮 |
| 陽養漾藥 | 3入 | 噱 | 角 | 濁 | 擎虔 | 極 | 虐 |

| 所屬韻類 | 聲調 | 小韻首字 | 七音 | 清濁 | 聲類 | 反切 | |
|---|---|---|---|---|---|---|---|
| 陽養漾藥 | 4平 | 央 | 羽 | 清 | 因煙 | 於 | 良 |
| 陽養漾藥 | 4上 | 鞅 | 羽 | 清 | 因煙 | 倚 | 兩 |
| 陽養漾藥 | 4去 | 怏 | 羽 | 清 | 因煙 | 於 | 亮 |
| 陽養漾藥 | 4入 | 約 | 羽 | 清 | 因煙 | 乙 | 卻 |
| 陽養漾藥 | 5平 | 香 | 羽 | 次清 | 興軒 | 虛 | 良 |
| 陽養漾藥 | 5上 | 響 | 羽 | 次清 | 興軒 | 許 | 兩 |
| 陽養漾藥 | 5去 | 向 | 羽 | 次清 | 興軒 | 許 | 亮 |
| 陽養漾藥 | 5入 | 謔 | 羽 | 次清 | 興軒 | 迄 | 約 |
| 陽養漾藥 | 6平 | 陽 | 羽 | 次濁 | 寅延 | 移 | 章 |
| 陽養漾藥 | 6上 | 養 | 羽 | 次濁 | 寅延 | 以 | 兩 |
| 陽養漾藥 | 6去 | 漾 | 羽 | 次濁 | 寅延 | 余 | 亮 |
| 陽養漾藥 | 6入 | 藥 | 羽 | 次濁 | 寅延 | 弋 | 灼 |
| 陽養漾藥 | 7上 | 仰 | 角 | 次濁 | 迎研 | 魚 | 兩 |
| 陽養漾藥 | 7去 | 仰 | 角 | 次濁 | 迎研 | 魚 | 向 |
| 陽養漾藥 | 7入 | 虐 | 角 | 次濁 | 迎研 | 魚 | 約 |
| 陽養漾藥 | 8平 | 將 | 商 | 清 | 精箋 | 資 | 良 |
| 陽養漾藥 | 8上 | 蔣 | 商 | 清 | 精箋 | 子 | 兩 |
| 陽養漾藥 | 8去 | 將 | 商 | 清 | 精箋 | 子 | 亮 |
| 陽養漾藥 | 8入 | 爵 | 商 | 清 | 精箋 | 即 | 約 |
| 陽養漾藥 | 9平 | 槍 | 商 | 次清 | 清千 | 千 | 羊 |
| 陽養漾藥 | 9上 | 搶 | 商 | 次清 | 清千 | 七 | 兩 |
| 陽養漾藥 | 9去 | 蹌 | 商 | 次清 | 清千 | 七 | 亮 |
| 陽養漾藥 | 9入 | 鵲 | 商 | 次清 | 清千 | 七 | 雀 |
| 陽養漾藥 | 10平 | 襄 | 商 | 次清次 | 新仙 | 息 | 良 |
| 陽養漾藥 | 10上 | 想 | 商 | 次清次 | 新仙 | 息 | 兩 |
| 陽養漾藥 | 10去 | 相 | 商 | 次清次 | 新仙 | 息 | 亮 |

| 所屬韻類 | 聲調 | 小韻首字 | 七音 | 清濁 | 聲類 | 反切 | |
|---|---|---|---|---|---|---|---|
| 陽養漾藥 | 10入 | 削 | 商 | 次清次 | 新仙 | 息 | 約 |
| 陽養漾藥 | 11平 | 牆 | 商 | 濁 | 秦前 | 慈 | 良 |
| 陽養漾藥 | 11去 | 匠 | 商 | 濁 | 秦前 | 疾 | 亮 |
| 陽養漾藥 | 11入 | 嚼 | 商 | 濁 | 秦前 | 疾 | 雀 |
| 陽養漾藥 | 12平 | 祥 | 商 | 次濁 | 餳涎 | 徐 | 羊 |
| 陽養漾藥 | 12上 | 象 | 商 | 次濁 | 餳涎 | 似 | 兩 |
| 陽養漾藥 | 13平 | 良 | 半徵商 | | 令連 | 龍 | 張 |
| 陽養漾藥 | 13上 | 兩 | 半徵商 | | 令連 | 良 | 獎 |
| 陽養漾藥 | 13去 | 諒 | 半徵商 | | 令連 | 力 | 仗 |
| 陽養漾藥 | 13入 | 略 | 半徵商 | | 令連 | 力 | 灼 |
| 陽養漾藥 | 14平 | 岡 | 角 | 清 | 經堅 | 居 | 郎 |
| 陽養漾藥 | 14上 | 航 | 角 | 清 | 經堅 | 舉 | 盎 |
| 陽養漾藥 | 14去 | 摃 | 角 | 清 | 經堅 | 古 | 浪 |
| 陽養漾藥 | 14入 | 各 | 角 | 清 | 經堅 | 葛 | 鶴 |
| 陽養漾藥 | 15平 | 康 | 角 | 次清 | 輕牽 | 丘 | 剛 |
| 陽養漾藥 | 15上 | 忼 | 角 | 次清 | 輕牽 | 口 | 朗 |
| 陽養漾藥 | 15去 | 抗 | 角 | 次清 | 輕牽 | 口 | 浪 |
| 陽養漾藥 | 15入 | 恪 | 角 | 次清 | 輕牽 | 克 | 各 |
| 陽養漾藥 | 16平 | 卬 | 角 | 次濁 | 迎研 | 五 | 剛 |
| 陽養漾藥 | 16上 | 馸 | 角 | 次濁 | 迎研 | 語 | 吭 |
| 陽養漾藥 | 16去 | 昂 | 角 | 次濁 | 迎研 | 魚 | 浪 |
| 陽養漾藥 | 16入 | 咢 | 角 | 次濁 | 迎研 | 逆 | 各 |
| 陽養漾藥 | 17平 | 佒 | 羽 | 清 | 因煙 | 烏 | 郎 |
| 陽養漾藥 | 17上 | 坱 | 羽 | 清 | 因煙 | 烏 | 朗 |
| 陽養漾藥 | 17去 | 盎 | 羽 | 清 | 因煙 | 烏 | 浪 |
| 陽養漾藥 | 17入 | 惡 | 羽 | 清 | 因煙 | 烏 | 各 |

| 所屬韻類 | 聲調 | 小韻首字 | 七音 | 清濁 | 聲類 | 反切 | |
|---|---|---|---|---|---|---|---|
| 陽養漾藥 | 18平 | 炊 | 羽 | 次清 | 興軒 | 呼 | 郎 |
| 陽養漾藥 | 18上 | 旿 | 羽 | 次清 | 興軒 | 呼 | 朗 |
| 陽養漾藥 | 18入 | 壑 | 羽 | 次清 | 興軒 | 黑 | 各 |
| 陽養漾藥 | 19平 | 杭 | 羽 | 濁 | 刑賢 | 胡 | 岡 |
| 陽養漾藥 | 19上 | 沆 | 羽 | 濁 | 刑賢 | 下 | 朗 |
| 陽養漾藥 | 19去 | 吭 | 羽 | 濁 | 刑賢 | 下 | 浪 |
| 陽養漾藥 | 19入 | 鶴 | 羽 | 濁 | 刑賢 | 曷 | 各 |
| 陽養漾藥 | 20平 | 臧 | 商 | 清 | 精箋 | 茲 | 郎 |
| 陽養漾藥 | 20上 | 駔 | 商 | 清 | 精箋 | 子 | 朗 |
| 陽養漾藥 | 20去 | 葬 | 商 | 清 | 精箋 | 則 | 浪 |
| 陽養漾藥 | 20入 | 作 | 商 | 清 | 精箋 | 即 | 各 |
| 陽養漾藥 | 21平 | 倉 | 商 | 次清 | 清千 | 千 | 剛 |
| 陽養漾藥 | 21上 | 蒼 | 商 | 次清 | 清千 | 采 | 朗 |
| 陽養漾藥 | 21去 | 蹡 | 商 | 次清 | 清千 | 七 | 浪 |
| 陽養漾藥 | 21入 | 錯 | 商 | 次清 | 清千 | 七 | 各 |
| 陽養漾藥 | 22平 | 桑 | 商 | 次清次 | 新仙 | 蘇 | 郎 |
| 陽養漾藥 | 22上 | 顙 | 商 | 次清次 | 新仙 | 寫 | 朗 |
| 陽養漾藥 | 22去 | 喪 | 商 | 次清次 | 新仙 | 蘇 | 浪 |
| 陽養漾藥 | 22入 | 索 | 商 | 次清次 | 新仙 | 昔 | 各 |
| 陽養漾藥 | 23平 | 藏 | 商 | 濁 | 秦前 | 徂 | 郎 |
| 陽養漾藥 | 23上 | 奘 | 商 | 濁 | 秦前 | 在 | 朗 |
| 陽養漾藥 | 23去 | 藏 | 商 | 濁 | 秦前 | 才 | 浪 |
| 陽養漾藥 | 23入 | 昨 | 商 | 濁 | 秦前 | 疾 | 各 |
| 陽養漾藥 | 24平 | 江 | 角 | 清 | 經堅 | 古 | 雙 |
| 陽養漾藥 | 24上 | 講 | 角 | 清 | 經堅 | 古 | 項 |
| 陽養漾藥 | 24去 | 絳 | 角 | 清 | 經堅 | 古 | 巷 |

| 所屬韻類 | 聲調 | 小韻首字 | 七音 | 清濁 | 聲類 | 反切 | |
|---|---|---|---|---|---|---|---|
| 陽養漾藥 | 24入 | 覺 | 角 | 清 | 經堅 | 古 | 岳 |
| 陽養漾藥 | 25入 | 臛 | 角 | 濁 | 勤虔 | 巨 | 各 |
| 陽養漾藥 | 26平 | 岏 | 角 | 次濁 | 銀言 | 五 | 江 |
| 陽養漾藥 | 26入 | 岳 | 角 | 次濁 | 銀言 | 逆 | 各 |
| 陽養漾藥 | 27平 | 胦 | 羽 | 清 | 因煙 | 握 | 江 |
| 陽養漾藥 | 27上 | 慃 | 羽 | 清 | 因煙 | 音 | 項 |
| 陽養漾藥 | 27入 | 握 | 羽 | 清 | 因煙 | 乙 | 角 |
| 陽養漾藥 | 28平 | 舡 | 羽 | 次清 | 興軒 | 許 | 江 |
| 陽養漾藥 | 28上 | 傋 | 羽 | 次清 | 興軒 | 虛 | 講 |
| 陽養漾藥 | 28去 | 悲 | 羽 | 次清 | 興軒 | 赫 | 巷 |
| 陽養漾藥 | 28入 | 殻 | 羽 | 次清 | 興軒 | 黑 | 角 |
| 陽養漾藥 | 29平 | 降 | 羽 | 濁 | 刑賢 | 胡 | 江 |
| 陽養漾藥 | 29上 | 項 | 羽 | 濁 | 刑賢 | 戶 | 講 |
| 陽養漾藥 | 29去 | 巷 | 羽 | 濁 | 刑賢 | 胡 | 降 |
| 陽養漾藥 | 29入 | 學 | 羽 | 濁 | 刑賢 | 轄 | 覺 |
| 陽養漾藥 | 30平 | 張 | 次商 | 清 | 征氈 | 陟 | 良 |
| 陽養漾藥 | 30上 | 掌 | 次商 | 清 | 征氈 | 止 | 兩 |
| 陽養漾藥 | 30去 | 障 | 次商 | 清 | 征氈 | 知 | 亮 |
| 陽養漾藥 | 30入 | 灼 | 次商 | 清 | 征氈 | 職 | 略 |
| 陽養漾藥 | 31平 | 昌 | 次商 | 次清 | 稱燀 | 齒 | 良 |
| 陽養漾藥 | 31上 | 厰 | 次商 | 次清 | 稱燀 | 昌 | 兩 |
| 陽養漾藥 | 31去 | 唱 | 次商 | 次清 | 稱燀 | 尺 | 亮 |
| 陽養漾藥 | 31入 | 綽 | 次商 | 次清 | 稱燀 | 尺 | 約 |
| 陽養漾藥 | 32平 | 商 | 次商 | 次清次 | 聲羶 | 尺 | 羊 |
| 陽養漾藥 | 32上 | 賞 | 次商 | 次清次 | 聲羶 | 始 | 兩 |
| 陽養漾藥 | 32去 | 餉 | 次商 | 次清次 | 聲羶 | 式 | 亮 |

| 所屬韻類 | 聲調 | 小韻首字 | 七音 | 清濁 | 聲類 | 反切 | |
|---|---|---|---|---|---|---|---|
| 陽養漾藥 | 32入 | 鑠 | 次商 | 次清次 | 聲羶 | 式 | 約 |
| 陽養漾藥 | 33平 | 長 | 次商 | 濁 | 陳廛 | 仲 | 良 |
| 陽養漾藥 | 33上 | 丈 | 次商 | 濁 | 陳廛 | 呈 | 兩 |
| 陽養漾藥 | 33去 | 仗 | 次商 | 濁 | 陳廛 | 直 | 亮 |
| 陽養漾藥 | 33入 | 著 | 次商 | 濁 | 陳廛 | 直 | 略 |
| 陽養漾藥 | 34平 | 娘 | 次商 | 次濁 | 紉聯 | 女 | 良 |
| 陽養漾藥 | 34上 | 纏 | 次商 | 次濁 | 紉聯 | 女 | 兩 |
| 陽養漾藥 | 34去 | 釀 | 次商 | 次濁 | 紉聯 | 女 | 亮 |
| 陽養漾藥 | 34入 | 諾 | 次商 | 次濁 | 紉聯 | 女 | 略 |
| 陽養漾藥 | 35平 | 常 | 次商 | 次濁 | 辰常 | 辰 | 羊 |
| 陽養漾藥 | 35上 | 上 | 次商 | 次濁 | 辰常 | 是 | 掌 |
| 陽養漾藥 | 35去 | 尚 | 次商 | 次濁 | 辰常 | 時 | 亮 |
| 陽養漾藥 | 35入 | 杓 | 次商 | 次濁 | 辰常 | 時 | 灼 |
| 陽養漾藥 | 36平 | 禳 | 半商徵 | | 人然 | 如 | 羊 |
| 陽養漾藥 | 36上 | 壤 | 半商徵 | | 人然 | 汝 | 兩 |
| 陽養漾藥 | 36去 | 讓 | 半商徵 | | 人然 | 而 | 亮 |
| 陽養漾藥 | 36入 | 若 | 半商徵 | | 人然 | 如 | 灼 |
| 陽養漾藥 | 37平 | 光 | 角 | 清 | 經堅 | 姑 | 黃 |
| 陽養漾藥 | 37上 | 廣 | 角 | 清 | 經堅 | 古 | 晃 |
| 陽養漾藥 | 37去 | 桄 | 角 | 清 | 經堅 | 古 | 曠 |
| 陽養漾藥 | 37入 | 郭 | 角 | 清 | 經堅 | 古 | 博 |
| 陽養漾藥 | 38上 | 俇 | 角 | 次清 | 經堅 | 居 | 往 |
| 陽養漾藥 | 38去 | 誆 | 角 | 次清 | 經堅 | 古 | 況 |
| 陽養漾藥 | 38入 | 矍 | 角 | 次清 | 經堅 | 古 | 霍 |
| 陽養漾藥 | 39平 | 觥 | 角 | 次清 | 輕牽 | 苦 | 光 |
| 陽養漾藥 | 39上 | 壙 | 角 | 次清 | 輕牽 | 苦 | 廣 |

| 所屬韻類 | 聲調 | 小韻首字 | 七音 | 清濁 | 聲類 | 反切 | |
|---|---|---|---|---|---|---|---|
| 陽養漾藥 | 39去 | 曠 | 角 | 次清 | 輕牽 | 苦 | 謗 |
| 陽養漾藥 | 39入 | 廓 | 角 | 次清 | 輕牽 | 苦 | 郭 |
| 陽養漾藥 | 40平 | 匡 | 角 | 次清 | 輕牽 | 曲 | 王 |
| 陽養漾藥 | 40去 | 眶 | 角 | 次清 | 輕牽 | 區 | 旺 |
| 陽養漾藥 | 40入 | 躩 | 角 | 次清 | 輕牽 | 丘 | 縛 |
| 陽養漾藥 | 41平 | 狂 | 角 | 濁 | 勤虔 | 渠 | 王 |
| 陽養漾藥 | 41上 | 迋 | 角 | 濁 | 勤虔 | 具 | 住 |
| 陽養漾藥 | 41去 | 誆 | 角 | 濁 | 勤虔 | 渠 | 放 |
| 陽養漾藥 | 41入 | 躩 | 角 | 濁 | 勤虔 | 具 | 縛 |
| 陽養漾藥 | 42平 | 王 | 角 | 次濁 | 銀言 | 于 | 方 |
| 陽養漾藥 | 42上 | 往 | 角 | 次濁 | 銀言 | 羽 | 枉 |
| 陽養漾藥 | 42去 | 旺 | 角 | 次濁 | 銀言 | 于 | 放 |
| 陽養漾藥 | 42入 | 籰 | 角 | 次濁 | 銀言 | 羽 | 廓 |
| 陽養漾藥 | 43平 | 汪 | 羽 | 清 | 因煙 | 烏 | 光 |
| 陽養漾藥 | 43上 | 枉 | 羽 | 清 | 因煙 | 嫗 | 住 |
| 陽養漾藥 | 43去 | 醸 | 羽 | 清 | 因煙 | 烏 | 桄 |
| 陽養漾藥 | 43入 | 艧 | 羽 | 清 | 因煙 | 烏 | 郭 |
| 陽養漾藥 | 44平 | 荒 | 羽 | 次清 | 興軒 | 呼 | 光 |
| 陽養漾藥 | 44上 | 慌 | 羽 | 次清 | 興軒 | 虎 | 晃 |
| 陽養漾藥 | 44去 | 況 | 羽 | 次清 | 興軒 | 虛 | 放 |
| 陽養漾藥 | 44入 | 霍 | 羽 | 次清 | 興軒 | 忽 | 郭 |
| 陽養漾藥 | 45平 | 黃 | 羽 | 濁 | 刑賢 | 胡 | 光 |
| 陽養漾藥 | 45上 | 晃 | 羽 | 濁 | 刑賢 | 戶 | 廣 |
| 陽養漾藥 | 45去 | 煌 | 羽 | 濁 | 刑賢 | 乎 | 曠 |
| 陽養漾藥 | 45入 | 穫 | 羽 | 濁 | 刑賢 | 胡 | 郭 |
| 陽養漾藥 | 46平 | 莊 | 次商 | 清 | 征占 | 側 | 霜 |

| 所屬韻類 | 聲調 | 小韻首字 | 七音 | 清濁 | 聲類 | 反切 | |
|---|---|---|---|---|---|---|---|
| 陽養漾藥 | 46上 | 愴 | 次商 | 清 | 征占 | 之 | 爽 |
| 陽養漾藥 | 46去 | 壯 | 次商 | 清 | 征占 | 側 | 況 |
| 陽養漾藥 | 46入 | 捉 | 次商 | 清 | 征占 | 側 | 角 |
| 陽養漾藥 | 47平 | 瘡 | 次商 | 次清 | 嗔延 | 初 | 莊 |
| 陽養漾藥 | 47上 | 礩 | 次商 | 次清 | 嗔延 | 楚 | 兩 |
| 陽養漾藥 | 47去 | 刱 | 次商 | 次清 | 嗔延 | 楚 | 浪 |
| 陽養漾藥 | 47入 | 娖 | 次商 | 次清 | 嗔延 | 測 | 角 |
| 陽養漾藥 | 48平 | 霜 | 次商 | 次清次 | 身羶 | 師 | 莊 |
| 陽養漾藥 | 48上 | 爽 | 次商 | 次清次 | 身羶 | 所 | 兩 |
| 陽養漾藥 | 48去 | 截 | 次商 | 次清次 | 身羶 | 色 | 絳 |
| 陽養漾藥 | 48入 | 朔 | 次商 | 次清次 | 身羶 | 色 | 角 |
| 陽養漾藥 | 49平 | 牀 | 次商 | 濁 | 榛潺 | 助 | 莊 |
| 陽養漾藥 | 49去 | 狀 | 次商 | 濁 | 榛潺 | 助 | 浪 |
| 陽養漾藥 | 49入 | 浞 | 次商 | 濁 | 榛潺 | 鉏 | 角 |
| 陽養漾藥 | 50平 | 齉 | 次商 | 次濁 | 紉聯 | 女 | 江 |
| 陽養漾藥 | 50上 | 攮 | 次商 | 次濁 | 紉聯 | 匿 | 講 |
| 陽養漾藥 | 50入 | 搦 | 次商 | 次濁 | 紉聯 | 女 | 角 |
| 陽養漾藥 | 51平 | 郎 | 半徵商 | | 鄰連 | 魯 | 堂 |
| 陽養漾藥 | 51上 | 朗 | 半徵商 | | 鄰連 | 里 | 黨 |
| 陽養漾藥 | 51去 | 浪 | 半徵商 | | 鄰連 | 郎 | 宕 |
| 陽養漾藥 | 51入 | 洛 | 半徵商 | | 鄰連 | 歷 | 各 |
| 陽養漾藥 | 52平 | 當 | 徵 | 清 | 丁顛 | 都 | 郎 |
| 陽養漾藥 | 52上 | 黨 | 徵 | 清 | 丁顛 | 多 | 朗 |
| 陽養漾藥 | 52去 | 當 | 徵 | 清 | 丁顛 | 丁 | 浪 |
| 陽養漾藥 | 52入 | 琢 | 徵 | 清 | 丁顛 | 都 | 角 |
| 陽養漾藥 | 53平 | 湯 | 徵 | 次清 | 汀天 | 他 | 郎 |

| 所屬韻類 | 聲調 | 小韻首字 | 七音 | 清濁 | 聲類 | 反切 | |
|---|---|---|---|---|---|---|---|
| 陽養漾藥 | 53上 | 儻 | 徵 | 次清 | 汀天 | 他 | 朗 |
| 陽養漾藥 | 53去 | 鐋 | 徵 | 次清 | 汀天 | 他 | 浪 |
| 陽養漾藥 | 53入 | 託 | 徵 | 次清 | 汀天 | 他 | 各 |
| 陽養漾藥 | 54平 | 唐 | 徵 | 濁 | 亭田 | 徒 | 郎 |
| 陽養漾藥 | 54上 | 蕩 | 徵 | 濁 | 亭田 | 徒 | 黨 |
| 陽養漾藥 | 54去 | 宕 | 徵 | 濁 | 亭田 | 徒 | 浪 |
| 陽養漾藥 | 54入 | 鐸 | 徵 | 濁 | 亭田 | 達 | 各 |
| 陽養漾藥 | 55平 | 囊 | 徵 | 次濁 | 寧年 | 奴 | 當 |
| 陽養漾藥 | 55上 | 曩 | 徵 | 次濁 | 寧年 | 乃 | 黨 |
| 陽養漾藥 | 55去 | 儾 | 徵 | 次濁 | 寧年 | 奴 | 浪 |
| 陽養漾藥 | 55入 | 諾 | 徵 | 次濁 | 寧年 | 奴 | 各 |
| 陽養漾藥 | 56平 | 邦 | 宮 | 清 | 賓邊 | 博 | 旁 |
| 陽養漾藥 | 56上 | 榜 | 宮 | 清 | 賓邊 | 補 | 曩 |
| 陽養漾藥 | 56去 | 謗 | 宮 | 清 | 賓邊 | 補 | 曠 |
| 陽養漾藥 | 56入 | 博 | 宮 | 清 | 賓邊 | 伯 | 各 |
| 陽養漾藥 | 57平 | 滂 | 宮 | 次清 | 繽偏 | 普 | 郎 |
| 陽養漾藥 | 57上 | 髈 | 宮 | 次清 | 繽偏 | 匹 | 朗 |
| 陽養漾藥 | 57去 | 胖 | 宮 | 次清 | 繽偏 | 普 | 浪 |
| 陽養漾藥 | 57入 | 粕 | 宮 | 次清 | 繽偏 | 匹 | 各 |
| 陽養漾藥 | 58平 | 旁 | 宮 | 濁 | 頻便 | 蒲 | 光 |
| 陽養漾藥 | 58上 | 棒 | 宮 | 濁 | 頻便 | 步 | 項 |
| 陽養漾藥 | 58去 | 傍 | 宮 | 濁 | 頻便 | 蒲 | 浪 |
| 陽養漾藥 | 58入 | 雹 | 宮 | 濁 | 頻便 | 弼 | 角 |
| 陽養漾藥 | 59平 | 茫 | 宮 | 次濁 | 民綿 | 謨 | 郎 |
| 陽養漾藥 | 59上 | 莽 | 宮 | 次濁 | 民綿 | 母 | 黨 |
| 陽養漾藥 | 59去 | 漭 | 宮 | 次濁 | 民綿 | 莫 | 浪 |

| 所屬韻類 | 聲調 | 小韻首字 | 七音 | 清濁 | 聲類 | 反切 | |
|---|---|---|---|---|---|---|---|
| 陽養漾藥 | 59入 | 莫 | 宮 | 次濁 | 民綿 | 末 | 各 |
| 陽養漾藥 | 60平 | 芳 | 次宮 | 次清 | 芬番 | 敷 | 房 |
| 陽養漾藥 | 60上 | 紡 | 次宮 | 次清 | 芬番 | 妃 | 兩 |
| 陽養漾藥 | 60去 | 訪 | 次宮 | 次清 | 芬番 | 敷 | 亮 |
| 陽養漾藥 | 60入 | 髈 | 次宮 | 次清 | 芬番 | 孚 | 縛 |
| 陽養漾藥 | 61平 | 房 | 次宮 | 濁 | 墳煩 | 符 | 方 |
| 陽養漾藥 | 61上 | 迈 | 次宮 | 濁 | 墳煩 | 防 | 罔 |
| 陽養漾藥 | 61去 | 防 | 次宮 | 濁 | 墳煩 | 符 | 訪 |
| 陽養漾藥 | 61入 | 縛 | 次宮 | 濁 | 墳煩 | 符 | 約 |
| 陽養漾藥 | 62平 | 亡 | 次宮 | 次濁 | 文瞞 | 無 | 方 |
| 陽養漾藥 | 62上 | 罔 | 次宮 | 次濁 | 文瞞 | 文 | 紡 |
| 陽養漾藥 | 62去 | 妄 | 次宮 | 次濁 | 文瞞 | 巫 | 放 |
| 庚梗敬陌 | 1平 | 京 | 角 | 清 | 經堅 | 居 | 卿 |
| 庚梗敬陌 | 1上 | 景 | 角 | 清 | 經堅 | 居 | 影 |
| 庚梗敬陌 | 1去 | 敬 | 角 | 清 | 經堅 | 居 | 慶 |
| 庚梗敬陌 | 1入 | 戟 | 角 | 清 | 經堅 | 居 | 逆 |
| 庚梗敬陌 | 2平 | 卿 | 角 | 次清 | 輕牽 | 丘 | 京 |
| 庚梗敬陌 | 2上 | 謦 | 角 | 次清 | 輕牽 | 棄 | 挺 |
| 庚梗敬陌 | 2去 | 慶 | 角 | 次清 | 輕牽 | 丘 | 正 |
| 庚梗敬陌 | 2入 | 隙 | 角 | 次清 | 輕牽 | 乞 | 逆 |
| 庚梗敬陌 | 2入 | 喫 | 角 | 次清 | 輕牽 | 苦 | 擊 |
| 庚梗敬陌 | 3平 | 擎 | 角 | 濁 | 擎虔 | 渠 | 京 |
| 庚梗敬陌 | 3上 | 痙 | 角 | 濁 | 擎虔 | 巨 | 郢 |
| 庚梗敬陌 | 3去 | 競 | 角 | 濁 | 擎虔 | 具 | 映 |
| 庚梗敬陌 | 3入 | 劇 | 角 | 濁 | 擎虔 | 竭 | 戟 |
| 庚梗敬陌 | 4平 | 凝 | 角 | 次濁 | 迎研 | 魚 | 陵 |

| 所屬韻類 | 聲調 | 小韻首字 | 七音 | 清濁 | 聲類 | 反切 | |
|---|---|---|---|---|---|---|---|
| 庚梗敬陌 | 4去 | 迎 | 角 | 次濁 | 迎研 | 魚 | 慶 |
| 庚梗敬陌 | 4入 | 逆 | 角 | 次濁 | 迎研 | 宜 | 戟 |
| 庚梗敬陌 | 5平 | 英 | 羽 | 清 | 因煙 | 於 | 京 |
| 庚梗敬陌 | 5上 | 影 | 羽 | 清 | 因煙 | 於 | 丙 |
| 庚梗敬陌 | 5去 | 映 | 羽 | 清 | 因煙 | 於 | 命 |
| 庚梗敬陌 | 5入 | 益 | 羽 | 清 | 因煙 | 於 | 戟 |
| 庚梗敬陌 | 6平 | 興 | 羽 | 次清 | 興軒 | 虛 | 陵 |
| 庚梗敬陌 | 6上 | 鯣 | 羽 | 次清 | 興軒 | 呼 | 頸 |
| 庚梗敬陌 | 6去 | 興 | 羽 | 次清 | 興軒 | 許 | 應 |
| 庚梗敬陌 | 6入 | 虩 | 羽 | 次清 | 興軒 | 迄 | 逆 |
| 庚梗敬陌 | 6平 | 馨 | 羽 | 次清 | 興軒 | 醯 | 經 |
| 庚梗敬陌 | 6入 | 閲 | 羽 | 次清 | 興軒 | 馨 | 激 |
| 庚梗敬陌 | 7平 | 形 | 羽 | 濁 | 刑賢 | 奚 | 經 |
| 庚梗敬陌 | 7上 | 悻 | 羽 | 濁 | 刑賢 | 下 | 頂 |
| 庚梗敬陌 | 7去 | 脛 | 羽 | 濁 | 刑賢 | 刑 | 定 |
| 庚梗敬陌 | 7入 | 檄 | 羽 | 濁 | 刑賢 | 刑 | 狄 |
| 庚梗敬陌 | 8平 | 盈 | 羽 | 次濁 | 寅延 | 余 | 輕 |
| 庚梗敬陌 | 8上 | 郢 | 羽 | 次濁 | 寅延 | 以 | 井 |
| 庚梗敬陌 | 8去 | 媵 | 羽 | 次濁 | 寅延 | 以 | 證 |
| 庚梗敬陌 | 8入 | 繹 | 羽 | 次濁 | 寅延 | 夷 | 益 |
| 庚梗敬陌 | 8去 | 硬 | 羽 | 次濁 | 寅延 | 喻 | 孟 |
| 庚梗敬陌 | 9平 | 增 | 商 | 清 | 精箋 | 咨 | 登 |
| 庚梗敬陌 | 9上 | 囎 | 商 | 清 | 精箋 | 子 | 等 |
| 庚梗敬陌 | 9去 | 甑 | 商 | 清 | 精箋 | 子 | 孕 |
| 庚梗敬陌 | 9入 | 則 | 商 | 清 | 精箋 | 子 | 德 |
| 庚梗敬陌 | 10平 | 彰 | 商 | 次清 | 清千 | 七 | 曾 |

| 所屬韻類 | 聲調 | 小韻首字 | 七音 | 清濁 | 聲類 | 反切 | |
|---|---|---|---|---|---|---|---|
| 庚梗敬陌 | 10去 | 蹭 | 商 | 次清 | 清千 | 七 | 鄧 |
| 庚梗敬陌 | 11平 | 僧 | 商 | 次清次 | 新仙 | 思 | 登 |
| 庚梗敬陌 | 11去 | 㿝 | 商 | 次清次 | 新仙 | 息 | 贈 |
| 庚梗敬陌 | 11入 | 塞 | 商 | 次清次 | 新仙 | 悉 | 則 |
| 庚梗敬陌 | 12平 | 層 | 商 | 濁 | 秦前 | 才 | 登 |
| 庚梗敬陌 | 12去 | 贈 | 商 | 濁 | 秦前 | 昨 | 鄧 |
| 庚梗敬陌 | 12入 | 賊 | 商 | 濁 | 秦前 | 疾 | 則 |
| 庚梗敬陌 | 13平 | 精 | 商 | 清 | 精箋 | 子 | 盈 |
| 庚梗敬陌 | 13上 | 井 | 商 | 清 | 精箋 | 子 | 郢 |
| 庚梗敬陌 | 13去 | 精 | 商 | 清 | 精箋 | 子 | 正 |
| 庚梗敬陌 | 13入 | 積 | 商 | 清 | 精箋 | 資 | 昔 |
| 庚梗敬陌 | 14平 | 清 | 商 | 次清 | 清千 | 七 | 情 |
| 庚梗敬陌 | 14上 | 請 | 商 | 次清 | 清千 | 七 | 靜 |
| 庚梗敬陌 | 14去 | 倩 | 商 | 次清 | 清千 | 七 | 正 |
| 庚梗敬陌 | 14入 | 刺 | 商 | 次清 | 清千 | 七 | 逆 |
| 庚梗敬陌 | 15平 | 星 | 商 | 次清次 | 新仙 | 先 | 清 |
| 庚梗敬陌 | 15上 | 省 | 商 | 次清次 | 新仙 | 息 | 井 |
| 庚梗敬陌 | 15去 | 性 | 商 | 次清次 | 新仙 | 息 | 正 |
| 庚梗敬陌 | 15入 | 昔 | 商 | 次清次 | 新仙 | 息 | 積 |
| 庚梗敬陌 | 16平 | 情 | 商 | 濁 | 秦前 | 慈 | 盈 |
| 庚梗敬陌 | 16上 | 靜 | 商 | 濁 | 秦前 | 疾 | 郢 |
| 庚梗敬陌 | 16去 | 淨 | 商 | 濁 | 秦前 | 疾 | 正 |
| 庚梗敬陌 | 16入 | 寂 | 商 | 濁 | 秦前 | 前 | 歷 |
| 庚梗敬陌 | 17平 | 餳 | 商 | 次濁 | 餳涎 | 徐 | 盈 |
| 庚梗敬陌 | 17入 | 席 | 商 | 次濁 | 餳涎 | 詳 | 亦 |
| 庚梗敬陌 | 18平 | 庚 | 角 | 清 | 經堅 | 古 | 行 |

| 所屬韻類 | 聲調 | 小韻首字 | 七音 | 清濁 | 聲類 | 反切 | |
|---|---|---|---|---|---|---|---|
| 庚梗敬陌 | 18上 | 梗 | 角 | 清 | 經堅 | 古 | 杏 |
| 庚梗敬陌 | 18去 | 更 | 角 | 清 | 經堅 | 居 | 孟 |
| 庚梗敬陌 | 18入 | 格 | 角 | 清 | 經堅 | 各 | 額 |
| 庚梗敬陌 | 19平 | 阬 | 角 | 次清 | 輕牽 | 丘 | 庚 |
| 庚梗敬陌 | 19入 | 客 | 角 | 次清 | 輕牽 | 乞 | 格 |
| 庚梗敬陌 | 20上 | 肯 | 角 | 次清 | 輕牽 | 苦 | 等 |
| 庚梗敬陌 | 20入 | 克 | 角 | 次清 | 輕牽 | 苦 | 得 |
| 庚梗敬陌 | 20平 | 揯 | 角 | 清 | 經堅 | 居 | 登 |
| 庚梗敬陌 | 20上 | 寇 | 角 | 清 | 經堅 | 孤 | 等 |
| 庚梗敬陌 | 20去 | 亙 | 角 | 清 | 經堅 | 居 | 鄧 |
| 庚梗敬陌 | 20入 | 祴 | 角 | 清 | 經堅 | 古 | 得 |
| 庚梗敬陌 | 21平 | 娙 | 角 | 次濁 | 迎研 | 五 | 莖 |
| 庚梗敬陌 | 21上 | 脛 | 角 | 次濁 | 迎研 | 五 | 郢 |
| 庚梗敬陌 | 21入 | 額 | 角 | 次濁 | 迎研 | 鄂 | 格 |
| 庚梗敬陌 | 22上 | 轡 | 羽 | 清 | 因煙 | 於 | 杏 |
| 庚梗敬陌 | 22入 | 厄 | 羽 | 清 | 因煙 | 乙 | 革 |
| 庚梗敬陌 | 23平 | 亨 | 羽 | 次清 | 興軒 | 虛 | 庚 |
| 庚梗敬陌 | 23上 | 擤 | 羽 | 次清 | 興軒 | 虎 | 梗 |
| 庚梗敬陌 | 23去 | 諱 | 羽 | 次清 | 興軒 | 許 | 更 |
| 庚梗敬陌 | 23入 | 赫 | 羽 | 次清 | 興軒 | 呼 | 格 |
| 庚梗敬陌 | 23入 | 黑 | 羽 | 次清 | 興軒 | 迄 | 得 |
| 庚梗敬陌 | 24平 | 行 | 羽 | 濁 | 刑賢 | 何 | 庚 |
| 庚梗敬陌 | 24上 | 杏 | 羽 | 濁 | 刑賢 | 何 | 梗 |
| 庚梗敬陌 | 24去 | 行 | 羽 | 濁 | 刑賢 | 胡 | 孟 |
| 庚梗敬陌 | 24平 | 恒 | 羽 | 濁 | 刑賢 | 胡 | 登 |
| 庚梗敬陌 | 24入 | 劾 | 羽 | 濁 | 刑賢 | 胡 | 得 |

| 所屬韻類 | 聲調 | 小韻首字 | 七音 | 清濁 | 聲類 | 反切 | |
|---|---|---|---|---|---|---|---|
| 庚梗敬陌 | 25平 | 爭 | 次商 | 清 | 征氈 | 甾 | 耕 |
| 庚梗敬陌 | 25上 | 掟 | 次商 | 清 | 征氈 | 陟 | 猛 |
| 庚梗敬陌 | 25去 | 諍 | 次商 | 清 | 征氈 | 側 | 迸 |
| 庚梗敬陌 | 25入 | 責 | 次商 | 清 | 征氈 | 陟 | 格 |
| 庚梗敬陌 | 25入 | 側 | 次商 | 清 | 征氈 | 札 | 色 |
| 庚梗敬陌 | 26平 | 橕 | 次商 | 次清 | 稱燀 | 抽 | 庚 |
| 庚梗敬陌 | 26去 | 牚 | 次商 | 次清 | 稱燀 | 敕 | 諍 |
| 庚梗敬陌 | 26入 | 坼 | 次商 | 次清 | 稱燀 | 恥 | 格 |
| 庚梗敬陌 | 26入 | 測 | 次商 | 次清 | 稱燀 | 初 | 力 |
| 庚梗敬陌 | 27平 | 生 | 次商 | 次清次 | 聲鼪 | 師 | 庚 |
| 庚梗敬陌 | 27上 | 省 | 次商 | 次清次 | 聲鼪 | 所 | 景 |
| 庚梗敬陌 | 27去 | 眚 | 次商 | 次清次 | 聲鼪 | 所 | 敬 |
| 庚梗敬陌 | 27入 | 索 | 次商 | 次清次 | 聲鼪 | 山 | 責 |
| 庚梗敬陌 | 27平 | 殊 | 次商 | 次清次 | 聲鼪 | 山 | 矜 |
| 庚梗敬陌 | 27上 | 冼 | 次商 | 次清次 | 聲鼪 | 色 | 拯 |
| 庚梗敬陌 | 27入 | 色 | 次商 | 次清次 | 聲鼪 | 所 | 力 |
| 庚梗敬陌 | 28平 | 橙 | 次商 | 濁 | 陳廛 | 除 | 庚 |
| 庚梗敬陌 | 28上 | 瑒 | 次商 | 濁 | 陳廛 | 除 | 梗 |
| 庚梗敬陌 | 28去 | 鋥 | 次商 | 濁 | 陳廛 | 除 | 更 |
| 庚梗敬陌 | 28入 | 宅 | 次商 | 濁 | 陳廛 | 直 | 格 |
| 庚梗敬陌 | 28入 | 崱 | 次商 | 濁 | 陳廛 | 疾 | 力 |
| 庚梗敬陌 | 29平 | 征 | 次商 | 清 | 征氈 | 諸 | 成 |
| 庚梗敬陌 | 29上 | 整 | 次商 | 清 | 征氈 | 之 | 郢 |
| 庚梗敬陌 | 29去 | 正 | 次商 | 清 | 征氈 | 之 | 盛 |
| 庚梗敬陌 | 29入 | 隻 | 次商 | 清 | 征氈 | 之 | 石 |
| 庚梗敬陌 | 30平 | 蟶 | 次商 | 次清 | 稱燀 | 丑 | 成 |

| 所屬韻類 | 聲調 | 小韻首字 | 七音 | 清濁 | 聲類 | 反切 | |
|---|---|---|---|---|---|---|---|
| 庚梗敬陌 | 30上 | 逞 | 次商 | 次清 | 稱燀 | 丑 | 郢 |
| 庚梗敬陌 | 30去 | 稱 | 次商 | 次清 | 稱燀 | 丑 | 正 |
| 庚梗敬陌 | 30入 | 赤 | 次商 | 次清 | 稱燀 | 昌 | 石 |
| 庚梗敬陌 | 31平 | 聲 | 次商 | 次清次 | 聲襢 | 書 | 征 |
| 庚梗敬陌 | 31去 | 聖 | 次商 | 次清次 | 聲襢 | 式 | 正 |
| 庚梗敬陌 | 31入 | 釋 | 次商 | 次清次 | 聲襢 | 施 | 隻 |
| 庚梗敬陌 | 32平 | 呈 | 次商 | 濁 | 陳塵 | 直 | 征 |
| 庚梗敬陌 | 32上 | 徎 | 次商 | 濁 | 陳塵 | 丈 | 井 |
| 庚梗敬陌 | 32去 | 鄭 | 次商 | 濁 | 陳塵 | 直 | 正 |
| 庚梗敬陌 | 32入 | 直 | 次商 | 濁 | 陳塵 | 逐 | 力 |
| 庚梗敬陌 | 32平 | 成 | 次商 | 次濁次 | 神禪 | 時 | 征 |
| 庚梗敬陌 | 32去 | 盛 | 次商 | 次濁次 | 神禪 | 時 | 正 |
| 庚梗敬陌 | 32入 | 寔 | 次商 | 次濁次 | 神禪 | 承 | 職 |
| 庚梗敬陌 | 32平 | 繩 | 次商 | 次濁次 | 神禪 | 神 | 陵 |
| 庚梗敬陌 | 32入 | 石 | 次商 | 次濁次 | 神禪 | 裳 | 隻 |
| 庚梗敬陌 | 33平 | 仍 | 半商徵 | | 人然 | 如 | 陵 |
| 庚梗敬陌 | 33去 | 扔 | 半商徵 | | 人然 | 而 | 證 |
| 庚梗敬陌 | 34平 | 零 | 半徵商 | | 零連 | 離 | 聖 |
| 庚梗敬陌 | 34上 | 領 | 半徵商 | | 零連 | 里 | 郢 |
| 庚梗敬陌 | 34去 | 令 | 半徵商 | | 零連 | 力 | 正 |
| 庚梗敬陌 | 34入 | 歷 | 半徵商 | | 零連 | 郎 | 狄 |
| 庚梗敬陌 | 35平 | 丁 | 徵 | 清 | 丁顛 | 當 | 經 |
| 庚梗敬陌 | 35上 | 頂 | 徵 | 清 | 丁顛 | 都 | 領 |
| 庚梗敬陌 | 35去 | 矴 | 徵 | 清 | 丁顛 | 丁 | 定 |
| 庚梗敬陌 | 35入 | 的 | 徵 | 清 | 丁顛 | 丁 | 歷 |
| 庚梗敬陌 | 36平 | 聽 | 徵 | 次清 | 汀天 | 他 | 經 |

| 所屬韻類 | 聲調 | 小韻首字 | 七音 | 清濁 | 聲類 | 反切 | |
|---|---|---|---|---|---|---|---|
| 庚梗敬陌 | 36上 | 珽 | 徵 | 次清 | 汀天 | 他 | 頂 |
| 庚梗敬陌 | 36去 | 聽 | 徵 | 次清 | 汀天 | 他 | 正 |
| 庚梗敬陌 | 36入 | 剔 | 徵 | 次清 | 汀天 | 他 | 歷 |
| 庚梗敬陌 | 37平 | 庭 | 徵 | 濁 | 亭田 | 唐 | 丁 |
| 庚梗敬陌 | 37上 | 鋌 | 徵 | 濁 | 亭田 | 徒 | 鼎 |
| 庚梗敬陌 | 37去 | 定 | 徵 | 濁 | 亭田 | 徒 | 逕 |
| 庚梗敬陌 | 37入 | 狄 | 徵 | 濁 | 亭田 | 杜 | 歷 |
| 庚梗敬陌 | 38平 | 寧 | 徵 | 次濁 | 寧年 | 奴 | 經 |
| 庚梗敬陌 | 38上 | 顊 | 徵 | 次濁 | 寧年 | 乃 | 挺 |
| 庚梗敬陌 | 38去 | 甯 | 徵 | 次濁 | 寧年 | 乃 | 定 |
| 庚梗敬陌 | 38入 | 匿 | 徵 | 次濁 | 寧年 | 昵 | 力 |
| 庚梗敬陌 | 39平 | 扃 | 角 | 清 | 經堅 | 涓 | 熒 |
| 庚梗敬陌 | 39上 | 憬 | 角 | 清 | 經堅 | 居 | 永 |
| 庚梗敬陌 | 39入 | 臭 | 角 | 清 | 經堅 | 古 | 闃 |
| 庚梗敬陌 | 40平 | 傾 | 角 | 次清 | 輕牽 | 窺 | 營 |
| 庚梗敬陌 | 40上 | 頃 | 角 | 次清 | 輕牽 | 丘 | 穎 |
| 庚梗敬陌 | 40入 | 闃 | 角 | 次清 | 輕牽 | 苦 | 臭 |
| 庚梗敬陌 | 41平 | 瓊 | 角 | 濁 | 勤虔 | 渠 | 營 |
| 庚梗敬陌 | 42平 | 縈 | 羽 | 清 | 因煙 | 於 | 營 |
| 庚梗敬陌 | 42上 | 濙 | 羽 | 清 | 因煙 | 烏 | 迥 |
| 庚梗敬陌 | 42去 | 瑩 | 羽 | 清 | 因煙 | 縈 | 定 |
| 庚梗敬陌 | 43平 | 兄 | 羽 | 次清 | 興軒 | 呼 | 榮 |
| 庚梗敬陌 | 43上 | 詗 | 羽 | 次清 | 興軒 | 火 | 迥 |
| 庚梗敬陌 | 43去 | 夐 | 羽 | 次清 | 興軒 | 呼 | 正 |
| 庚梗敬陌 | 43入 | 殈 | 羽 | 次清 | 興軒 | 呼 | 臭 |
| 庚梗敬陌 | 44平 | 榮 | 角 | 次濁 | 銀言 | 于 | 平 |

| 所屬韻類 | 聲調 | 小韻首字 | 七音 | 清濁 | 聲類 | 反切 | |
|---|---|---|---|---|---|---|---|
| 庚梗敬陌 | 44上 | 永 | 角 | 次濁 | 銀言 | 于 | 憬 |
| 庚梗敬陌 | 44去 | 詠 | 角 | 次濁 | 銀言 | 為 | 命 |
| 庚梗敬陌 | 44入 | 域 | 角 | 次濁 | 銀言 | 越 | 逼 |
| 庚梗敬陌 | 44平 | 營 | 羽 | 次濁 | 寅延 | 余 | 傾 |
| 庚梗敬陌 | 44上 | 迴 | 羽 | 次濁 | 寅延 | 戶 | 頂 |
| 庚梗敬陌 | 44入 | 役 | 羽 | 次濁 | 寅延 | 營 | 隻 |
| 庚梗敬陌 | 45平 | 兵 | 宮 | 清 | 賓邊 | 晡 | 明 |
| 庚梗敬陌 | 45上 | 丙 | 宮 | 清 | 賓邊 | 補 | 永 |
| 庚梗敬陌 | 45去 | 柄 | 宮 | 清 | 賓邊 | 陂 | 病 |
| 庚梗敬陌 | 45入 | 壁 | 宮 | 清 | 賓邊 | 必 | 歷 |
| 庚梗敬陌 | 46平 | 蟖 | 宮 | 次清 | 娉偏 | 滂 | 丁 |
| 庚梗敬陌 | 46上 | 頩 | 宮 | 次清 | 娉偏 | 普 | 永 |
| 庚梗敬陌 | 46去 | 聘 | 宮 | 次清 | 娉偏 | 匹 | 正 |
| 庚梗敬陌 | 46入 | 僻 | 宮 | 次清 | 娉偏 | 匹 | 亦 |
| 庚梗敬陌 | 47平 | 平 | 宮 | 濁 | 頻便 | 蒲 | 明 |
| 庚梗敬陌 | 47上 | 竝 | 宮 | 濁 | 頻便 | 部 | 迴 |
| 庚梗敬陌 | 47去 | 病 | 宮 | 濁 | 頻便 | 皮 | 命 |
| 庚梗敬陌 | 47入 | 甓 | 宮 | 濁 | 頻便 | 皮 | 亦 |
| 庚梗敬陌 | 48平 | 明 | 宮 | 次濁 | 民綿 | 眉 | 兵 |
| 庚梗敬陌 | 48上 | 茗 | 宮 | 次濁 | 民綿 | 莫 | 迴 |
| 庚梗敬陌 | 48去 | 命 | 宮 | 次濁 | 民綿 | 眉 | 病 |
| 庚梗敬陌 | 48入 | 覓 | 宮 | 次濁 | 民綿 | 莫 | 狄 |
| 庚梗敬陌 | 49平 | 棱 | 半徵商 | | 零連 | 盧 | 登 |
| 庚梗敬陌 | 49上 | 冷 | 半徵商 | | 零連 | 魯 | 杏 |
| 庚梗敬陌 | 49去 | 稜 | 半徵商 | | 零連 | 魯 | 鄧 |
| 庚梗敬陌 | 49入 | 勒 | 半徵商 | | 零連 | 歷 | 德 |

| 所屬韻類 | 聲調 | 小韻首字 | 七音 | 清濁 | 聲類 | 反切 | |
|---|---|---|---|---|---|---|---|
| 庚梗敬陌 | 50平 | 登 | 徵 | 清 | 丁顛 | 都 | 騰 |
| 庚梗敬陌 | 50上 | 等 | 徵 | 清 | 丁顛 | 多 | 肯 |
| 庚梗敬陌 | 50去 | 嶝 | 徵 | 清 | 丁顛 | 丁 | 鄧 |
| 庚梗敬陌 | 50入 | 德 | 徵 | 清 | 丁顛 | 多 | 則 |
| 庚梗敬陌 | 51平 | 鼟 | 徵 | 次清 | 汀天 | 他 | 登 |
| 庚梗敬陌 | 51去 | 竲 | 徵 | 次清 | 汀天 | 台 | 鄧 |
| 庚梗敬陌 | 51入 | 忒 | 徵 | 次清 | 汀天 | 胎 | 德 |
| 庚梗敬陌 | 52平 | 騰 | 徵 | 濁 | 亭田 | 徒 | 登 |
| 庚梗敬陌 | 52上 | 蹬 | 徵 | 濁 | 亭田 | 徒 | 等 |
| 庚梗敬陌 | 52去 | 鄧 | 徵 | 濁 | 亭田 | 唐 | 亙 |
| 庚梗敬陌 | 52入 | 特 | 徵 | 濁 | 亭田 | 敵 | 得 |
| 庚梗敬陌 | 53平 | 能 | 徵 | 次濁 | 寧年 | 奴 | 登 |
| 庚梗敬陌 | 53上 | 㐧 | 徵 | 次濁 | 寧年 | 奴 | 等 |
| 庚梗敬陌 | 53入 | 蠌 | 徵 | 次濁 | 寧年 | 奴 | 勒 |
| 庚梗敬陌 | 54平 | 觥 | 角 | 清 | 經堅 | 姑 | 橫 |
| 庚梗敬陌 | 54上 | 礦 | 角 | 清 | 經堅 | 古 | 猛 |
| 庚梗敬陌 | 54入 | 虢 | 角 | 清 | 經堅 | 古 | 伯 |
| 庚梗敬陌 | 54平 | 肱 | 角 | 清 | 經堅 | 姑 | 弘 |
| 庚梗敬陌 | 54入 | 國 | 角 | 清 | 經堅 | 古 | 或 |
| 庚梗敬陌 | 55平 | 鍠 | 角 | 次清 | 輕牽 | 口 | 觥 |
| 庚梗敬陌 | 55入 | 硸 | 角 | 次清 | 輕牽 | 口 | 獲 |
| 庚梗敬陌 | 56入 | 趮 | 角 | 濁 | 勤虔 | 求 | 獲 |
| 庚梗敬陌 | 57平 | 泓 | 羽 | 清 | 因煙 | 烏 | 宏 |
| 庚梗敬陌 | 57上 | 汯 | 羽 | 清 | 因煙 | 烏 | 猛 |
| 庚梗敬陌 | 57去 | 嚶 | 羽 | 清 | 因煙 | 於 | 孟 |
| 庚梗敬陌 | 57入 | 攫 | 羽 | 清 | 因煙 | 屋 | 虢 |

| 所屬韻類 | 聲調 | 小韻首字 | 七音 | 清濁 | 聲類 | 反切 | |
|---|---|---|---|---|---|---|---|
| 庚梗敬陌 | 58平 | 轟 | 羽 | 次清 | 興軒 | 呼 | 宏 |
| 庚梗敬陌 | 58去 | 䚤 | 羽 | 次清 | 興軒 | 呼 | 迸 |
| 庚梗敬陌 | 58入 | 剨 | 羽 | 次清 | 興軒 | 霍 | 虢 |
| 庚梗敬陌 | 59平 | 橫 | 羽 | 濁 | 刑賢 | 胡 | 盲 |
| 庚梗敬陌 | 59上 | 卝 | 羽 | 濁 | 刑賢 | 胡 | 猛 |
| 庚梗敬陌 | 59去 | 橫 | 羽 | 濁 | 刑賢 | 戶 | 孟 |
| 庚梗敬陌 | 59入 | 獲 | 羽 | 濁 | 刑賢 | 胡 | 麥 |
| 庚梗敬陌 | 59平 | 弘 | 羽 | 濁 | 刑賢 | 胡 | 肱 |
| 庚梗敬陌 | 59入 | 或 | 羽 | 濁 | 刑賢 | 獲 | 北 |
| 庚梗敬陌 | 60平 | 絣 | 宮 | 清 | 賓邊 | 補 | 耕 |
| 庚梗敬陌 | 60上 | 祊 | 宮 | 清 | 賓邊 | 補 | 梗 |
| 庚梗敬陌 | 60去 | 迸 | 宮 | 清 | 賓邊 | 北 | 孟 |
| 庚梗敬陌 | 60入 | 伯 | 宮 | 清 | 賓邊 | 博 | 陌 |
| 庚梗敬陌 | 60平 | 崩 | 宮 | 清 | 賓邊 | 悲 | 朋 |
| 庚梗敬陌 | 60去 | 埄 | 宮 | 清 | 賓邊 | 逋 | 鄧 |
| 庚梗敬陌 | 60入 | 北 | 宮 | 清 | 賓邊 | 必 | 勒 |
| 庚梗敬陌 | 61平 | 烹 | 宮 | 次清 | 娉偏 | 普 | 庚 |
| 庚梗敬陌 | 61上 | 䟖 | 宮 | 次清 | 娉偏 | 普 | 等 |
| 庚梗敬陌 | 61去 | 䩨 | 宮 | 次清 | 娉偏 | 匹 | 正 |
| 庚梗敬陌 | 61入 | 拍 | 宮 | 次清 | 娉偏 | 普 | 伯 |
| 庚梗敬陌 | 62平 | 彭 | 宮 | 濁 | 平便 | 蒲 | 庚 |
| 庚梗敬陌 | 62上 | 𡎺 | 宮 | 濁 | 平便 | 蒲 | 猛 |
| 庚梗敬陌 | 62去 | 䩌 | 宮 | 濁 | 平便 | 蒲 | 孟 |
| 庚梗敬陌 | 62入 | 白 | 宮 | 濁 | 平便 | 簿 | 陌 |
| 庚梗敬陌 | 62平 | 朋 | 宮 | 濁 | 平便 | 蒲 | 弘 |
| 庚梗敬陌 | 62入 | 匐 | 宮 | 濁 | 平便 | 步 | 黑 |

| 所屬韻類 | 聲調 | 小韻首字 | 七音 | 清濁 | 聲類 | 反切 | |
|---|---|---|---|---|---|---|---|
| 庚梗敬陌 | 63平 | 盲 | 宮 | 次濁 | 民綿 | 眉 | 庚 |
| 庚梗敬陌 | 63上 | 猛 | 宮 | 次濁 | 民綿 | 毋 | 梗 |
| 庚梗敬陌 | 63去 | 孟 | 宮 | 次濁 | 民綿 | 莫 | 更 |
| 庚梗敬陌 | 63入 | 陌 | 宮 | 次濁 | 民綿 | 莫 | 白 |
| 庚梗敬陌 | 63平 | 瞢 | 宮 | 次濁 | 民綿 | 彌 | 登 |
| 庚梗敬陌 | 63上 | 懵 | 宮 | 次濁 | 民綿 | 忙 | 肯 |
| 庚梗敬陌 | 63去 | 懵 | 宮 | 次濁 | 民綿 | 毋 | 互 |
| 庚梗敬陌 | 63入 | 墨 | 宮 | 次濁 | 民綿 | 密 | 北 |
| 尤有宥 | 1平 | 鳩 | 角 | 清 | 經堅 | 居 | 尤 |
| 尤有宥 | 1上 | 九 | 角 | 清 | 經堅 | 舉 | 有 |
| 尤有宥 | 1去 | 救 | 角 | 清 | 經堅 | 居 | 又 |
| 尤有宥 | 2平 | 丘 | 角 | 次清 | 輕牽 | 驅 | 牛 |
| 尤有宥 | 2上 | 糗 | 角 | 次清 | 輕牽 | 去 | 九 |
| 尤有宥 | 2去 | 蹂 | 角 | 次清 | 輕牽 | 丘 | 救 |
| 尤有宥 | 3平 | 求 | 角 | 濁 | 勤虔 | 渠 | 尤 |
| 尤有宥 | 3上 | 臼 | 角 | 濁 | 勤虔 | 巨 | 九 |
| 尤有宥 | 3去 | 舊 | 角 | 濁 | 勤虔 | 巨 | 又 |
| 尤有宥 | 4平 | 尤 | 角 | 次濁 | 銀言 | 於 | 求 |
| 尤有宥 | 4上 | 有 | 角 | 次濁 | 銀言 | 云 | 九 |
| 尤有宥 | 4去 | 宥 | 角 | 次濁 | 銀言 | 尤 | 救 |
| 尤有宥 | 4平 | 牛 | 角 | 次濁 | 銀言 | 魚 | 求 |
| 尤有宥 | 4去 | 齅 | 角 | 次濁 | 銀言 | 牛 | 救 |
| 尤有宥 | 5平 | 憂 | 羽 | 清 | 因煙 | 于 | 尤 |
| 尤有宥 | 5上 | 黝 | 羽 | 清 | 因煙 | 於 | 九 |
| 尤有宥 | 5去 | 幼 | 羽 | 清 | 因煙 | 伊 | 謬 |
| 尤有宥 | 6平 | 休 | 羽 | 次清 | 興軒 | 虛 | 尤 |

| 所屬韻類 | 聲調 | 小韻首字 | 七音 | 清濁 | 聲類 | 反切 | |
|---|---|---|---|---|---|---|---|
| 尤有宥 | 6上 | 朽 | 羽 | 次清 | 興軒 | 許 | 久 |
| 尤有宥 | 6去 | 齅 | 羽 | 次清 | 興軒 | 許 | 救 |
| 尤有宥 | 7平 | 啾 | 商 | 清 | 津煎 | 即 | 由 |
| 尤有宥 | 7上 | 酒 | 商 | 清 | 津煎 | 子 | 酉 |
| 尤有宥 | 7去 | 僦 | 商 | 清 | 津煎 | 即 | 就 |
| 尤有宥 | 8平 | 秋 | 商 | 次清 | 親千 | 此 | 由 |
| 尤有宥 | 9平 | 脩 | 商 | 次清次 | 新仙 | 思 | 留 |
| 尤有宥 | 9上 | 滫 | 商 | 次清次 | 新仙 | 息 | 有 |
| 尤有宥 | 9去 | 秀 | 商 | 次清次 | 新仙 | 息 | 救 |
| 尤有宥 | 10平 | 酋 | 商 | 濁 | 秦前 | 慈 | 秋 |
| 尤有宥 | 10去 | 就 | 商 | 濁 | 秦前 | 疾 | 僦 |
| 尤有宥 | 11平 | 囚 | 角 | 次濁 | 餳涎 | 徐 | 由 |
| 尤有宥 | 11去 | 岫 | 角 | 次濁 | 餳涎 | 似 | 救 |
| 尤有宥 | 12平 | 諏 | 商 | 清 | 津煎 | 將 | 侯 |
| 尤有宥 | 12上 | 走 | 商 | 清 | 津煎 | 子 | 口 |
| 尤有宥 | 12去 | 奏 | 商 | 清 | 津煎 | 則 | 侯 |
| 尤有宥 | 13平 | 諏 | 商 | 次清 | 親千 | 千 | 侯 |
| 尤有宥 | 13上 | 趣 | 商 | 次清 | 親千 | 此 | 苟 |
| 尤有宥 | 13去 | 湊 | 商 | 次清 | 親千 | 千 | 侯 |
| 尤有宥 | 14平 | 漱 | 商 | 次清次 | 新仙 | 先 | 侯 |
| 尤有宥 | 14上 | 叟 | 商 | 次清次 | 新仙 | 蘇 | 後 |
| 尤有宥 | 14去 | 嗽 | 商 | 次清次 | 新仙 | 先 | 奏 |
| 尤有宥 | 15平 | 剗 | 商 | 濁 | 秦前 | 徂 | 鉤 |
| 尤有宥 | 15去 | 剗 | 商 | 濁 | 秦前 | 才 | 奏 |
| 尤有宥 | 16平 | 留 | 半徵商 | | 鄰連 | 力 | 求 |
| 尤有宥 | 16上 | 柳 | 半徵商 | | 鄰連 | 力 | 九 |

| 所屬韻類 | 聲調 | 小韻首字 | 七音 | 清濁 | 聲類 | 反切 | |
|---|---|---|---|---|---|---|---|
| 尤有宥 | 16去 | 溜 | 半徵商 | | 鄰連 | 力 | 救 |
| 尤有宥 | 17平 | 丟 | 徵 | 清 | 丁顛 | 丁 | 羞 |
| 尤有宥 | 18平 | 穤 | 次商 | 次濁 | 紉聯 | 尼 | 猷 |
| 尤有宥 | 18上 | 紐 | 次商 | 次濁 | 紉聯 | 女 | 九 |
| 尤有宥 | 18去 | 糅 | 次商 | 次濁 | 紉聯 | 女 | 救 |
| 尤有宥 | 19平 | 鉤 | 角 | 清 | 經堅 | 居 | 侯 |
| 尤有宥 | 19上 | 者 | 角 | 清 | 經堅 | 舉 | 後 |
| 尤有宥 | 19去 | 冓 | 角 | 清 | 經堅 | 居 | 候 |
| 尤有宥 | 20平 | 彄 | 角 | 次清 | 輕牽 | 驅 | 侯 |
| 尤有宥 | 20上 | 口 | 角 | 次清 | 輕牽 | 苦 | 厚 |
| 尤有宥 | 20去 | 寇 | 角 | 次清 | 輕牽 | 丘 | 候 |
| 尤有宥 | 21平 | 齵 | 角 | 次濁 | 銀言 | 魚 | 侯 |
| 尤有宥 | 21上 | 偶 | 角 | 次濁 | 銀言 | 語 | 口 |
| 尤有宥 | 21去 | 偶 | 角 | 次濁 | 銀言 | 五 | 豆 |
| 尤有宥 | 22平 | 謳 | 羽 | 清 | 因煙 | 烏 | 侯 |
| 尤有宥 | 22上 | 歐 | 羽 | 清 | 因煙 | 於 | 口 |
| 尤有宥 | 22去 | 漚 | 羽 | 清 | 因煙 | 於 | 候 |
| 尤有宥 | 23平 | 齁 | 羽 | 次清 | 興軒 | 呼 | 侯 |
| 尤有宥 | 23上 | 吼 | 羽 | 次清 | 興軒 | 許 | 後 |
| 尤有宥 | 23去 | 蔻 | 羽 | 次清 | 興軒 | 許 | 候 |
| 尤有宥 | 24平 | 侯 | 羽 | 濁次 | 刑賢 | 胡 | 鉤 |
| 尤有宥 | 24上 | 厚 | 羽 | 濁次 | 刑賢 | 胡 | 口 |
| 尤有宥 | 24去 | 候 | 羽 | 濁次 | 刑賢 | 胡 | 茂 |
| 尤有宥 | 25平 | 周 | 次商 | 清 | 征氊 | 職 | 流 |
| 尤有宥 | 25上 | 帚 | 次商 | 清 | 征氊 | 止 | 酉 |
| 尤有宥 | 25去 | 呪 | 次商 | 清 | 征氊 | 職 | 救 |

| 所屬韻類 | 聲調 | 小韻首字 | 七音 | 清濁 | 聲類 | 反切 | |
|---|---|---|---|---|---|---|---|
| 尤有宥 | 26平 | 抽 | 次商 | 次清 | 嗔延 | 丑 | 鳩 |
| 尤有宥 | 26上 | 丑 | 次商 | 次清 | 嗔延 | 敕 | 九 |
| 尤有宥 | 26去 | 臭 | 次商 | 次清 | 嗔延 | 尺 | 救 |
| 尤有宥 | 27平 | 收 | 次商 | 次清次 | 身羶 | 尸 | 周 |
| 尤有宥 | 27上 | 首 | 次商 | 次清次 | 身羶 | 始 | 九 |
| 尤有宥 | 27去 | 狩 | 次商 | 次清次 | 身羶 | 舒 | 救 |
| 尤有宥 | 28平 | 儔 | 次商 | 濁 | 陳塵 | 除 | 留 |
| 尤有宥 | 28上 | 紂 | 次商 | 濁 | 陳塵 | 丈 | 九 |
| 尤有宥 | 28去 | 宙 | 次商 | 濁 | 陳塵 | 直 | 又 |
| 尤有宥 | 29平 | 讎 | 次商 | 次濁次 | 神禪 | 時 | 流 |
| 尤有宥 | 29上 | 受 | 次商 | 次濁次 | 神禪 | 是 | 酉 |
| 尤有宥 | 29去 | 授 | 次商 | 次濁次 | 神禪 | 承 | 呪 |
| 尤有宥 | 30平 | 柔 | 半商徵 | | 人然 | 而 | 由 |
| 尤有宥 | 30上 | 蹂 | 半商徵 | | 人然 | 忍 | 九 |
| 尤有宥 | 30去 | 輮 | 半商徵 | | 人然 | 如 | 又 |
| 尤有宥 | 31平 | 鄒 | 次商 | 清 | 征氊 | 側 | 鳩 |
| 尤有宥 | 31上 | 掫 | 次商 | 清 | 征氊 | 側 | 九 |
| 尤有宥 | 31去 | 縐 | 次商 | 清 | 征氊 | 側 | 救 |
| 尤有宥 | 32平 | 篘 | 次商 | 次清 | 嗔延 | 楚 | 搜 |
| 尤有宥 | 32上 | 靫 | 次商 | 次清 | 嗔延 | 初 | 九 |
| 尤有宥 | 32去 | 簉 | 次商 | 次清 | 嗔延 | 初 | 救 |
| 尤有宥 | 33平 | 搜 | 次商 | 次清次 | 身羶 | 疏 | 尤 |
| 尤有宥 | 33上 | 溲 | 次商 | 次清次 | 身羶 | 所 | 九 |
| 尤有宥 | 33去 | 瘦 | 次商 | 次清次 | 身羶 | 所 | 救 |
| 尤有宥 | 34平 | 愁 | 次商 | 濁 | 榛潺 | 鋤 | 尤 |
| 尤有宥 | 34上 | 穄 | 次商 | 濁 | 榛潺 | 鉏 | 九 |

| 所屬韻類 | 聲調 | 小韻首字 | 七音 | 清濁 | 聲類 | 反切 | |
|---|---|---|---|---|---|---|---|
| 尤有宥 | 34去 | 驟 | 次商 | 濁 | 榛潺 | 鉏 | 救 |
| 尤有宥 | 35平 | 樓 | 半徵商 | | 鄰連 | 盧 | 侯 |
| 尤有宥 | 35上 | 塿 | 半徵商 | | 鄰連 | 郎 | 斗 |
| 尤有宥 | 35去 | 漏 | 半徵商 | | 鄰連 | 郎 | 豆 |
| 尤有宥 | 36平 | 兜 | 徵 | 清 | 丁顛 | 當 | 侯 |
| 尤有宥 | 36上 | 斗 | 徵 | 清 | 丁顛 | 當 | 口 |
| 尤有宥 | 36去 | 鬪 | 徵 | 清 | 丁顛 | 丁 | 候 |
| 尤有宥 | 37平 | 偷 | 徵 | 次清 | 汀天 | 他 | 侯 |
| 尤有宥 | 37上 | 黈 | 徵 | 次清 | 汀天 | 他 | 口 |
| 尤有宥 | 37去 | 透 | 徵 | 次清 | 汀天 | 他 | 候 |
| 尤有宥 | 38平 | 頭 | 徵 | 濁 | 亭田 | 徒 | 侯 |
| 尤有宥 | 38上 | 鋀 | 徵 | 濁 | 亭田 | 徒 | 口 |
| 尤有宥 | 38去 | 豆 | 徵 | 濁 | 亭田 | 大 | 透 |
| 尤有宥 | 39平 | 羺 | 徵 | 次濁 | 寧年 | 奴 | 侯 |
| 尤有宥 | 39上 | 穀 | 徵 | 次濁 | 寧年 | 乃 | 后 |
| 尤有宥 | 39去 | 耨 | 徵 | 次濁 | 寧年 | 乃 | 豆 |
| 尤有宥 | 40上 | 捼 | 宮 | 清 | 賓邊 | 布 | 垢 |
| 尤有宥 | 41平 | 呸 | 宮 | 次清 | 繽偏 | 普 | 溝 |
| 尤有宥 | 41上 | 剖 | 宮 | 次清 | 繽偏 | 普 | 厚 |
| 尤有宥 | 41去 | 踣 | 宮 | 次清 | 繽偏 | 匹 | 候 |
| 尤有宥 | 42平 | 裒 | 宮 | 濁 | 頻便 | 蒲 | 侯 |
| 尤有宥 | 42上 | 瓿 | 宮 | 濁 | 頻便 | 薄 | 口 |
| 尤有宥 | 42去 | � | 宮 | 濁 | 頻便 | 蒲 | 候 |
| 尤有宥 | 43平 | 謀 | 宮 | 次濁 | 民綿 | 莫 | 侯 |
| 尤有宥 | 43上 | 母 | 宮 | 次濁 | 民綿 | 莫 | 厚 |
| 尤有宥 | 43去 | 茂 | 宮 | 次濁 | 民綿 | 莫 | 候 |

| 所屬韻類 | 聲調 | 小韻首字 | 七音 | 清濁 | 聲類 | 反切 | |
|---|---|---|---|---|---|---|---|
| 尤有宥 | 44平 | 彪 | 宮 | 清 | 賓邊 | 補 | 尤 |
| 尤有宥 | 45平 | 秠 | 宮 | 次清 | 繽偏 | 匹 | 尤 |
| 尤有宥 | 46平 | 淲 | 宮 | 濁 | 頻便 | 皮 | 休 |
| 尤有宥 | 47平 | 繆 | 宮 | 次濁 | 民綿 | 莫 | 彪 |
| 尤有宥 | 47去 | 謬 | 宮 | 次濁 | 民綿 | 摩 | 幼 |
| 尤有宥 | 48平 | 稤 | 次宮 | 清 | 分蕃 | 方 | 鳩 |
| 尤有宥 | 48上 | 缶 | 次宮 | 清 | 分蕃 | 俯 | 九 |
| 尤有宥 | 48去 | 覆 | 次宮 | 清 | 分蕃 | 敷 | 救 |
| 尤有宥 | 49平 | 浮 | 次宮 | 濁 | 墳煩 | 房 | 鳩 |
| 尤有宥 | 49上 | 阜 | 次宮 | 濁 | 墳煩 | 房 | 缶 |
| 尤有宥 | 49去 | 復 | 次宮 | 濁 | 墳煩 | 扶 | 救 |
| 侵寢沁緝 | 1平 | 今 | 角 | 清 | 經堅 | 居 | 吟 |
| 侵寢沁緝 | 1上 | 錦 | 角 | 清 | 經堅 | 居 | 飲 |
| 侵寢沁緝 | 1去 | 禁 | 角 | 清 | 經堅 | 居 | 廕 |
| 侵寢沁緝 | 1入 | 急 | 角 | 清 | 經堅 | 居 | 立 |
| 侵寢沁緝 | 2平 | 欽 | 角 | 次清 | 輕牽 | 驅 | 音 |
| 侵寢沁緝 | 2上 | 坅 | 角 | 次清 | 輕牽 | 丘 | 錦 |
| 侵寢沁緝 | 2去 | 撳 | 角 | 次清 | 輕牽 | 丘 | 禁 |
| 侵寢沁緝 | 2入 | 泣 | 角 | 次清 | 輕牽 | 乞 | 及 |
| 侵寢沁緝 | 3平 | 琴 | 角 | 濁 | 勤虔 | 渠 | 今 |
| 侵寢沁緝 | 3上 | 噤 | 角 | 濁 | 勤虔 | 渠 | 飲 |
| 侵寢沁緝 | 3去 | 噤 | 角 | 濁 | 勤虔 | 巨 | 禁 |
| 侵寢沁緝 | 3入 | 及 | 角 | 濁 | 勤虔 | 忌 | 立 |
| 侵寢沁緝 | 4平 | 音 | 羽 | 清 | 因煙 | 於 | 禽 |
| 侵寢沁緝 | 4上 | 飲 | 羽 | 清 | 因煙 | 於 | 錦 |
| 侵寢沁緝 | 4去 | 廕 | 羽 | 清 | 因煙 | 於 | 禁 |

| 所屬韻類 | 聲調 | 小韻首字 | 七音 | 清濁 | 聲類 | 反切 | |
|---|---|---|---|---|---|---|---|
| 侵寢沁緝 | 4入 | 揖 | 羽 | 清 | 因煙 | 一 | 入 |
| 侵寢沁緝 | 5平 | 歆 | 羽 | 次清 | 興軒 | 虛 | 今 |
| 侵寢沁緝 | 5上 | 鈂 | 羽 | 次清 | 興軒 | 呼 | 怎 |
| 侵寢沁緝 | 5去 | 廞 | 羽 | 次清 | 興軒 | 火 | 禁 |
| 侵寢沁緝 | 5入 | 吸 | 羽 | 次清 | 興軒 | 許 | 及 |
| 侵寢沁緝 | 6平 | 淫 | 羽 | 次濁 | 寅延 | 夷 | 斟 |
| 侵寢沁緝 | 6上 | 潭 | 羽 | 次濁 | 寅延 | 以 | 荏 |
| 侵寢沁緝 | 6去 | 酖 | 羽 | 次濁 | 寅延 | 淫 | 沁 |
| 侵寢沁緝 | 6入 | 熠 | 羽 | 次濁 | 寅延 | 弋 | 入 |
| 侵寢沁緝 | 7平 | 吟 | 角 | 次濁 | 銀言 | 魚 | 今 |
| 侵寢沁緝 | 7上 | 僸 | 角 | 次濁 | 銀言 | 魚 | 錦 |
| 侵寢沁緝 | 7去 | 吟 | 角 | 次濁 | 銀言 | 宜 | 禁 |
| 侵寢沁緝 | 7入 | 岌 | 商 | 次濁 | 銀言 | 魚 | 及 |
| 侵寢沁緝 | 8上 | 怎 | 商 | 清 | 津煎 | 子 | 鈂 |
| 侵寢沁緝 | 9平 | 祲 | 商 | 清 | 津煎 | 咨 | 林 |
| 侵寢沁緝 | 9上 | 寢 | 商 | 清 | 津煎 | 子 | 衽 |
| 侵寢沁緝 | 9去 | 浸 | 商 | 清 | 津煎 | 子 | 鴆 |
| 侵寢沁緝 | 9入 | 湒 | 商 | 清 | 津煎 | 賫 | 入 |
| 侵寢沁緝 | 10平 | 侵 | 商 | 次清 | 親千 | 七 | 林 |
| 侵寢沁緝 | 10上 | 寢 | 商 | 次清 | 親千 | 七 | 稔 |
| 侵寢沁緝 | 10去 | 沁 | 商 | 次清 | 親千 | 七 | 鴆 |
| 侵寢沁緝 | 10入 | 緝 | 商 | 次清 | 親千 | 七 | 入 |
| 侵寢沁緝 | 11平 | 心 | 商 | 次清次 | 新仙 | 思 | 林 |
| 侵寢沁緝 | 11上 | 伈 | 商 | 次清次 | 新仙 | 悉 | 枕 |
| 侵寢沁緝 | 11去 | 뼹 | 商 | 次清次 | 新仙 | 思 | 沁 |
| 侵寢沁緝 | 11入 | 霫 | 商 | 次清次 | 新仙 | 息 | 入 |

| 所屬韻類 | 聲調 | 小韻首字 | 七音 | 清濁 | 聲類 | 反切 | |
|---|---|---|---|---|---|---|---|
| 侵寢沁緝 | 12平 | 鱘 | 商 | 濁 | 秦前 | 才 | 心 |
| 侵寢沁緝 | 12上 | 蕈 | 商 | 濁 | 秦前 | 慈 | 荏 |
| 侵寢沁緝 | 12入 | 集 | 商 | 濁 | 秦前 | 秦 | 入 |
| 侵寢沁緝 | 13平 | 尋 | 商 | 次濁 | 餳涎 | 徐 | 心 |
| 侵寢沁緝 | 13入 | 習 | 商 | 次濁 | 餳涎 | 席 | 入 |
| 侵寢沁緝 | 14平 | 簪 | 次商 | 清 | 征氈 | 緇 | 林 |
| 侵寢沁緝 | 14去 | 譖 | 次商 | 清 | 征氈 | 側 | 禁 |
| 侵寢沁緝 | 14入 | 戢 | 次商 | 清 | 征氈 | 側 | 入 |
| 侵寢沁緝 | 15平 | 參 | 次商 | 次清 | 嗔延 | 初 | 簪 |
| 侵寢沁緝 | 15上 | 墋 | 次商 | 次清 | 嗔延 | 楚 | 錦 |
| 侵寢沁緝 | 15去 | 讖 | 次商 | 次清 | 嗔延 | 楚 | 禁 |
| 侵寢沁緝 | 15入 | 届 | 次商 | 次清 | 嗔延 | 初 | 戢 |
| 侵寢沁緝 | 16平 | 森 | 次商 | 次清次 | 身羶 | 疏 | 簪 |
| 侵寢沁緝 | 16上 | 痒 | 次商 | 次清次 | 身羶 | 所 | 錦 |
| 侵寢沁緝 | 16去 | 滲 | 次商 | 次清次 | 身羶 | 所 | 禁 |
| 侵寢沁緝 | 16入 | 澀 | 次商 | 次清次 | 身羶 | 色 | 入 |
| 侵寢沁緝 | 17平 | 岑 | 次商 | 濁 | 榛潯 | 鋤 | 簪 |
| 侵寢沁緝 | 17去 | 𧮴 | 次商 | 濁 | 榛潯 | 鉏 | 禁 |
| 侵寢沁緝 | 18平 | 諶 | 次商 | 次濁次 | 神禪 | 時 | 壬 |
| 侵寢沁緝 | 18上 | 甚 | 次商 | 次濁次 | 神禪 | 食 | 枕 |
| 侵寢沁緝 | 18去 | 甚 | 次商 | 次濁次 | 神禪 | 時 | 鴆 |
| 侵寢沁緝 | 18入 | 十 | 次商 | 次濁次 | 神禪 | 實 | 執 |
| 侵寢沁緝 | 19平 | 壬 | 半商徵 | | 人然 | 如 | 深 |
| 侵寢沁緝 | 19上 | 荏 | 半商徵 | | 人然 | 忍 | 甚 |
| 侵寢沁緝 | 19去 | 任 | 半商徵 | | 人然 | 汝 | 鴆 |
| 侵寢沁緝 | 19入 | 入 | 半商徵 | | 人然 | 日 | 執 |

| 所屬韻類 | 聲調 | 小韻首字 | 七音 | 清濁 | 聲類 | 反切 | |
|---|---|---|---|---|---|---|---|
| 侵寢沁緝 | 20平 | 斟 | 次商 | 清 | 征邅 | 諸 | 深 |
| 侵寢沁緝 | 20上 | 枕 | 次商 | 清 | 征邅 | 章 | 荏 |
| 侵寢沁緝 | 20去 | 揕 | 次商 | 清 | 征邅 | 職 | 任 |
| 侵寢沁緝 | 20入 | 執 | 次商 | 清 | 征邅 | 質 | 入 |
| 侵寢沁緝 | 21平 | 琛 | 次商 | 次清 | 稱燀 | 丑 | 林 |
| 侵寢沁緝 | 21上 | 踸 | 次商 | 次清 | 稱燀 | 丑 | 錦 |
| 侵寢沁緝 | 21去 | 闖 | 次商 | 次清 | 稱燀 | 丑 | 禁 |
| 侵寢沁緝 | 21入 | 湁 | 次商 | 次清 | 稱燀 | 尺 | 入 |
| 侵寢沁緝 | 22平 | 深 | 次商 | 次清次 | 聲羶 | 式 | 針 |
| 侵寢沁緝 | 22上 | 審 | 次商 | 次清次 | 聲羶 | 式 | 荏 |
| 侵寢沁緝 | 22去 | 瘮 | 次商 | 次清次 | 聲羶 | 式 | 禁 |
| 侵寢沁緝 | 22入 | 濕 | 次商 | 次清次 | 聲羶 | 失 | 入 |
| 侵寢沁緝 | 23平 | 沈 | 次商 | 濁 | 陳廛 | 持 | 林 |
| 侵寢沁緝 | 23上 | 朕 | 次商 | 濁 | 陳廛 | 呈 | 稔 |
| 侵寢沁緝 | 23去 | 鴆 | 次商 | 濁 | 陳廛 | 直 | 禁 |
| 侵寢沁緝 | 23入 | 蟄 | 次商 | 濁 | 陳廛 | 直 | 立 |
| 侵寢沁緝 | 24平 | 誑 | 次商 | 次濁 | 紉聯 | 女 | 林 |
| 侵寢沁緝 | 24上 | 拰 | 次商 | 次濁 | 紉聯 | 尼 | 稟 |
| 侵寢沁緝 | 24去 | 賃 | 次商 | 次濁 | 紉聯 | 女 | 禁 |
| 侵寢沁緝 | 24入 | 湳 | 次商 | 次濁 | 紉聯 | 尼 | 立 |
| 侵寢沁緝 | 25平 | 林 | 半徵商 | | 鄰連 | 黎 | 沉 |
| 侵寢沁緝 | 25上 | 廩 | 半徵商 | | 鄰連 | 力 | 錦 |
| 侵寢沁緝 | 25去 | 臨 | 半徵商 | | 鄰連 | 力 | 禁 |
| 侵寢沁緝 | 25入 | 立 | 半徵商 | | 鄰連 | 力 | 入 |
| 侵寢沁緝 | 26平 | 貋 | 徵 | 清 | 丁顛 | 丁 | 林 |
| 侵寢沁緝 | 26入 | 鈂 | 徵 | 清 | 丁顛 | 得 | 立 |

| 所屬韻類 | 聲調 | 小韻首字 | 七音 | 清濁 | 聲類 | 反切 | |
|---|---|---|---|---|---|---|---|
| 侵寢沁緝 | 27平 | 南 | 徵 | 次濁 | 寧年 | 乃 | 林 |
| 侵寢沁緝 | 28入 | 鵖 | 宮 | 清 | 賓邊 | 彼 | 及 |
| 侵寢沁緝 | 29入 | 鮪 | 宮 | 濁 | 平便 | 皮 | 及 |
| 覃感勘合 | 1平 | 甘 | 角 | 清 | 經堅 | 古 | 三 |
| 覃感勘合 | 1上 | 感 | 角 | 清 | 經堅 | 古 | 禫 |
| 覃感勘合 | 1去 | 紺 | 角 | 清 | 經堅 | 古 | 暗 |
| 覃感勘合 | 1入 | 閤 | 角 | 清 | 經堅 | 古 | 沓 |
| 覃感勘合 | 2平 | 堪 | 角 | 次清 | 輕牽 | 苦 | 含 |
| 覃感勘合 | 2上 | 坎 | 角 | 次清 | 輕牽 | 苦 | 感 |
| 覃感勘合 | 2去 | 勘 | 角 | 次清 | 輕牽 | 苦 | 紺 |
| 覃感勘合 | 2入 | 榼 | 角 | 次清 | 輕牽 | 苦 | 盍 |
| 覃感勘合 | 3去 | 黔 | 角 | 濁 | 勤虔 | 其 | 闇 |
| 覃感勘合 | 4平 | 㘁 | 角 | 次濁 | 銀言 | 五 | 含 |
| 覃感勘合 | 4上 | 顉 | 角 | 次濁 | 銀言 | 五 | 感 |
| 覃感勘合 | 4去 | 儑 | 角 | 次濁 | 銀言 | 五 | 紺 |
| 覃感勘合 | 4入 | 礚 | 角 | 次濁 | 銀言 | 五 | 合 |
| 覃感勘合 | 5平 | 諳 | 羽 | 清 | 因煙 | 烏 | 含 |
| 覃感勘合 | 5上 | 唵 | 羽 | 清 | 因煙 | 烏 | 感 |
| 覃感勘合 | 5去 | 暗 | 羽 | 清 | 因煙 | 烏 | 紺 |
| 覃感勘合 | 5入 | 姶 | 羽 | 清 | 因煙 | 遏 | 合 |
| 覃感勘合 | 6平 | 嵁 | 羽 | 次清 | 興軒 | 呼 | 含 |
| 覃感勘合 | 6上 | 顣 | 羽 | 次清 | 興軒 | 呼 | 唵 |
| 覃感勘合 | 6去 | 憨 | 羽 | 次清 | 興軒 | 呼 | 紺 |
| 覃感勘合 | 6入 | 欱 | 羽 | 次清 | 興軒 | 呼 | 合 |
| 覃感勘合 | 7平 | 含 | 羽 | 濁 | 刑賢 | 胡 | 南 |
| 覃感勘合 | 7上 | 頷 | 羽 | 濁 | 刑賢 | 戶 | 感 |

| 所屬韻類 | 聲調 | 小韻首字 | 七音 | 清濁 | 聲類 | 反切 | |
|---|---|---|---|---|---|---|---|
| 覃感勘合 | 7去 | 憾 | 羽 | 濁 | 刑賢 | 胡 | 紺 |
| 覃感勘合 | 7入 | 合 | 羽 | 濁 | 刑賢 | 胡 | 合 |
| 覃感勘合 | 8平 | 簪 | 商 | 清 | 津煎 | 祖 | 含 |
| 覃感勘合 | 8上 | 昝 | 商 | 清 | 津煎 | 子 | 感 |
| 覃感勘合 | 8去 | 篸 | 商 | 清 | 津煎 | 作 | 紺 |
| 覃感勘合 | 8入 | 帀 | 商 | 清 | 津煎 | 作 | 答 |
| 覃感勘合 | 9平 | 參 | 商 | 次清 | 新千 | 倉 | 含 |
| 覃感勘合 | 9上 | 慘 | 商 | 次清 | 新千 | 七 | 感 |
| 覃感勘合 | 9去 | 謲 | 商 | 次清 | 新千 | 七 | 紺 |
| 覃感勘合 | 9入 | 囃 | 商 | 次清 | 新千 | 七 | 合 |
| 覃感勘合 | 10平 | 毿 | 商 | 次清次 | 新仙 | 蘇 | 含 |
| 覃感勘合 | 10上 | 糝 | 商 | 次清次 | 新仙 | 桑 | 感 |
| 覃感勘合 | 10去 | 俕 | 商 | 次清次 | 新仙 | 蘇 | 紺 |
| 覃感勘合 | 10入 | 趿 | 商 | 次清次 | 新仙 | 悉 | 合 |
| 覃感勘合 | 10平 | 三 | 商 | 次清次 | 新仙 | 蘇 | 鹽 |
| 覃感勘合 | 10去 | 三 | 商 | 次清次 | 新仙 | 息 | 暫 |
| 覃感勘合 | 10入 | 偅 | 商 | 次清次 | 新仙 | 私 | 盍 |
| 覃感勘合 | 11平 | 蠶 | 商 | 濁 | 秦前 | 徂 | 含 |
| 覃感勘合 | 11上 | 歜 | 商 | 濁 | 秦前 | 徂 | 感 |
| 覃感勘合 | 11入 | 雜 | 商 | 濁 | 秦前 | 昨 | 合 |
| 覃感勘合 | 11平 | 慚 | 商 | 濁 | 秦前 | 財 | 甘 |
| 覃感勘合 | 11上 | 槧 | 商 | 濁 | 秦前 | 在 | 敢 |
| 覃感勘合 | 11去 | 暫 | 商 | 濁 | 秦前 | 昨 | 濫 |
| 覃感勘合 | 11入 | 奞 | 商 | 濁 | 秦前 | 才 | 盍 |
| 覃感勘合 | 12平 | 藍 | 半徵商 | | 鄰連 | 盧 | 藍 |
| 覃感勘合 | 12上 | 覽 | 半徵商 | | 鄰連 | 魯 | 敢 |

| 所屬韻類 | 聲調 | 小韻首字 | 七音 | 清濁 | 聲類 | 反切 | |
|---|---|---|---|---|---|---|---|
| 覃感勘合 | 12去 | 濫 | 半徵商 | | 鄰連 | 盧 | 瞰 |
| 覃感勘合 | 12平 | 婪 | 半徵商 | | 鄰連 | 盧 | 含 |
| 覃感勘合 | 12上 | 壈 | 半徵商 | | 鄰連 | 盧 | 感 |
| 覃感勘合 | 12去 | 灠 | 半徵商 | | 鄰連 | 郎 | 紺 |
| 覃感勘合 | 12入 | 拉 | 半徵商 | | 鄰連 | 落 | 合 |
| 覃感勘合 | 13平 | 緘 | 角 | 清 | 經堅 | 古 | 咸 |
| 覃感勘合 | 13上 | 減 | 角 | 清 | 經堅 | 古 | 斬 |
| 覃感勘合 | 13去 | 鑑 | 角 | 清 | 經堅 | 古 | 陷 |
| 覃感勘合 | 13入 | 夾 | 角 | 清 | 經堅 | 古 | 洽 |
| 覃感勘合 | 14平 | 嵌 | 角 | 次清 | 輕牽 | 丘 | 銜 |
| 覃感勘合 | 14上 | 歉 | 角 | 次清 | 輕牽 | 苦 | 斬 |
| 覃感勘合 | 14去 | 歉 | 角 | 次清 | 輕牽 | 口 | 陷 |
| 覃感勘合 | 14入 | 恰 | 角 | 次清 | 輕牽 | 苦 | 洽 |
| 覃感勘合 | 15平 | 嵒 | 角 | 次濁 | 銀言 | 魚 | 咸 |
| 覃感勘合 | 16平 | 猎 | 羽 | 清 | 因煙 | 乙 | 咸 |
| 覃感勘合 | 16上 | 黯 | 羽 | 清 | 因煙 | 乙 | 減 |
| 覃感勘合 | 16去 | 鐠 | 羽 | 清 | 因煙 | 於 | 陷 |
| 覃感勘合 | 16入 | 鴨 | 羽 | 清 | 因煙 | 乙 | 甲 |
| 覃感勘合 | 17平 | 歆 | 羽 | 次清 | 興軒 | 許 | 咸 |
| 覃感勘合 | 17上 | 喊 | 羽 | 次清 | 興軒 | 虎 | 覽 |
| 覃感勘合 | 17去 | 譀 | 羽 | 次清 | 興軒 | 許 | 鑒 |
| 覃感勘合 | 17入 | 呷 | 羽 | 次清 | 興軒 | 呼 | 甲 |
| 覃感勘合 | 18平 | 咸 | 羽 | 濁 | 刑賢 | 胡 | 嵒 |
| 覃感勘合 | 18上 | 賺 | 羽 | 濁 | 刑賢 | 下 | 斬 |
| 覃感勘合 | 18去 | 陷 | 羽 | 濁 | 刑賢 | 乎 | 鐠 |
| 覃感勘合 | 18入 | 洽 | 羽 | 濁 | 刑賢 | 胡 | 夾 |

| 所屬韻類 | 聲調 | 小韻首字 | 七音 | 清濁 | 聲類 | 反切 | |
|---|---|---|---|---|---|---|---|
| 覃感勘合 | 19平 | 詀 | 次商 | 清 | 真氈 | 竹 | 咸 |
| 覃感勘合 | 19上 | 斬 | 次商 | 清 | 真氈 | 側 | 減 |
| 覃感勘合 | 19去 | 蘸 | 次商 | 清 | 真氈 | 莊 | 陷 |
| 覃感勘合 | 19入 | 箚 | 次商 | 清 | 真氈 | 竹 | 洽 |
| 覃感勘合 | 20平 | 攙 | 次商 | 次清 | 嗔延 | 初 | 銜 |
| 覃感勘合 | 20上 | 臿 | 次商 | 次清 | 嗔延 | 初 | 減 |
| 覃感勘合 | 20去 | 懺 | 次商 | 次清 | 嗔延 | 楚 | 鑒 |
| 覃感勘合 | 20入 | 臿 | 次商 | 次清 | 嗔延 | 測 | 洽 |
| 覃感勘合 | 21平 | 衫 | 次商 | 次清次 | 身羶 | 師 | 銜 |
| 覃感勘合 | 21上 | 摻 | 次商 | 次清次 | 身羶 | 所 | 斬 |
| 覃感勘合 | 21去 | 釤 | 次商 | 次清次 | 身羶 | 所 | 鑒 |
| 覃感勘合 | 21入 | 歃 | 次商 | 次清次 | 身羶 | 色 | 洽 |
| 覃感勘合 | 22平 | 讒 | 次商 | 濁 | 榛潺 | 鋤 | 咸 |
| 覃感勘合 | 22上 | 湛 | 次商 | 濁 | 榛潺 | 丈 | 減 |
| 覃感勘合 | 22去 | 儳 | 次商 | 濁 | 榛潺 | 丈 | 陷 |
| 覃感勘合 | 22入 | 霅 | 次商 | 濁 | 榛潺 | 直 | 甲 |
| 覃感勘合 | 23上 | 俺 | 次商 | 次濁 | 紉聯 | 女 | 敢 |
| 覃感勘合 | 24平 | 鬑 | 半商徵 | | 鄰連 | 力 | 銜 |
| 覃感勘合 | 24上 | 臉 | 半商徵 | | 鄰連 | 力 | 減 |
| 覃感勘合 | 24去 | 鑑 | 半商徵 | | 鄰連 | 力 | 陷 |
| 覃感勘合 | 25平 | 耽 | 徵 | 清 | 丁顛 | 都 | 含 |
| 覃感勘合 | 25上 | 紞 | 徵 | 清 | 丁顛 | 都 | 感 |
| 覃感勘合 | 25去 | 馾 | 徵 | 清 | 丁顛 | 丁 | 紺 |
| 覃感勘合 | 25入 | 答 | 徵 | 清 | 丁顛 | 得 | 合 |
| 覃感勘合 | 25平 | 儋 | 徵 | 清 | 丁顛 | 都 | 監 |
| 覃感勘合 | 25上 | 膽 | 徵 | 清 | 丁顛 | 都 | 敢 |

| 所屬韻類 | 聲調 | 小韻首字 | 七音 | 清濁 | 聲類 | 反切 | |
|---|---|---|---|---|---|---|---|
| 覃感勘合 | 25去 | 擔 | 徵 | 清 | 丁顛 | 都 | 濫 |
| 覃感勘合 | 25入 | 皵 | 徵 | 清 | 丁顛 | 都 | 盍 |
| 覃感勘合 | 26平 | 貪 | 徵 | 次清 | 汀天 | 他 | 含 |
| 覃感勘合 | 26上 | 襑 | 徵 | 次清 | 汀天 | 他 | 感 |
| 覃感勘合 | 26去 | 探 | 徵 | 次清 | 汀天 | 他 | 紺 |
| 覃感勘合 | 26入 | 錔 | 徵 | 次清 | 汀天 | 託 | 合 |
| 覃感勘合 | 26平 | 坍 | 徵 | 次清 | 汀天 | 他 | 酣 |
| 覃感勘合 | 26上 | 菼 | 徵 | 次清 | 汀天 | 吐 | 敢 |
| 覃感勘合 | 26去 | 賧 | 徵 | 次清 | 汀天 | 吐 | 濫 |
| 覃感勘合 | 26入 | 榻 | 徵 | 次清 | 汀天 | 託 | 甲 |
| 覃感勘合 | 27平 | 覃 | 徵 | 濁 | 亭田 | 徒 | 含 |
| 覃感勘合 | 27上 | 禫 | 徵 | 濁 | 亭田 | 徒 | 感 |
| 覃感勘合 | 27去 | 潭 | 徵 | 濁 | 亭田 | 徒 | 紺 |
| 覃感勘合 | 27入 | 沓 | 徵 | 濁 | 亭田 | 徒 | 合 |
| 覃感勘合 | 27平 | 談 | 徵 | 濁 | 亭田 | 徒 | 甘 |
| 覃感勘合 | 27上 | 淡 | 徵 | 濁 | 亭田 | 徒 | 覽 |
| 覃感勘合 | 27去 | 憺 | 徵 | 濁 | 亭田 | 徒 | 濫 |
| 覃感勘合 | 28平 | 南 | 徵 | 次濁 | 寧年 | 那 | 含 |
| 覃感勘合 | 28上 | 湳 | 徵 | 次濁 | 寧年 | 乃 | 感 |
| 覃感勘合 | 28去 | 婻 | 徵 | 次濁 | 寧年 | 奴 | 紺 |
| 覃感勘合 | 28入 | 納 | 徵 | 次濁 | 寧年 | 奴 | 答 |
| 覃感勘合 | 29平 | 諵 | 次商 | 次濁 | 紉聯 | 女 | 咸 |
| 覃感勘合 | 29上 | 圝 | 次商 | 次濁 | 紉聯 | 女 | 減 |
| 覃感勘合 | 29去 | 諵 | 次商 | 次濁 | 紉聯 | 尼 | 賺 |
| 覃感勘合 | 29入 | 䶲 | 次商 | 次濁 | 紉聯 | 女 | 洽 |
| 覃感勘合 | 30平 | 蹸 | 宮 | 濁 | 頻便 | 白 | 銜 |

| 所屬韻類 | 聲調 | 小韻首字 | 七音 | 清濁 | 聲類 | 反切 | |
|---|---|---|---|---|---|---|---|
| 覃感勘合 | 30去 | 渥 | 宮 | 濁 | 頻便 | 蒲 | 鑒 |
| 覃感勘合 | 31上 | 錽 | 宮 | 次濁 | 民綿 | 忙 | 范 |
| 覃感勘合 | 32平 | 芝 | 次宮 | 清 | 芬番 | 敷 | 凡 |
| 覃感勘合 | 32上 | 胺 | 次宮 | 清 | 芬番 | 府 | 范 |
| 覃感勘合 | 32去 | 泛 | 次宮 | 清 | 芬番 | 孚 | 梵 |
| 覃感勘合 | 32入 | 法 | 次宮 | 清 | 芬番 | 方 | 甲 |
| 覃感勘合 | 33平 | 凡 | 次宮 | 濁 | 墳煩 | 符 | 咸 |
| 覃感勘合 | 33上 | 范 | 次宮 | 濁 | 墳煩 | 房 | 琰 |
| 覃感勘合 | 33去 | 梵 | 次宮 | 濁 | 墳煩 | 扶 | 泛 |
| 覃感勘合 | 33入 | 乏 | 次宮 | 濁 | 墳煩 | 扶 | 法 |
| 覃感勘合 | 34平 | 珌 | 次宮 | 次濁 | 文橫 | 亡 | 凡 |
| 覃感勘合 | 34去 | 荌 | 次宮 | 次濁 | 文橫 | 亡 | 泛 |
| 鹽琰豔葉 | 1平 | 兼 | 角 | 清 | 經堅 | 堅 | 廉 |
| 鹽琰豔葉 | 1上 | 檢 | 角 | 清 | 經堅 | 居 | 奄 |
| 鹽琰豔葉 | 1去 | 劍 | 角 | 清 | 經堅 | 居 | 欠 |
| 鹽琰豔葉 | 1入 | 頰 | 角 | 清 | 經堅 | 古 | 協 |
| 鹽琰豔葉 | 2平 | 謙 | 角 | 次清 | 輕牽 | 苦 | 廉 |
| 鹽琰豔葉 | 2上 | 歉 | 角 | 次清 | 輕牽 | 苦 | 簟 |
| 鹽琰豔葉 | 2去 | 傔 | 角 | 次清 | 輕牽 | 詰 | 念 |
| 鹽琰豔葉 | 2入 | 篋 | 角 | 次清 | 輕牽 | 乞 | 葉 |
| 鹽琰豔葉 | 3平 | 箝 | 角 | 濁 | 勤虔 | 其 | 廉 |
| 鹽琰豔葉 | 3上 | 儉 | 角 | 濁 | 勤虔 | 巨 | 險 |
| 鹽琰豔葉 | 3去 | 鎌 | 角 | 濁 | 勤虔 | 渠 | 驗 |
| 鹽琰豔葉 | 3入 | 笈 | 角 | 濁 | 勤虔 | 極 | 曄 |
| 鹽琰豔葉 | 4平 | 淹 | 羽 | 清 | 因煙 | 衣 | 炎 |
| 鹽琰豔葉 | 4上 | 奄 | 羽 | 清 | 因煙 | 於 | 檢 |

| 所屬韻類 | 聲調 | 小韻首字 | 七音 | 清濁 | 聲類 | 反切 | |
|---|---|---|---|---|---|---|---|
| 鹽琰豔葉 | 4去 | 厭 | 羽 | 清 | 因煙 | 於 | 豔 |
| 鹽琰豔葉 | 4入 | 擪 | 羽 | 清 | 因煙 | 於 | 葉 |
| 鹽琰豔葉 | 5平 | 忺 | 羽 | 次清 | 興軒 | 虛 | 嚴 |
| 鹽琰豔葉 | 5上 | 險 | 羽 | 次清 | 興軒 | 虛 | 檢 |
| 鹽琰豔葉 | 5去 | 脅 | 羽 | 次清 | 興軒 | 許 | 欠 |
| 鹽琰豔葉 | 5入 | 脅 | 羽 | 次清 | 興軒 | 虛 | 業 |
| 鹽琰豔葉 | 6平 | 嫌 | 羽 | 濁 | 刑賢 | 胡 | 兼 |
| 鹽琰豔葉 | 6上 | 鼸 | 羽 | 濁 | 刑賢 | 胡 | 忝 |
| 鹽琰豔葉 | 6入 | 協 | 羽 | 濁 | 刑賢 | 胡 | 頰 |
| 鹽琰豔葉 | 7平 | 鹽 | 羽 | 次濁 | 寅延 | 移 | 廉 |
| 鹽琰豔葉 | 7上 | 琰 | 羽 | 次濁 | 寅延 | 以 | 冉 |
| 鹽琰豔葉 | 7去 | 豔 | 羽 | 次濁 | 寅延 | 以 | 贍 |
| 鹽琰豔葉 | 7入 | 葉 | 羽 | 次濁 | 寅延 | 弋 | 涉 |
| 鹽琰豔葉 | 7平 | 嚴 | 角 | 次濁 | 銀言 | 魚 | 杴 |
| 鹽琰豔葉 | 7上 | 广 | 角 | 次濁 | 銀言 | 疑 | 檢 |
| 鹽琰豔葉 | 7去 | 驗 | 角 | 次濁 | 銀言 | 魚 | 欠 |
| 鹽琰豔葉 | 7入 | 業 | 角 | 次濁 | 銀言 | 魚 | 怯 |
| 鹽琰豔葉 | 8平 | 尖 | 商 | 清 | 津煎 | 將 | 廉 |
| 鹽琰豔葉 | 8上 | 鬵 | 商 | 清 | 津煎 | 子 | 冉 |
| 鹽琰豔葉 | 8去 | 僭 | 商 | 清 | 津煎 | 子 | 念 |
| 鹽琰豔葉 | 8入 | 接 | 商 | 清 | 津煎 | 即 | 涉 |
| 鹽琰豔葉 | 9平 | 籤 | 商 | 次清 | 親千 | 千 | 廉 |
| 鹽琰豔葉 | 9上 | 䐝 | 商 | 次清 | 親千 | 七 | 漸 |
| 鹽琰豔葉 | 9去 | 壍 | 商 | 次清 | 親千 | 七 | 豔 |
| 鹽琰豔葉 | 9入 | 妾 | 商 | 次清 | 親千 | 七 | 接 |
| 鹽琰豔葉 | 10平 | 銛 | 商 | 次清次 | 新仙 | 思 | 廉 |

| 所屬韻類 | 聲調 | 小韻首字 | 七音 | 清濁 | 聲類 | 反切 | |
|---|---|---|---|---|---|---|---|
| 鹽琰豔葉 | 10去 | 礦 | 商 | 次清次 | 新仙 | 先 | 念 |
| 鹽琰豔葉 | 10入 | 燮 | 商 | 次清次 | 新仙 | 悉 | 協 |
| 鹽琰豔葉 | 11平 | 潛 | 商 | 濁 | 秦前 | 慈 | 鹽 |
| 鹽琰豔葉 | 11上 | 漸 | 商 | 濁 | 秦前 | 秦 | 冉 |
| 鹽琰豔葉 | 11入 | 捷 | 商 | 濁 | 秦前 | 疾 | 業 |
| 鹽琰豔葉 | 12平 | 臑 | 商 | 次濁 | 餳涎 | 徐 | 廉 |
| 鹽琰豔葉 | 13平 | 詹 | 次商 | 清 | 征氈 | 之 | 廉 |
| 鹽琰豔葉 | 13上 | 颭 | 次商 | 清 | 征氈 | 職 | 琰 |
| 鹽琰豔葉 | 13去 | 占 | 次商 | 清 | 征氈 | 章 | 豔 |
| 鹽琰豔葉 | 13入 | 輒 | 次商 | 清 | 征氈 | 質 | 涉 |
| 鹽琰豔葉 | 14平 | 襜 | 次商 | 次清 | 稱燀 | 蚩 | 占 |
| 鹽琰豔葉 | 14上 | 諂 | 次商 | 次清 | 稱燀 | 丑 | 琰 |
| 鹽琰豔葉 | 14去 | 覘 | 次商 | 次清 | 稱燀 | 昌 | 豔 |
| 鹽琰豔葉 | 14入 | 讘 | 次商 | 次清 | 稱燀 | 丑 | 涉 |
| 鹽琰豔葉 | 15平 | 苫 | 次商 | 次清次 | 身羶 | 詩 | 廉 |
| 鹽琰豔葉 | 15上 | 閃 | 次商 | 次清次 | 身羶 | 失 | 冉 |
| 鹽琰豔葉 | 15去 | 閃 | 次商 | 次清次 | 身羶 | 舒 | 贍 |
| 鹽琰豔葉 | 15入 | 攝 | 次商 | 次清次 | 身羶 | 失 | 涉 |
| 鹽琰豔葉 | 16平 | 覘 | 次商 | 濁 | 陳廛 | 直 | 廉 |
| 鹽琰豔葉 | 16入 | 牒 | 次商 | 濁 | 陳廛 | 直 | 獵 |
| 鹽琰豔葉 | 17平 | 蟾 | 次商 | 次濁 | 神禪 | 時 | 占 |
| 鹽琰豔葉 | 17上 | 籤 | 次商 | 次濁 | 神禪 | 時 | 冉 |
| 鹽琰豔葉 | 17去 | 贍 | 次商 | 次濁 | 神禪 | 時 | 豔 |
| 鹽琰豔葉 | 17入 | 涉 | 次商 | 次濁 | 神禪 | 實 | 攝 |
| 鹽琰豔葉 | 18平 | 髯 | 半商徵 | | 人然 | 而 | 占 |
| 鹽琰豔葉 | 18上 | 冉 | 半商徵 | | 人然 | 而 | 琰 |

| 所屬韻類 | 聲調 | 小韻首字 | 七音 | 清濁 | 聲類 | 反切 | |
|---|---|---|---|---|---|---|---|
| 鹽琰豔葉 | 18去 | 染 | 半商徵 | | 人然 | 而 | 豔 |
| 鹽琰豔葉 | 18入 | 顬 | 半商徵 | | 人然 | 而 | 涉 |
| 鹽琰豔葉 | 19平 | 廉 | 半商徵 | | 鄰連 | 力 | 鹽 |
| 鹽琰豔葉 | 19上 | 斂 | 半商徵 | | 鄰連 | 力 | 冉 |
| 鹽琰豔葉 | 19去 | 殮 | 半商徵 | | 鄰連 | 力 | 驗 |
| 鹽琰豔葉 | 19入 | 獵 | 半商徵 | | 鄰連 | 力 | 涉 |
| 鹽琰豔葉 | 20平 | 佔 | 徵 | 清 | 丁顛 | 丁 | 廉 |
| 鹽琰豔葉 | 20上 | 點 | 徵 | 清 | 丁顛 | 多 | 忝 |
| 鹽琰豔葉 | 20去 | 店 | 徵 | 清 | 丁顛 | 都 | 念 |
| 鹽琰豔葉 | 20入 | 跕 | 徵 | 清 | 丁顛 | 丁 | 協 |
| 鹽琰豔葉 | 21平 | 添 | 徵 | 次清 | 汀天 | 他 | 廉 |
| 鹽琰豔葉 | 21上 | 忝 | 徵 | 次清 | 汀天 | 他 | 點 |
| 鹽琰豔葉 | 21去 | 桥 | 徵 | 次清 | 汀天 | 他 | 念 |
| 鹽琰豔葉 | 21入 | 帖 | 徵 | 次清 | 汀天 | 他 | 協 |
| 鹽琰豔葉 | 22平 | 甜 | 徵 | 濁 | 亭田 | 徒 | 廉 |
| 鹽琰豔葉 | 22上 | 簟 | 徵 | 濁 | 亭田 | 徒 | 點 |
| 鹽琰豔葉 | 22去 | 磹 | 徵 | 濁 | 亭田 | 徒 | 念 |
| 鹽琰豔葉 | 22入 | 牒 | 徵 | 濁 | 亭田 | 徒 | 協 |
| 鹽琰豔葉 | 23平 | 黏 | 次商 | 次濁 | 紉聯 | 尼 | 占 |
| 鹽琰豔葉 | 23去 | 黏 | 次商 | 次濁 | 紉聯 | 尼 | 欠 |
| 鹽琰豔葉 | 23入 | 聶 | 次商 | 次濁 | 紉聯 | 尼 | 輒 |
| 鹽琰豔葉 | 23平 | 拈 | 徵 | 次濁 | 寧年 | 奴 | 兼 |
| 鹽琰豔葉 | 23上 | 淰 | 徵 | 次濁 | 寧年 | 乃 | 點 |
| 鹽琰豔葉 | 23去 | 念 | 徵 | 次濁 | 寧年 | 奴 | 店 |
| 鹽琰豔葉 | 23入 | 捻 | 徵 | 次濁 | 寧年 | 奴 | 協 |
| 鹽琰豔葉 | 24平 | 砭 | 宮 | 清 | 賓边 | 悲 | 廉 |

| 所屬韻類 | 聲調 | 小韻首字 | 七音 | 清濁 | 聲類 | 反切 | |
|---|---|---|---|---|---|---|---|
| 鹽琰豔葉 | 24上 | 貶 | 宮 | 清 | 賓边 | 悲 | 檢 |
| 鹽琰豔葉 | 24去 | 窆 | 宮 | 清 | 賓边 | 陂 | 驗 |

# 後記

　　我於二〇〇九年六月從文學院到協和學院從事教學與管理工作。當時，學校為了鼓勵大家積極參與協和學院的建設，在幹部職數十分困難的情況下，給系主任們一個很特殊的待遇──「參照校聘副處」管理，學術關係仍然留在原單位。我就是享受這「特殊的待遇」者之一。光陰荏苒，從二〇〇九年到二〇一二年十二月轉任協和學院副院長至今，我待在協和學院已經有十年的光景了。在這十年裡，雖然由一名副教授成長為一名教授，並增列為博士生導師，但學術上卻沒多大長進。一來，協和學院屬於教學型新辦本科院校，雖然我在學院得到了不少鍛鍊，尤其在教學管理等方面大有收穫，但畢竟沒有科研團隊，也缺少科研平臺，缺少科研土壤，尤其是學院的管理工作冗雜，事務繁瑣，日常時間基本被上班占用了，沒有多少時間進行學術研究；二來，自己所研究的領域主要是漢語史方面，是一個需要「板凳甘坐十年冷」毅力和勇氣的研究領域，由於自己才疏學淺，能力有限，無法充分利用碎片化的時間進行深入的研究和思考，寒來暑往，學問就這樣漸漸荒疏了。好在我的學術關係還在文學院，加上教研室全體同仁對我不離不棄，關愛有加，鼓勵我一路前行，讓我切身感受到一路走來，似乎都處在教研室的襁褓中，溫暖而安全。

　　本書是在簡體版《《韻學集成》研究》（上海市：上海三聯出版社，2009年）的基礎上，進行適當的修訂和補充而成的，也吸納了另一部專著《《韻學集成》與宋元明相關韻書的傳承關係》的部分研究成果。當然，這幾年來，關於《韻學集成》的研究成果不少，我也做了一些收集和整理，限於時間和精力問題，許多最新成果無法及時補

充或體現到本書中，這是本書的一個遺憾。本書得以繁體出版，要感謝文學院領導為拙作的出版創造了條件並提供了全額資助。幾屆院領導都十分重視學科建設，並推行了一系列資助出版、鼓勵科研的發展計畫，深受老師們的讚賞和支持。尤其要感謝原副校長汪文頂教授、鄭家建副校長及院現任黨政領導，感謝他們對我工作的關心和鼓勵，以及他們對本書出版的支持和幫助。

同時，要感謝我的博士後合作導師蔣冀騁先生和我的碩士、博士導師馬重奇先生對我的栽培和關愛，特別要感謝他們欣然為本書作序。

此外，還要感謝和我一起奮戰在協和學院教學與改革戰線上的領導和全體同仁，感謝他們對我工作的關心、理解和支持。特點要感謝黃躍鵬、袁勇麟、張華榮、黃俊興四位主官對我的寬容和獎掖。我還要特別感謝本書的責任編輯。拙作是屬漢語史研究的範疇，涉及較多的生僻字，給排版和校對增添了許多麻煩，這本書能夠如期出版，無疑凝聚了編輯的許多心血，我感讚他的敬業精神，並致以真摯的謝意。

我還要感謝我賢慧的妻子和貼心的女兒。她們對我的工作和創作都十分理解和支持，是我教學、科研和管理工作得以順手開展的堅定支持者，也是我生活的照顧者和陪伴者。家和萬事興，我有現在的成就，離不開她們對家庭的珍愛和貢獻。所以說，本書的出版離不開妻子和寶貝女兒的支持，更有她們的一份功勞。

本書是我在漢語史研究這片汪洋大海中學泳的點滴體會，書中錯漏難免，呈此就教於大方之家，並敬請專家、同行不吝賜教。

# 作者簡介

## 王進安

　　福建長泰縣人。福建師範大學文學院教授、博士生導師，福建省優秀教師，省級教學名師。現任中國音韻學會副秘書長、福建省語言學會副會長、辭書學會副會長和福建師範大學協和學院副院長，主要從事漢語史、漢語文化和文化產業等方面的教學與研究。

　　主持國家社科基金一項、省部級專案以上項目四項，參與國家社科基金和省部級以上項目多項；主持省級重大教改項目一項；出版專著二部，主編教材一部，參編教材多部；成果獲福建省優秀社科成果一等獎一項、三等獎兩項，省優秀教學成果一等獎一項、二等獎兩項。在《光明日報》、《古漢語研究》和《東南學術》等各類刊物上發表論文近三十篇。

# 本書簡介

　　明代章黼的《韻學集成》，依《洪武正韻》和《古今韻會舉要》定例，但在體例上與二書有著明顯區別，它以附於《直音篇》前面的「七音清濁三十六字母反切定局」為總綱來編排體例，並依聲類次序給韻字排序，具有明顯的韻圖功能。通過將《韻學集成》與有關相關韻書進行比較，探尋其與這些韻書的傳承或改易情況，認為《韻學集成》音系是江淮方言為主，雜有吳語特點的時音和舊韻併存，且不是單純的、聲諧韻協的、完整的語音系統。同時，還對《韻學集成》的

音韻價值和編纂中的失誤與不足進行了分析，旨在為明代早期韻書的
研究提供一份可資參考的資料，並提出自己見解，為明代韻書研究工
作添磚加瓦。

國家圖書館出版品預行編目（CIP）資料

福建師範大學文學院百年學術論叢.第五輯.
明代韻書《韻學集成》研究；王進安著.
鄭家建、李建華總策畫
-- 初版. -- 臺北市：萬卷樓，2019.1
10 冊 ； 17（寬）x23（高）公分
ISBN 978-986-478-253-6（全套:精裝）
ISBN 978-986-478-243-7（第 1 冊:精裝）

1.漢語 2.聲韻學 3.明代

820.8                              107023366

福建師範大學文學院百年學術論叢　第五輯

明代韻書《韻學集成》研究　ISBN 978-986-478-243-7

作　　者　王進安
總策畫　鄭家建　李建華

出　　版　萬卷樓圖書股份有限公司
總編輯　陳滿銘
發　　行　萬卷樓圖書股份有限公司
發行人　陳滿銘
聯　　絡　電話 02-23216565　　　　傳真 02-23944113
　　　　　網址 www.wanjuan.com.tw
　　　　　郵箱 service@wanjuan.com.tw
地　　址　106 臺北市羅斯福路二段 41 號 6 樓之三
印　　刷　百通科技股份有限公司
初　　版　2019 年 1 月
定　　價　新臺幣 23800 元　全套十冊精裝　不分售